Staat – Souveränität – Nation
Beiträge zur aktuellen Staatsdiskussion

Herausgegeben von
S. Salzborn, Göttingen, Deutschland
R. Voigt, Netphen, Deutschland

Zu einem modernen Staat gehören Staatsgebiet, Staatsgewalt und Staatsvolk (Georg Jellinek). In Gestalt des Nationalstaates gibt sich das Staatsvolk auf einem bestimmten Territorium eine institutionelle Form, die sich über die Jahrhunderte bewährt hat. Seit seiner Etablierung im Gefolge der Französischen Revolution hat der Nationalstaat Differenzen in der Gesellschaft auszugleichen vermocht, die andere Herrschaftsverbände gesprengt haben. Herzstück des Staates ist die Souveränität (Jean Bodin), ein nicht souveräner Herrschaftsverband ist kein echter Staat (Hermann Heller). Umgekehrt ist der Weg von der eingeschränkten Souveränität bis zum Scheitern eines Staates nicht weit. Nur der Staat ist jedoch Garant für Sicherheit, Freiheit und Wohlstand der Menschen. Keine internationale Organisation könnte diese Garantie in ähnlicher Weise übernehmen.

Bis vor wenigen Jahren schien das Ende des herkömmlichen souveränen Nationalstaates gekommen zu sein. An seine Stelle sollten supranationale Institutionen wie die Europäische Union und – auf längere Sicht – der kosmopolitische Weltstaat treten. Die Zustimmung der Bürgerinnen und Bürger zu weiterer Integration schwindet jedoch, während gleichzeitig die Eurokratie immer mehr Macht anzuhäufen versucht. Die demokratische Legitimation politischer Entscheidungen ist zweifelhaft geworden. Das Vertrauen in die Politik nimmt ab.

Wichtige Orientierungspunkte (NATO, EU, USA) haben ihre Bedeutung für die Gestaltung der Politik verloren. In dieser Situation ist der souveräne Nationalstaat, jenes „Glanzstück occidentalen Rationalismus" (Carl Schmitt), der letzte Anker, an dem sich die Nationen festhalten (können). Dabei spielt die Frage nur eine untergeordnete Rolle, ob die Nation „gemacht" (Benedict Anderson) worden oder ursprünglich bereits vorhanden ist, denn es geht nicht um eine ethnisch definierte Nation, sondern um das, was Cicero das „Vaterland des Rechts" genannt hat.

Die „Staatsabstinenz" scheint sich auch in der Politikwissenschaft ihrem Ende zu nähern. Und wie soll der Staat der Zukunft gestaltet sein? Dieser Thematik will sich die interdisziplinäre Reihe *Staat – Souveränität – Nation* widmen, die Monografien und Sammelbände von Forschern und Forscherinnen aus unterschiedlichen Disziplinen einem interessierten Publikum vorstellen will. Das besondere Anliegen der Herausgeber der Reihe ist es, einer neuen Generation von politisch interessierten Studierenden den Staat in allen seinen Facetten vorzustellen.

Samuel Salzborn
Rüdiger Voigt

Shida Kiani

Wiedererfindung der Nation nach dem Nationalsozialismus?

Konfliktlinien und Positionen in der westdeutschen Nachkriegspolitik

Shida Kiani
Braunschweig, Deutschland

Zgl. Dissertation an der Gottfried Wilhelm Leibniz Universität Hannover, 2012

ISBN 978-3-658-00324-1　　　　ISBN 978-3-658-00325-8 (eBook)
DOI 10.1007/978-3-658-00325-8

Die Deutsche Nationalbibliothek verzeichnet diese Publikation in der Deutschen Nationalbibliografie; detaillierte bibliografische Daten sind im Internet über http://dnb.d-nb.de abrufbar.

Springer VS
© Springer Fachmedien Wiesbaden 2013
Das Werk einschließlich aller seiner Teile ist urheberrechtlich geschützt. Jede Verwertung, die nicht ausdrücklich vom Urheberrechtsgesetz zugelassen ist, bedarf der vorherigen Zustimmung des Verlags. Das gilt insbesondere für Vervielfältigungen, Bearbeitungen, Übersetzungen, Mikroverfilmungen und die Einspeicherung und Verarbeitung in elektronischen Systemen.

Die Wiedergabe von Gebrauchsnamen, Handelsnamen, Warenbezeichnungen usw. in diesem Werk berechtigt auch ohne besondere Kennzeichnung nicht zu der Annahme, dass solche Namen im Sinne der Warenzeichen- und Markenschutz-Gesetzgebung als frei zu betrachten wären und daher von jedermann benutzt werden dürften.

Gedruckt auf säurefreiem und chlorfrei gebleichtem Papier

Springer VS ist eine Marke von Springer DE. Springer DE ist Teil der Fachverlagsgruppe Springer Science+Business Media.
www.springer-vs.de

Vorwort

Diese Arbeit ist die leicht überarbeitete Fassung meiner Dissertation, die im Frühjahr 2012 von der Philosophischen Fakultät der Gottfried Wilhelm Leibniz Universität Hannover angenommen wurde.
Auf dem Weg zu ihrer Fertigstellung haben mich viele Menschen unterstützt, denen ich an dieser Stelle danken möchte. Als Erstes zu nennen ist mein Doktorvater Prof. Dr. Joachim Perels, der den Entstehungsprozess der Arbeit vom Anfang bis zum Ende intensiv begleitet und mir stets geduldig mit wissenschaftlichem Rat, notwendiger Kritik und viel moralischer Unterstützung zur Seite gestanden hat. Die Gespräche mit ihm haben mich auch in Krisenzeiten immer wieder motiviert, die Arbeit an dem Projekt fortzusetzen. Sein Werk zur Zerstörung des Rechts und infolgedessen unzähliger Menschenleben während der NS-Herrschaft sowie zur Nachgeschichte des Nationalsozialismus in der Bundesrepublik hat meine eigene wissenschaftliche Arbeit maßgeblich geprägt. Ebenso gilt mein Dank meinem Zweitgutachter Prof. Dr. Samuel Salzborn, dem ich viele wertvolle Hinweise verdanke und dessen Beiträge zur Erforschung von Nation und Ethnizität diese Arbeit ebenfalls an vielen Punkten inspiriert haben. Auch Prof. Dr. Cornelia Rauh, die mir speziell in der Anfangsphase des Projektes zahlreiche hilfreiche Anregungen gegeben hat, und Prof. Dr. Rolf Pohl, der den Vorsitz bei meiner Disputation übernommen hat, möchte ich ganz herzlich dafür danken. Zudem gebührt mein Dank der Rosa Luxemburg Stiftung und ihren Mitarbeiterinnen und Mitarbeitern, deren Förderung es mir ermöglicht hat, die Dissertation weitgehend frei von wirtschaftlichen Zwängen zu verfassen.
Von unschätzbarem Wert war mir die Hilfe von Dr. Janina Schirmer, die sich durch sämtliche Versionen der Kapitel gelesen und durch ihre Anmerkungen sehr viel zur Bereicherung und Fokussierung der Analyse getan hat. Auch Imke Jungermann hatte stets guten Rat für all die Fragen und Probleme, die im Verlauf der Arbeit aufgetaucht sind, und war bereit, auch unter dem zeitlichen Hochdruck am Ende alles noch einmal kritisch unter die Lupe zu nehmen.
Für ihre Bereitschaft zur Diskussion, ihre Korrekturen und ihre Anregungen zu verschiedenen Aspekten des Themas danke ich außerdem Dr. Sascha Howind, Arne Karrasch, Jörn Jan Leidecker, Marc Schwietring, Dr. Petra Spona und Dr. Sebastian Winter sowie Dr. Tobias Hinrichs für sein professionelles Endlekto-

rat. (Für Fehler, die sich im Nachhinein noch eingeschlichen haben mögen, ist er selbstverständlich ebenso wenig verantwortlich wie meine anderen Korrekturleserinnen und -leser für etwaige Defizite dieser Arbeit.) Ebenfalls gilt mein Dank allen Teilnehmerinnen und Teilnehmern der Kolloquien, in denen ich meine Arbeit vorstellen konnte, für ihre Hinweise und ihre Diskussionsfreude.

Neben der fachlichen war mir auch die emotionale Unterstützung eine unverzichtbare Hilfe, für die ich danken möchte: Till Wohlatz und seiner Familie dafür, dass sie mich mit viel Verständnis auch für lange Arbeitsphasen und Interesse an der Sache begleitet haben, und Mirja Ramlow dafür, dass sie immer ein offenes Ohr für mich hatte und zugleich für den notwendigen sportlichen Ausgleich gesorgt hat.

Widmen möchte ich dieses Buch meinen Eltern, die mich immer wieder in meiner Arbeit bestärkt und alle Hoch- und Tiefphasen mit mir durchlebt haben. Ihre stetige Ermutigung und ihr unerschütterliches Vertrauen in mich haben unendlich viel zum Gelingen dieser Arbeit (und nicht nur dazu) beigetragen. Dafür danke ich euch von ganzem Herzen!

Inhalt

Vorwort 5

Abkürzungsverzeichnis 11

Einleitung 15
1 Thema und Fragestellung 18
2 Stand der Forschung 25
3 Theoretische Vorüberlegungen:
  Nation, Ethnie, NS-Volksgemeinschaft 30
4 Methode und Quellen 37
5 Aufbau und Argumentationslinien der Arbeit 43

**1 Von der Diskontinuitäts- zur Kontinuitätsthese
Die Diskussion über die Rechtsstellung
des Deutschen Reiches nach 1945** 47
1.1 Etablierung und Verdrängung der Diskontinuitätsthese
    im juristischen Diskurs über die deutsche Rechtslage
    im Vorfeld der Staatsgründung 49
1.2 Die Kontinuitätsthese als hegemoniale Position
    in der westdeutschen Nachkriegspolitik 57
1.3 Widersprüche und Gegenpositionen zur Kontinuitätsthese 68
1.4 Zwischenfazit: der Bezug auf ein vorstaatlich gefasstes Volk
    als Substanz des Staates 75

**2 Supranationaler Aufbruch im nationalen Interesse
Zur Neuausrichtung der Nationenvorstellungen
im Rahmen der Westintegration** 79
2.1 Die Kritik am Prinzip des Nationalstaats
    auf dem Weg ins Westbündnis 81
  2.1.1 Die Entwicklung der Nationalstaatskritik
        vom allgemeinen Konsens zum spezifischen
        Argumentationsmuster der Regierungsparteien 82

2.1.2 Das Ende der Nationalstaaten – (k)ein Automatismus?
Der Grundkonflikt zwischen Regierung und Opposition ... 94
2.2 Das Saargebiet als europäisiertes Territorium
deutscher Nation? 102
2.3 Tendenzen der Wiederbelebung
nationalstaatlichen Denkens 116
2.4 Zwischenfazit: Mitsprache vor Souveränität 124

3 Einheit im Zwiespalt
Die Ambivalenz der Nationenvorstellungen
gegenüber „dem Osten" 131
3.1 Vom nationalen Interesse zum „Menschenrecht":
der Anspruch auf die Oder-Neiße-Gebiete 132
3.2 Das Ziel der Wiedervereinigung mit der DDR
im Spannungsfeld von nationaler Rhetorik,
pragmatischer Politik und Antikommunismus 158
   3.2.1 Das Verhältnis zur DDR zwischen Verbundenheit
und Entfremdung 160
   3.2.2 „... wie gegen einen Bruder, der morden will":
das ambivalente Bild der DDR-Bürger 190
3.3 Zwischenfazit: die eine, hierarchisierte Nation 202

4 Zur Beständigkeit des „Wir"
Die personelle Kontinuität zum Dritten Reich
in ihren Konsequenzen für die Nationenvorstellungen 209
4.1 „Schlussstrich" als Grundlage innerer
und äußerer „Befriedung": Vergangenheitspolitik
zugunsten breiter Bevölkerungsschichten 211
   4.1.1 Amnestien als Integrationsmittel 212
   4.1.2 Symbolische Politik zum Abschluss der Entnazifizierung ... 226
4.2 Eine Frage der nationalen „Ehre":
vergangenheitspolitische Maßnahmen
im Interesse spezifischer Berufsgruppen 235
   4.2.1 Von der Kontinuität des Staates zur Kontinuität
des Staatspersonals 237
   4.2.2 Die Kriegsverbrecherfrage und die „Ehre"
der deutschen Soldaten 252
4.3 Zwischenfazit: Volksgemeinschaft in der Nation 274

5 Zwischen Abgrenzung und Integration
Zur Erneuerung des nationalen Narrativs
im Kontext der Aufarbeitung des NS-Zeit 279
5.1 Grenzen des „Wir": frühe Initiativen gegen Neonazismus
und Antisemitismus 281
5.2 Die Schmierwelle als Katalysator des Wandels
im Umgang mit der NS-Vergangenheit 294
5.3 Zwischenfazit: durch Vergangenheitsbewältigung
zurück zur Nationalgeschichte? 311

Schlussbetrachtung 317

Quellen- und Literaturverzeichnis 323

Abkürzungsverzeichnis

BdV	Bund der Vertriebenen
Benelux	Belgien, Niederlande, Luxemburg
BGBl.	Bundesgesetzblatt
BGH	Bundesgerichtshof
BP	Bayernpartei
BT	Bundestag
BVerfG	Bundesverfassungsgericht
BVFG	Gesetz über die Angelegenheiten der Vertriebenen und Flüchtlinge (Bundesvertriebenengesetz)
BWGöD	Gesetz zur Regelung der Wiedergutmachung nationalsozialistischen Unrechts für Angehörige des öffentlichen Dienstes
CDU	Christlich Demokratische Union
CSU	Christlich Soziale Union
DDR	Deutsche Demokratische Republik
DKP-DRP	Deutsche Konservative Partei/Deutsche Rechtspartei
DP	Deutsche Partei
DPS	Demokratische Partei Saar
DRP	Deutsche Reichspartei
DS	Drucksache
EGKS	Europäische Gemeinschaft für Kohle und Stahl (Montanunion)
EPG	Europäische Politische Gemeinschaft
ERP	European Recovery Program (Marshallplan)
EU	Europäische Union
Euratom	Europäische Atomgemeinschaft
EVG	Europäische Verteidigungsgemeinschaft
EWG	Europäische Wirtschaftsgemeinschaft
FDP	Freie Demokratische Partei
FU	Föderalistische Union
FVP	Freie Volkspartei

GB/BHE	Gesamtdeutscher Block/Bund der Heimatvertriebenen und Entrechteten
GDP	Gesamtdeutsche Partei
Gestapo	Geheime Staatspolizei
GG (a. F.)	Grundgesetz (alte Fassung)
GDP	Gesamtdeutsche Partei
GVP	Gesamtdeutsche Volkspartei
KPD	Kommunistische Partei Deutschlands
KRG	Kontrollratsgesetz
KZ	Konzentrationslager
ML	Marxismus-Leninismus
NATO	North Atlantic Treaty Organization
NR	Nationale Rechte
NS	Nationalsozialismus, nationalsozialistisch
NSDAP	Nationalsozialistische Deutsche Arbeiterpartei
OECD	Organization for Economic Co-operation and Development
OEEC	Organization for European Economic Cooperation
OSZE	Organisation für Sicherheit und Zusammenarbeit in Europa
Pg.	Parteigenosse (Mitglied der NSDAP)
RGBl.	Reichsgesetzblatt
SBZ	Sowjetische Besatzungszone
SD	Sicherheitsdienst des Reichsführers SS
SED	Sozialistische Einheitspartei Deutschlands
Sopade	Sozialdemokratische Partei Deutschlands (im Exil)
SPD	Sozialdemokratische Partei Deutschlands
SRP	Sozialistische Reichspartei
SS	Schutzstaffel
StGB	Strafgesetzbuch
SSW	Südschleswigscher Wählerverband
UdSSR	Union der sozialistischen Sowjetrepubliken
UN(O)	United Nations (Organization)
US(A)	United States (of America)
VdL	Verband der Landsmannschaften
WAV	Wirtschaftliche Aufbau-Vereinigung
WEU	Westeuropäische Union
WGBl.	Gesetz- und Verordnungsblatt des Wirtschaftsrates des Vereinigten Wirtschaftsgebietes

Z	Deutsche Zentrumspartei/Zentrum
ZJD	Zentralrat der Juden in Deutschland
ZRS	Zentrale Rechtsschutzstelle
ZvD/BvD	Zentralverband der vertriebenen Deutschen/Bund der vertriebenen Deutschen

Einleitung

Die Nation ist tot, lange lebe die Nation: In dieser Abwandlung ließe sich die einstmals auf das Prinzip monarchischer Herrschaft gemünzte Formel[1] gegenwärtig auch auf die Nation als spezifische Form einer vorgestellten Gemeinschaft[2] oder auch „kollektiver Subjektivität"[3] beziehen. Allen voran im westlichen Europa wurde die Nation ebenso häufig für überwunden oder zumindest für immer weniger politisch relevant erklärt, wie sich ihre Beharrungskraft und politische Aktualität erwiesen hat. Beide Diagnosen scheinen in bestimmter Weise berechtigt. Derzeit ist nur schwer absehbar, welche Rolle die Nation in der Welt des 21. Jahrhunderts noch spielen wird, da in Bezug auf sie zwei völlig entgegengesetzt wirkende Tendenzen erkennbar sind.

Einerseits hat der Prozess der Globalisierung, nach Jürgen Habermas charakterisiert durch „den zunehmenden Umfang und die Intensivierung von Verkehrs-, Kommunikations- und Austauschbeziehungen über nationale Grenzen hinweg"[4], die Nation in verschiedener Hinsicht infrage gestellt: so in ihrem Streben nach jeweils spezifischer, nicht zuletzt in Abgrenzung zu anderen Nationen definierter Einzigartigkeit, besonders aber in ihrem Anspruch auf politische Autonomie, traditionell verkörpert im souveränen Nationalstaat. Zudem sind, angefangen und am weitesten fortgeschritten im Rahmen der europäischen Integration, über diverse Formen internationaler Kooperation hinaus eigenständige supranationale Strukturen bzw. Institutionen entstanden, in denen Entscheidungen direkt von überstaatlichen Akteuren getroffen werden.[5] Diese Akteure sehen sich zumindest idealtypischerweise nicht mehr den Belangen einzelner Nationen, sondern dem

---

1 Der Ausspruch „Der König ist tot, lang lebe der König!" bezieht sich ursprünglich auf den bruchlosen Übergang der Staatsgewalt in Monarchien durch das Prinzip der Thronnachfolge. In der Variation „Der Staat ist tot, lang lebe der Staat!" hat er jüngst auch Eingang in die Erforschung der gegenwärtigen Bedeutung des Nationalstaats gefunden, so bei Hurrelmann/Leibfried/Martens/Mayer 2008b, S. 22.
2 Zum Begriff der Nation als vorgestellter Gemeinschaft vgl. Anderson 1996, bes. S. 15 ff.
3 Anderson 2000, S. 61.
4 Habermas 1998, S. 101. Eine nähere „Umkreisung" des Begriffs der Globalisierung bei Osterhammel/Peterson 2007, S. 7–15.
5 Grundlegend zum politischen Prozess der Europäisierung vgl. Beichelt 2009; zur gegenwärtigen Bedeutung z. B. Schuppert (Hrsg.) 2006.

europäischen Ganzen verpflichtet. Einen wesentlichen Einschnitt in der Entwicklung dieser Denationalisierungstendenz[6] markiert das Ende des Zweiten Weltkriegs im Jahr 1945, seit dem – so die These von Eric Hobsbawm – Nationen und Nationalismus „nicht mehr als eine Haupttriebkraft der historischen Entwicklung" fungierten.[7] In der Tat wurden die Grundlagen der Einigung Europas in der Nachkriegszeit als Konsequenz aus der (selbst-)zerstörerischen Politik der Nationalstaaten in der ersten Hälfte des 20. Jahrhunderts geschaffen.[8] Zwar brach kaum zwei Jahre nach Kriegsende mit dem Kalten Krieg ein neuerlicher Konflikt aus, dieser charakterisierte sich aber gerade dadurch, dass er als weltweite Auseinandersetzung zwischen zwei Machtblöcken nahezu alle nationalen Konflikte überlagerte.[9]

Andererseits sind in der Nachkriegsgeschichte jedoch auch genau gegenläufige Tendenzen auszumachen, die ebenfalls bis heute anhalten: So erhielt der Prozess der Nationenbildung nach dem Zweiten Weltkrieg sogar verstärkten Auftrieb, zunächst im Zuge der am Ende der 1940er-Jahre einsetzenden Dekolonialisierung und abermals nach Auflösung der bipolaren Weltordnung in den Jahren 1989/90. Heute existieren mehr Nationalstaaten denn je, die ihre Interessen weiterhin mehr oder minder konfliktreich im Inneren und Äußeren vertreten.[10] Auch die EU hat die nationalen Institutionen bisher nicht gänzlich aufgehoben; sie ist noch immer ein „Europa zwischen Nationalstaat und Integration"[11]. Deutlich zeigt dies die seit 2008 anhaltende Diskussion über die Stabilität des gemeinsamen Währungsraums resp. über die, nicht zuletzt jeweils unter dem Blickwinkel nationaler Interessen beurteilte, Frage, wie mit hoch verschuldeten Mitgliedstaaten umzugehen sei.[12] Doch auch für andere Ebenen, etwa für die Ausformung von Erinnerungskulturen, lässt sich feststellen, dass bei allem Reden von und Stre-

---

6   Den Begriff Denationalisierung führte Michael Zürn vor dem Hintergrund ein, dass die Globalisierung nicht pauschal „die" Welt, sondern primär die (im Dez. 2012: 34) OECD-Staaten umfasst. Vgl. Zürn 1998, bes. S. 64–94; Zürn 2011, bes. S. 127 f.
7   Hobsbawm 2005, S. 194.
8   Vgl. Perels 2006, bes. S. 29–35.
9   Vgl. neben Hobsbawm 2005, S. 210, u. a. auch Schulze 2004, S. 321.
10 Allein die Anzahl der UN-Mitgliedstaaten stieg von 51 im Jahr 1945 bis auf 192 im Jahr 2006. Vgl. Volger 2008, S. 452–462.
11 So der Titel von Leiße 2009.
12 Während des Entstehungszeitraums und besonders in der Abschlussphase dieser Arbeit war die Diskussion über einen möglichen Ausschluss Griechenlands akut. Gefordert wurde dies in Deutschland vor allem von der CSU und in der FDP, vgl. Caspari 2011; Das Gupta 2011; zur Stärkung der Rolle „einiger ‚kerneuropäischer' Mitgliedstaaten" wie Deutschland und Frankreich mit dem 2009 in Kraft getretenen *Vertrag von Lissabon* vgl. Richter 2011, S. 107.

ben nach europäischer Identität[13] und einem gemeinsamen Geschichtsbewusstsein die nationalen Erinnerungskulturen weiterhin dominant und entsprechend unterschiedlich sind.[14]

Um diese widersprüchliche Konstellation der Gegenwart einordnen zu können, ist es hilfreich, sich in geschichtlicher Perspektive erneut mit der Bedeutung nationaler Vorstellungen und damit der Genese dieser aktuellen Konstellation zu befassen. Dies fordert auch die Historikerin Shulamit Volkov ein:

„Entgegen allen Erwartungen nimmt im Zeitalter supra-nationaler politischer Organisationen, multinationaler Körperschaften und verschiedener Formen konföderativer Versuche der Nationalismus wieder einen zentralen Platz auf der Weltbühne ein. Er scheint eine entscheidende Rolle zu spielen bei der Neuordnung der sich rasch ändernden Welt von heute. Seine Bedeutung und seine Geschichte bedürfen daher sicher einer erneuten Überprüfung."[15]

In der Politikwissenschaft umfasst diese Überprüfung derzeit vorwiegend Reflexionen über den Stellenwert und den Wandel des Nationalstaates: Zerfasert er?[16] Ist er am Ende?[17] Hat er sich transformiert, und wenn ja, in welcher Weise?[18] Was

---

13 Eingehend mit der Problematik der gängigen, Konfliktfreiheit im Individuum bzw. hier sogar in Kollektiven suggerierenden Verwendung des Identitätsbegriffs befasst sich Siems 2007.
14 Vgl. Cornelißen 2011. Er kritisiert bes. Claus Leggewie, der „Europas Erfolgsgeschichte nach 1945" als Ausgangspunkt einer künftigen europäischen Identität ansieht. Vgl. Leggewie 2009, S. 92; ausführlich Leggewie 2011. Cornelißens Kritik bezieht sich darauf, dass Leggewie die differenten Erfahrungen in Ost- und Ostmitteleuropa mit der sowjetischen Herrschaft und die daher unterschiedlichen Erinnerungen kaum einbeziehe. Ausgeblendet werde zudem die anhaltende Virulenz nationalstaatlicher Konflikte in diesem Raum. Ebd., S. 15, geht Cornelißen mit Blick auf den Nationalsozialismus und insbesondere auf den Holocaust auch darauf ein, welche Problematik eine Europäisierung oder sogar Universalisierung („als Anlass einer zeitlosen Ermahnung zur Humanität") des Erinnerns in sich birgt. Infolge dessen seien „die nationalen, regionalen, sozialen oder auch geschlechtlichen Erfahrungstatbestände immer stärker eingeebnet worden" und eine „schleichende Enthistorisierung der Vergangenheit zu beobachten."
15 Volkov 2001, S. 32 f.
16 Hurrelmann/Leibfried/Martens/Mayer (Hrsg.) 2008a.
17 FB Sozialwissenschaften, AG Friedens- und Konfliktforschung, HU Berlin (Hrsg.) 1993.
18 Vgl. dazu bes. die Arbeiten von Michael Zürn: Zürn 1998; Zürn/Joerges (Hrsg.) 2005; Leibfried/Zürn (Hrsg.) 2006; Zangl/Zürn 2008. Diese Arbeiten entstanden im Rahmen des Sonderforschungsbereichs 597 „Staatlichkeit im Wandel" der Universität Bremen, der zahlreiche weitere Publikationen hervorbrachte. Vgl. die Publikationslisten in: Hurrelmann/Leibfried/Martens/Mayer (Hrsg.) 2008a, S. 355–359, sowie die Homepage der University of Bremen, Collaborative Research Center 597: Transformations of the State: http://www.sfb597.uni-bremen.de/pages/pubAp.php?SPRACHE=en [Zugriff: 16.12.2012]. Eine etwas andere, die fortgesetzte Bedeutung des Nationalen stärker betonende Richtung vertritt Sassen 2008.

bleibt von ihm?[19] Hier wird die Frage nach dem Wandel der vorgestellten Gemeinschaft der Nation selbst in den Blick genommen. Dass dies unter wissenschaftlichen wie unter politischen Gesichtspunkten ein relevantes Anliegen ist, ergibt sich nicht zuletzt daraus, dass jener Nationalismus, dem Volkov eine zentrale Rolle bei der Neuordnung der heutigen Welt zumisst, ein ganz bestimmter Nationalismus ist: ein Ethnonationalismus, der sich vor allem seit dem Zerfall der Sowjetunion und Jugoslawiens auf dem Vormarsch befindet.[20] Zwar handelt es sich bei diesem Ethnonationalismus um eine neuere, aus dem Ende des Kalten Krieges resultierende Entwicklung. Doch die Etablierung ethnonationaler Vorstellungen reicht wesentlich weiter zurück.[21] Ihre Analyse kann dazu beitragen, die gegenwärtige Ambivalenz von Denationalisierungs- und Renationalisierungstendenzen analytisch weiter in den Griff zu bekommen. Dies anhand der Vorstellungen von der deutschen Nation in der westdeutschen Nachkriegsgesellschaft aufzuzeigen, ist das Erkenntnisinteresse dieser Studie.

1 Thema und Fragestellung

Gegenstand der Analyse ist die „Wiedererfindung"[22] oder, anders gesagt, die Rekonstruktion der vorgestellten Gemeinschaft der deutschen Nation nach dem Nationalsozialismus. Konkret beschäftigt sie sich in erster Linie mit der Ausformung nationaler Vorstellungen sowohl im (partei-)politischen Diskurs als auch durch die institutionelle politische Praxis[23] in der Gründungs- und Konsolidierungsphase der Bundesrepublik, der Ära Adenauer von 1949 bis 1963.[24] Als Akteure stehen dabei die CDU, der als führender Regierungspartei der stärkste Einfluss auf die institutionelle Praxis zugesprochen werden kann, sowie die SPD als größte

---

19 Deitelhoff/Steffek (Hrsg.) 2009.
20 Vgl. exemplarisch Claussen/Negt/Werz (Hrsg.) 2000.
21 Vgl. bezüglich der Entwicklung des Volksgruppenrechts nach 1945 Salzborn 2005.
22 Der Begriff ist angelehnt an den deutschen Titel von Anderson 1983: *Die Erfindung der Nation* (Anderson 1996). Zu Andersons Theorie siehe Abschnitt 3 dieser Einleitung, hier bes. Fn. 72.
23 Als Diskurs verstanden werden hier somit sprachliche Handlungen (Debatten, Texte etc.). Da die vorgestellte Gemeinschaft der Nation jedoch kein bloßes Phantasiegebilde ist, das nur durch Worte wirkmächtig wird, sondern sie sich ebenfalls – und z. T. abweichend vom Diskurs – in politischen Entscheidungen manifestiert, wird auch diese nicht-diskursive Praxis (Gesetze, internationale Verträge etc.) analysiert. Mehr dazu im Abschnitt 4 dieser Einleitung.
24 Vgl. Schwarz 1981; Schwarz 1983.

Oppositionspartei im Mittelpunkt.[25] Einbezogen werden außerdem die spezifischen Rahmenbedingungen jener Zeit wie der Kalte Krieg, die Anfänge der europäischen Integration, vor allem aber die Tatsache, dass die Alliierten das NS-Herrschaftssystem gerade erst niedergeschlagen hatten.

Infolge des Nationalsozialismus war auch der deutsche Nationalismus – nicht zuletzt durch die Interventionen der Alliierten – als Wort wie als politisches Programm diskreditiert.[26] Nicht nur, aber vor allem im deutschsprachigen Raum gelten Nationalsozialismus und Nationalismus seither quasi als Synonyme.[27] Der Begriff Nationalismus ist dementsprechend zumeist auf extrem nationalistische Haltungen, verstanden als aggressive Überhöhung der eigenen Nation bei Abwertung anderer Nationen, beschränkt. Positive Bezüge auf die Nation, die nicht offen aggressiv sind, werden hingegen als Nationalgefühl, Patriotismus etc. davon abgegrenzt.[28] Diese begriffliche Trennung und konträre Bewertung war auch schon unter den politischen Akteuren der Adenauerzeit vorherrschend. So sagte Konrad Adenauer am 23. März 1949, hier noch als Präsident des Parlamentarischen Rates, vor der Interparlamentarischen Union in Bern:

„Man kann das Wiedererwachen eines gesunden, sich in den richtigen Bahnen haltenden Nationalgefühls nur begrüßen, denn ein Volk, das kein Nationalgefühl mehr besitzt, gibt sich selbst auf. Man kann auch vom deutschen Volk nicht verlangen, daß es geistigen Widerstand gegen die Infiltration vom Osten her aufbringt, wenn es nicht national empfinden darf. Aber es kann meines Erachtens keine Rede davon sein, daß nationalistische Tendenzen irgendwie erheblich sich bemerkbar machen."[29]

---

25 Im Verlauf der Arbeit wird z.T. zusammenfassend von „den" Regierungsparteien, der Koalition o.Ä. gesprochen. Daher sei hier darauf hingewiesen, welche Koalitionen in der frühen Bundesrepublik bestanden: Sept. 1949: CDU/CSU, FDP, DP; Okt. 1953: CDU/CSU, FDP, DP, GB/BHE; Juli 1955: CDU/CSU, FDP, DP; Febr. 1956: CDU/CSU, FDP, DP; März 1956: CDU/CSU, DP, DA (FVP); März 1957: CDU/CSU, DP, (FVP); Okt. 1957: CDU/CSU, DP, FDP; Nov. 1961: CDU/CSU, FDP; Okt. 1963: CDU/CSU, FDP. Vgl. von Alemann 2010, S. 47.
26 Vgl. Kunze 2005, S. 46 f.; Wehler 2004, S. 87 ff.; Alter 1992, S. 188–202.
27 Die Annahme, beim Nationalsozialismus (wie beim Faschismus) handele es sich um extremen, radikalen oder integralen Nationalismus, ist die wohl gängigste in der Nationalismus- wie in der Faschismusforschung nach 1945. Zur meist synonymen Verwendung dieser Nationalismusbegriffe vgl. Alter 1985, S. 43; für die Nationalismusforschung vgl. u.a. Wehler 2004, S. 84 ff.; Mosse 1993; Hinweise zu weiteren Autoren und ein kritischer Einblick in die diesbezügliche Faschismusforschung bei Breuer 2005, S. 7 ff.
28 Diese begriffliche Abgrenzung findet sich zwar nicht nur im Deutschen, wird hier aber besonders strikt gehandhabt. Vgl. dazu Kunze 2005, S. 18, 47.
29 Adenauer 1967, S. 180. Vgl. dazu Alter 1992, S. 192 f.; für ähnliche Aussagen des SPD-Vorsitzenden Kurt Schumacher ebd., S. 199; zur Gegenüberstellung von Nationalismus und Nationalbewusstsein zu Beginn der Ära Adenauer auch Gabbe 1976, S. 46 f., 50, 61 ff.

In dieser Studie geht es an erster Stelle um dieses als „gesund" bzw. „normal" deklarierte Nationalgefühl und nur am Rande um als nationalistisch geltende Positionen. Um aber zu vermeiden, von vornherein eine absolute Grenze zwischen Nationalismus und Nationalgefühl zu ziehen, die, wenn überhaupt,[30] erst im spezifischen historischen Kontext auszumachen wäre, wird im Folgenden grundsätzlich von Nationenvorstellungen gesprochen.[31] Dadurch, dass dieser Begriff explizit alle Vorstellungen einschließt, die sich auf die deutsche Nation beziehen, lässt sich mit ihm auch verdeutlichen, dass die moderne Nation zwar als homogene Gemeinschaft vorgestellt wird, tatsächlich aber stets verschiedene Akteure mit unterschiedlichen Nationenvorstellungen darum konkurrieren, *auf welche Weise* sie vorgestellt wird.[32] Dies zeigt sich in der wechselvollen Geschichte und Vermischung von autoritär-völkischen bis hin zu demokratisch-emanzipatorischen Vorstellungen über die deutsche Nation, von Ethnos bis Demos.[33] Die Frage, wie sich dieses Mischungsverhältnis während der Ära Adenauer genau ausformte und wie sich darin (abermals) eine ethnisch konnotierte Nationenvorstellung durchsetzen konnte, steht im Zentrum der Analyse.

Zur Untersuchung dieser Frage bietet sich der politische Diskurs vor allem aus folgenden zwei Gründen als primäre Analyseebene an: *Erstens* hängen die neuzeitlichen Vorstellungen von Nation und Politik aufs Engste zusammen, hatte sich doch „die Politik" in ihren modernen, standardisierten Formen wie allgemeinen Wahlen, Parlamenten, Parteien etc. als abgegrenzter Bereich gegenüber „der Gesellschaft" selbst erst als Teil des Prozesses der Nationenbildung entwickelt.[34] Poli-

---

30   Adorno 1998b, S. 578, hat bereits dargelegt, dass die Trennung von Nationalismus und Nationalgefühl keine analytische ist, sondern den jeweiligen Herrschaftsverhältnissen entspringt und entsprechend willkürlich ist: „Die Grenze zwischen der gesunden und der pathogenen Meinung wird in praxi von der geltenden Autorität gezogen, nicht von sachlicher Einsicht." Zudem tendiere Nationalgefühl grundsätzlich dahin, Nationalismus zu werden: „Gesundes Nationalgefühl vom pathischen Nationalismus zu scheiden, ist so ideologisch wie der Glaube an die normale Meinung gegenüber der pathogenen; unaufhaltsam ist die Dynamik des angeblich gesunden Nationalgefühls zum überwertigen, weil die Unwahrheit in der Identifikation der Person mit dem irrationalen Zusammenhang von Natur und Gesellschaft wurzelt, in dem die Person sich zufällig befindet." Ebd., S. 589.
31   Eine Ausnahme bilden Zitate und Paraphrasen, bes. von Autor(inn)en aus dem angloamerikanischen Sprachraum, wo der Begriff Nationalismus nicht durchgängig pejorativ konnotiert ist.
32   Zum *Nationalismus als Konfliktphänomen* vgl. Müller 2001.
33   Zu dieser wechselvollen Geschichte vgl. Perels 1998; zum von den jeweiligen gesellschaftsgeschichtlichen Verhältnissen abhängigen Mischungsverhältnis „von Ethnos und Demos, ‚Staatsbürgernation' und ‚Volksnation'" Claussen 2000, S. 22 f.
34   Vgl. Anderson 2000, S. 46; zur Entstehung des Begriffs der Gesellschaft im Zuge der Entfaltung der bürgerlichen Gesellschaft zudem Institut für Sozialforschung 1991, S. 22–39.

tik hieß seither vor allem nationale Politik, d. h., sie fand im Wesentlichen im Rahmen der neu entstandenen Nationalstaaten statt und legitimierte sich durch den Bezug auf (angebliche) nationale Interessen als Mittel der Integration nach innen bei gleichzeitiger Abgrenzung nach außen.[35]

Nach dem Zweiten Weltkrieg fand jedoch ein einschneidender Wandel politischer Strukturen statt, der auch die Vorstellungen von Nation nicht unberührt ließ. „Nationalismus ist heute überholt und aktuell zugleich"[36] – diese Formulierung von Theodor W. Adorno aus dem Jahr 1959 verdeutlicht die Ambivalenz eben jenes Strukturwandels: So sei Nationalismus schon deshalb überholt, weil der Stand der Waffentechnik – gedacht sei an die Atombombe – die Nationen zur Einordnung in von Supermächten angeführte Großblöcke zwänge. Aktuell aber bleibe er, weil er weiterhin das erfolgreichste Mittel sei, „Hunderte von Millionen für Zwecke einzuspannen, die sie nicht unmittelbar als die ihren betrachten können."[37] Auch für die Parteien in der Ära Adenauer lässt sich zeigen, dass der Bezug auf die Nation wesentlich der Legitimation politischer Entscheidungen und der innergesellschaftlichen Integration in der Bundesrepublik diente. Dass die Nation diese Funktionen nach wie vor so gut ausfüllen konnte, liegt nicht zuletzt daran, dass ihre Entstehung historisch mit der Entstehung moderner Demokratien zusammenfiel.[38] Allerdings befanden sich die Nationalstaaten, die bisher den Ort der Demokratie und damit den Rahmen der Nation als politischer Willensgemeinschaft gebildet hatten, nach 1945 in einem bis heute andauernden „Eruptionsprozess"[39]. Seine Dynamik erhielt dieser Prozess neben dem Kalten Krieg auch durch die beginnende westeuropäische Integration. Mit der Gründung supranationaler Institutionen wurden politische Entscheidungen zumindest partiell erstmals aus dem nationalstaatlichen Rahmen gelöst und an eine übergeordnete europäische Instanz verwiesen. Die Legitimation der Entscheidungsträger blieb allerdings weiter über nationale Wahlen vermittelt.[40]

---

35 Zur zentralen Rolle nationaler Bezüge für die deutsche Politik bis 1945 vgl. bes. die Arbeiten von Hans-Ulrich Wehler: Wehler 1994; Wehler 2004; Wehler 1987–2008, Bd. 1–4; zum der modernen Nation inhärenten Widerspruch „zwischen Partizipation und Aggression" Langewiesche 1994, wiederabgedruckt in: Langewiesche 2000.
36 Adorno 1998c, S. 565.
37 Ebd., S. 566.
38 Vgl. bes. in Bezug auf die Nationen in der Neuen Welt Anderson 1996, S. 53 f.
39 Salzborn 2005, S. 13.
40 Dies kann als ein Grund für das viel beklagte Demokratiedefizit der EU gelten. Vgl. Habermas 1998; Richter 2011; Conze 2009, S. 97–106.

Für die Politiker[41] der Bundesrepublik kam hinzu, dass sie faktisch ohnehin nur im Rahmen des westdeutschen Staates, also einem Teilgebiet des vormaligen deutschen Nationalstaats, agieren konnten. Eine Einschränkung erfuhr dieser äußere Zwang zur Denationalisierung allerdings durch die unter den Parteien vorherrschende und noch ausführlich analysierte Annahme, dass der deutsche Nationalstaat völker- und staatsrechtlich gesehen weiter bestehe und die Bundesrepublik diesen treuhänderisch vertrete. Auch für diese Annahme fehlte jedoch notgedrungen die Legitimation durch ein gesamtdeutsches Parlament.

Der im Rahmen dieses politischen Strukturwandels sowie schon angesichts der Diskreditierung des deutschen Nationalismus nach 1945 erforderlichen Neuformierung der Vorstellungen von der deutschen Nation im politischen Diskurs kommt *zweitens* auch eine darüber hinausgehende Bedeutung zu. Denn die in einer Gesellschaft insgesamt vorherrschenden Vorstellungen und Haltungen werden entscheidend durch den politischen Diskurs mit geformt, stellt dieser doch ein bestimmtes Arsenal an gesellschaftlich akzeptablen Deutungsangeboten zur Verfügung, aus dem sich die Menschen gleichsam bedienen können. Dies gilt zwar ähnlich für mediale, wissenschaftliche oder rechtliche Diskurse; jedoch kommt dem politischen Diskurs besondere Relevanz zu, da hier zugleich „die institutionellen Machtmittel vorliegen, um symbolische Ordnungen in je spezifischen Politikbereichen auch materiell wirksam werden zu lassen."[42] Vor allem durch die Gesetzgebung gestalten die politischen Akteure auch maßgeblich die sozioökonomischen Bedingungen, unter denen sich die Nationenvorstellungen ausformen. Ferner sind die im politischen Diskurs erzeugten Deutungsangebote mit starker institutioneller Autorität versehen, da Politik als der Ort gilt, an dem im Interesse der Allgemeinheit verhandelt und entschieden wird.[43]

Allerdings sollte der über diskursive und nicht-diskursive Handlungen vermittelte Einfluss politischer Instanzen auch nicht überschätzt werden. Zum einen kann aus dem politischen Diskurs lediglich auf potenzielle Wirkungen und Bedürfnisstrukturen geschlossen werden.[44] Dass dies möglich ist, liegt vor allem

---

41 Dass im Folgenden auf eine durchgehend konsequente weiblich/männliche Schreibweise verzichtet wird, soll gerade im Fall der Politiker nicht nur der besseren Lesbarkeit dienen. Gleichermaßen von Politikerinnen und Politikern zu schreiben, würde auch verdecken, dass die Parteien in den hier untersuchten Debatten bis auf wenige Ausnahmen (z. B. die Zentrumsabgeordnete Helene Wessel) in der Tat fast ausschließlich Männer ans Rednerpult schickten.
42 Geden 2006, S. 33.
43 Vgl. ebd.; ausführlich am Beispiel der USA Edelman 1976.
44 Herausragendes Beispiel für eine Analyse potenzieller Wirkungen und Bedürfnisstrukturen anhand von Texten faschistischer Agitatoren in den USA der 1930/40er-Jahre ist Löwenthal

daran, dass in einer repräsentativen Demokratie zwar keine Identität zwischen Entscheidungsträgern und Bevölkerung besteht, die Entscheidungsträger jedoch schon deshalb, weil sie meistens eine (Wieder-)Wahl anstreben, bemüht sind, die Interessen ihrer Wählerinnen und Wähler bzw. den „empirischen Volkswillen" aufzugreifen.[45] Somit wirkt nicht nur der politische Diskurs einseitig auf die Bevölkerung, sondern die politischen Akteure passen sich umgekehrt auch an die (von ihnen antizipierten oder durch Meinungsumfragen erschlossenen) Bedürfnisse der Bevölkerung an. Gleichwohl bleibt der politische Einfluss hier ein vermittelter – abgesehen davon gibt in einer pluralistischen Gesellschaft zu einer politischen Frage stets mehrere Deutungsangebote, womit es letztlich bei jeder und jedem Einzelnen liegt, welche Deutungsangebote wie angeeignet werden.[46]

Zum anderen hatten in der erst ab 1955 souveränen[47] Bundesrepublik die Alliierten, zumal bei Grundsatzentscheidungen, ein gewichtiges Wort mitzureden. Schließlich besitzen auch andere Instanzen entscheidenden Einfluss. So ist neben der Gesetzgebung in einem bestimmten Politikfeld etwa auch die Rechtsprechung dazu von maßgeblicher Bedeutung.[48]

Vor diesem Hintergrund sind die zentralen Thesen der Studie zu benennen:

1. *Die (deutsche) Nation als vorgestellte Gemeinschaft ist nach 1945 weiterhin relevant.* Insbesondere diente sie den politischen Akteuren in der frühen Bundesrepublik nach wie vor als Mittel zur Legitimation von Entscheidungen wie zur Integration der Bevölkerung in das politische System bzw. zu ihrer Vereinnahmung für die eigene Partei und Position.
2. *In der frühen Bundesrepublik konkurrierten staatsbezogene mit vorstaatlichen bzw. vorkonstitionellen Vorstellungen von der deutschen Nation.* Erstere finden sich tendenziell in der SPD, letztere in der Union verankert. Auf den ersten

---

1982. Seine Herangehensweise ist allerdings deutlich stärker psychoanalytisch orientiert, als es in dieser Studie der Fall ist.

45 Zur Unterscheidung von hypothetischem und empirischen Volkswillen sowie grundlegend zum Verhältnis von repräsentativen und plebiszitären Elementen in verschiedenen Demokratien vgl. die klassische Analyse von Fraenkel 2007.

46 Das *Gruppenexperiment* spricht hier vom „subjektiven Faktor", der bewirkt, dass trotz eines vorherrschenden „geistigen Klimas" nicht alle gleich denken. Pollock (Bearb.) 1955, S. 23 f.

47 Für alle Berlin und Deutschland als Ganzes betreffenden Fragen blieben allerdings weiterhin die Alliierten zuständig.

48 Besonders gilt dies für den Umgang mit NS-Täter(inne)n. Zur ambivalenten Rolle der Justiz und den z. T. äußerst milden Urteilen vgl. mehrere der Beiträge in: Perels 1999a, z. B. im Hinblick auf den Huppenkothen-Prozess Perels 1999g.

Blick scheint es zwar manchmal, als hätten Konservative und Sozialdemokraten im Vergleich zur Weimarer Republik quasi ihre Rollen „getauscht". So trat die CDU/CSU besonders strikt für die Westintegration ein, während die SPD mit betont nationalen Argumenten dagegen opponierte.[49] Eine differenzierte Analyse zeigt jedoch, dass es sich nicht um eine bloße Verschiebung des Nationalismus von rechts nach links resp. um eine Konfrontation von Antinationalismus und Nationalismus handelte,[50] sondern um verschiedene Formen von Nationenvorstellungen.

3. *Im Verlauf der Ära Adenauer erwies sich die vorstaatliche und vorkonstitutionelle Vorstellung von der deutschen Nation als hegemonial.* Die deutsche Nation wurde mithin weniger im Sinne einer vom Willen der Subjekte konstituierten, politischen Willensgemeinschaft denn als ein über vermeintlich objektive Kriterien wie gemeinsame Geschichte, Kultur und Abstammung/Herkunft bestimmtes Kollektiv re-imaginiert. In diese Vorstellung konnten überdies auch in der NS-Zeit generierte, volksgemeinschaftliche Elemente erneut Eingang finden.

4. *Die Nationenvorstellungen formten sich primär als unkalkuliertes Produkt politischer Debatten und Entscheidungen wie zugleich des konflikthaften Verhältnisses der politischen Akteure zur deutschen Nation nach der NS-Zeit aus.* Die Rekonstruktion der Nation konnte in der Ära Adenauer schon deshalb kein eigenständiges politisches Projekt sein, weil der deutsche Nationalismus nach 1945 negativ konnotiert war. Die Ausformung der Nationenvorstellungen ergab sich nicht zuletzt durch die Gratwanderung der politischen Akteure, sowohl die NS-Vergangenheit „loswerden" wie zugleich die Nation bewahren zu wollen.

Um diesen Thesen nachzugehen, kann die Studie neben der eigenen Quellenanalyse auf verschiedene Arbeiten aus diversen Disziplinen, insbesondere den Sozial-, Geschichts- und Rechtswissenschaften, zurückgreifen. Sie versteht sich dabei als politikwissenschaftlicher Beitrag zur interdisziplinären Diskussion über die Ausformung der Nationenvorstellungen nach 1945 und richtet ihr Augenmerk vor-

---

49 Demgemäß fällt auch das Bild der Vorsitzenden der beiden großen Parteien aus: Adenauer gilt als überzeugter Antinationalist, Schumacher als vehementer Nationalist. Zu Adenauer vgl. bes. Doering-Manteuffel 1989; Schwarz 1991a; Schwarz 1991b; zu Schumacher vgl. Merseburger 2010; Merseburger 1995; zu seiner Darstellung in der west- und ostdeutschen Nachkriegspresse Rammer 2003; zu seinem Nachfolger Erich Ollenhauer u. a. Seebacher-Brandt 1984.
50 So aber die Interpretation von Winkler 1993.

nehmlich auf Parlamentsdebatten und die Gesetzgebung, auf politische Interessen, (Legitimations-)Strategien und ihre Umsetzung. Anders als eine „klassisch" politikgeschichtliche Arbeit zielt die Studie dabei nicht darauf, interne Entscheidungswege anhand von Archivbeständen nachzuzeichnen, sondern auf die analytische Bestimmung der nachnationalsozialistischen Nationenvorstellungen und auf die Rekonstruktion der Dynamik ihrer Ausformung im Rahmen politischer Entscheidungsprozesse.

2 Stand der Forschung

Die Vorstellungen von der deutschen Nation in Vergangenheit und Gegenwart sind Thema zahlreicher sozialwissenschaftlicher und historischer Arbeiten der Nationalismusforschung. Die Ära Adenauer stand bislang allerdings verhältnismäßig selten im Zentrum des Interesses.[51] Das gilt auch für die Vielzahl an Gesamtdarstellungen und zeitlich übergreifenden Sammelbänden zur deutschen Nation, in denen die frühe Bundesrepublik vorwiegend kursorisch behandelt wird und im Vergleich zu anderen Phasen deutscher Geschichte – vor allem der Entstehung moderner Nationenvorstellungen um 1800 und ihrer Hochkonjunktur während der Existenz des ersten deutschen Nationalstaats von 1871 bis 1945 sowie der Renaissance nationaler Vorstellungen seit der Wiedervereinigung von 1989/90 – von untergeordneter Bedeutung bleibt.[52]

Es existieren jedoch einige Einzelstudien, die sich im Hinblick auf die Adenauerzeit mit der Rekonstruktion der Vorstellungen von der deutschen Nation nach dem Nationalsozialismus befassen und dazu verschiedene Bereiche, z. B. Spielfilme, die Presse oder die öffentliche Diskussion über die Kriegsschuld, ausleuchten.[53] Auch das Verhältnis der westdeutschen Parteien zur Nation war bereits

---

51 Hier wird der Forschungsstand zu den Nationenvorstellungen in der Ära Adenauer im Allgemeinen referiert. Die Literatur zu speziellen Einzelproblemen, z. B. zu verschiedenen Territorialfragen, wird hingegen in den jeweiligen Kapiteln an Ort und Stelle angegeben.

52 Besonders in Großbritannien sind einige wichtige Überblickswerke entstanden, vgl. zur Zeit nach 1945 z. B. Fulbrook 1999; als zeitlich umfassendere Darstellungen Fulbrook 2005; Fulbrook 2002; Fulbrook/Swales (Hrsg.) 2000; Fulbrook/Breuilly (Hrsg.) 1997; Speirs/Breuilly (Hrsg.) 2005; Breuilly 1999; Breuilly (Hrsg.) 1993; Berger 2004; Berger 1997; Williamson 2005; für die deutschsprachige Forschung vgl. u. a. Malzahn 2005; Wehler 2004; Langewiesche 2000; Klueting (Hrsg.) 1992.

53 Vgl. Fehrenbach 1995; Westermann 1990; Kiefer 1993; Liebhart 1971; Steinle 1995.

Gegenstand vor allem der politikwissenschaftlichen Forschung. Einen Schwerpunkt bilden hierbei Untersuchungen rechtsextremer Parteien.[54]

Eine Pionierstudie zum Verhältnis der Parteien der politischen Mitte zur deutschen Nation in der Bundesrepublik in der Zeit von 1949 bis 1955 legte der Politikwissenschaftler Jörg Gabbe mit seiner Dissertation von 1976 vor.[55] Seine detaillierte Darstellung zeichnet ein widersprüchliches Bild der damaligen Nationenvorstellungen als einer Mischung von alten, autoritären und neuen, demokratischen Elementen, wobei Gabbe einen entscheidenden Trend in der Mäßigung bzw. Läuterung der Nationenvorstellungen infolge einer bewussten Verarbeitung der NS-Zeit ausmacht.[56] Seine Untersuchung bietet zahlreiche Anknüpfungspunkte, die in dieser Arbeit aufgenommen und fortgeführt werden, zum Teil aber auch zu modifizieren sind. So beruht Gabbes Schlussfolgerung eines Trends zur Läuterung u. a. darauf, dass er die institutionelle Praxis nur partiell einbezieht. Die auch gegenüber schwer belasteten NS-Tätern äußerst großzügige Vergangenheitspolitik etwa bleibt weitgehend außen vor, obwohl ihre Berücksichtigung die Annahme von der Läuterung bedeutend einschränkt.[57] Anders als in Gabbes eher ideengeschichtlich angelegter Analyse, die das vielfältige Spektrum an Nationenvorstellungen veranschaulicht, wird hier außerdem das Anliegen verfolgt, mithilfe der Kritischen Diskursanalyse die Genese der Nationenvorstellungen im Kontext der politischen Debatten und Entscheidungen der Adenauerzeit als Prozess herauszuarbeiten und dabei die Zusammenhänge mit den spezifischen Interessenlagen der politischen Akteure aufzuzeigen. Auf diese Weise wird auch ersichtlich, welche Nationenvorstellungen sich warum als hegemonial erwiesen – und wie weit die Grenzen der Demokratie dabei selbst von den gemäßigten Parteien manches Mal überschritten wurden.

Schließlich ist Gabbes verdienstvolle erstmalige Erschließung weiter Teile der Quellen für die Nationalismusforschung auf die Zeit bis zur Mitte der 1950er-

---

54 Vgl. als ältere Überblicke Jenke 1967; Dudek/Jaschke 1984; als Spezialstudien u. a. zur Deutschen Gemeinschaft/Aktionsgemeinschaft Unabhängiger Deutscher Stöss 1980; zur Deutschen Reichspartei Sowinski 1998; zur Sozialistischen Reichspartei Hansen 2007; als aktuelle Gesamtdarstellung Botsch 2012.
55 Vgl. Gabbe 1976.
56 Vgl. Gabbe 1976, bes. S. 60–64 sowie S. 140, 147, 153, 156, 162 ff., 188, 206, 228, S. 230 ff. Als Ausnahme markiert Gabbe, ebd., z. B. S. 131 f., zu Recht das Verhältnis zur Sowjetunion.
57 Gabbe problematisiert den Umgang mit der NS-Vergangenheit primär für die DP und die FDP (z. B. anhand des Hedler-Skandals und der Naumann-Affäre). Die entsprechenden Reaktionen von Union und SPD kommen hingegen ebenso wie die von fast allen Parteien mitgetragene Integration weiter Kreise der NS-Täter nur magrinal vor. Vgl. dazu inzwischen Frei 1999; von Miquel 2004.

Jahre begrenzt. Stabilität und Instabilität wesentlicher Elemente der Vorstellungen von der deutschen Nation werden aber erst erkennbar, wenn man die Ära Adenauer als Ganzes in den Blick nimmt. Das Jahr 1955 markiert darin eine wichtige Zäsur, nach der weitere entscheidende Veränderungen im Verhältnis der Parteien zur deutschen Nation stattfanden. So bewirkte die Erlangung der Souveränität in eben diesem Jahr, dass die zuvor gerade in der Koalition stark verankerte Kritik am Prinzip des Nationalstaats rapide nachließ. Auch die im letzten Drittel der 1950er-Jahre einsetzende „Vergangenheitsbewältigung" bildet einen wichtigen Wendepunkt, leitete sie doch eine neue Art des Umgang mit der NS-Vergangenheit und damit auch eine veränderte Erzählweise einer deutschen Nationalgeschichte ein.

Gegenstand sind die Vorstellungen von der deutschen Nation in der Adenauerzeit auch in einigen Arbeiten zum Verhältnis von europäischer und nationaler Identität, so in den Dissertationen des Historikers Maximilian Müller-Härlin und des Politikwissenschaftlers Stefan Seidendorf.[58] Beide Autoren gehen diskursanalytisch vor und nehmen sowohl einen Vergleich verschiedener Länder als auch Zeitpunkte vor. Während Seidendorf einen langfristigen Trend der Europäisierung nationaler Identitäten feststellt, betont Müller-Härlin stärker die fortbestehende Zweigleisigkeit von nationaler und europäischer Identität. Unabhängig von diesen unterschiedlichen Resümees steht bei beiden Untersuchungen im Gegensatz zu dieser Arbeit nicht die Frage nach der Rekonstruktion nationaler Vorstellungen in der frühen Bundesrepublik im Mittelpunkt, sondern die nach der Entstehung einer europäischen Identität seit den Anfängen der Einigung Europas bis zur Gegenwart. Beide Studien enthalten somit zwar viele Anregungen hinsichtlich der Vorstellungen zur deutschen Nation und vor allem der parallelen Entwicklungen in anderen europäischen Ländern; aufgrund ihrer Fragerichtung wird in ihnen die Ära Adenauer jedoch nur ausschnitthaft als Vergleichspunkt zur heutigen Zeit betrachtet und der in ihr ablaufende Rekonstruktionsprozess der Nationenvorstellungen folglich nur punktuell erörtert. Diesen Prozess und seine ihm eigene Dynamik gilt es hier in einer ausführlichen Analyse dieses Zeitraums zu erfassen. Mit dieser Beschränkung können die diskursiven Deutungen zudem we-

---

58 Vgl. Müller-Härlin 2008; Seidendorf 2007. Müller-Härlin vergleicht in seiner Studie die Parlamentsdebatten in Deutschland, Frankreich und Großbritannien zum einen zum *Schumanplan* und zur Europäischen Verteidigungsgemeinschaft (EVG) in den Jahren 1950 bis 1952 sowie zum anderen zu den Verträgen von Maastricht in den Jahren 1991 bis 1993. Seidendorf nimmt die Berichterstattung in französischen und deutschen Zeitungen erstens zu Beginn der europäischen Integration und ebenso vor allem zur EVG im Jahr 1952 sowie zweitens zu den Sanktionen gegen Österreich und zur EU-Verfassung im Jahr 2000 in den Blick.

sentlich stärker ins Verhältnis zur politischen Praxis gesetzt werden, als es in zeitlich und räumlich umfassenderen Studien möglich ist.

Da diese Studie davon ausgeht, dass es gerade im Zusammenspiel von Denationalisierungs- und Renationalisierungstendenzen zu einer spezifischen, als historisch-kulturell-ethnisch zu bezeichnenden Ausformung der Vorstellungen von der deutschen Nation kommt, sind für sie auch jene Arbeiten relevant, die sich eingehend mit einer dieser Tendenzen befassen. Eine eindeutige Tendenz zur Denationalisierung konstatieren vor allem die Vertreter der Postnationalismus-These. Einer der ersten, der die Bundesrepublik „als post-nationale Demokratie unter Nationalstaaten" bezeichnete, war 1976 der Zeithistoriker Karl-Dietrich Bracher.[59] Damit suchte er, wie Heinrich August Winkler diese Aussage einordnet, die Besonderheit des westdeutschen (Teil-)Staates gegenüber anderen Staaten in Europa und dem transatlantischen Bündnis zu benennen, was aber, so Winklers Kritik, angesichts der deutschen Einheit gut ein Jahrzehnt später verfrüht gewesen sei.[60] Diese Kritik argumentiert allerdings allein aus nachträglicher Perspektive. Sie kann somit nicht ausschließen, dass es vor der Einheit eine postnationale Gesellschaft gab. Zudem haben auch nach 1989/90 einige der Elemente Bestand, die als postnationale Charakteristika der alten Bundesrepublik galten. Historiker wie Hans-Ulrich Wehler und Peter Alter haben neben dem Ende des hergebrachten Nationalstaats nach 1945 weitere solcher Charakteristika herausgearbeitet.[61] Den Ausgangspunkt bildet die Diskreditierung des deutschen Nationalismus, infolge derer fortan andere Kollektivvorstellungen wichtiger als die Nation geworden seien. Genannt werden insbesondere die Etablierung einer übernationalen Wir-Vorstellung in Europa und dem Westbündnis, die Stärkung der Bundesländer durch den föderativen Staatsaufbau, der Stolz auf die wirtschaftliche Leistungsfähigkeit der Bundesrepublik und die Festigung demokratischer Normen im Grundgesetz. Weitgehend ausgeblendet werden dabei jedoch die Renationalisierungstendenzen in der westdeutschen Nachkriegsgesellschaft, so auch der Umstand, dass gerade die politischen Akteure weiterhin häufig auf die deutsche

---

59 Im Nachwort zur 5. Neuauflage von *Die deutsche Diktatur*, Bracher 1976, S. 544. Vom Beginn eines postnationalen Zeitalters sprach zuvor schon der Soziologe Eugen Lemberg 1973.
60 Vgl. Winkler 2004, bes. S. 8 ff.
61 Vgl. zu Folgendem zusammenfassend Kunze 2005, S. 46 ff., sowie bes. Alter 1992, Wehler 2004, S. 87 ff., 104–115, und Bd. 5 der *Deutschen Gesellschaftsgeschichte* von Wehler 2008, bes. S. 298–303, wo er zwar seine Einordnung der Bundesrepublik als postnational aufgrund der Fortexistenz nationalistischer Tendenzen an den gesellschaftlichen Rändern etwas relativiert, jedoch prinzipiell an seiner Grundaussage festhält.

Nation Bezug nahmen, was nicht dafür spricht, dass die Nation so unbedeutend geworden war, wie die Vertreter der Postnationalismus-These annehmen. Ohnehin herrscht in der wissenschaftlichen Diskussion keine Einigkeit darüber, ab wann genau von einer postnationalen Tendenz gesprochen werden kann. Während die genannten Historiker diese Tendenz bereits ab 1945 konstatieren, gehen andere Autorinnen und Autoren besonders aus den Sozialwissenschaften davon aus, dass sich erst ab den 1970er-Jahren eine, wie Jürgen Habermas es formulierte, „postnationale Konstellation" durchsetzte.[62] Festgemacht wird dies vor allem am Bedeutungsverlust resp. Funktionswandel des Nationalstaats im Zuge der sich verschärfenden Globalisierung. Im Unterschied zur ersten Variante der Postnationalismus-These, die die fortgesetzte Relevanz der Nation nach 1945 in Abrede stellt, neigt die zweite Variante jedoch dazu, die schon seit Ende des Zweiten Weltkrieges und somit auch in der Ära Adenauer wirksamen Denationalisierungstendenzen außen vor zu lassen, insbesondere die Auswirkungen der Bildung erster supranationaler Institutionen in Europa.

Einen anderen Weg, mit der Widersprüchlichkeit der Vorstellungen von der deutschen Nation nach 1945 umzugehen, geht der Historiker Konrad Jarausch. Um ihre Ambivalenz zu bezeichnen, verwendet er den paradoxen Begriff der „postnationalen Nation", die die deutsche Nation seit 1945 bis mindestens in die 1990er-Jahre darstelle.[63] Er bezieht sich dabei in erster Linie auf das Alltagsverständnis von Nation, in dem er zwei Tendenzen erkennt: einerseits die – sowohl durch die Alliierten erzwungene als auch durch eigene Lernprozesse bewirkte – Abkehr vom extremen Nationalismus der NS-Zeit, andererseits ein Festhalten an einem kollektiven Selbstwert- und Zusammengehörigkeitsgefühl bei West- und Ostdeutschen, insbesondere bei letzteren. Langfristig hat sich dabei auch nach Auffassung von Jarausch der Trend zur Denationalisierung durchgesetzt. Allerdings sei dieser Trend von anderen demokratischen Staaten nicht nachvollzogen worden, „da sie keinen ähnlichen Zwang spürten, sich von ihrer eigenen Vergangenheit und Identität zu trennen."[64] Damit weist Jarausch auf eine entscheidende Ursache für die gerade in den ersten Jahren der Bundesrepublik stark präsenten Bekenntnisse zum Supranationalismus speziell des bürgerlichen Lagers hin. Die Ära Adenauer streift er in seiner Analyse allerdings nur kurz. Zudem macht der Begriff der „postnationalen Nation" zwar die Ambivalenz und Konflikthaftigkeit deutlich, die auch das Verhältnis der politischen Akteure der Adenauerzeit zur

---

62 Habermas 1998. Vgl. außerdem bes. die bereits in Fn. 18 genannten Arbeiten.
63 Zuerst Jarausch 1995; vgl. dazu wie zu Folgendem auch Jarausch 2004, hier bes. S. 64–96.
64 Jarausch 2004, S. 96.

deutschen Nation kennzeichnete. Der genaue Zusammenhang der beiden in diesem Begriff angesprochenen Elemente bleibt jedoch zu präzisieren.

Diese Studie möchte zeigen, wie sich die von Jarausch angesprochenen Elemente des Nationalen und des Postnationalen (bzw. Supranationalen) in den Vorstellungen von der deutschen Nation, wie sie im politischen Diskurs und durch die institutionelle Praxis der Adenauerzeit geformt wurden, miteinander verknüpften. Im Zuge dessen geht es auch darum, die diversen im Parteienspektrum vorhandenen Nationenvorstellungen besonders im Hinblick auf die beiden großen Parteien CDU und SPD systematisch zu verorten. Vor allem aber soll verfolgt werden, wie sich aus den damaligen Debatten und Entscheidungen eine bestimmte Richtung ergab, in der sich die Nationenvorstellungen entwickelten.

3 Theoretische Vorüberlegungen: Nation, Ethnie, NS-Volksgemeinschaft

Um die Rekonstruktion nationaler Vorstellungen in der frühen Bundesrepublik analytisch zu erfassen, wird hier vor allem an den sozialkonstruktivistischen Ansatz der Nationalismustheorie angeknüpft, wie er seit den 1980er-Jahren besonders von Autoren wie Eric Hobsbawm, Ernest Gellner und Benedict Anderson geprägt wurde.[65] Gemeinsam ist ihnen, dass sie die Nation nicht als etwas Natürlich-Authentisches, sondern als ein historisch relativ junges, mit der Amerikanischen und Französischen Revolution am Ende des 18. Jahrhunderts entstandenes Produkt menschlichen Vorstellens und Handelns begreifen, das sich im Prozess der Durchsetzung der kapitalistischen Produktionsweise, souveräner Territorialstaaten und neuer Kommunikationstechnologien etablierte.[66] Im Fokus dieses Ansatzes stehen damit einerseits die symbolischen Konstruktionen der Nation in der menschlichen Vorstellungswelt, so die „Erfindung" gemeinsamer historisch-kultureller Traditionen,[67] zu der auch Sprache, Territorium oder Herkunft

---

65 Die 1980er-Jahre können mit Wehler 2004, S. 7, als „Wendepunkt" der Nationalismusforschung benannt werden, nach dem Analysen des sozialen Konstruktionsprozesses der Nation gegenüber essenzialistischen Theorien von ihr als quasi-natürlicher Einheit (wieder) an Bedeutung gewannen. Eine Zäsur markiert besonders das Jahr 1983, in dem mit Hobsbawm/Ranger (Hrsg.) 1983, Gellner 1983 und Anderson 1983 gleich drei maßgebliche Werke erschienen.

66 Die Bedeutung der Ausweitung von Kommunikationsnetzen infolge verstärkter sozialer Mobilität bei gleichzeitig zunehmender territorialer Integration für die Entstehung moderner Nationen hatte zuvor bereits der Politikwissenschaftler Karl W. Deutsch 1972 herausgearbeitet.

67 Vgl. dazu vor allem Hobsbawm/Ranger (Hrsg.) 1983.

als Übereinstimmungskriterien hinzutreten können, andererseits die materiellen Ausgangsbedingungen und Auswirkungen dieses Konstruktionsprozesses.

Gellner und Hobsbawm betonen dabei vor allem den weltanschaulichen Charakter des Nationalismus als „politisches Prinzip, das besagt, politische und nationale Einheiten sollten deckungsgleich sein"[68]. Demgegenüber regt Anderson an, „ihn eher in anthropologischem Sinne zu begreifen [...], als eine Form des In-der-Welt-Seins, der wir alle unterworfen sind, anstatt in ihm eine fremde, lediglich angenommene politische Ideologie zu sehen."[69] Das heißt nicht, dass die Nation einem überzeitlichen menschlichen Bedürfnis entspringt. Anderson geht es vielmehr darum, den globalen Erfolg und die Beharrungskraft des Modells der Nation zu erklären. Die Ursachen dafür sieht er in der umfassenden Entwurzelung der Menschen im Zuge der Entstehung des Kapitalismus,

„jener großen Transformation, durch die die fundamentalen Alltagsvorstellungen von Raum und Zeit radikal verändert wurden, und in der Tatsache, daß es durch die Zerstörung uralter Gemeinschaften [der religiösen Gemeinschaften und der dynastischen Reiche als universale, unhinterfragbare Bezugssysteme, Anm. d. Verf.] notwendig wurde, daß wir uns ein Bild von uns selbst machen und dieses unablässig immer wieder neu entwerfen müssen."[70]

Dabei wird Nationalismus zweifellos zum bewusst betriebenen Projekt politischer Anführer und Bewegungen. Überdies prägt die Nation, verstanden als „vorgestellte politische Gemeinschaft – vorgestellt als begrenzt und souverän",[71] jedoch alle Menschen, die von jener grundlegenden Transformation betroffen sind.[72] Vor dem Hintergrund dieser materiellen Verankerung der Nation ist die verbale Abgrenzung der Parteien der Adenauerzeit gegen „Nationalismus" und die, wenigs-

---

68 Gellner 1991, S. 8; zustimmend zitiert bei Hobsbawm 2005, S. 20. Im Folgenden wird von Nationalismus gesprochen, weil auch die genannten Autoren diesen Begriff verwenden.
69 Anderson 1996, S. 209.
70 Ebd., S. 209 f.
71 Ebd., S. 15.
72 Die „Erfindung" der Nation im Sinne Andersons ähnelt daher am ehesten einer technischen Erfindung – bestehend aus der Idee zur Bewältigung eines zeit- und gesellschaftsgebundenen Problems, den materiellen Objekten, in denen diese Idee realisiert wird, und einem dadurch revolutionierten Ordnungssystem, dessen konstruierter, d. h. kommunikativ ausgehandelter Charakter jedoch völlig in Vergessenheit geraten kann, sobald es sich als Konvention etabliert hat. Vgl. Jureit 2001b, bes. S. 9–14. Die Rede von der Realisierung einer „Idee" ist allerdings insofern missverständlich, als dass Anderson nicht in einer idealistischen Tradition steht. Die Nation ist für ihn vielmehr ein (ebenso historisch zufälliges wie gesellschaftlich notwendiges) Produkt der Entstehung moderner kapitalistischer Gesellschaften.

tens jenseits der politischen Rechten, sinkende Relevanz offen aggressiver Bezüge auf Nation nicht unbedingt mit einem Ende der vorgestellten Gemeinschaft der deutschen Nation überhaupt gleichzusetzen.

So widerspricht Anderson auch der These Hobsbawms vom Ende des nationalen Zeitalters nach 1945, wobei er ebenfalls nicht davon ausgeht, dass die Nationenvorstellungen einfach gleich geblieben sind.[73] Stattdessen schlägt Anderson vor, die seither zu beobachtende doppelte Dynamik von Denationalisierung und Renationalisierung weniger als bloßen Gegensatz denn als zwei Seiten einer Medaille im Rahmen jener grundlegenden Transformation des Kapitalismus zu begreifen, die gemeinhin als Globalisierung bezeichnet wird.[74] Sichtbar werde die bereits zu Beginn des 20. Jahrhunderts einsetzende Transformation etwa in den Umwälzungen im Transportwesen (Autos, kommerzieller Flugverkehr) und Kommunikationstechniken (Radio, Telefon, Film, Fernsehen bis hin zu Video und Internet). Diese Entwicklungen sieht Anderson als integrale Bestandteile der Transnationalisierung des fortgeschrittenen Kapitalismus an, im Zuge derer auch ökonomische und soziale Ungleichheit globalisiert wird, d. h. zwischen verschiedenen Teilen der Welt stark anwächst. Dadurch komme es einerseits zu verstärkten Entwurzelungs- und Migrationsprozessen. Andererseits sei es durch die neuen Transport- und Kommunikationsmittel auch immer besser möglich, über weite Entfernungen Verbindungen zur „eigenen" Nation aufrechtzuerhalten. Daraus folge ein grundlegender Formwandel nationaler Vorstellungen. Eine wesentliche Tendenz dieses Wandels erblickt Anderson in der Ethnisierung der Nation, d. h. in der zunehmenden Verdrängung der Vorstellungen von ihr als politischer Willensgemeinschaft zugunsten ihrer Imagination als vermeintlich authentisches ethnisches Kollektiv.[75] Forciert werde diese Entwicklung gegenwärtig besonders durch rechtspopulistische und rechtsextreme Kräfte in Europa und den USA und ihre Versuche „to draw a sharp line between the political nation and a putative original *ethnos*."[76] Die ethnische Ausprägung von Nationenvorstellungen ist dabei al-

---

73 Vgl. Anderson 1996, S. 212 ff.
74 Vgl. dazu sowie zu Folgendem bes. Anderson 2002.
75 Die zweite zentrale, mit der Tendenz zur Ethnisierung korrespondierende Tendenz besteht nach Anderson in der Entstehung eines Exilnationalismus, dessen Vertreter sich lediglich ethnisch ihrer jeweiligen Nation zugehörig fühlten, aber meist nicht beabsichtigten, dort auch zu leben. Während sich der Exilnationalismus vor allem auf die vormalige „Zweite" und „Dritte Welt" richtet, findet sich die Tendenz zur Ethnisierung ebenfalls und gerade in den USA und Europa.
76 Anderson 2002, S. 72 (Herv. i. Orig.). Zum Anwachsen des Rechtspopulismus im Kontext der Globalisierung vgl. auch Zürn 2001 sowie die Beiträge in: Hentges/Lösch (Hrsg.) 2011.

lerdings weitaus mehr als eine aktuelle und auf rechtsextreme Kreise beschränkte Entwicklung.

An diese Überlegungen knüpft die vorliegende Studie an. Sie geht somit davon aus, dass die Denationalisierung auch ihr genaues Gegenteil hervorbringt: eine Renationalisierung, die ebenso eine Abwehrreaktion auf die Denationalisierungstendenzen darstellt, wie sie diese in bestimmter Weise in sich aufnimmt. Der Tendenz nach entkoppelt sich die vorgestellte Gemeinschaft der Nation im Zuge dessen immer mehr von staatlichen Strukturen und verschmilzt mit der eigentlich antistaatlichen Vorstellung von Ethnien. Denn wie ihre gedankliche „Verwandte", die Vorstellung von Rasse, liegt die vorgestellte Gemeinschaft der Ethnie gleichsam quer zum (National-)Staat. Sie definiert sich nicht über den Willen einer Gruppe von Menschen, ein politisches, im besten Fall demokratisches Gemeinwesen zu bilden, sondern über Kriterien wie Kultur, Geschichte und vor allem Abstammung/Herkunft.[77] In diesem Sinne ist sie eine vorpolitische Gemeinschaftsvorstellung, die jedoch enorme politische Sprengkraft für bestehende Nationalstaaten besitzt, weil sie bestrebt ist, Kollektive entlang subnationaler, z. T. auch übernationaler Kriterien zusammenzuschließen.

Da sich diese Arbeit mit den spezifischen Vorstellungen von der deutschen Nation befasst, ist sie allerdings mit einem Problem konfrontiert, denn diese waren von Beginn an stark ethnisch resp. völkisch geprägt. In Bezug auf sie lässt sich somit kaum von einer Ethnisierung allein als Neuerung sprechen. Vielmehr geht es darum, zu klären, ob und auf welche Weise sich diese Tendenz im Fall der deutschen Nation nach 1945 konkret ausformte. Da eines der Spezifika ihrer „Ethnisierung" in der Revitalisierung volksgemeinschaftlicher Elemente bestand, sei hier zumindest kurz auf deren historischen Hintergrund, insbesondere auf die Tradition des völkischen Nationalismus eingegangen.

Belege dafür, dass sich der infolge der Französischen Revolution bei vielen Intellektuellen in den deutschen Kleinstaaten entstandene Wunsch nach einem deutschen Nationalstaat mit völkischen Elementen verknüpfte, lassen sich viele finden.[78] Um eine deutsche Einheit jenseits der politischen Realitäten behaupten zu können, wurde neben Kultur, Sprache und Geschichte oftmals auf eine gemeinsame Abstammung Bezug genommen, die sozusagen als a-priori-Faktor das

---

77 Zur Kritik der Vorstellung von Ethnizität vgl. Salzborn 2006; zu ihrer Unterscheidung von und ihrer Kombination mit der Nation Salzborn 2011b; Salzborn 2005, S. 41–53, bes. S. 46 f.; ebd., S. 73–88, auch zur Differenz zwischen der (biologistisch definierten und daher radikal abgeschlossenen) Vorstellung von Rasse und der (durchlässigeren, da auch über Kriterien wie Sprache definierten) Vorstellung von Ethnie resp. Volksgruppe.
78 Vgl. Mosse 1991; Hoffmann 1994, bes. S. 75–161; von See 2001.

politische Wollen der Eliten untermauern sollte. Gleichwohl war die völkische Vorstellung zunächst nur eine Tendenz in der Geschichte der deutschen Nationenbildung, die mit anderen Vorstellungen, so mit der von fortschrittlichen Intellektuellen im Vormärz entwickelten demokratisch-sozialistischen Vorstellung von Nation, konkurrierte.[79] Als spezifische politische Richtung deutlich erkennbar wurde der völkische Nationalismus spätestens in den 1890er-Jahren, wo er von den aggressiven Antisemitenparteien aus immer weiter um sich griff.[80] Seine Besonderheit kann nicht allein daran festgemacht werden, dass er Menschen ausgrenzte und sich dazu auf Abstammungskriterien berief. Denn die Vorstellung von der modernen Nation ist grundsätzlich mit der Frage verbunden, wer dazugehören soll und wer nicht,[81] und die nationale Zugehörigkeit war auch in anderen Ländern wie Frankreich durch Geburt und Abstammung mitbestimmt und nicht deckungsgleich mit allen auf dem Staatsterritorium lebenden oder zur Nation dazugehören wollenden Menschen.[82] Vielmehr ist seine Spezifik eher darin zu suchen, dass er die seit der Französischen Revolution ebenfalls vorhandene Verbindung von Nation und Demokratie(-ideal) durchschnitt, wie in der fehlenden Achtung völkischer Gruppen vor dem Recht, besonders dem Grundsatz der Gleichheit aller vor dem Gesetz, deutlich wird.[83] Dadurch wurde die der Vorstellung der Nation generell inhärente Ausgrenzung bestimmter Gruppen zum verabsolutierten Prinzip erhoben.

Die Nationalsozialisten, die 1933 die politische Macht übernahmen, unterschieden sich von ihren Vorläufern weniger in ihren Inhalten als durch ihren unbedingten Willen zur Tat.[84] Rhetorisch griffen sie zwar gerade anfangs noch häufig auf nationales Vokabular zurück, jedoch wurde die Rede vom „Heil" der Nation zunehmend durch die Rede von der zu verwirklichenden Volksgemeinschaft überlagert und zum Teil ersetzt.[85] Auch bei der Volksgemeinschaft handelte

---

79 Vgl. Jarausch/Geyer 2005, bes. S. 258 f.
80 Hierzu ist immer noch wegweisend Massing 1959.
81 Vgl. dazu auch die Einleitung von Samuel Salzborn in: Salzborn (Hrsg.) 2011a, S. 10.
82 Vgl. Brubaker 1994; anhand eines Vergleichs der „Selbstthematisierungen" von Intellektuellen wie Johann Gottlieb Fichte und Maurice Barrès Bielefeld 2003.
83 Zur völkischen Bewegung und ihrer Charakteristik vgl. bes. Massing 1959, S. 80–117. So forderten die völkischen Antisemiten vor allem, die 1871 realisierte Emanzipation, also die rechtliche Gleichstellung der Juden, wieder aufzuheben.
84 Vgl. Volkov 2000, hier bes. S. 73 ff.
85 So beobachtete Neumann 1984, S. 131, dass die Nationalsozialisten das Wort Nation zunehmend ostentativ vermieden. Dem entspricht der Hinweis von Arendt 1996, S. 759, Fn. 41, dass in der SS überlegt wurde, den Ausdruck Nation wegen seiner liberalistischen Tradition komplett aus dem offiziellen Wortschatz zu streichen.

Theoretische Vorüberlegungen: Nation, Ethnie, NS-Volksgemeinschaft   35

es sich ähnlich wie bei der Nation um eine vorgestellte Gemeinschaft. Bestimmt wurde sie jedoch primär über vermeintlich unveränderliche biologische resp. „rassische" Kriterien,[86] d. h. durch die radikalste Form eines vorstaatlichen und vorkonstitutionellen Volksbegriffes, wie ihn besonders der Staatsrechtslehrer Carl Schmitt entwickelt hatte.[87] Das schloss eine Vielzahl von bisherigen deutschen Staatsangehörigen, also Angehörigen der Nation aus.[88] Vor allem galt das für die deutschen Juden, deren Exklusion Michael Wildt als zentrales Instrument bei der Zerstörung der deutschen Nation als Staatsvolk und der praktischen Herstellung der NS-Volksgemeinschaft analysiert hat.[89] Alle Juden betreffenden Fragen wurden normenstaatlicher Rationalität entzogen und dem nationalsozialistischen Maßnahmenstaat überantwortet, also dem – in den Worten Ernst Fraenkels – Herrschaftssystem der unbeschränkten Willkür und Gewalt, das durch keinerlei rechtliche Garantien eingeschränkt ist"[90], unterworfen.

Insofern leben zwar beide Formen der vorgestellten Gemeinschaft, die NS-Volksgemeinschaft und die Nation einschließlich der deutschen Nation vor 1933 und nach 1945, von einem Wechselspiel aus Inklusion und Exklusion. Im Fall der Volksgemeinschaft war die Exklusion jedoch ungleich totaler und tödlicher als zuvor und danach. Wer als außenstehend definiert wurde, konnte keinen Weg mehr in das volksgemeinschaftliche Kollektiv zurückfinden. Denn anders als für die Vorstellungen von Nation spielten für die Vorstellung von der NS-Volksgemein-

---

86   Da es jedoch keine Menschenrassen gibt (vgl. auch die instruktive Arbeit aus humangenetischer Perspektive von Cavalli-Sforza 1994, S. 553–385), basierte diese Bestimmung auf einem hohen Maß an Willkür. Für die Definition von Juden wurde schließlich auf die vermeintlich doch überholte Bestimmung über die Religion, jedoch nun über mehrere Generationen hinweg nachverfolgt, zurückgegriffen. Vgl. dazu Claussen 1994b, S. 110.
87   Vgl. bes. Schmitt 1928; Schmitt 1932; gelungen zusammengefasst bei Wildt 2007, S. 51 ff.
88   Vgl. bes. das Gesetz über den Widerruf von Einbürgerungen und die Aberkennung der deutschen Staatsangehörigkeit v. 14.7.1933, in: RGBl. I, Nr. 81, 15.7.1933, S. 480; gemäß der Durchführungsverordnung v. 26.7.1933, in: RGBl. I, Nr. 87, 28.7.1933, S. 538 f., Abs. I (zu § 1) sollte sich die in § 1 des Gesetzes eröffnete Möglichkeit zum Widerruf einer (zw. 9.11.1918 u. 30.1.1933 erfolgten) Einbürgerung nach „völkisch-nationalen Grundsätzen" richten. Explizit als „nicht erwünscht" galten „Ostjuden" und Kriminelle bzw. Personen, die sich „in einer dem Wohl von Staat und Volk abträglichen Weise verhalten haben." § 2 des Gesetzes erlaubte zudem die Ausbürgerung von deutschen Staatsbürgern, die sich außerhalb des Reiches befanden.
89   Wie Wildt 2007 zeigt, wurde die NS-Volksgemeinschaft gerade durch die alltägliche Praxis in der Provinz, so durch gemeinsame Teilhabe an öffentlichen Bloßstellungen von Juden auf dem Marktplatz als Täter/in, Zuschauer/in oder auch vorbeilaufende/r Passant/in hergestellt.
90   Fraenkel 2001, S. 49. Ebd., S. 141–149, zeigt Fraenkel an Beispielen aus der Rechtsprechung auf, wie Juden durch die zunehmende Willfährigkeit der Gerichte gegenüber der Partei dem Normenstaat entzogen und dem Maßnahmenstaat preisgegeben wurden.

schaft weder prinzipiell erlernbare Kriterien wie die Sprache[91] (oder auch Kultur, soweit sie als individuell anzueignen verstanden wird) noch die Staatsangehörigkeit eine Rolle. Selbst angesichts des auch nach 1945 auf dem ius sanguinis basierten deutschen Staatsangehörigkeitsrechts[92] und den insofern weiterhin stark auf Abstammung bzw. Herkunft rekurrierenden Vorstellungen von der deutschen Nation ist im Vergleich dazu eine wesentlich größere Offenheit gegenüber Beitrittswilligen gegeben. Als Konsequenz aus dem Nationalsozialismus legt Art. 16 Abs. 1 GG zudem fest, dass die Staatsangehörigkeit nicht entzogen werden darf.[93] Wenn im Verlauf dieser Arbeit davon gesprochen wird, dass die Nationenvorstellungen nach 1945 volksgemeinschaftliche Elemente revitalisierten, so ist daher stets zu berücksichtigen, dass diese Elemente nun in einem anderen, demokratischen Kontext stehen. Ob diese Revitalisierung eher Basis oder Folge der politischen Debatten und Entscheidungen war, ist anhand des untersuchten Materials schwer zu sagen. Es ist letzten Endes wohl ein Zusammenspiel von beidem. Da hier jedoch eine politikwissenschaftliche Perspektive eingenommen wird, steht die Frage nach der Rolle der Politik bei der Revitalisierung volksgemeinschaftlicher Elemente im Mittelpunkt, anders als es womöglich bei einer stärker mentalitätsgeschichtlich orientierten Arbeit der Fall wäre.

Sozialpsychologisch gesehen war der Antrieb dieser Revitalisierung vor allem die anhaltende Virulenz des kollektiven Narzissmus, mit Adorno verstanden als Bedürfnis der Einzelnen, die Schwäche des eigenen Ichs durch Anlehnung an große Kollektive wie die Nation auszugleichen.[94] Zwar habe der kollektive Narzissmus, so Adorno, nach der Niederlage des NS-Regimes seinen Realitätsbezug verloren. Angesichts der ausbleibenden Panik, die nach Freud die zu erwartende Reaktion auf die Zerstörung kollektiver Identifikationen darstellt,[95] sei aber zu befürchten, dass er im Bewusstsein der einzelnen Menschen gar nicht zerstört, sondern nur beschädigt wurde und nun

---

91 Zur Bedeutung der Sprache für die Nation vgl. Anderson 1996, hier bes. S. 147 ff.
92 Zum Staatsangehörigkeitsrecht vgl. Edathy 2000; Gosewinkel 2001. Die Begriffe Staatsangehöriger/Staatsbürger werden in der Alltagssprache meist synonym gebraucht. Im engeren Sinn ist der Staatsbürger der (insbes. durch sein Wahlrecht) aktive Staatsangehörige.
93 Ihr Verlust darf demnach nur aufgrund eines Gesetzes erfolgen und gegen den Willen der Betroffenen nur dann, wenn dies nicht zum Zustand der Staatenlosigkeit führt.
94 Vgl. Adorno 1998c, S. 561 f.
95 Vgl. Freud 2000, S. 59 ff.

„darauf lauert repariert zu werden und nach allem greift, was zunächst im Bewußtsein die Vergangenheit in Übereinstimmung mit den narzißtischen Wünschen bringt, dann aber womöglich auch noch die Realität so modelt, daß jene Schädigung ungeschehen gemacht wird."[96]

Auch in der Ausformung der Vorstellungen von der deutschen Nation nach 1945 durch die Parteien der Ära Adenauer zeigt sich eine solche „Ummodelung" der Realität gemäß kollektiv-narzisstischer Wünsche. Zugleich waren es aber womöglich auch die Realität selbst resp. die veränderten äußeren Rahmenbedingungen, die den kollektiven Narzissmus in bestimmter Weise nährten. Zumindest wurde die Ohnmacht gegenüber übermächtigen, d. h. vom Individuum nicht zu verändernden gesellschaftlichen Verhältnissen, aus der kollektiver Narzissmus letztendlich resultiert,[97] durch die Verlagerung politischer Entscheidungsbefugnisse auf die supranationale Ebene, ohne dass entsprechende Mitbestimmungsmöglichkeiten für die davon betroffenen Menschen bestanden, auf Dauer sicherlich nicht geringer. Diese Entwicklung wurde in der Ära Adenauer zwar erst eingeleitet. In der Vorstellung von der deutschen Nation als vorstaatliches und vorkonstitutionelles Kollektiv wurden ihre langfristigen Auswirkungen jedoch gewissermaßen schon vorweggenommen.

4 Methode und Quellen

Methodisch orientiert sich die Arbeit am Konzept der Kritischen Diskursanalyse insbesondere in ihrer Ausprägung durch den interdisziplinären Forschungszusammenhang der sogenannten Wiener Schule um die Sprachwissenschaftlerin Ruth Wodak.[98] Vor allem zeichnet sich dieser Ansatz dadurch aus, dass er die Dif-

---

96 Adorno 1998c, S. 564.
97 „Kollektiver Narzißmus läuft darauf hinaus, daß Menschen das bis in ihre individuellen Triebkonstellationen hineinreichende Bewußtsein ihrer sozialen Ohnmacht, und zugleich das Gefühl der Schuld, weil sie das nicht sind und tun, was sie dem eigenen Begriff nach sein und tun sollten, dadurch kompensieren, daß sie, real oder bloß in der Imagination, sich zu Gliedern eines Höheren, Umfassenden machen, dem sie die Attribute alles dessen zusprechen, was ihnen selbst fehlt, und von dem sie stellvertretend etwas wie Teilhabe an jenen Qualitäten zurückempfangen." Adorno 1998d, S. 114.
98 Dieser Forschungszusammenhang hat bereits eine Studie zu nationalen Vorstellungen in Österreich nach 1945 erarbeitet. Vgl. Wodak/de Cillia/Reisigl/Liebhart/Hofstätter/Kargl 1998. Sie umfasst neben der Analyse von Printmedien und Alltagsdiskursen eine Auswertung politischer

ferenzen von diskursiven und nicht-diskursiven Praktiken, sprich Wort und Tat, nicht verwischt, zumal es, wie Wodak festhält, „häufig zu Widersprüchen zwischen Diskurs und institutioneller Praxis" kommt.[99] Daher ist die Analyse des Diskurses ins Verhältnis zur nicht-diskursiven Praxis, z. B. zu der Verabschiedung eines bestimmten Gesetzes, zu setzen und einzubetten in eine Analyse des historischen Kontextes. Hinzu kommt zum Teil – wie auch hier – die Analyse des Wandels bestimmter Diskurse sowie der institutionellen, situativen und sozialen Strukturen, in deren Rahmen gesprochen oder geschrieben wird.[100] Durch die möglichst gleichmäßige Gewichtung der immanenten Analyse von Texten und ihres Entstehungszusammenhangs erlaubt es dieser Ansatz somit, sowohl den politischen Diskurs als auch nicht-diskursive Handlungen in ihrer jeweils eigenständigen wie ihrer kombinierten Wirkung auf die Ausformung der Vorstellungen von der deutschen Nation in der Ära Adenauer zu erfassen. Hier liegt auch eine Schnittstelle der Kritischen Diskursanalyse zur Ideologiekritik:

> „Sie stehen beide mit dem Gedanken, dass das Denken nicht etwas seiner historischen Situierung gegenüber Autonomes oder Vorgängiges sei, in der antiidealistischen und antianthropologischen Tradition des Satzes: ‚Nicht das Bewusstsein bestimmt das Leben, sondern das Leben bestimmt das Bewusstsein'."[101]

Die Nation ist ideologisch in diesem Sinne, d.h., sie ist nicht frei „erfunden", sondern kann als reale Fiktion begriffen werden, die sich subjektiv als bestimmte Vorstellung menschlicher Beziehungen formiert und in die materielle Wirklichkeit mit ihren Institutionen – z.B. in Form des Staatsangehörigkeitsrechts – einschreibt.[102]

Kampagnen und Gedenkansprachen, der zahlreiche Hinweise entnommen werden konnten. Zur Diskursanalyse politischer Texte vgl. daneben Jäger 1993; Kerchner/Schneider (Hrsg.) 2006.

99 Wodak 2001, S. 84, sowie Wodak/de Cillia/Reisigl/Liebhart/Hofstätter/Kargl 1998, S. 102. In der Bundesrepublik wurde die Kritische Diskursanalyse vor allem durch das Duisburger Institut für Sprach- und Sozialforschung geprägt. Diese Richtung fasst diskursive und nicht-diskursive Praktiken sowie verschiedene Formen der Vergegenständlichung im Focaultschen Begriff des Dispositivs zusammen, ohne dass die Differenzen zwischen den einzelnen Dimensionen eine Rolle spielen (sollen). Diverse Publikationen finden sich in der Online-Bibliothek des Duisburger Instituts: http://www.diss-duisburg.de/online-bibliothek/ [Zugriff: 16.12.2012]. Zur Kritik daran vgl. die bislang noch unveröffentlichte Dissertation von Winter 2011, S. 20 ff.
100 Vgl. Wodak/de Cillia/Reisigl/Liebhart/Hofstätter/Kargl 1998, bes. S. 41–47.
101 Winter 2011, S. 15; das Zitat im Zitat aus *Die deutsche Ideologie*, Marx/Engels 1990, S. 27.
102 Vgl. Claussen 2000, S. 21 f.

Neben dem materiellen Gehalt nationaler Vorstellungen sieht es der hier zugrunde gelegte Ansatz der Kritischen Diskursanalyse auch vor, die spezifische Rolle einzelner Akteure einzubeziehen. Denn obgleich Diskurse sich als überindividuelles, also als Ganzes von den daran beteiligten Menschen ungeplantes Phänomen entwickeln, basieren sie doch darauf, was und wie die Einzelnen dazu beitragen.[103] Daher wird auch in dieser Arbeit auf die Rolle einzelner Akteure eingegangen, sei es, dass sie wie der Kanzler durch eine einflussreiche Position Diskurs und Praxis in besonderem Maße prägten, sei es, dass sie wie einige Vertreter der kleineren Parteien rechts der CDU die Grenzen des Sagbaren und des Machbaren in ihrem Sinne zu verschieben suchten.[104] Es werden also nicht nur Argumentationsmuster resp. Deutungsangebote zur deutschen Nation betrachtet, sondern auch die Akteure in ihrem Eigensinn[105], ihrem Einfluss bzw. ihrer politischen Funktion sowie zum Teil ihr spezifischer Erfahrungshintergrund. So wurden die Vorstellungen von der deutschen Nation der politischen Akteure der Nachkriegszeit insbesondere durch die jeweiligen Erfahrungen im Nationalsozialismus, seien sie geprägt durch Mitmachen oder Mitlaufen, Resistenz, Widerstand oder Exil, mitbestimmt,[106] was an gegebener Stelle in die Analyse einfließt.

Was die Nation ist, steht nicht ein für alle Mal fest, sondern wird immer wieder neu und insbesondere im politischen Diskurs ausgehandelt.[107] Die Konfliktlinien, entlang derer sich dieser Aushandlungsprozess im Wesentlichen vollzieht und die daher auch hier im Fokus der Analyse stehen, betreffen insbesondere die folgenden drei Dimensionen[108]: *1. Zeitliche Dimension:* Hier geht es um die Ausformung der Nationenvorstellungen in Bezug auf Vergangenheit, Gegenwart und Zukunft, vor allem um die Imagination der Nation als scheinbar ewig ge-

---

103 Vgl. allgemein dazu Wodak/de Cillia/Reisigl/Liebhart/Hofstätter/Kargl 1998, S. 42 f.; bezüglich des Einflusses der politischen Funktion der Rednerin/des Redners und des Anlasses auf den Inhalt der Reden S. 168–171; grundsätzlich zur Rolle des Subjekts im Diskurs auch Jäger 1993, S. 21, 31 f., der u. a. betont, dass ohne den subjektiven Einfluss von Menschen das Aufkommen neuer Diskurse gar nicht erklärbar wäre.
104 So fragt eine Diskursanalyse stets auch nach „den Grenzziehungen, den Verboten des Sagbaren"; Sarasin 2003, S. 35. Die Historische Diskursanalyse ergänzt dies um die Frage „nach der Geschichte des Sagbaren"; Landwehr 2004, S. 13.
105 Als tragende Analysekategorie eingeführt wurde der Begriff von Lüdtke 1993.
106 Viele Politiker waren zwar bereits durch die Weimarer Republik oder sogar das Kaiserreich geprägt worden. Diese Erfahrungen spielen aber eher eine mittelbare Rolle, da sie von späteren Erlebnissen in der NS-Zeit überformt wurden und dadurch „in neuem Licht" erschienen.
107 Vgl. Wodak 2001, S. 86.
108 Zur Differenzierung dieser drei zentralen Dimensionen von Nationenvorstellungen vgl. auch Wodak/de Cillia/Reisigl/Liebhart/Hofstätter/Kargl 1998, bes. S. 66.

wesene und währende Gemeinschaft. Zentraler Mechanismus dafür ist die Nationalisierung von Geschichte. Hierbei werden sämtliche historische Entwicklungen in einen nationalen Kontext auf eine Weise eingebettet, die dazu tendiert, die Konflikte, die es zwischen den Angehörigen einer Nation einstmals gab (z. B. Bürgerkriege in vornationalen Zeiten), einzuebnen, sprich, sie als trennende Erfahrungen zu „vergessen", um sie als Teil einer gemeinsamen – und möglichst positiv gedeuteten – Nationalgeschichte „erinnern" zu können.[109] 2. *Räumliche Dimension:* Hier steht die Frage im Mittelpunkt, in welcher territorialen Ausdehnung die Nation vorgestellt wird und wo demnach die Grenzen von Innen und Außen liegen. Diese Vorstellungen müssen nicht unbedingt mit den bestehenden Staatsgrenzen deckungsgleich sein.[110] 3. *Personale Dimension:* Diese Dimension umfasst die Ausformung von Wir/Sie-Vorstellungen, d. h. die Differenzierungen zwischen denen, die zur Nation dazugehören (sollen), und den daraus Ausgeschlossenen.

Ein zentraler Ort, an dem die Nationenvorstellungen im politischen Diskurs entlang dieser drei, in der Realität meist vermischten, Dimensionen ausgehandelt werden, ist das Parlament. Daher bilden die *Stenographischen Berichte der Verhandlungen des Deutschen Bundestages* die wichtigste Quellengrundlage dieser Arbeit. Der Schwerpunkt liegt zum einen auf Regierungserklärungen und Aussprachen zur allgemeinen politischen Lage oder relevanten Einzelthemen, zum anderen auf Debatten, die sich mit konkreten Gesetzesvorhaben befassen. Ausgewählt wurden diese Debatten, da sie die ansonsten verstreut in der Presse oder in anderen öffentlichen Zusammenhängen geäußerten Positionen der Parteien in zusammengefasster Form enthalten. Zudem werden sie, soweit es sich um Gesetzesdebatten handelt, auch mehr oder weniger direkt praktisch wirksam. Schließlich kann von einer recht hohen Publikumswirksamkeit der Debatten ausgegangen werden,[111] sowohl in der Bundesrepublik als auch bei den westlichen Al-

---

109 Dazu bemerkte bereits Ernest Renan in seiner Rede *Qu'est-ce que une nation?* am 11. 3. 1882 an der Sorbonne: „Es macht jedoch das Wesen einer Nation aus, daß alle Individuen vieles miteinander gemein haben, und auch, daß sie viele Dinge vergessen haben." Renan 1995, S. 45 f. Vgl. dazu die Interpretation von Anderson 1996, S. 188–208.
110 Zur subjektiven Grenzziehung vgl. Downs/Stea 1982; Gould/White 1993.
111 So wurden wichtige Debatten damals von einer breiten Öffentlichkeit im Radio verfolgt und Ausschnitte in der Presse abgedruckt. Zu Letzterem vgl. Seidendorf 2007, S. 71; zur generellen politischen Bedeutung des Radios vgl. die Beiträge in: Lerg/Steininger (Hrsg.) 1975.

liierten und der sowjetischen Gegenseite.[112] Das „Schielen nach ‚dem Ausland'",[113] das Norbert Frei in seiner Studie über die *Vergangenheitspolitik* als zentrales Moment des Verhaltens der Bundesregierung analysiert hat, spielt somit, ebenso wie das Schielen nach dem westdeutschen Publikum, auch für die Einordnung der hier untersuchten Debatten eine wichtige Rolle.

Ergänzend dazu wurden einige weitere Materialien, z. B. programmatische Papiere, einbezogen.[114] In erster Linie handelt es sich dabei um veröffentlichte Quellen, da hier den die politische Kultur der Bundesrepublik besonders prägenden Argumentationen nachgegangen wird.[115] Um bestimmte Positionen besser verorten zu können, sind aber zum Teil auch weniger öffentliche Quellen wie Parteitagsreden oder editierte Erinnerungen eingeflossen. Schließlich bilden Gesetzestexte, also die tatsächlichen Ergebnisse der Debatten, ebenfalls eine zentrale Quellengrundlage.

Das konkrete Vorgehen umfasste die folgenden Arbeitsschritte: Um die Analyse der Quellen nicht von vornherein durch zu starre Vorannahmen zu beschränken, sollten die Fragestellung und die Forschungshypothesen möglichst nah am Gegenstand entwickelt werden. Gleichzeitig war jedoch darauf zu achten, schon zuvor eine grundlegende Blickrichtung zu gewinnen, um den Rahmen der Untersuchung nicht ins Uferlose anwachsen zu lassen. Diese Richtung, die in der leitenden Frage danach, ob und wie sich eine ethnisch konnotierte Vorstellung von der deutschen Nation in der Adenauerzeit etablieren konnte, ausgedrückt ist, ergab sich einerseits aus dem Forschungsstand und den theoretischen Vorüberlegungen. Andererseits wurden parallel dazu ausgewählte Quellen einer exempla-

---

112 Dass dies den politischen Akteuren durchaus bewusst war, lässt sich aus entsprechenden Äußerungen schließen. Vgl. z. B. Joachim von Merkatz (DP), Verhandlungen des Deutschen Bundestages. Stenografische Berichte, 1. Wahlperiode, 18. Sitzung, Bonn, den 24. und 25. November 1949, S. 503. Im Folgenden werden die Plenarprotokolle in Kurzform zitiert, in diesem Fall: von Merkatz, 1. BT, 18/24./25. 11. 1949, S. 503. Der volle Name und die Parteizugehörigkeit werden in jedem Kapitel bei der ersten Nennung einer Rednerin/eines Redners angegeben. Um die Anzahl der Fußnoten etwas zu reduzieren, werden Zitate, wenn sie aus derselben Rede bzw. Quelle stammen und in der Darstellung direkt aufeinander folgen, soweit möglich gesammelt belegt. Der Beleg findet sich dann jeweils nach dem ersten Zitat und enthält den Verweis auf die folgende(n) Belegstelle(n). Die Drucksachen des Bundestages werden den Stenografischen Berichten entsprechend zitiert als BT-DS, mit Nr. und Datumsangabe.
113 Frei 1999, S. 23.
114 Dabei finden auch Dokumente aus vorliegenden Quelleneditionen zur politischen Diskussion über die Nation Verwendung. Vgl. bes. Brandt/Ammon (Hrsg.) 1981; daneben Rathgeb 2005.
115 Zum Konzept der politischen Kultur vgl. Salzborn (Hrsg.) 2009.

rischen Analyse unterzogen, um relevante Untersuchungsbereiche abzustecken[116] und erste Hypothesen aufzustellen. Die Basis dieser exemplarischen Analyse bildeten die Regierungserklärungen und Aussprachen zu Beginn jeder Legislaturperiode im Untersuchungszeitraum (1949, 1953, 1957, 1961), da sie einen überschaubaren und dennoch ausreichend breiten Eindruck darüber vermitteln, in welchen Zusammenhängen auf welche Weise und von welchen Personen auf die deutsche Nation Bezug genommen wurde. Dazu kamen einige kürzere, ebenfalls am Anfang der jeweiligen Wahlperiode gehaltene Reden, wie etwa die Eröffnungsansprachen der Alterspräsident(inn)en und der Bundestagspräsidenten.

Auf Basis dieser Vorarbeiten wurden die weiteren Quellen nach thematischen und zeitlichen Gesichtspunkten ausgewählt, d. h., sie sollten sowohl die zentralen Themenbereiche abdecken, in denen über die deutsche Nation gesprochen wurde, als auch einen Vergleich der Nationenvorstellungen im zeitlichen Verlauf ermöglichen. Als besonders ergiebig erwiesen sich dabei die Debatten zu den grundlegenden außenpolitischen Fragen der Ära Adenauer (Westintegration/europäische Integration). Ausgewertet wurden überdies Debatten über die Deutschlandpolitik (Verhältnis zur DDR) sowie andere zentrale Territorialfragen der damaligen Zeit (Saargebiet, Oder-Neiße-Gebiete) und schließlich über den Umgang mit der NS-Zeit, unter anderem über die Kriegsverbrecherfrage oder die antisemitische Schmierwelle 1959/60.

Diese Materialien wurden zunächst daraufhin analysiert, welche verschiedenen Vorstellungen zur deutschen Nation parallel zueinander existierten und wie sie sich im Zeitverlauf veränderten (Makrostrukturanalyse).[117] Der jeweilige Kontext der Debatten und die politische Praxis wurden parallel dazu über Sekundärliteratur sowie die verhandelten Verträge und Gesetze selbst erschlossen. Im Anschluss daran wurden einzelne, entweder besonders typische oder besonders untypische Beiträge einer detaillierten Auswertung unterzogen (Mikrostrukturanalyse). Auf dieser Basis wurde dann eine zusammenschauende Gesamtinterpretation entwickelt. Als zentral erwies sich dabei vor allem, dass die politischen Akteure zwar zum Großteil darauf bestanden, den deutschen Nationalstaat in den „Grenzen von 1937" wiederherzustellen, die deutsche Nation aber gleichwohl weit-

---

116 Daraus ergaben sich folgende Bereiche: 1. Nation/Nationalismus direkt, 2. Geschichte (bes. Nationalsozialismus/Weimarer Republik), 3. Vertriebene/Oder-Neiße-Gebiete, 4. Wiedervereinigung/Verhältnis zu DDR und Sowjetunion, 5. Weitere Gebiets- und Grenzfragen (bes. Saarfrage), 6. Europa, 7. Alliierte allgemein/Westalliierte, 8. Sonstiges (z. B. Jugend, Familie).

117 Ausführlich zu den verschiedenen möglichen, das heißt an die jeweiligen Texte anzupassenden Schritten der Makro- und der Mikrostrukturanalyse sowie der zusammenfassenden Textinterpretation als eigentlicher Diskursanalyse vgl. Jäger 1993, S. 33–42.

hin als eine Gemeinschaft vorgestellt wurde, die auch ohne vereinten Staat und gemeinsame Verfassung fortbestehen werde.

5 Aufbau und Argumentationslinien der Arbeit

Der Aufbau richtet sich in erster Linie nach analytisch-systematischen Gesichtspunkten.[118] Zudem besitzen die Kapitel in sich, soweit möglich, eine chronologische Struktur, um zentrale Entwicklungslinien der Nationenvorstellungen aufzuzeigen.[119]

Das 1. Kapitel befasst sich mit dem juristischen und politischen Diskurs über die Rechtsstellung des Deutschen Reiches nach 1945 und der sich darin durchsetzenden Annahme, dass dieses Reich nach wie vor existiere, der deutsche Staat also weiter der in den „Grenzen von 1937" sei (Kontinuitätsthese). Verdrängt wurde dadurch die gegenteilige Auffassung, die besagte, dass der deutsche Staat 1945 untergegangen und daher ein völlig neuer, demokratischer Staat zu schaffen sei (Diskontinuitätsthese). Dieser Verdrängungsprozess vollzog sich bereits im juristischen Diskurs vor 1949. Da sich die Parteien der Adenauerzeit sodann stark aus den Argumenten der juristischen Vertreter der Kontinuitätsthese bedienten, übernahmen sie nolens volens auch das vorstaatliche und vorkonstitutionelle Verständnis von Volk als vermeintlich dauerhafter Substanz des Staates, auf dem diese These maßgeblich beruhte, und verlängerten es auf diese Weise in die nachnationalsozialistischen Nationenvorstellungen hinein.

Das 2. Kapitel widmet sich der Ausformung der Nationenvorstellungen im Kontext der Westintegration, d. h. der Gründung der ersten europäischen Gemeinschaften und der Einbindung der Bundesrepublik darin sowie in das trans-

---

118 Im Zweifelsfall wurde dabei zugunsten der analytischen Darstellung entschieden. So zählt die Saarfrage zwar systematisch zu den Territorialfragen, gehört analytisch aber in den Rahmen der Westintegration, weil die Territorialfragen „im Westen" durchaus anders behandelt wurden als jene „im Osten". Da in den Kapiteln z. T. dieselben Debatten aus anderer Perspektive diskutiert werden, ließ es sich nicht ganz vermeiden, dass es Redundanzen gibt. Eine andere Gliederung, z. B. nach einzelnen Debatten, wäre jedoch auf Kosten der analytischen Stringenz gegangen. Zudem sind die Debatten gerade über große Vertragswerke wie die *Pariser Verträge* genau deshalb für diese Analyse so ertragreich, weil sie es erlauben, die verschiedenen – zeitlichen, territorialen und personalen – Facetten der Nationenvorstellungen im Zusammenhang zu sehen und diesen Zusammenhang aus jeweils besonderem Blickwinkel zu beleuchten.

119 Dabei wurde nicht der Maßstab einer für alle untersuchten Politikfelder gleichermaßen gültigen Periodisierung angelegt. In fast allen Bereichen bildet jedoch das Jahr 1955, in dem die Bundesrepublik souverän wurde, eine Zäsur, auf die im jeweiligen Kontext eingegangen wird.

atlantische (Verteidigungs-)Bündnis. Charakteristisch ist hier die nicht nur, aber speziell bei der CDU zu beobachtende Tendenz, nationalstaatliche Strukturen und damit die Kontinuitätsthese partiell aufzuweichen. Dies umfasste allerdings nicht, dass nun die Existenz von Nationen selbst für obsolet erklärt wurde. Vielmehr löste sich die vorgestellte Gemeinschaft der (deutschen) Nation in bestimmtem Maße von staatlichen Strukturen und wurde stattdessen über vorstaatliche Kriterien wie Geschichte, Kultur und Herkunft definiert. Obwohl gerade die Regierung Adenauer die Kontinuitätsthese zugunsten der Westintegration praktisch hintanstellte, erhielt die dieser These inhärente vorpolitische Nationenvorstellung so auch im Rahmen der Westintegration Auftrieb.

Mit dem dagegen in Richtung „Osten", sprich gegenüber der Sowjetunion, Polen und der DDR, strikt aufrechterhaltenen Anspruch auf Wiederherstellung des hergebrachten deutschen Nationalstaats beschäftigt sich das 3. Kapitel. Um diesen Anspruch wider die Gebietsverluste und die staatliche Teilung zu bewahren, griffen die Parteien wiederum auf die Kontinuitätsthese und die von ihr implizierte Nationenvorstellung zurück. Im Hinblick auf die Oder-Neiße-Gebiete erwies es sich jedoch als problematisch, den Gebietsanspruch nur mit eigenen Interessen zu legitimieren, und im politischen Diskurs gewann allmählich die Neigung an Boden, das nationale Interesse als europäisches oder menschheitliches Anliegen zu artikulieren. Demgegenüber wurde in Bezug auf die Wiedervereinigung mit der DDR prinzipiell offener mit nationalen Interessen argumentiert. Die massive, durch den starken westdeutschen Antikommunismus geprägte Kritik am SED-Regime wirkte sich allerdings auch auf das Bild der in der DDR lebenden Menschen aus. Die historische und ethnische Zusammengehörigkeit von West- und Ostdeutschen wurde zwar nicht prinzipiell angezweifelt. Die Parteien tendierten aber dazu, die DDR-Bürger entweder als passive Objekte oder sogar als bedrohlich darzustellen und sie damit zusehends an den Rand der um die westdeutsche Bevölkerung zentrierten Vorstellung von der deutschen Nation zu schieben. Insofern wurde der 1990 vollzogene Beitritt der DDR zur Bundesrepublik nach Art. 23 GG anstelle der Neukonstitution des deutschen Staates durch Verabschiedung einer gesamtdeutschen Verfassung gemäß Art. 146 GG in bestimmter Weise schon in der Ära Adenauer vorweggenommen.

Ebenfalls an den Rand der Vorstellungen von der deutschen Nation gedrängt fanden sich auch viele der vormaligen Gegner und Opfer des NS-Regimes. Dies war vor allem eine Konsequenz der im 4. Kapitel untersuchten politischen Maßnahmen zur Amnestie und Integration der früheren Anhänger des Nationalsozialismus, die von den politischen Akteuren fast ausnahmslos als unabdingbar begriffen wurden. Die damit erzeugte starke personelle Kontinuität zum Dritten

Reich, die im Fall der Beamtenschaft unmittelbar auf der Kontinuitätsthese basierte, sorgte dafür, dass manche Elemente der in der NS-Zeit etablierten Vorstellung einer Volksgemeinschaft auch in die nachnationalsozialistischen Nationenvorstellungen Eingang finden konnten und deren vorstaatlichen und vorkonstitutionellen Charakter verstärkten.

Nichtsdestotrotz gab es im politischen Umgang mit der NS-Vergangenheit von Beginn an auch Ansätze, diese Vergangenheit aufzuarbeiten, in den ersten Jahren der Bundesrepublik insbesondere in Form der Abgrenzung gegenüber offenem Neonazismus und Antisemitismus. Diese frühen Ansätze analysiert das 5. Kapitel ebenso wie die im letzten Drittel der 1950er-Jahre einsetzende Vergangenheitsbewältigung.[120] Es zeigt auf, dass die Ansätze zur Aufarbeitung der NS-Zeit eine deutliche Diskontinuität zum Nationalsozialismus markierten und damit gleichsam die Kontinuitätsthese auf anderer Ebene wieder einfingen, d. h. ihre Auswirkungen auf die Nationenvorstellungen modifizierten. Ermöglicht wurde dadurch aber zugleich die Rekonstruktion des nationalen Narrativs im Sinne einer positiven deutschen Nationalgeschichte.

Die Schlussbetrachtung resümiert die zuvor herausgearbeiteten spezifischen Ambivalenzen und Entwicklungen der Vorstellungen von der deutschen Nation bei den Parteien der Adenauerzeit und versucht dabei auch, sie im Hinblick auf die in den theoretischen Vorüberlegungen skizzierte Tendenz einer generellen Verschiebung der Nationenvorstellungen in Richtung Ethnos zu diskutieren.

---

120 Zur Problematik dieses Begriffs, der suggeriert, dass es möglich sei, sich einer Vergangenheit wie dieser „gewaltig" zu zeigen, „daß also Auschwitz bewältigbar wäre", Garbe 1993, S. 693.

1 Von der Diskontinuitäts- zur Kontinuitätsthese
Die Diskussion über die Rechtsstellung des Deutschen Reiches nach 1945

Mit dem Ende des Zweiten Weltkrieges war auch die Auflösung des vormaligen deutschen Nationalstaats, des Deutschen Reiches, besiegelt. Am 8. Mai 1945 erfolgte zunächst die bedingungslose Kapitulation der Wehrmacht; kurz darauf übernahmen die vier Siegermächte USA, Großbritannien, Sowjetunion und Frankreich mit der *Berliner Deklaration* vom 5. Juni 1945 die oberste Regierungsgewalt in Deutschland.[1] Außer seiner Souveränität verlor das fortan dem Alliierten Kontrollrat unterstellte „Deutschland als Ganzes"[2] de facto auch einige Territorien: Im *Potsdamer Abkommen* vom 2. August 1945 vereinbarten die Alliierten, dass bis zu einer endgültigen Friedensregelung die Gebiete östlich von Oder und Neiße unter polnische Verwaltung gestellt bzw. die „Stadt Königsberg und das anliegende Gebiet" der Sowjetunion zugeteilt werden sollten.[3] Weitere territoriale Einbußen traten hinzu, wenngleich sie, wie die ab 1946 von Frankreich forcierte Abtrennung des Saargebiets, teilweise nur von kurzer Dauer waren.[4] Infolge der sich verschärfenden Differenzen zwischen den drei Westmächten und der Sowjetunion kam es am 23. Mai 1949 schließlich zuerst zur Gründung der Bundesrepublik. Am 7. Oktober desselben Jahres folgte die Gründung der DDR. Damit standen sich auf dem vormaligen Reichsgebiet nunmehr zwei, erst dem jeweiligen Besatzungsrecht unterliegende und ab Mitte der 1950er-Jahre teilsouveräne, Staaten gegenüber.[5]

---

1 Vgl. die Urkunde über die militärische Kapitulation der deutschen Streitkräfte, Berlin, 8.5.1945, sowie die Erklärung in Anbetracht der Niederlage Deutschlands und der Übernahme der obersten Regierungsgewalt hinsichtlich Deutschlands, Berlin, 5.6.1945; beides abgedr. in: Rauschning (Hrsg.) 1985, S. 4f. sowie S. 15–20.
2 Der auf die vier Besatzungszonen bezogene Terminus „Deutschland als Ganzes" bzw. „ganz Deutschland" findet sich in Art. III (Deutschland) der Mitteilung über die Dreimächtekonferenz in Berlin, Potsdam, 2.8.1945, in: Rauschning (Hrsg.) 1985, S. 21–34, hier S. 23–27.
3 Siehe dazu Art. VI (Stadt Königsberg und das anliegende Gebiet) und IX (Polen), ebd., S. 29f.
4 Siehe dazu Kap. 2.2.
5 Zum Prozess der Teilung vgl. u.a. Kleßmann 1991; Thränhardt 2007, S. 49–66.

„[J]enes organisatorische Moment des Staates, das die Nation zu einer aktuellen politischen Wirkungseinheit zusammenfasst", war somit, wie der Staatsrechtler Wolfgang Abendroth festhielt, „1945 unzweifelhaft entfallen."[6] Die hier von Abendroth noch im Jahr 1955 vertretene Auffassung, dass das Deutsche Reich mithin nicht mehr existierte, war unmittelbar nach Kriegsende in der internationalen Diskussion über die völker- und staatsrechtliche Stellung Deutschlands seit 1945 vorherrschend gewesen. Diese Auffassung wird im Folgenden als Diskontinuitätsthese bezeichnet, da ihr zufolge ein künftiger deutscher Staat nicht in der Kontinuität des Reiches stehen, sondern einen gänzlich neuen Staat darstellen würde. Zu dem Zeitpunkt, zu dem Abendroth die Diskontinuitätsthese formulierte, war sie allerdings schon weitgehend aus der Diskussion verdrängt worden.[7] Ausgehend von der westdeutschen Rechtswissenschaft hatte sich seit dem letzten Drittel der 1940er-Jahre vielmehr die gegenteilige, hier fortan als Kontinuitätsthese benannte Annahme verbreitet, der zufolge das Deutsche Reich im Jahr 1945 nicht untergegangen sei, sondern nach wie vor bestehe. Als die Bundesrepublik gegründet wurde, war die Kontinuitätsthese auch unter den westdeutschen Parteien inklusive Abendroths eigener Partei, der SPD, bereits fest als dominante Position verankert.

Die Durchsetzungskraft der Kontinuitätsthese beruhte vor allem darauf, dass sich mit ihr das den Parteien der Adenauerzeit weithin gemeinsame Ziel, den deutschen Nationalstaat in den „Grenzen von 1937" wiederherzustellen, nicht nur als eine legitime politische Forderung, sondern als vermeintlich unanfechtbarer Rechtsstandpunkt artikulieren ließ.[8] Sie erwies sich somit als geeignet, sowohl dem Ziel staatlicher Einheit als auch dem bis zur Einheit eingeforderten Alleinvertretungsanspruch der Bundesrepublik gegenüber der DDR eine Festigkeit zu verleihen, die aus anderen rechtlichen Bezugspunkten der Einheitsambitionen, wie den alliierten Vereinbarungen über den deutschen Status nach Kriegsende oder dem Grundgesetz, nicht in gleicher Weise gewonnen werden konnte.[9]

Allerdings basierte die Kontinuitätsthese zentral auf einem vorstaatlichen und vorkonstitutionellen, nicht zuletzt auf in der NS-Zeit etablierte volksgemeinschaftliche Vorstellungen rekurrierenden Volksbegriff. Die bereitwillige Akzep-

---

6 Abendroth 2008b, S. 514.
7 Vgl. zu dieser Entwicklung Perels 2008b; Perels 1999f; Perels 1989; Diestelkamp 1980/1981.
8 Vgl. dazu wie zu Folgendem auch Foschepoth 1988c, S. 19; Foschepoth 1988d, bes. S. 41f.
9 Ausführlich erörtert werden diese anderen Bezugspunkte in Kap. 1.3. Überdies war die Kontinuitätsthese die Basis dafür, zugleich eine personelle Kontinuität zum Deutschen Reich zu stiften, da die Annahme von dessen Überdauern auch die fortlaufende Geltung der Ansprüche des vormaligen Staatspersonals an seinen einstigen Dienstherrn implizierte. Siehe dazu Kap. 4.2.1.

tanz dieser These seitens der Parteien der frühen Bundesrepublik umfasste daher letzten Endes auch, dass Elemente dieses ihr inhärenten Volksbegriffs Eingang in die Vorstellungen von der deutschen Nation nach der NS-Zeit finden konnten. Die Frage nach der spezifischen Ausgestaltung der Nationenvorstellungen im politischen Diskurs der Ära Adenauer infolge der Durchsetzung der Kontinuitätsthese steht im Mittelpunkt der folgenden Überlegungen. Dazu wird zum einen auf die hegemoniale Bedeutung dieser These speziell für den Wiedervereinigungs- und Alleinvertretungsanspruch eingegangen (1.2), zum anderen aber auch die Existenz von ihr entgegenstehenden Positionen bei Regierung und Opposition berücksichtigt (1.3). Schließlich werden die auf diesem Wege gewonnenen Ergebnisse noch einmal im Hinblick auf ihre Konsequenzen für die Nationenvorstellungen und das darin zum Ausdruck kommende vorstaatliche Verständnis vom deutschen Volk zusammengefasst (1.4). Begonnen wird jedoch mit einem Überblick über den juristischen Diskurs bezüglich der deutschen Rechtslage nach 1945, in dem schon vor 1949 entscheidende Weichen für die spätere politische Auseinandersetzung mit dieser Problematik gestellt worden waren (1.1).

1.1 Etablierung und Verdrängung der Diskontinuitätsthese im juristischen Diskurs über die deutsche Rechtslage im Vorfeld der Staatsgründung

Die Diskontinuitätsthese als Grundlage für eine Neukonstituierung der vorgestellten Gemeinschaft der deutschen Nation als Demos

Die der Kontinuitätsthese vorausgehende Diskontinuitätsthese wurde vor allem von Hans Kelsen entwickelt, der 1933 von den Nationalsozialisten als Professor an der Juristischen Fakultät der Universität Köln entlassen worden und schließlich ins US-amerikanische Exil geflohen war.[10] Dort publizierte er 1944/45 zwei Aufsätze im *American Journal of International Law*, in denen er sowohl rechtlich als auch politisch begründete, weshalb aus der Kriegsniederlage Deutschlands nicht nur eine den deutschen Staat ansonsten unberührt lassende militärische Besetzung gemäß der *Haager Landkriegsordnung* von 1907[11] folge, sondern auch der Untergang des deutschen Staates durch die Errichtung eines Kondominiums, also

---

10 Vgl. Perels 1989, S. 85; ausführlich zu Kelsens Biografie Ogris/Olechowski (Hrsg.) 2009.
11 Das Abkommen betreffend die Gesetze und Gebräuche des Landkrieges vom 18.10.1907 ist u. a. abgedr. in: Die Genfer Rotkreuz-Abkommen 1988, S. 385–398.

eines gemeinsam beherrschten Gebiets der Alliierten. Während der erste, schon vor Ende der Kriegshandlungen verfasste Text diese Auffassung noch eher als Appell an die Alliierten formulierte, reflektierte der zweite bereits auf die tatsächliche Übernahme der obersten Regierungsgewalt durch die Vier Mächte mit der *Berliner Deklaration* vom 5. Juni 1945.[12]

Spätestens mit dieser Deklaration, wenn nicht schon mit der Anerkennung der bedingungslosen Kapitulation der Wehrmacht seitens der letzten deutschen Regierung unter Großadmiral Karl Dönitz und schließlich deren Absetzung und Verhaftung durch die Alliierten Ende Mai 1945, habe Deutschland, wie Kelsen darlegte, aufgehört als Staat im völkerrechtlichen Sinne zu existieren, da seine gesamte legislative, exekutive und judikative Gewalt auf die Alliierten übergegangen war.[13] Für Kelsen war somit das Fehlen einer deutschen Staatsgewalt das zentrale rechtliche Argument für seine These vom Untergang des Reiches. Damit lag er trotz sonstiger Differenzen grundsätzlich auf Linie der klassischen Drei-Elemente-Lehre seines akademischen Lehrers Georg Jellinek. Ihr zufolge definiert sich ein Staat völkerrechtlich durch die Trias von Staatsgewalt, Staatsvolk und Staatsterritorium, wobei auch für Jellinek die Staatsgewalt schlussendlich das wesentliche Element bildete.[14] Jedoch bleibt der Staat für Kelsen kein allein überhistorisch bestimmbarer Begriff. Vielmehr ist für ihn die Existenz eines Staates untrennbar an die jeweils herrschende normative Rechtsordnung geknüpft, in der sich die Staatsgewalt erst konkret konstituiert.[15] In Kelsens Gedanken zum Untergang des deutschen Staates ging es somit im Kern um die Frage, wie in Deutschland nach der Aushebelung der Weimarer Verfassung im NS-Herrschaftssystem und der Etablierung eines Unrechtsstaates – in den Worten des ebenfalls in die USA emigrierten Juristen und Politikwissenschaftlers Franz L. Neumann: des *Behemoth*[16] – eine Rechtsordnung überhaupt wieder zu begründen sei.

---

12 Vgl. Kelsen 1944; Kelsen 1945.
13 Vgl. Kelsen 1945, S. 518 f. Als Vertreter der Kontinuitätsthese kritisierte später Stödter 1948, S. 33 ff., dass die Regierung Dönitz die bedingungslose Kapitulation nicht formell anerkannt hatte, was für Kelsens Argumentation aber auch nicht ausschlaggebend ist. Im Übrigen liefert Stödter, obwohl ihr Gegner, eine der ausführlichsten Darstellungen der Diskontinuitätsthese.
14 Vgl. dazu Stödter 1948, S. 44 ff.; Nawiasky 1950, S. 7 f.; Kersten 2000, bes. S. 169–178.
15 Vgl. bes. Kelsen 1920. Näheres dazu ebenfalls bei Stödter 1948, S. 42–45; zur Entwicklung von Kelsens normativer Staats(rechts)lehre im Kontext seiner kritischen Auseinandersetzung mit Jellinek außerdem Groh 2010, S. 106–140; Vollmeyer 2011.
16 Der Name Behemoth entstammt wie der Name Leviathan der jüdischen Eschatologie, wo beide Ungeheuer bezeichnen. In Kontrast zu Thomas Hobbes *Leviathan* von 1651 als einer Analyse des Staates verwendet Neumann den Namen Behemoth, um den Charakter des nationalsozialistischen Systems als Un(rechts)staat zu verdeutlichen. Vgl. Neumann 1984, S. 16.

Nicht zuletzt aus diesem normativen Staatsverständnis speiste sich auch die politische Stoßrichtung von Kelsens Ausführungen, die er ebenfalls klar herausstellte: Nur die unbeschränkte gemeinsame, im Alliierten Kontrollrat institutionalisierte Souveränitätsübernahme der Siegermächte ermögliche es diesen, die notwendigen fundamentalen rechtlichen und politischen wie territorialen Umwälzungen auf deutschem Gebiet vorzunehmen sowie die NS- und Kriegsverbrecher zu verfolgen und zu bestrafen. Vor allem aber wäre Deutschland nach Beendigung des alliierten Kondominiums rechtlich als ein völlig neuer Staat zu begründen und folglich

> „[n]o continuity between the destroyed Nazi state and the new democratic Germany would exist. The new constitution of sovereign Germany would not be the result of a constitutional or revolutionary change in the Nazi constitution, but the beginning of a new constitutional life. Only as a new community which is connected by no legal bonds with Nazi Germany, should democratic Germany enter the international organization after this war."[17]

Kelsen befasste sich in seiner Argumentation für die Diskontinuität des Deutschen Reiches nicht direkt mit den Folgen für die Deutschen als Nation. Seine Überlegungen implizierten jedoch, dass sich im Zuge der Staatsgründung und Verfassungsgebung auch die deutsche Nation in einer neuen, jenseits nationalsozialistisch generierter Kollektivvorstellungen liegenden Form konstituieren müsse. Zuvorderst beinhaltete die von Kelsen anvisierte Bildung einer „new community", jeden Zusammenhalt mit den NS-Tätern durch die konsequente Ahndung ihrer Verbrechen und durch die Beseitigung der nationalsozialistisch überformten „Rechtsordnung" zugunsten einer neuen demokratischen Verfassung aufzulösen. Zugleich wäre den ehemals Verfolgten der (Rück-)Weg in diese „community" zu öffnen, indem man sie wieder ins Recht setze.[18] Stabile Voraussetzungen für einen solchen, auf der Erkenntnis vom NS-Staat als Unrechtsstaat wurzelnden Prozess der Neubegründung der deutschen Nation waren allerdings, zumal angesichts der Nichtexistenz einer deutschen Regierung, nach seinem Dafürhalten allein von den Alliierten zu schaffen.

---

17 Kelsen 1944, S. 693.
18 So impliziert die Erkenntnis, dass der NS-Staat ein Unrechtsstaat war, der etwa durch Mord und Folter systematisch sämtliche Grundrechte verletzte, gleichzeitig die Anerkennung der Legalität des Widerstands gegen ihn. Vgl. dazu Perels 1999d, bes. S. 156–160, 168 f., 172 ff.

Ausdrücklich wies Kelsen dabei die in der traditionellen Völkerrechtslehre etablierte Vorstellung zurück, dass eine alliierte Übernahme der deutschen Souveränität und damit der Untergang des deutschen Staates bloß durch eine – in der *Berliner Deklaration* ja klar verneinte – Annexion möglich gewesen wäre, wie später von Vertretern der Kontinuitätsthese eingewandt wurde. Entscheidend sei vielmehr, dass jeglicher Widerstand in dem besiegten Land gebrochen sei. Demgegenüber spiele es eine untergeordnete Rolle, ob die Siegermächte eine dauerhafte Einverleibung dieses Landes beabsichtigten oder nur vorübergehend ihre Souveränität darüber begründeten, um bestimmte Ziele zu verwirklichen.[19] Damit machte Kelsen, wie Bernhard Diestelkamp erläutert, den

„Versuch, eine als einmalig erkannte Situation mit neuen Mitteln zu meistern, was dann als zulässig akzeptiert werden muß, wenn man anerkennt, daß auch die durch Hitler-Deutschland bewirkten Verheerungen ohne Vorbild in der neueren Völkerrechtsgeschichte waren, so daß die Suche nach rechtlichen Vorbildern hoffnungslos bleiben muss."[20]

In der Tat entfaltete Kelsens Diskontinuitätsthese anfangs maßgeblichen Einfluss, sowohl in der internationalen Völkerrechtslehre inklusive der deutschen Rechtswissenschaft als auch in der auf die umfassende Beseitigung des Nazismus samt der ihn tragenden Organisationen und Personen gerichteten alliierten Besatzungspraxis.[21] So basierte der vom 20. November 1945 bis zum 1. Oktober 1946 vor dem Internationalen Militärgerichtshof abgehaltene Nürnberger Hauptkriegsverbrecherprozess auf der Auffassung, dass die Alliierten ob ihrer Übernahme der deutschen Souveränität zur Verurteilung deutscher Täter auch befugt seien. Überdies sahen die Alliierten ebenso hinsichtlich der zu ahndenden Tatbestände die Notwendigkeit, das Völkerrecht zu modifizieren, um eine Antwort auf die neue Qualität von Rechtlosigkeit im Dritten Reich zu finden, die der Rechtsphilosoph Gustav Radbruch 1946 treffend als „gesetzliches Unrecht"[22] bezeichnete. Wegweisend dafür war *Kontrollratsgesetz Nr. 10* vom 20. Dezember 1945, das außer Verbrechen gegen den Frieden, Kriegsverbrechen und der Zugehörigkeit zu verbrecherischen Organisationen auch Verbrechen gegen die Menschlichkeit als Tat-

---

19 Vgl. bes. Kelsen 1945, S. 520 ff., 524.
20 Diestelkamp 1980/1981, 1. Teil, S. 482.
21 Vgl. Perels 1999f, S. 75; Perels 2008b, S. 135 f. Dies beobachtete als Vertreter der gegenteiligen Position auch schon Stödter 1948, bes. S. 36–41, 52 f.
22 Radbruch 1946. Vgl. dazu ebenfalls Perels 1999f, S. 77 f.

bestand erfasste.[23] Dieses Gesetz bildete auch die einheitliche Rechtsgrundlage für die Prozesse, die nach dem Nürnberger Prozess in den Besatzungszonen gegen weitere NS- und Kriegsverbrecher durchgeführt wurden.[24]

Das Erstarken der Kontinuitätsthese im Kontext des Kalten Krieges als Basis einer Rekonstruktion der deutschen Nation als Ethnos

Vor allem gegen die tief greifenden Maßnahmen, mit denen die Alliierten in den ersten Besatzungsjahren im Einklang mit der Diskontinuitätsthese neues Völkerrecht setzten, um eine Rechtsordnung in Deutschland wiederherzustellen, richtete sich die Kontinuitätsthese. So negierte die Annahme, dass der deutsche Nationalstaat immer noch fortbestehe, prinzipiell das Recht der Alliierten, außerhalb der für eine reguläre militärische Besetzung zuständigen *Haager Landkriegsordnung* zu handeln. Alle darüber hinausgreifenden Maßnahmen – die alliierten Prozesse gegen NS- und Kriegsverbrecher, die Ablösung deutscher Gebiete, die Überführung deutscher Bevölkerungsteile aus den Oder-Neiße-Gebieten in die Besatzungszonen, die Einbehaltung von Kriegsgefangenen – wurden damit zur völkerrechtswidrigen „Siegerjustiz" erklärt.[25]

Im Unterschied zur Diskontinuitätsthese bestach die Kontinuitätsthese, so Diestelkamp, gerade dadurch, dass sie „mit den Rechtsfiguren des herkömmlichen Völkerrechts auskommt"[26], wie in ihrer Begründung der staatlichen Kontinuität Deutschlands mit der ausgebliebenen Annexion deutlich wird. Das hieß aber zugleich, dass die Kontinuitätsthese weder das staatlich organisierte Ver-

---

23 Unter Letztere fielen gemäß Art. II 1c: „Mord, Ausrottung, Versklavung; Zwangsverschleppung, Freiheitsberaubung, Folterung, Vergewaltigung oder andere an der Zivilbevölkerung begangene unmenschliche Handlungen; Verfolgung aus politischen, rassischen oder religiösen Gründen, ohne Rücksicht darauf, ob sie das nationale Recht des Landes, in welchem die Handlung begangen worden ist, verletzen." Amtsblatt des Kontrollrats in Deutschland, Nr. 3, 31.1.1946, S. 50. Rechtsgrundlagen für *Kontrollratsgesetz Nr. 10* waren die *Moskauer Deklaration* vom 30.10.1943 „betreffend die Verantwortlichkeit der Hitleranhänger für begangene Greueltaten" und das *Londoner Abkommen* „betreffend Verfolgung und Bestrafung der Hauptkriegsverbrecher der Europäischen Achse" vom 8.8.1945, mit dem auch der Internationale Militärgerichtshof in Nürnberg geschaffen wurde. Beide Grundlagen machte KRG Nr. 10 mit Art. I zu seinen integralen Bestandteilen.
24 In Nürnberg selbst, also in der amerikanischen Besatzungszone, fanden insgesamt zwölf Nachfolgeprozesse statt, darunter der Juristenprozess vom 17.2. bis 4.12.1947 gegen 16 führende Angehörige des NS-Justizapparates. Vgl. Perels 1999c, zu den Rechtsgrundlagen bes. S. 51ff.
25 Vgl. Diestelkamp 1980/1981, 1. Teil, S. 483.
26 Ebd.

brechenssystem des Nationalsozialismus noch den kompletten Zusammenbruch dieses Systems samt des davon durchdrungenen deutschen Staates am Ende des Zweiten Weltkrieges als etwas Neues erfasste. Da sie den NS-Staat insofern als einen Staat „wie jeden anderen auch" bewertete, konnte sie schwerlich den Versuch einer angemessenen Aufarbeitung des Nationalsozialismus anleiten.

Die Verfechter der Kontinuitätsthese begannen sich schon seit 1946/47 in der deutschen Rechtslehre zu formieren, darunter am prominentesten Rolf Stödter und Ulrich Scheuner sowie Adenauers spätere enge Berater in Völkerrechtsfragen Wilhelm Grewe und Erich Kaufmann.[27] Begünstigt wurde das Erstarken der von ihnen vertretenen Auffassung dadurch, dass sich im Zuge der wachsenden Spannungen zwischen den drei Westmächten und der Sowjetunion im letzten Drittel der 1940er-Jahre zugleich ein Wandel in der alliierten Deutschlandpolitik vollzog.[28] Für die Westmächte, vor allem für die USA, rückte zunehmend das Ziel in den Vordergrund, in den westlichen Besatzungszonen alsbald wieder – im Zweifelsfall auch unter Rückgriff auf die diskreditieren „alten Eliten" – funktionsfähige Strukturen zu schaffen, um wenigstens diese Gebiete in den eigenen ökonomischen und politischen Machtbereich einzubeziehen und damit von kommunistischem Einfluss freizuhalten. Da Westdeutschland nunmehr vom passiven Objekt der alliierten Politik zum aktiven Bündnispartner des Westens werden sollte, sich die Rahmenbedingungen also grundlegend verändert hatten, entfiel zugleich eine wichtige Grundlage der Diskontinuitätsthese.

Die Diskontinuitätsthese wurde also nicht aus (völker-)rechtlichen, sondern aus politischen Gründen verdrängt, ebenso wie die Kontinuitätsthese „sich wiederum nicht deshalb durchgesetzt [hat], weil sie völkerrechtlich ‚richtig' war, sondern weil sie den veränderten politischen Verhältnissen stärker gerecht wurde"[29]. Während sich die USA und Großbritannien fortan nicht mehr eindeutig zur Frage deutscher Kontinuität positionierten, bildete Frankreich in diesem Zusammenhang allerdings weiterhin eine gewisse Ausnahme, da es zumindest offiziell nach wie vor an der Diskontinuitätsthese festhielt.[30]

Bei allen Varianten, mit denen die Vertreter der Kontinuitätsthese diese im Einzelnen begründeten, bestand ihre gemeinsame Basis darin, dass sie anders als

---

27 Vgl., auch zur folgenden Zusammenfassung, Stödter 1948; Kaufmann 1948; Scheuner 1950; Grewe 1948. Hinweise auf die Beratertätigkeit Kaufmanns bei Frei 1999, z. B. S. 164, 190, 208 f. (mit Fn. 58); für Grewe ebd., z. B. S. 164 (Fn. 9), 237 (Fn. 15), 240 f.
28 Vgl. dazu Perels 1999f, S. 78 f.; Diestelkamp 1980/1981, 1. Teil, S. 484; 2. Teil, S. 96–102.
29 Diestelkamp 1980/1981, 1. Teil, S. 484.
30 Dies betont insbesondere Abendroth 2008b, S. 185 ff.

Kelsen von der Idee eines „vornormativen, metaphysischen Staatsbegriffs"[31] ausgingen. Das zentrale Argumentationsmuster lässt sich so zusammenfassen: Kapituliert habe 1945 bloß das deutsche Militär, nicht jedoch der deutsche Staat als Ganzes, weshalb die bedingungslose Kapitulation allein für die Rechtslage Deutschlands bedeutungslos sei. Ein Untergang des deutschen Staates infolge der Debellatio, also seiner vollständigen militärischen Besiegung, sei zwar dennoch denkbar gewesen, wie erwähnt allerdings nur, wenn die Alliierten das deutsche Gebiet annektiert hätten, was bekanntermaßen nicht der Fall war. Dann aber sei auch die deutsche Souveränität resp. Staatsgewalt nie erloschen und an die Alliierten übergegangen, sondern der deutsche Staat habe sie nur vorübergehend nicht ausüben können. Denn – so das ausschlaggebende Kriterium – die Staatsgewalt als zentrales Element des Staates könne einzig dann vergehen, wenn ihr Träger, das deutsche Volk, entweder beseitigt oder dauerhaft nicht mehr willens bzw. fähig zu ihrer Ausübung sei. Davon könne jedoch im Nachkriegsdeutschland keine Rede sein, da nicht zuletzt das deutsche Volk selbst ständig seinen gegenteiligen Willen bekunde. Daher müsse der deutsche Staat lediglich reorganisiert werden, bleibe dabei jedoch weiter mit dem Deutschen Reich identisch.[32]

Damit allerdings wurde von den Anhängern der Kontinuitätsthese ein Staatsbegriff vertreten, aus dem die Verfassung als konstitutives Moment ausgeklammert blieb und an ihre Stelle die außerrechtliche Vorstellung einer unvergangenen nationalen resp. „völkischen Substanz"[33] rückte. Mancher Vertreter der Kontinuitätsthese ging dabei soweit, unbefangen auf tonangebende Nationalsozialisten als Referenz zu verweisen, wie Joachim Perels besonders für Rolf Stödter gezeigt hat.[34] Stödter zitierte zur Begründung seiner These, dass die Identität eines Staates auf der Identität des Volkes beruhe, den NS-Staatsrechtler Otto Koellreutter, nach dessen Ansicht ein Staat solange fortbestehe, „als die ihm zugrunde liegende nationale Volksgemeinschaft sich behauptet."[35]

Aber auch dort, wo solche ganz unmittelbaren Bezüge auf Vertreter der völkischen Ideologie fehlten, wurde der Staat als Rechtssubjekt letztlich auf ein ahistorisches, über der jeweils konkreten Staatsform „schwebendes" Abstraktum reduziert. So waren auch die Willensbekundungen des deutschen Volkes, die als

---

31 Perels 1999f, S. 81.
32 Vgl. dazu auch Diestelkamp 1980/1981, 1. Teil, bes. S. 483.
33 Kirn 1972, S. 61; vgl. dazu auch Perels 1999f, S. 81f.
34 Vgl. Perels 1999f, S. 81. Wie Stödter zählten auch andere Vertreter der Kontinuitätsthese zu jenen Juristen, die schon im NS-Staat Karriere gemacht und diesen zum Teil auch, wie etwa Ulrich Scheuner, explizit legitimiert hatten. Vgl. Perels 2008b, bes. S. 128ff., 133ff.; 136.
35 Zitiert bei Stödter 1948, S. 46.

zentrales Argument für die Weiterexistenz des deutschen Nationalstaates angeführt wurden, im Rahmen der Besatzungsherrschaft nur sehr beschränkt möglich und konnten insofern allenfalls partiell sein.[36] Daher blieb am Ende lediglich der Bezug auf „das Volk" in seiner bloßen, gleichsam naturhaften Existenz übrig, um den Fortbestand des Reiches konstatieren zu können.

Im Gegensatz zur Diskontinuitätsthese erforderte es die Kontinuitätsthese somit auch nicht, die Vorstellungen von der deutschen Nation neu auszuloten. Stattdessen erhob sie die deutsche Nation resp. das deutsche Volk – beides wurde von Stödter wie von anderen weitgehend synonym verwendet[37] – ja gerade als unverändertes zum Garanten der staatlichen Kontinuität. Folglich war damit auch nicht „das Volk" als sich im Moment der Verfassungsgebung konstituierendes Staatsvolk, also als Demos gemeint, sondern vielmehr als dauerhaft währendes und daher vornehmlich im Sinne eines Ethnos verstandenes nationales Kollektiv. So aber blieb die Argumentation der Kontinuitätsthese im Grunde der Tradition des völkischen Nationalismus verhaftet. Mithin rekonstruierte sie die Nation ganz im Sinne Carl Schmitts als eine dem Staat vorgeordnete, also vorstaatliche und vor allem vorkonstitutionelle Einheit.[38]

Dieses volksgemeinschaftlich konnotierte und ethnisch aufgeladene Nationenverständnis war es, das es erlaubte, den gemäß der Diskontinuitätsthese und der ihr zunächst entsprechenden alliierten Praxis erst wieder neu über eine demokratische Verfassung zu schaffenden deutschen Staat staatsrechtlich in die Kontinuität des Deutschen Reiches und völkerrechtlich mit diesem identisch zu setzen. Das umfasste allerdings auch die Identität eines künftigen deutschen Staates mit dem NS-Staat. Hans Nawiasky, der 1948 den Herrenchiemseer Verfassungskonvent bei der Vorbereitung des Grundgesetzes beriet und neben Wolfgang Abendroth zu den wenigen verbleibenden Vertretern der Diskontinuitätsthese in der westdeutschen Rechtswissenschaft zählte, stellt dies in kritischer Absicht fest: „Wenn man den Fortbestand des deutschen Staates trotz des völligen Zusammenbruchs im Jahre 1945 annimmt, muß man sich auch dazu bekennen, daß der neue Staat mit dem Hitlerreich identisch ist."[39]

Trotz dieser Konsequenz fand die Kontinuitätsthese nicht allein unter Fachjuristen, sondern gleichermaßen bei den westdeutschen Parteien viel Anklang. So

---

36 Zudem führten die Vertreter der Kontinuitätsthese, ebenso die Juristen wie später die Politiker, auch nicht näher aus, wie sich dieser Wille genau äußerte. Siehe dazu auch Kap. 1.2.
37 Vgl. z. B. Stödter 1948, S. 46.
38 Siehe dazu auch Abschnitt 3: Theoretische Vorüberlegung in der Einleitung dieser Arbeit.
39 Nawiasky 1950, S. 9. Mehr zu Abendroths Position in Kap. 1.3. Als ein weiterer Vertreter der Diskontinuitätsthese sei außerdem der Rechtsphilosoph Jürgen von Kempski 1947 genannt.

erlangte sie, begünstigt durch das Klima des Kalten Krieges, schon im Vorfeld der Staatsgründung die Vorherrschaft gegenüber der Diskontinuitätsthese. Obwohl es mit dem Wandel der alliierten Politik auch einen bedeutsamen externen Faktor für die Etablierung der Kontinuitätsthese bei den westdeutschen Parteien gab, verdankte sich ihre Erfolgsgeschichte ebenso sehr ihrer bereitwilligen Akzeptanz seitens der politischen Akteure selbst.

1.2 Die Kontinuitätsthese als hegemoniale Position in der westdeutschen Nachkriegspolitik

Zur Attraktivität der Kontinuitätsthese für die Parteien
der frühen Bundesrepublik

Schon als der Herrenchiemseer Konvent im August 1948 zusammentrat, um im Auftrag der westdeutschen Ministerpräsidenten die Vorlage für das Grundgesetz zu erarbeiten, vertrat die Mehrheit der Anwesenden die Auffassung von der Kontinuität des deutschen Staates. Gleiches gilt für die am 1. September 1948 beginnenden Verhandlungen des Parlamentarischen Rates, der am 8. Mai 1949 das Grundgesetz beschloss, das am 23. Mai verkündet und unterzeichnet wurde.[40]

Ein wesentlicher Grund für die politische Attraktivität der Kontinuitätsthese und ihre dementsprechend rasche Durchsetzung unter den Parteien lag darin, dass es mit ihrer Hilfe gelang, „eine Hoffnung und eine gegenläufige Kraft gegen die sich allmählich anzeichnenden Tendenzen zur Trennung und Teilung Deutschlands" zu stiften.[41] Zu den der Kontinuitätsthese anhängenden Politikern zählten allen voran Konrad Adenauer und Kurt Schumacher, die sich schon 1946/47 – Adenauer als CDU-Vorsitzender der britischen Zone, Schumacher als Vorsitzender der SPD in den drei Westzonen – dieser These angeschlossen hatten. Ihnen ging es zunächst primär darum, angesichts des sich zuspitzenden Kalten Krieges den deutschen Gebietsanspruch auf das vormalige Reichsterritorium in den „Grenzen von 1937" zu wahren.

Da die Kontinuitätsthese negierte, dass der deutsche Staat in besagten Grenzen völkerrechtlich überhaupt je zu existieren aufgehört hatte, kam sie den politischen Akteuren bei der Artikulation dieses Gebietsanspruchs besonders gele-

---

40 Zu dieser starken Position der Kontinuitätsthese vgl. Nawiasky 1950, S. 2f., 11f.; zu den Beratungen des Grundgesetzes u.a. Feldkamp 2008.
41 Diestelkamp 1980/1981, 1. Teil, S. 483. Vgl. ebd., S. 483f. auch zu Folgendem.

gen. Indem sie diesen Anspruch von einem politischen Ziel in eine Rechtsposition umdeutete, erlaubte sie es, ihm eine vermeintlich unabweisbare völkerrechtliche Legitimation zu verleihen. Das hieß allerdings auch, dass die ungelöste „nationale Frage" auf der parteipolitischen Agenda in Westdeutschland noch vor der für Kelsen im Zentrum stehenden Frage rangierte, wie eine rechtliche Kontinuität der neuen Demokratie zum NS-Staat zu vermeiden sei.[42] Stattdessen wurde die Argumentation der von juristischer Seite konstruierten Kontinuitätsthese vom Großteil der politischen Akteure fast eins zu eins übernommen.

Ganz aus ihrem Blickwinkel schilderte mithin Konrad Adenauer in seinen *Erinnerungen*, dass die Wehrmacht 1945 zwar bedingungslos kapituliert habe:

> „Aber viele, darunter auch ich, waren der Auffassung, daß Deutschland damit nicht aufhörte, als völkerrechtliches Subjekt und Objekt weiterzubestehen. Die bedingungslose Kapitulation der Deutschen Wehrmacht [...] war ein militärischer Akt, durch den der völkerrechtliche Status Deutschlands nicht ausgelöscht wurde."[43]

Diese Ansicht wurde nicht nur in der ersten Koalition aus Union, DP und FDP mehrheitlich geteilt, sondern ebenso in der SPD. Somit sprach der Vorsitzende der CDU/CSU-Fraktion Heinrich von Brentano keineswegs nur im Namen der Regierungsparteien, als er im ersten Bundestag festhielt: „Zu jeder Zeit haben wir die Kontinuität des deutschen Staates betont. Wir sind hier, um einen neuen Staat zu organisieren, aber nicht um einen neuen Staat zu schaffen."[44] Direkt im Anschluss stellte von Brentano explizit die zentrale Rolle der Kontinuitätsthese für die deutschen Territorialansprüche heraus und las sie dabei auch gleich ins Grundgesetz mit hinein:[45]

> „Deswegen haben wir auch das Recht, indem wir uns auf das Grundgesetz berufen, in dessen Präambel wir es uns zur Aufgabe gestellt haben, die nationale Einheit Deutschlands zu wahren, von der Wiederherstellung dieser Einheit zu sprechen [...]. Deswegen haben wir auch, wie es gestern schon geschehen ist, heute und immer wieder Anlaß und Recht, über die Zonengrenzen hinaus an den Osten Deutschlands zu den-

---

42 Vgl. dazu auch Diestelkamp 1980/1981, 1. Teil, S. 484 f.
43 Adenauer 1967, S. 77.
44 Heinrich von Brentano (CDU), 1. BT, 6/21.9.1949, S. 44.
45 Auf diese ebenso verbreitete wie fragwürdige Lesart wird in der Diskussion der sich ebenfalls auf das Grundgesetz beziehenden Gegenpositionen zur Kontinuitätsthese zurückgekommen.

ken, dem heute unser Gedenken und unser Gruß gelten, und dem morgen auch unsere Arbeit gelten soll. (Beifall in der Mitte.)"[46]

Damit übereinstimmend erklärte Kurt Schumacher für die SPD, Deutschland habe „*als Staat* trotz der Ausübung seiner Beherrschung durch den Alliierten Kontrollrat niemals aufgehört zu existieren"[47], und Carlo Schmid dachte noch 1952 „mit Kummer daran, daß sich in Herrenchiemsee noch eine Reihe deutscher Landesregierungen auf den Standpunkt stellte, daß Deutschland nicht mehr existiere und neu geschaffen werden müßte."[48] Dass Schmid sofort mit einem „Doch lassen wir das" über diesen anfänglichen Dissens der Länder in der Kontinuitätsfrage hinweg ging, ist insofern wenig erstaunlich, als er sich auch schon im Parlamentarischen Rat ausführlich für die Auffassung ausgesprochen hatte, dass „Deutschland [...] als staatliches Gebilde nicht untergegangen [ist]."[49] Lediglich die KPD trat gemäß ihrer pro-sowjetischen Ausrichtung schon früh für eine Anerkennung der DDR sowie der Oder-Neiße-Grenze ein und rief damit im Bundestag vehementen Widerspruch hervor.[50]

Der Konflikt zwischen Regierung und SPD über die Verortung der Bundesrepublik im Verhältnis zum Deutschen Reich

Bei allem Konsens über den Fortbestand des Reiches waren sich Regierungslager und sozialdemokratische Opposition allerdings uneinig, wer das Reich denn nun verkörpere.[51] Die Bundesregierung ließ erkennen, dass sie im Grunde bereits die Bundesrepublik als mit dem Reich identisch erachtete, da sie gegenwärtig der einzige vorhandene deutsche Staat sei. Denn anders als die DDR, der damit zugleich die Staatseigenschaft bestritten wurde, stütze sie sich, so Adenauer,

---

46 Von Brentano, 1. BT, 6/21.9.1949, S. 44.
47 Kurt Schumacher (SPD), 1. BT, 46/10.3.1949, S. 1565 (Herv. i. Orig.).
48 Carlo Schmid (SPD), 1. BT, 221/9.7.1952, S. 9811. Ebd. das folgende Zitat.
49 So Schmid in der 2. Sitzung des Plenums am 8.9.1948, Dokument Nr. 2, in: Werner (Bearb.) 1996, S. 20–46, Zitat S. 33.
50 „Die Oder-Neiße-Grenze ist die Grenze des Friedens." – mit diesem Credo löste Max Reimann (KPD), 1. BT, 7/22.9.1949, S. 66, schon in der ersten Aussprache heftige Proteste aus.
51 Vgl. zsf. Hoffmann 1969, bes. S. 11 f., 24, sowie Gabbe 1976, S. 95 ff. Diese Diskussion wird unter dem Aspekt der Auseinandersetzungen über die Wiedervereinigung mit der DDR in Kap. 3.2.1 erneut aufgegriffen.

„auf die Anerkennung durch den frei bekundeten Willen von rund 23 Millionen stimmberechtigter Deutscher. Die Bundesrepublik Deutschland ist somit bis zur Erreichung der deutschen Einheit insgesamt die *alleinige legitimierte staatliche Organisation des deutschen Volkes.* (Lebhafter Beifall und Händeklatschen rechts, in der Mitte und bei der SPD.)"[52]

Obgleich dieser Passage auch die SPD Beifall zollte, war in ihren Reihen doch eine etwas andere Ansicht vorherrschend, die vor allem vom zentralen juristischen Sprecher der Partei Adolf Arndt entwickelt und zum Ausdruck gebracht wurde.[53] Nach dieser Ansicht stellten weder die Bundesrepublik noch die DDR einen Staat im völkerrechtlichen Sinne dar, da beide Staaten nicht voll souverän waren: Zunächst unterlagen sie den jeweiligen Besatzungsregelungen, und auch nach 1955, als sie weitgehend eigenständig wurden, blieben einige alliierte Vorbehaltsrechte, so für alle Deutschland als Ganzes und Berlin betreffenden Fragen, bestehen. Daher könne letztendlich nur ein souveränes Gesamtdeutschland mit dem Deutschen Reich identisch sein.[54]

Diese verschiedenen Positionen zur Identitätsfrage bargen im politischen Alltag durchaus einiges Konfliktpotenzial, wie sich exemplarisch im Streit über die Benennung des am 26. Mai 1952 unterzeichneten *Vertrags über die Beziehungen zwischen der Bundesrepublik Deutschland und den Drei Mächten* zeigt. Dieser Vertrag versprach der Bundesrepublik zum ersten Mal weitgehende Souveränität, konnte allerdings wegen seiner Kopplung an die schließlich scheiternde Europäische Verteidigungsgemeinschaft (EVG) erst drei Jahre später in leicht veränderter Form mit den *Pariser Verträgen* in Kraft treten.[55]

Während die Regierung ihn gern als *Deutschlandvertrag* bezeichnete, wollte die SPD ihn lediglich als *Generalvertrag* oder *Bonner Vertrag* benannt wissen.[56]

---

52 Konrad Adenauer (CDU), 1. BT, 13/21.10.1949, S. 309 (Herv. i. Orig.).
53 Damit spielte Arndt in der SPD der Bundesrepublik eine ähnliche Rolle wie in der Weimarer Zeit Franz L. Neumann, auf den sich Arndt in seinen Schriften allerdings an keiner Stelle bezog. Vgl. dazu wie zum Vergleich ihrer Positionen Perels 2011b. Gemeinsam war ihnen das Bestreben, die Rechte des Individuums gegen Anmaßungen des Staatsapparats zu verteidigen, verschieden hingegen war ihr Verhältnis zum Sozialismus, den Neumann als Bedingung individueller Freiheit ansah, während Arndt ihn ab 1947/48 verwarf.
54 Ausführlich zur Position der SPD vgl. z. B. Arndt 1960.
55 Genauer mit all diesen der Westintegration dienenden Verträgen befasst sich Kap. 2.
56 Vgl. dazu, jeweils mit protestierenden Zwischenrufen der politischen Gegner, Adenauer, 222/10.7.1952, S. 9909; Willy Brandt (SPD), ebd., S. 9917; Hermann Pünder (CDU), 240/3.12.1952, S. 11103 f., 11105; erneut Brandt, ebd., S. 11124 f.; Hans Albrecht Freiherr von Rechenberg (FDP), ebd., S. 11129; Adenauer, ebd., S. 11132; schließlich Erich Ollenhauer (SPD), 255/19.3.1953, S. 12320 (alle 1. BT).

Die Ursache dieses Streits lag vor allem in der unterschiedlichen Rolle, die der Bundesrepublik im Verhältnis zu Gesamtdeutschland jeweils zugestanden wurde: War sie, wie die Regierungsparteien meinten, der auch zu so weitreichenden Entscheidungen wie dem zur Debatte stehenden Vertragspaket berechtigte deutsche Kernstaat oder nur, was die SPD dieser Ansicht entgegenhielt, ein dazu gerade nicht legitimierter, da nur provisorischer Teilstaat?[57] Hatte die Bundesregierung demnach den Vertrag in zulässiger Weise treuhänderisch auch für die DDR-Bürger unterzeichnet und, so Hermann Pünder von der CDU, dabei zum „Wohl von ganz Deutschland"[58] gehandelt? Oder hatte sie damit ihre Grenzen überschritten, und dies noch dazu auf eine Weise, die, wie Willy Brandt einwandte, kaum „auch nur dem halben Deutschland zum Wohle gereicht", dafür allerdings *„verhängnisvolle Auswirkungen* für unser gesamtdeutsches Schicksal"[59] befürchten ließ? Den Kernpunkt dieses Konflikts benannte jedoch am deutlichsten der SPD-Vorsitzende Erich Ollenhauer:

> „Es ist im Sprachgebrauch der Bundesregierung üblich geworden, den *Generalvertrag* als *Deutschland*-Vertrag zu bezeichnen. Ich bedaure das außerordentlich. (Sehr gut! bei der SPD.) Es sollte in Deutschland, in der Geschichte des deutschen Volkes nur einen einzigen Vertrag geben, der diesen Namen verdiente, nämlich der Vertrag, der die Einheit Deutschlands wiederherstellt. (Lebhafter Beifall bei der SPD.)"[60]

Ähnliches wiederholte sich, als 1954/55 über die Neuauflage des Vertrags diskutiert wurde und die Bundesregierung wiederum die Formulierung vom *Deutschlandvertrag* benutzte sowie vor allem Adenauer auch darüber hinaus von Deutschland anstelle von der Bundesrepublik sprach, als er die Notwendigkeit des westdeutschen Eintritts in das westliche Verteidigungssystem unterstrich.[61] Erneut brachte Ollenhauer dagegen die Perspektive der SPD auf den Punkt:

---

57 Zum häufigen Stichwort vom Kernstaat vgl. Adenauer, 5/20.9.1949, S. 22; Hans-Joachim von Merkatz (DP), 184/11.1.1952, S. 7813; 221/9.7.1952, S. 9824, 9829; 240/3.12.1952, S. 11146; zum ebenso häufigen Verweis der SPD auf den provisorischen Charakter der Bundesrepublik Ollenhauer, 7/23.9.1949, S. 99; 184/11.1.1952, S. 7802; Schmid, 183/10.1.1952, S. 7783; 221/9.7.1952, S. 9811; Herbert Wehner, 222/10.7.1952, S. 9872 (alle 1. BT).
58 Pünder, 1. BT, 240/3.12.1952, S. 11105.
59 Beide Zitate Brandt, 240/3.12.1952, S. 11124 (Herv. i. Orig.).
60 Ollenhauer, 255/19.3.1953, S. 12320 (Herv. i. Orig.). Vor diesem Hintergrund beantragte die SPD auch, bestimmte Formulierungen im Gesetz zu ändern, z.B. „die Bundesrepublik" statt „die deutsche Gesetzgebung" einzusetzen; Fritz Erler (SPD), 1. BT, 255/19.3.1953, S. 12359.
61 Vom „Deutschland-Vertrag" sprach Adenauer, 61/15.12.1954, 2. BT, 3121f.; zum synonymen Gebrauch von Deutschland/Bundesrepublik vgl. ebd., S. 3132, mit Zwischenruf der SPD.

„Diese Vertauschung der Begriffe: Bundesrepublik und Deutschland, (Sehr gut! bei der SPD) diese plötzliche Gleichsetzung des ganzen Deutschland nur mit der Bundesrepublik, verdunkelt aber das Problem, weil es eben nicht Deutschland ist, das als Ganzes durch diese Verträge Freiheit und Sicherheit erlangt."[62]

Die SPD sah demnach, wie auch der Christdemokrat Hans Furler im Generalbericht des Ausschusses für auswärtige Angelegenheiten zu den *Pariser Verträgen* festhielt, die derzeitige Bundesrepublik als staatsrechtlich nicht mit dem ganzen Deutschland identisch an, während die Regierung „eine, wenn auch taktisch begrenzte *Identität zwischen Bundesrepublik und Gesamtdeutschland*" annahm.[63]

Diese konträren Sichtweisen prägten auch die Beratungen des Ausschusses für Rechtswesen und Verfassungsrecht, der in seinem Bericht zum Pariser Vertragswerk schließlich die von den Regierungsparteien vertretene Mehrheits- sowie die allen voran von der SPD repräsentierte Minderheitsauffassung gesondert darlegte. Über Letztere berichtete Adolf Arndt, der dabei zugleich die feineren Nuancen der Differenzen verdeutlichte. Die SPD kritisiere nämlich gar nicht die Annahme einer Identität von Bundesrepublik und Deutschland, sondern lediglich die zweideutige Verwendung des Begriffes Bundesrepublik. Im Sinne des Grundgesetzes meine dieser Begriff, so Arndt, in der Tat die Bundesrepublik

„als der im Jahre 1867 gegründete und das ganze deutsche Volk in den Grenzen von 1937 umfassende *Staat Deutschland,* der für nur einen Teil seines Volkes und seines Gebietes 1949 durch das Grundgesetz reorganisiert wurde. […] In der Gesetzessprache wird deshalb richtig der *Geltungsbereich des Grundgesetzes* vom *Bundesgebiet* unterschieden, weil Bundesgebiet das Gebiet innerhalb der deutschen Staatsgrenzen von 1937 ist."[64]

Insofern war für Arndt also ebenfalls die Bundesrepublik im Sinne des Bundesgebiets mit Gesamtdeutschland identisch und fiel sowohl mit dem vergangenen Reich wie mit dem erstrebten wiedervereinigten Deutschland in eins. Allerdings

---

62 Ollenhauer, 2. BT, 61/15.12.1954, S. 3139.
63 Entwurf eines Gesetzes betreffend das Protokoll vom 23. Oktober 1954 über die Beendigung des Besatzungsregimes in der Bundesrepublik Deutschland. DS 1000; zu 1000. Generalbericht des Ausschusses für auswärtige Angelegenheiten (4. Ausschuss). Generalberichterstatter Dr. Hans Furler, 2. BT, 69/24.2.1955, S. 3596 (Herv. i. Orig.).
64 Besonderer Bericht des Ausschusses für Rechtswesen und Verfassungsrecht (16. Ausschuss). Minderheitsauffassung, Berichterstatter Dr. Adolf Arndt, 2. BT, 69/24.2.1955, S. 3619f. (Herv. i. Orig.). Vgl. ebd., S. 3619 ff., auch für Folgendes.

bedeute dies eben nicht, dass schon das jetzige Westdeutschland – der Geltungsbereich des Grundgesetzes – mit ganz Deutschland gleichzusetzen sei. Genau das sei jedoch, wie Arndt monierte, der Sprachgebrauch in den *Pariser Verträgen* sowie in den diesbezüglichen Erklärungen der Bundesregierung, der das Wort Bundesrepublik Deutschland auf das derzeitige westdeutsche Staatswesen beschränke und dieses schon als identisch mit Deutschland betrachte.

Zentrales Argument in Arndts Gegenposition war wiederum der Bezug auf das deutsche Volk als eigentlichem Stifter der Kontinuität des deutschen Staates. Da diese Kontinuität aber, so Arndts Einwand, nur durch das deutsche Volk insgesamt begründet werde, sei es unzulässig, schon im nur einen kleinen Teil davon umfassenden Westdeutschland das Ganze zu sehen, wie die Regierungsparteien es täten. Wie die Juristen, die die Kontinuitätsthese entwickelt hatten, gelangte dabei am Ende auch der Sozialdemokrat Arndt dahin, die Kontinuität des Nationalstaats gleichsam aus dem reinen Dasein des deutschen Volkes im Sinne einer vorstaatlichen und vorkonstitutionellen Kategorie abzuleiten: „Deutschland als Staat ist kein bloßer Ausspruch, der erst durch eine Wiedervereinigung zu verwirklichen wäre. Der Staat Deutschland besteht sowohl rechtlich als auch tatsächlich durch sein Volk gegenwärtig."[65]

Diese Ansicht teilte nicht nur sein Fraktionskollege Schmid, der sogar auf Ernest Renans klassisch-voluntaristische Definition der Nation als tägliches Plebiszit rekurrierte,[66] um die Kontinuitätsthese zu stützen. Denn, so Schmids Argument, das er allerdings nicht weiter empirisch unterfütterte, „das deutsche Volk wiederholt dieses Plebiszit jeden Tag sehr eindringlich."[67] Indirekt ließ auch Ludwig Schneider von der FDP seine Zustimmung erkennen, indem er betonte, dass weder die Verträge noch die Regierung von der Bundesrepublik in der von Arndt kritisierten Weise sprächen und schon jetzt eine Identität von Westdeutschland und Deutschland unterstellten.[68]

---

65 Ebd., S. 3621.
66 „Die Existenz einer Nation ist – erlauben Sie mir diese Metapher – ein Plebiszit, das sich jeden Tag wiederholt, so wie die Existenz eines Individuums eine dauernde Bestätigung des Lebensprinzips ist", sagte Ernest Renan in seiner berühmten Rede *Qu'est-ce que une nation?* am 11. 3. 1882 an der Sorbonne, zit. nach d. Übers. in: Renan 1995, S. 57.
67 Schmid, 2. BT, 71/26. 2. 1955, S. 3826; vgl. außerdem ebd. S. 3819 und 3825. Zweifel am Vorhandensein dieses Willens aufseiten der Westdeutschen formulierte etwa der Sozialpsychologe Peter Brückner 1984, S. 16: „Die westdeutsche Bevölkerung hat die Teilung Deutschlands schon wenige Jahre nach Kriegsende erst hingenommen, dann vergessen – oder begrüßt; jedenfalls in ihrer Mehrheit."
68 Vgl. Ludwig Schneider (FDP), 2. BT, 71/26. 2. 1955, S. 3828 f.

Obwohl also durchaus Differenzen zwischen Regierungslager und SPD bezüglich der Verortung der Bundesrepublik – und damit über die Entscheidungsbefugnisse der Regierung – bestanden, befand man sich doch weitgehend im Einklang darüber, dass sich die Fortexistenz des deutschen Staates im Kern am deutschen Volk als Substanz und bloß zeitweise handlungsunfähigen Träger der Staatsgewalt festmache.

Die Kontinuitätsthese als Basis des westdeutschen Alleinvertretungsanspruchs

Aus dieser gemeinsamen Grundhaltung ergab sich überdies noch eine weitere Übereinstimmung zwischen Regierungsparteien und Sozialdemokraten, nämlich die Auffassung, dass, solange aufgrund der staatlichen Teilung das deutsche Volk als Ganzes keine freie Entscheidung treffen könne, die Bundesrepublik auch stellvertretend für die in der DDR lebenden Menschen handele. Denn wie die Bundesregierung die Bundesrepublik bzw. sich selbst als „Treuhänder des deutschen Volkes überhaupt"[69] auffasste, gestand auch die SPD der Regierung Adenauer prinzipiell zu, dass nur sie befugt sei, treuhänderisch für das ganze Deutschland zu agieren, weil sie im Gegensatz zur Regierung der DDR demokratisch legitimiert war[70] bzw., wie es der Berliner CDU-Bundestagsabgeordnete Ernst Lemmer einmal ausdrückte, weil im Westen „keine Denaturierung unseres nationalen Lebens erfolgt ist"[71]. Somit liefen die divergierenden Positionen der politischen Kontrahenten zur Identitätsfrage letzten Endes beide darauf hinaus, den westdeutschen Alleinvertretungsanspruch für Gesamtdeutschland zu begründen, dessen Grenzen vorbehaltlich des Friedensvertrags mit denen des Deutschen Reiches gleichgesetzt wurden. Abermals opponierte im Bundestag lediglich die KPD als Partei einhellig gegen die hier beispielhaft von Robert Tillmanns, ebenfalls Berliner Christdemokrat, aufgestellte Alleinvertretungsmaxime:

> „Wir halten selbstverständlich an dem Anspruch fest, daß die Bundesrepublik für *Gesamtdeutschland* spricht und handelt, (Zuruf von der KPD: Für den Mond auch!) nur ist sie zur Zeit faktisch daran gehindert, ihre Souveränität dort auszuüben."[72]

---

69 So für die CDU Eugen Gerstenmaier, 1. BT, 17/15.11.1949, S. 413; vgl. außerdem für die DP von Merkatz, 2. BT, 62/16.12.1954, S. 3187 f.; für die CSU Franz Josef Strauß, 2. BT, 69/24.2.1955, S. 3570; für den GB/BHE Linus Kather, 2. BT, 72/27.2.1955, S. 3927.
70 Vgl. (beides 1. BT) Schumacher, 46/10.3.1949, S. 1566; Ollenhauer, 184/11.1.1952, S. 7802.
71 Ernst Lemmer (CDU), 1. BT, 222/10.7.1952, S. 9878. Vgl. für die SPD Brandt, ebd., S. 9917.
72 Robert Tillmanns (CDU), 1. BT, 161/12.7.1951, S. 7767 (Herv. i. Orig.).

Wie schon hinsichtlich des Anspruchs auf Wiedervereinigung des einstigen deutschen Reichsgebiets diente die Kontinuitätsthese auch bei der Formulierung des Alleinvertretungsanspruchs dazu, diesen Anspruch zu verschärfen und ihn von der Ebene eines politischen Anliegens auf die eines „harten" Rechtsstandpunkts zu ziehen. Dies war ein weiterer zentraler Grund für die hohe Anziehungskraft und das zügige Aufgreifen der Kontinuitätsthese bei den nicht kommunistischen Parteien der frühen Bundesrepublik.[73]

In besonderem Maße zuspitzend wirkte dabei die von der Bundesregierung vertretene Variante, laut der im Grunde bereits die gegenwärtige Bundesrepublik ganz Deutschland verkörperte. Hans-Joachim von Merkatz von der DP brachte dies wie folgt zum Ausdruck: „Es gibt nur *ein* Deutschland und nur einen deutschen Staat, und das ist die Bundesrepublik"[74]. Demgegenüber war die Position der SPD insofern abgeschwächt, als die Partei ja eigentlich die Staatseigenschaft der derzeitigen Bundesrepublik und folglich deren Identität mit dem Reich verneinte. Allerdings wurde diese Einschränkung immer wieder dadurch konterkariert, dass auch die SPD praktisch auf die Bundesrepublik als Handlungsrahmen zurückgeworfen war und ihr deshalb sowie wegen der fehlenden demokratischen Legitimation der DDR bis zur Einheit ebenfalls das Alleinvertretungsrecht für den fortbestehenden deutschen Staat zuerkannte. Daher wundert es kaum, dass die Sozialdemokraten in den Applaus der Regierungsparteien einfielen, als der Kanzler anlässlich der Erklärung der Sowjetunion vom 25. März 1954, dass sie der DDR zukünftig volle Souveränität verleihen wolle, verkündete, dass dies

> „jedoch nichts gegen die Tatsache [vermag, Anm. d. Verf.], daß es nur *einen* deutschen Staat gibt, gegeben hat und geben wird. [sic] (Beifall bei den Regierungsparteien) und daß es einzig und allein die *Organe der Bundesrepublik Deutschland* sind, die heute diesen niemals untergegangenen *deutschen Staat vertreten.* (Beifall im ganzen Hause.)"[75]

Ebenfalls unter dem Beifall des Plenums schloss er seine Rede mit den Worten:

> „Die *sogenannte Souveränität des Sowjetzonenregimes* wird – dessen sind wir gewiß – ebenso vergehen wie die sowjetische Fremdherrschaft und der kommunistische Terror. (Sehr richtig! in der Mitte.) Bestehen bleiben wird die unzerstörbare Souveränität des freien deutschen Volkes. (Anhaltender lebhafter Beifall.)"

---

73 Vgl. dazu auch Perels 2008b, S. 136.
74 Von Merkatz, 1. BT, 255/19.3.1953, S. 12337 (Herv. i. Orig.).
75 Adenauer, 2. BT, 23/74.1954, S. 794. Ebd., S. 795, das folgende Zitat (alle Herv. i. Orig.).

Auf der rechtlichen Konstruktion der Kontinuitätsthese basierte auch die *Hallsteindoktrin,* die die Bundesregierung nach ihrem Botschafteraustausch mit Moskau im Jahr 1955 verkündete.[76] Die Doktrin wurde nach Adenauers Staatssekretär Walter Hallstein benannt, ging jedoch vor allem auf Wilhelm Grewe, also einen der „Väter" der Kontinuitätsthese, zurück. Sie verschärfte den Anspruch auf Alleinvertretung insoweit noch einmal, als die Regierung ihn nun auch offensiv gegenüber dritten Staaten vertrat und gegebenenfalls mit dem Abbruch diplomatischer Beziehungen drohte. Allerdings besaß die *Hallsteindoktrin* mehr praktische Relevanz, als dass sie der Kontinuitätsthese in grundsätzlicher Hinsicht noch etwas hinzuzufügen hatte.[77]

Erstens wurde die Kontinuitätsthese somit von den Regierungsparteien wie von der SPD genutzt, um den Anspruch auf die staatliche Einheit Deutschlands zu verhärten. Dabei übernahmen die Parteien auch die in der der westdeutschen Rechtswissenschaft entwickelte, an die völkisch-nationalistische Tradition anschließende und dementsprechend volksgemeinschaftlich eingefärbte Begründung dieser These. Sie machten den Fortbestand des Nationalstaats also ebenfalls am Fortbestand eines substanzhaften Volksbegriffs fest und suggerierten damit eine Vorstellung von der deutschen Nation als sowohl dem Staat als auch der Verfassung vorangehende, mithin durch vermeintlich objektive Kriterien wie Herkunft, „angestammtes" Territorium etc. dauerhaft festgefügte Einheit. Zwar bezog sich vor allem die SPD, aber auch die CDU zudem immer wieder auf den Willen des deutschen Volkes, weiterhin eine Einheit zu bilden und damit auf ein demokratisches Element.[78] Dabei vermieden es die politischen Akteure jedoch darzulegen, wie dieser Wille zum Ausdruck komme. Dies war vor allem deshalb auch schwer möglich, weil die deutsche Bevölkerung, wie Wolfgang Abendroth darlegte, „infolge des politisch realen Tatbestandes der Debellation keine Möglichkeit [hatte], zu einer aktuellen politischen Wirkungseinheit zu gelangen."[79] Zwar nahm Abendroth ebenfalls an, dass der Einheitswille der Bevölkerung weiterhin vorhanden sei, machte aber zugleich darauf aufmerksam, „daß es nicht möglich ist, den Staatsbegriff im Volksbegriff untergehen zu lassen." Denn der Wille eines Volkes zu seiner politischen Einheit allein sei eine zwar notwendige, aber keine hinreichende Bedingung für die Existenz eines Staates:

---

76 Zur Genese der *Hallsteindoktrin* vgl. kurz Schöllgen 2004, S. 42f.
77 Ausführlicher diskutiert wird die *Hallsteindoktrin* daher erst in Kap. 3.2.1 dieser Arbeit.
78 Siehe dazu ebenfalls Kap. 3.2.1.
79 Abendroth 2008b, S. 513. Ebd. die folgenden beiden Zitate.

„Der Staat ist die organisatorisch verselbständigte aktuelle und eigenständige Wirkungseinheit eines Volkes, aber er ist nicht mit dem Volk in jenem schlechten Sinne identisch, daß er sich nicht vom Volk abheben läßt. Die Existenz des Willens eines Volkes zu seiner politischen Einheit bietet gewiß die Voraussetzung für die Existenz seines Staates, aber der Staat besteht nicht schon dann, wenn dieser Wille vorhanden ist."

Für die Existenz eines Staates muss demnach erst einmal die Möglichkeit bestehen, dass die Bevölkerung ihren Willen auch in demokratischer Weise ausdrücken und eine gemeinsame Verfassung beschließen kann. Dass die politischen Akteure diesen Vorbehalt in ihrem Bezug auf den Einheitswillen übergingen, entkleidete diesen Bezug in bestimmtem Maße von seinem grundsätzlich demokratischen Gehalt. Der Einheitswille schien dem deutschen Volk in dieser Form vielmehr ganz selbstverständlich, gleichsam schon der „Natur" der Sache nach unveränderlich innezuwohnen.

Zweitens diente die Kontinuitätsthese zur Festigung des westdeutschen Alleinvertretungsanspruchs gegenüber der DDR. Dieser Anspruch bestärkte einerseits die Vorstellung von der einen deutschen Nation als Gewährleisterin des unzerstörten deutschen Staates. Andererseits brachte er aber auch eine gewisse Abstufung in sie hinein, sprach er doch, zumal im „Kernstaats"-Verständnis der Regierungsparteien, dem in der Bundesrepublik lebenden Teil der Nation eine zentrale Rolle im Verhältnis zu den DDR-Bürgern zu.[80]

Allerdings waren die Verweise auf die Kontinuität des deutschen Staates im politischen Diskurs der Adenauerzeit keineswegs immer ganz stringent. So lassen sich diverse Unstimmigkeiten und, oftmals taktisch bedingte, Abweichungen von dieser Auffassung beobachten. Darüber hinaus stellten einige politische Akteure sie auf Basis der Diskontinuitätsthese grundsätzlich infrage, womit der auf dem vorstaatlichen Volksbegriff beruhenden Nationenvorstellung der Kontinuitätsthese zumindest teilweise eine verfassungs- und staatsbezogene Vorstellung entgegengesetzt wurde.

---

80 Siehe dazu Kap. 3.2.2.

1.3 Widersprüche und Gegenpositionen zur Kontinuitätsthese

Taktische Widersprüche zur Kontinuitätsthese im Regierungslager

Obwohl die Kontinuitätsthese so stark in den westdeutschen Parteien verankert war, konnte man sowohl aus dem Regierungslager wie von der Opposition zum Teil ihr implizit entgegenstehende oder sogar eindeutig widersprechende Äußerungen vernehmen. Bei den Regierungsparteien gilt dies besonders für die zwei kleinen Koalitionspartner, die FDP und vor allem die DP. Aus ihren Reihen waren gerade zu Beginn der Ära Adenauer mitunter Aussagen zu hören, die den Anschein erweckten, als würden einige Abgeordnete durchaus davon ausgehen, dass mit der Bundesrepublik ein neuer Staat entstanden sei und dass folglich der vorherige deutsche Staat nicht mehr existiere. Dies klang etwa in der ersten Bundestagsrede des FDP-Fraktionsvorsitzenden Hermann Schäfer an, der konstatierte, dass „diese *neue deutsche Demokratie*"[81] darunter leide, dass sie

„nicht das Ergebnis einer Staatsumwälzung ist, die aus den inneren Kräften des Volkes durchgebrochen ist. *Dieser neue Staat* kommt zustande im Gefolge einer militärischen Auseinandersetzung und eines militärischen Zusammenbruchs, der die Grundlagen und die Grundordnung des gesamten staatlichen Lebens der Vergangenheit zerstört und zerrüttet hat."

Allerdings schien Schäfer bei seiner vorbehaltlosen Rede vom neuen deutschen Staat weniger die rechtliche Seite der Kontinuitätsproblematik im Blick zu haben als allein die organisatorische Ebene. Denn hiernach ging er sogleich darauf ein, dass die Regierung Adenauer nun „von Grund auf überhaupt den ganzen politischen Apparat, das gesamte Gebiet der Administration völlig neu aufzubauen hat." Dieses Vorgehen Schäfers, die weithin postulierte Notwendigkeit eines organisatorischen Neuaufbaus des Staates völlig abgetrennt von der Frage der völker- und staatsrechtlichen Kontinuität des Deutschen Reiches zu behandeln, zeigt sich ebenso bei anderen Vertretern des Regierungslagers. Dadurch erklärt sich auch, warum einige von ihnen, so Hans Ewers von der DP im September 1949, unbefangen von den „Geburtsstunden eines *neuen deutschen Staatswesens*"[82] reden konnten oder, wie der Kanzler im Rahmen der EVG-Debatte, daran gedachten, dass

---

81 Hermann Schäfer (FDP), 1. BT, 6/21.9.1949, S. 50. Ebd. die folgenden Zitate (1. Herv. i. Orig.; 2. Herv. d. Verf.).
82 Hans Ewers (DP), 1. BT, 7/22.9.1949, S. 47 (Herv. i. Orig.).

„bei der bedingungslosen *Kapitulation* [...] nur noch Gemeindebehörden wenigstens einigermaßen funktionierten", während der „ganze übrige staatliche Apparat [...] zerschlagen"[83] war. Dementsprechend erinnerte anlässlich des In-Kraft-Tretens der *Pariser Verträge* der CDU/CSU-Fraktionsvorsitzende Heinrich von Brentano an den „beispiellosen *Zusammenbruch des Jahres 1945,* der jede staatliche, wirtschaftliche und soziale Ordnung zerstörte und von dem viele befürchteten, daß er auch die geistige und sittliche Ordnung in seinen Strudel ziehen und vernichten würde."[84]

Wie hier sowohl bei Adenauer als auch bei von Brentano durchscheint, ging es bei solchen auf die organisatorische Ebene zielenden Aussagen zugleich darum, die bisherigen Erfolge der Regierung herauszustreichen – die quasi aus dem Nichts ein funktionierendes Staatswesen geschaffen habe – und damit die weiteren anstehenden Schritte der Westintegration der Bundesrepublik zu legitimieren. Zweifellos sprach aus diesen Aussagen auch ein Bewusstsein von dem fundamentalen Einschnitt, den das Jahr 1945 in der deutschen Geschichte markierte, und die Erkenntnis, dass nach dem Nationalsozialismus ein grundlegender demokratischer Neuanfang zu machen sei. Dass die Annahme einer Kontinuität vom Deutschen Reich zur Bundesrepublik dem gerade entgegenstand, wurde dabei jedoch nicht reflektiert.

Manche anfängliche Äußerung verriet zwar zumindest Unsicherheit darüber, was die Bundesrepublik – „dieses", so abermals Schäfer, „eigentümliche Staatswesen unter den eigentümlichen Bedingungen des Besatzungsstatuts nach der Besonderheit eines so ungewöhnlich verlorenen Krieges"[85] – eigentlich genau darstellte, zumal man ständig mit ihrer, hier vom CDU-Abgeordneten Günter Henle beklagten, „Unfertigkeit als selbständiger Staat nach dem Zusammenbruch von 1945"[86] konfrontiert war. Nichtsdestotrotz lassen sich solche organisatorisch orientierten Positionierungen kaum als direkter und bewusster Gegensatz zur Kontinuitätsauffassung verstehen.

Anders scheint es sich dagegen auf den ersten Blick mit Äußerungen zu verhalten, die ganz offen den Untergang des Deutschen Reiches postulierten. Eine solche Äußerung findet sich ausgerechnet beim DP-Politiker Hans-Joachim von Merkatz, der an anderer Stelle ganz im Sinne der Kontinuitätsthese gern von der „*Wiederbegründung des deutschen Staates*",[87] der erhofften „endliche[n] Wiederge-

---

83 Adenauer, 1. BT, 221/9.7.1952, S. 9795 (Herv. i. Orig.).
84 Von Brentano, 2. BT, 80/5.5.1955, S. 4414 (Herv. i. Orig.).
85 Schäfer, 1. BT, 18/24./25.11.1949, S. 498.
86 Günter Henle (CDU), 1. BT, 161/12.7.1951, S. 6503.
87 Von Merkatz, 2. BT, 5/29.10.1953, S. 69 (Herv. i. Orig.).

winnung unseres alten Staatsgebietes"[88] und dem Ziel, „wieder zur Ausübung unserer eigenständigen, nur in uns ruhenden Souveränität"[89] zu gelangen, sprach. Gleichwohl hielt er der SPD wegen ihres die mangelnde deutsche Gleichberechtigung beklagenden Protestes gegen das *Petersberger Abkommen* vom 22. November 1949 vor:

> „Ich habe hier festzustellen: der Opposition ist offenbar noch nicht klar geworden, daß Deutschland, daß das *Deutsche Reich untergegangen* ist durch eine debellatio, das heißt vollkommene Besiegung. (Sehr gut! rechts und in der Mitte.) Es geht jetzt um den Weg zurück, einfach darum, diesen deutschen Menschen das Leben zu erhalten."[90]

Wie schon bei Adenauer und von Brentano wird aber auch bei von Merkatz ersichtlich, dass er die Diskontinuitätsthese hier taktisch, als Legitimationsmittel einer kompromissbereiten Westbindungspolitik, benutzte. Dasselbe gilt für andere Stellungnahmen, so die vom Freien Demokraten Artur Stegner (ab 1957 GB/BHE), der mit Blick auf die Mitte 1952 anstehende Ratifizierung des Vertrags über die Gründung der Montanunion dem Bundestag die rhetorische Frage stellte: „Meine Damen und Herren! Warum sind wir denn – sieben Jahre nach dem Verlust eines Krieges, sieben Jahre nach dem Verlust eines Reiches – auf einmal so erpicht, rein nationalstaatlich zu denken?"[91] Derartige Bezüge auf das Ende des deutschen Nationalstaats im Jahr 1945 blieben im Regierungslager allerdings die – deutlich zweckorientierte – Ausnahme. Zudem war dergleichen von der Union als führender Regierungspartei nur selten zu hören. Diese Äußerungen standen somit zwar klar im Gegensatz zur Kontinuitätsthese, sie wurden von den betreffenden Politikern jedoch völlig abgekoppelt davon getroffen und keineswegs als gewollter Einwand gegen die Kontinuitätsannahme verstanden.

Ausdrückliche Gegenpositionen: Wolfgang Abendroths Plädoyer für die Diskontinuitätsthese

Bei der SPD blieb eine explizite Kritik der Kontinuitätsthese ebenfalls rar. Dennoch gab es in ihren Reihen besonders mit Wolfgang Abendroth durchaus Stim-

---

88 Von Merkatz, 2. BT, 5/29.10.1953, S. 74.
89 Von Merkatz, 2. BT, 72/27.2.1955, S. 3924.
90 Von Merkatz, 1. BT, 18/24./25.11.1949, S. 503 (Herv. i. Orig,).
91 Artur Stegner (FDP), 1. BT, 183/10.1.1952, S. 7700; ähnlich von Merkatz, 1. BT, 221/9.7.1952, S. 9824 f., sowie von Rechenberg (FDP), 1. BT, 240/3.12.1952, S. 11130.

men, die dieser These bewusst widersprachen. Abendroth war wie Arndt einer der führenden Rechtsexperten der Partei, vor allem als Gutachter zu Gewerkschaftsstreiks, und wurde von der SPD 1951 als Bundesverfassungsrichter vorgeschlagen.[92] Obgleich er somit eine zentrale Figur in der SPD war, konnten sich seine Argumente gegen die Kontinuitätsthese in der Parteispitze nicht durchsetzen und wurden, wie bereits angedeutet, im juristischen Diskurs ebenfalls marginalisiert. Gleichwohl erinnerte der streitbare Jurist gerade seine eigene Zunft immer wieder daran, dass die Kontinuitätsthese jedenfalls keine unumstößliche Tatsache, sondern eine Fiktion sei:

> „Wenn nun die deutsche Staatslehre in Bezug auf die deutsche staatliche Entwicklung nach dem Jahre 1945 behauptet, daß diese Fortentwicklung die Weiterentwicklung des gleichen Staates sei, der 1945 total besetzt und dessen Staatsgewalt damals total vernichtet wurde, so muß sie sich darüber klar sein, daß sie auch hier [wie im ebenfalls seine Kontinuität behauptenden Österreich, Anm. d. Verf.] diese Identität nur fingieren kann."[93]

Wenngleich Abendroth zugestand, dass eine solche Fiktion durchaus fruchtbar sein könne, machte er indirekt auch darauf aufmerksam, dass es im Falle Deutschlands gar nicht zwingend notwendig gewesen wäre, eine Kontinuität des deutschen Nationalstaats anzunehmen, um allein das Ziel erneuter staatlicher Einheit legitimieren zu können. Vielmehr hätte es zur Begründung dieses Ziels genügt, sich etwa auf die diversen Vereinbarungen der Alliierten bezüglich des deutschen Status zu stützen, denen auch das viel beschworene Schlagwort der „Grenzen von 1937" entstammte.[94]

Den 31. Dezember 1937 als Stichtag zur einstweiligen Festlegung der deutschen Grenzen bis zum Abschluss eines endgültigen Friedensvertrages hatten die USA, Großbritannien und die Sowjetunion erstmals in ihrer *Moskauer Deklaration* vom Herbst 1943 benannt. Selbiges Datum griff die auf der Zusammenkunft der drei Mächte in Moskau eingesetzte European Advisory Commission im sogenannten *Londoner Protokoll* von 1944 auf, das die bedingungslose Kapitulation Deutschlands sowie seine Aufteilung in Besatzungszonen regelte und auf der Konferenz

---

92 Vgl. Buckmiller/Perels/Schöler 2008, S. 13; zu Abendroths Position in der Kontinuitätsfrage ebd., S. 14 f.
93 Abendroth 2008b, S. 514. Zu dieser Fiktion vgl. auch Diestelkamp 1980/1981, 1. Teil, S. 484.
94 Vgl. dazu bes. Abendroth 2008c sowie Abendroth 2008d.

in Jalta im Februar 1945 offiziell verabschiedet wurde.[95] Bei der Festsetzung dieses Stichtags ging es den Alliierten in erster Linie darum, bis auf Weiteres zu definieren, welches Gebiet nach Kriegsende überhaupt als Deutschland verstanden werden sollte. Dies war keineswegs einfach festzustellen, nachdem das Deutsche Reich fast ganz Europa seiner Herrschaft unterworfen hatte.

Als Deutschland gelten sollte demnach das Gebiet des Deutschen Reiches vor dem damit zugleich als völkerrechtswidrig erklärten „Anschluss" Österreichs und der Annexion des Sudetenlandes im Laufe des Jahres 1938. Auf diesen Gebietsstand bezog sich auch der Terminus „Deutschland als Ganzes" bzw. „ganz Deutschland" im *Potsdamer Abkommen* vom 2. August 1945. Noch dazu hatten die Alliierten in Potsdam ihren Willen zum Ausdruck gebracht, Deutschland während der Besatzung als eine Einheit zu betrachten.[96] Damit markierten sie gegenüber früheren Zerteilungsabsichten einen wichtigen Wendepunkt.[97]

Zwar enthielten die alliierten Vereinbarungen keine Gebietsstandsgarantie für Deutschland,[98] wobei vor allem eine Revision der im *Potsdamer Abkommen* entlang von Oder und Neiße gezogenen Westgrenze Polens schon früh als unwahrscheinlich gelten konnte.[99] Gleichwohl bildeten sie, wie Abendroth argumentierte, eine ausreichende Basis dafür, die staatliche Einheit Deutschlands als legitimes Ziel zu formulieren, zumal die in Potsdam gefundene Einigung von keiner der Vier Mächte je formell revidiert worden war.[100]

Vor diesem Hintergrund mache es, so Abendroth, im Prinzip auch erst einmal keinen gravierenden Unterschied, ob man sich bei der Formulierung des Einheitsziels nun auf die Diskontinuitäts- oder auf die Kontinuitätsthese stütze. Allerdings sei dieses Ziel gemäß der Diskontinuitätsthese maximal auf die von den Alliierten vorläufig gesetzten „Grenzen von 1937" beschränkt. Die Kontinuitätsthese berge hingegen die Gefahr, noch darüber hinauszugreifen, da ihr zufolge besagte Begrenzung lediglich eine Vereinbarung zwischen Dritten, sprich „res inter alios acta ist und also Deutschland erst beim Abschluß eines endgültigen Friedensvertrages binden kann, falls in diesem Friedensvertrag die neue Grenz-

---

95 Als *Londoner Protokoll* bezeichnet wird das *Protokoll über die Besatzungszonen in Deutschland und die Verwaltung von Groß-Berlin* vom 12. 9. 1944. Hierzu sowie zu den weiteren alliierten Vereinbarungen vgl. Küsters 2000, hier bes. S. 219–224, sowie Gladis 1990, S. 17 f., 23–26. Frankreich, das in Jalta noch nicht selbst vertreten war, wurde am 26. 7. 1945 ebenfalls in die Vereinbarungen der European Advisory Commission einbezogen.
96 Siehe bes. Art. III. des *Potsdamer Abkommens*, in: Rauschning (Hrsg.) 1985, S. 23–27.
97 Zu Potsdam als Wendepunkt vgl. Abendroth 2008c, S. 178 ff.; Abendroth 2008d, 319 f.
98 Vgl. Gladis 1990, S. 269.
99 Dies nehmen u. a. an von Bredow 2006; Kleßmann 1991, S. 235; Foschepoth 1988d, S. 38 f.
100 Vgl. dazu ausführlich Abendroth 2008c, z. B. S. 182 u. bes. 193 ff.

ziehung Bestätigung findet."[101] Eine über die „Grenzen von 1937" hinausgehende Regelung war zwar nicht das, was der Großteil der politischen Akteure in der Bundesrepublik intendierte, wenn er sich auf die Kontinuitätsthese bezog,[102] jedoch waren vom Kontinuitätsstandpunkt aus derartige Ambitionen auch nicht definitiv ausgeschlossen, da er die alliierten Vereinbarungen eben nicht als – laut der Diskontinuitätsthese ja völkerrechtskonforme – einseitige Verfügungen über deutsches Gebiet akzeptierte.

Daneben stand den Parteien mit dem Grundgesetz der Bundesrepublik ein weiterer rechtlicher Bezugspunkt für ihre Einheitsbestrebungen zur Verfügung, auf den sie ebenfalls unabhängig von der Annahme einer Kontinuität des Deutschen Reiches hätten zurückgreifen können. Denn obschon die Kontinuitätsthese bereits im Parlamentarischen Rat die Mehrheitsposition bildete und die meisten politischen Protagonisten der Ära Adenauer es anders darstellten, enthielt das Grundgesetz selbst kein ausdrückliches Bekenntnis zu ihr und auch mittelbar ließ sich ein solches Bekenntnis „allenfalls mit Mühe"[103] daraus ablesen.

Mithin formulierte die Präambel den Anspruch auf die staatliche Wiedervereinigung Deutschlands – anders als die Kontinuitätsthese – weniger als eine vermeintlich unabweisbare Feststellung, sondern vielmehr als ein noch unerfülltes Postulat. So rief sie zu Beginn zwar dazu auf, die „nationale und staatliche Einheit zu *wahren* und als gleichberechtigtes Glied in einem vereinten Europa dem Frieden der Welt zu dienen", schloss am Ende aber offen mit dem Satz: „Das gesamte Deutsche Volk bleibt aufgefordert, in freier Selbstbestimmung die Einheit und Freiheit Deutschlands zu *vollenden*."[104]

Ähnlich verhielt es sich mit dem westdeutschen Alleinvertretungsanspruch, den die Präambel des Grundgesetzes gleichfalls anzeigte, allerdings nur unter Vorbehalt gelten ließ. So erläuterte die Präambel zwar, dass das deutsche Volk, als es sich auf dem Gebiet der westdeutschen Bundesländer „für eine Übergangszeit eine neue Ordnung" gab, „auch für jene Deutschen gehandelt [hat], denen mitzuwirken versagt war." Damit wies das Grundgesetz, wie Abendroth analysierte, durchaus die Tendenz auf, „Anspruch auf gesamtdeutsche Geltung zu erheben". Jedoch werde die

---

101 Ebd., S. 186.
102 Siehe dazu die Kritik an den Forderungen der kleinen Rechtsparteien, auch Österreich oder das Sudetenland einzubeziehen, durch Adenauer für die CDU und Schmid für die SPD in Kap. 3.1., Fn. 106.
103 Grigoleit 2004, S. 183.
104 Präambel GG a. F. (Herv. d. Verf.). Das Grundgesetz wird im Folgenden, soweit nicht anders angegeben, grundsätzlich nach seiner alten, bis 1990 gültigen Fassung zitiert.

"Tatsache, daß es sich bei dieser Rolle des negotiorum gestor eindeutig um Geschäftsführung ohne Auftrag handelte, und daß eine demokratische Legitimation durch die Bevölkerung der sowjetischen Besatzungszone unzweifelhaft fehle, [...] im Schlußsatz der Präambel anerkannt und durch Art. 146 nochmals unterstrichen."[105]

Wie im Wiedervereinigungsgebot der Präambel angedeutet, betonte Art. 146 GG abermals den provisorischen Charakter der westdeutschen Ordnung im Hinblick auf eine künftige gesamtdeutsche Ordnung, ohne beide schon gleichzusetzen:

"Dieses Grundgesetz, das nach Vollendung der Einheit und Freiheit Deutschlands für das gesamte deutsche Volk gilt, verliert seine Gültigkeit an dem Tage, an dem eine Verfassung in Kraft tritt, die von dem deutschen Volke in freier Entscheidung beschlossen worden ist."[106]

Eine Kontinuität konstatierte das Grundgesetz demgegenüber allerdings unmissverständlich bezüglich der deutschen Staatsbürgerschaft, deren Weitergeltung es nach dem Stand vom 31. Dezember 1937 in Art. 116 Abs. 1 garantierte:

"Deutscher im Sinne dieses Grundgesetzes ist vorbehaltlich anderweitiger gesetzlicher Regelungen, wer die deutsche Staatsangehörigkeit besitzt oder als Flüchtling oder Vertriebener deutscher Volkszugehörigkeit oder als dessen Ehegatte oder Abkömmling in dem Gebiete des Deutschen Reiches nach dem Stande vom 31. Dezember 1937 Aufnahme gefunden hat."

Damit unterstrich das Grundgesetz die maßgebliche Bedeutung der „Grenzen von 1937" auf personeller Ebene,[107] während es zugleich auf eine eindeutige Fixierung des Wiedervereinigungsgebots auf diese Grenzen in territorialer Hinsicht verzichtete; es erzeugte also eine gewisse Spannung zwischen beiden Ebenen.[108] Diese Spannung, genauer gesagt die unbestrittene Geltung der „Grenzen von 1937" hinsichtlich der Staats- und Volkszugehörigkeit trotz gleichzeitiger Uneindeutigkeit

---

105 Beide Zitate bei Abendroth 2008e, S. 101.
106 Vgl. hierzu wie zu Folgendem auch Grigoleit 2004, S. 182 ff.
107 Dies war insbesondere im Hinblick auf die Vertriebenen relevant. Siehe dazu Kap. 3.1.
108 Eine offene Kontroverse über die Frage, ob das Grundgesetz die Einheit auf das Territorium vom 31.12.1937 festlege, entstand Anfang der 1970er-Jahre anlässlich der *Ostverträge*, mit denen die Regierung Willy Brandt die Oder-Neiße-Grenze anerkannte. Vgl. aus Sicht der Befürworter einer solchen territorialen Festlegung auf die „Grenzen von 1937" Gladis 1990, S. 267–270; Klein 1985; für die gegenläufige Ansicht Küchenhoff 1970; von Münch 1985, Rn. 28.

ihrer territorialen Relevanz, korrespondierte, wenn auch so nicht vom Grundgesetz intendiert, durchaus mit der zentralen Rolle, die dem deutschen Volk sowohl von der Mehrheit der Juristen als auch der politischen Akteure als Substanz der Kontinuität des Staates zugestanden wurde.

Doch auch ohne territoriale Festlegung des Einheitsziels auf die „Grenzen von 1937" und vor allem ohne die möglicherweise noch darüber hinausgreifende Annahme einer Kontinuität des Reiches bot das Grundgesetz eine hinreichende Grundlage dafür, den Wunsch nach einer neuen staatlichen Einheit insbesondere von Bundesrepublik und DDR zu legitimieren. Schließlich hatte das Bundesverfassungsgericht dem in der Präambel enthaltenen Wiedervereinigungsgebot neben politischem auch rechtlichen Gehalt zugesprochen, womit alle Verfassungsorgane der Bundesrepublik dazu verpflichtet waren, auf dieses Ziel hinzuwirken und nichts zu unternehmen, was zu seiner Vereitlung führen könnte.[109]

Sowohl die alliierten Vereinbarungen als auch das Grundgesetz gestatteten es demnach, die deutsche Einheit auch ohne die Kontinuitätsthese als legitimes politisches Ziel aufzustellen. Dass sich die Parteien in der frühen Bundesrepublik dennoch vornehmlich auf die Kontinuitätsthese bezogen, um dieses Ziel in eine vermeintliche Tatsache zu verwandeln, hatte im Endeffekt zur Folge, dass der ihr innewohnende vorstaatliche und vorkonstitutionelle Volksbegriff in den Vorstellungen von der deutschen Nation nach 1945 partiell reaktiviert wurde.

1.4 Zwischenfazit: der Bezug auf ein vorstaatlich gefasstes Volk als Substanz des Staates

Dass die in der westdeutschen Rechtswissenschaft entwickelte Kontinuitätsthese von den Parteien jenseits der Kommunisten so selbstverständlich übernommen und sodann zur dominanten Sichtweise wurde, hatte somit zusammenfassend betrachtet insbesondere folgenden Grund: Mit ihr gelang es, genuin politischen – also grundsätzlich verhandelbaren – Zielsetzungen, wie vor allem dem Ziel der deutschen Einheit und dem Alleinvertretungsanspruch der Bundesrepublik, eine rechtliche – und damit scheinbar unhinterfragbare – Legitimation zu verleihen.

Dabei zielte die Kontinuitätsthese, wie Klaus Joachim Grigoleit ausführt, von Anfang an, d. h. auch bei den sie entwickelnden Juristen, „nicht auf die Beschrei-

---

109 So beim Verbot der KPD am 17. 8. 1956; vgl. BVerfGE 5, 85, S. 127 f. Dies bekräftigte das Urteil zum deutsch-deutschen *Grundlagenvertrag* vom 31. 7. 1973; vgl. BVerfGE 36, 1, S. 17 f.

bung, sondern auf die Beeinflussung der Wirklichkeit, stand also unter einem politischen Primat."[110] Das gilt zwar auch für die Diskontinuitätsthese, die ja ebenfalls politische Ziele verfolgte. Diese Ziele benannte Kelsen allerdings ausdrücklich als solche und verband sie überdies mit dem Versuch, das Völkerrecht an die neuartige Dimension der im Dritten Reich begangenen Verbrechen anzupassen, die ebenfalls neuartige Eingriffe der Siegermächte in die Reste des deutschen Staatslebens nach 1945 erforderlich machte. Die Kontinuitätsthese hingegen gab sich als unpolitische resp. als „rein" rechtliche Auffassung aus[111] und verblieb dabei in den Denkfiguren des traditionellen Völkerrechts, womit sie dem NS-Staat zugleich den Charakter eines „normalen" Staates zuerkannte.

Beide Thesen unterschieden sich also nicht etwa dadurch, dass eine von ihnen eine politische, die andere hingegen eine unpolitische Auffassung darstellte, sondern vielmehr dadurch, dass sie konträre politische und rechtliche Ziele verfolgten. Dies schlug sich in den jeweils implizierten Vorstellungen von der deutschen Nation entsprechend nieder: Die Diskontinuitätsthese forderte einen umfassenden demokratischen Neuanfang auf Grundlage der vollständigen Auflösung des NS-Staates und der konsequenten Ahndung der NS-Verbrechen, insofern also auch einen radikalen Bruch mit den bisherigen Kollektivvorstellungen ein. Mithin intendierte sie, dass in Deutschland abermals ein erneuter Prozess des „Nationbuilding" stattfinden müsse, die Konstituierung einer neuen, demokratischen „national community" im Zuge der Verfassungsgebung. Demgegenüber beinhaltete die Kontinuitätsthese zumindest mittelbar eine Bestätigung der hergebrachten Kollektivvorstellungen. Dies war vorrangig deshalb der Fall, weil sie mit einem seit der NS-Zeit unveränderten, damit aber weiterhin volksgemeinschaftlich aufgeladenen Volksbegriff argumentierte, von dem sie die Annahme von der Kontinuität des deutschen Nationalstaats herleitete. „Das Volk" gerann dabei gleichsam zur festen Substanz des Staates. Es meinte in dieser Anschauung primär gerade nicht das sich im Moment der Verfassungsgebung konstituierende Staatsvolk, sondern eine alle Staatsformen vermeintlich unbehelligt überdauernde Volks- bzw. Abstammungsgemeinschaft.

Demnach ist anzunehmen, dass die politische Attraktivität der Kontinuitätsthese außer auf ihrem Effekt, politische Zwecke in rechtliche Ansprüche zu verwandeln, auch auf ihrer potenziellen sozialpsychologischen Wirkung beruhte. Sie

---

110 Grigoleit 2004, S. 182.
111 Vgl. Diestelkamp 1980/1981, 1. Teil, S. 483; zu der „„bekehrte' Nazis mit denjenigen Kreisen in Justiz und Bürokratie, die sich schon im Dritten Reich nicht hatten ‚politisieren' lassen", vereinenden „Auffassung vom ‚wahren' Recht, das gegen alle Schwankungen der politischen Verhältnisse im Prinzip resistent ist", auch Kirn 1972, S. 47 (Herv. i. Orig.).

baute den weiten Teilen der Bevölkerung, die einst den Nationalsozialisten zugestimmt hatten und der westdeutschen Demokratie anfangs skeptisch bis indifferent gegenüberstanden, eine Brücke aus der Vergangenheit in die „neue Zeit". Indem die Parteien die Kontinuität des Deutschen Reiches postulierten, sprich unterstellten, dass der Nationalstaat in den „Grenzen von 1937" und mit ihm die deutsche Nation in ihrer Substanz, dem vorstaatlichen Volk, nach der Zerschlagung des NS-Regimes kontinuierlich weiterbeständen, eröffneten sie gleichsam nebenbei eine Möglichkeit, an in der NS-Zeit geprägte, daher aber vornehmlich dem völkischen Nationalismus entstammende Muster kollektiver Identifikation anzuknüpfen.

In dieser Hinsicht spielte es eine untergeordnete Rolle, ob man, wie die Koalition, schon die existierende Bundesrepublik als identisch mit dem Deutschen Reich betrachtete oder, wie die SPD, diese Identität erst dem ganzen Deutschland zubilligen wollte. Auf ihre Weise schufen beide Varianten eine vermeintlich ungebrochene Verbindung zur NS-Vergangenheit, obwohl die Kontinuitätsthese doch paradoxerweise gerade darauf zielte, einen „Schlussstrich" unter diese Vergangenheit zu ziehen, indem sie es vermied, grundlegende rechtliche und politische Konsequenzen aus ihr zu ziehen. Damit war die politische Adaption der Kontinuitätsthese eine zentrale Ausgangsbasis für die Rekonstruktion der Vorstellungen von der deutschen Nation im Sinne einer vorwiegend über vorstaatliche und vorkonstitutionelle Kriterien definierten Gemeinschaft.

Trotz ihrer hegemonialen Position im politischen Diskurs wurde die Kontinuitätsthese praktisch allerdings keineswegs von allen Parteien immer konsequent gehandhabt, wie speziell im Rahmen der Westintegration der Bundesrepublik ersichtlich wird.

2 Supranationaler Aufbruch im nationalen Interesse
Zur Neuausrichtung der Nationenvorstellungen im Rahmen der Westintegration

In den Auseinandersetzungen über die Einbindung der Bundesrepublik in die westliche Staatengemeinschaft zeigt sich, dass die Bundesregierung durchaus flexibel mit der Auffassung von der Kontinuität des hergebrachten deutschen Nationalstaats umzugehen wusste. So war allen voran die CDU als führende Regierungspartei bereit, diese Auffassung ihrem primären Anliegen, dem westdeutschen Staat baldige Eigenständigkeit zu verschaffen, nachzuordnen. Darüber hinaus wurde das Prinzip des Nationalstaats nunmehr fast im gesamten Parteienspektrum der frühen Bundesrepublik einer grundsätzlichen Kritik unterzogen und das Ziel seiner Überwindung proklamiert. Dieses Ziel wurde in Form der Etablierung erster supranationaler Strukturen im Rahmen der westeuropäischen Integration zumindest ansatzweise auch praktisch realisiert.

Antrieb für den europäischen Integrationsprozess war nicht zuletzt das Drängen der USA, die ihre Hilfe für den Wiederaufbau der vom Zweiten Weltkrieg schwer angeschlagenen europäischen Nationalwirtschaften von deren engerem Zusammenschluss abhängig machten. Zudem erwiesen sich die traditionellen nationalstaatlichen Strukturen auch für die Europäer selbst zunehmend als nicht mehr ausreichend, um ihre jeweiligen Interessen verfolgen zu können. Gerade die Bundesrepublik, die ohnehin diversen Beschränkungen durch die Besatzungsmächte unterlag, konnte dabei vom partiellen Abbau nationalstaatlicher Souveränitätsrechte innerhalb der europäischen Gemeinschaften[1] profitieren. Wenngleich die Nationalstaaten durch diese Gemeinschaften keineswegs komplett aufgehoben wurden, sondern die neuen supranationalen Strukturen stets mit Institutionen

---

1 Die erste war die Europäische Gemeinschaft für Kohle und Stahl (in Kraft ab 1952). Mit ihr waren die folgenden Gemeinschaften, die Europäische Wirtschaftsgemeinschaft und die Europäische Atomgemeinschaft (in Kraft ab 1958), zwar z. T. schon organisatorisch verbunden, zusammengelegt wurden die drei Gemeinschaften aber erst mit dem *Vertrag zur Einsetzung eines gemeinsamen Rates und einer gemeinsamen Kommission der Europäischen Gemeinschaften* vom 8.4.1965 (in Kraft ab 1.7.1967). Vgl. BGBl. II, Nr. 43, 27.10.1965, S. 1454–1497.

klassischer intergouvernementaler Zusammenarbeit verschränkt blieben, entstanden damit auch neue Rahmenbedingungen für die Ausformung der Vorstellungen von der deutschen Nation.

Zunächst könnte man vermuten, dass die fundamentale Kritik am Prinzip des Nationalstaats samt dem mit ihm verbundenen Anspruch auf nationale Souveränität auch eine kritische Reflexion auf die Kollektivvorstellung der Nation selbst beinhaltete. Ein näherer Blick auf die entsprechenden Debatten zeigt jedoch, dass die Kritik eben lediglich der Verbindung von Nation und Staat im Nationalstaat galt, während die Nation als durch gemeinsame Geschichte, Kultur und Abstammung/Herkunft dauerhaft zusammengeschweißte Gemeinschaft im politischen Diskurs der Adenauerzeit kaum ausdrücklich in Zweifel gezogen wurde. Mithin bildete die Zurückweisung des Nationalstaats keinen Auftakt dazu, die Nation grundsätzlich zurückzuweisen. Vielmehr trug sie dazu bei, eine ganz bestimmte Vorstellung von Nation zu befördern. In dieser Vorstellung mochte der Nation zwar immer weniger Bedeutung als, in den Worten Abendroths, „aktuelle politische Wirkungseinheit"[2] zuerkannt werden. Sehr wohl aber wurde die Nation als eine vorstaatliche, gleichsam durch objektive Merkmale festgefügte Einheit weiterhin als relevant erachtet.

Um der Ausformung der Nationenvorstellungen im Kontext der Debatten über die Integration der Bundesrepublik sowohl in die westeuropäische als auch in die die transatlantische Allianz genauer nachzugehen, wird zuerst die verbreitete Kritik am nationalstaatlichen Prinzip in den ersten Jahren der Ära Adenauer unter Einbeziehung der Gemeinsamkeiten und Differenzen der Parteien in den Blick genommen (2.1). Danach werden die Konflikte über das Saargebiet untersucht, an denen sich besonders gut nachvollziehen lässt, welche Rolle die Parteien der Nation in einem künftigen Europa jeweils zudachten (2.2). Wie fragil der supranationale Aufbruch gen Westen tatsächlich war und wie sehr die Kritik am Nationalstaat auch von wandelbaren Interessen getrieben wurde, zeigen sodann die Debatten ab Mitte der 1950er-Jahre, in denen sich eine wachsende Rückbesinnung auf nationalstaatliches Denken beobachten lässt (2.3). Dennoch erfuhr die Nation im Rahmen der Westintegration in mancher Hinsicht eine Neubestimmung, deren Grundlinien im Anschluss nochmals verdeutlicht werden (2.4).

---

2 Abendroth 2008b, S. 514.

2.1 Die Kritik am Prinzip des Nationalstaats auf dem Weg ins Westbündnis

Der Gedanke, dass sich das Prinzip des Nationalstaats überlebt habe und gerade auf dem europäischen Kontinent eine grundlegende Neuordnung jenseits dieses Prinzips erfolgen müsse, besaß eine Tradition, die wenigstens bis in die Weimarer Republik, zu den Diskussionen der sogenannten Neuen Rechten in der SPD wie Julius Leber und Carlo Mierendorff in den *Sozialistischen Monatsheften*, zurückreicht.[3] Zudem bildete die Überwindung der Nationalstaaten in Europa ein zentrales Anliegen weiter Teile des europäischen Widerstands gegen die NS-Herrschaft.[4] Allerdings war eine Kritik am Nationalstaatsprinzip noch nie zuvor derart massiv in der offiziellen Politik eines deutschen Staates vertreten worden wie in den ersten Jahren der Bundesrepublik.[5] In fast allen Parteien, von der DP und der FDP auf der rechten bis zur SPD auf der linken Seite des politischen Spektrums, wurde der Nationalstaat nun zurückgewiesen und dagegen das Ziel eines vereinten Europas gesetzt. Dieser breite Konsens speiste sich vor allem aus der Erfahrung des Nationalsozialismus, der weithin als Ausdruck von maßlos übersteigertem nationalstaatlichem Egoismus galt. Allerdings verengte sich die Kritik am Nationalstaat alsbald vom Konsens zum spezifischen Argumentationsmuster der Regierungsparteien, wobei sie sowohl deren Einsatz für die Schaffung supranationaler Strukturen im europäischen Einigungsprozess flankierte als auch der subtilen Artikulation eigener Interessen in diesem Prozess diente.

Dieser schon frühzeitig einsetzende Prozess der Verengung steht hier als Erstes im Zentrum (2.1.1). Anschließend wird der bis Mitte der 1950er-Jahre anhal-

---

3 Vgl. z. B. Mierendorff 1997 sowie die weiteren Beiträge in: Steinbach 1997. Zu Lebers früher Forderung, dass der „kleinliche Nationalismus der dreißig oder vierzig europäischen Staaten [...] in die Gerümpelkammer" gehöre, vgl. seine Notiz vom 21.12.1925, in: [Dahrendorf (Hrsg.)] 1952, S. 45 f., hier S. 46. Wie Mierendorff und Leber waren auch andere führende Sozialdemokraten der Weimarer Zeit, so Theodor Haubach und der Pädagogikprofessor Adolf Reichwein, in der NS-Zeit im Kreisauer Widerstandskreis aktiv. Zu ihren Europavorstellungen vgl. u. a. Graml 1994.
4 Vgl. Perels 2006. Auf diese Wurzeln bezogen sich die politischen Akteure der Adenauerzeit aber nur selten, sondern wenn, dann eher auf die weitaus weniger weitreichenden Europavorstellungen des nationalliberalen Weimarer Reichsaußenministers Gustav Stresemann. Vgl. für den 1. BT Hans Ewers (DP), 7/22.9.1949, S. 47; Max Becker (FDP), 68/13.6.1950, S. 2493; August-Martin Euler (FDP), 161/12.7.1951, S. 7730; Herbert Wehner (SPD), 222/10.7.1952, S. 9872; Anton Besold (FU), 255/19.3.1953, S. 12345; später Marie Elisabeth Lüders (FDP), 3. BT, 1/15.10.1957, S. 5; Heinrich von Brentano (CDU), 4. BT, 77/16.5.1963, S. 3751 f.
5 Vgl. auch Gabbe 1976, S. 155–189, sowie Müller-Härlin 2008, S. 174–177, der ebd., S. 310, darauf hinweist, dass der Konsens vom Ende des Nationalstaats zur damaligen Zeit ein Spezifikum des Bundestages im Vergleich zum französischen und britischen Parlament war.

tende Grundkonflikt zwischen Regierungslager und sozialdemokratischer Opposition näher beleuchtet. Dieser Konflikt drehte sich vor allem um die Frage, ob das Ende der Nationalstaaten, wie vor allem die Union postulierte, gleichsam automatisch mit der Bildung europäischer Institutionen jedweden Charakters einhergehen würde oder ob der tatsächliche Charakter der ersten dieser Institutionen einer Überwindung des Nationalstaatsprinzips womöglich entgegenstünde, wie die SPD einwandte (2.1.2).

2.1.1 Die Entwicklung der Nationalstaatskritik vom allgemeinen Konsens zum spezifischen Argumentationsmuster der Regierungsparteien

Die Überwindung des Nationalstaatsprinzips als gemeinsames Ziel

Anfangs bestand unter den Parteien der frühen Bundesrepublik weitgehende Einigkeit in einer grundsätzlichen Skepsis gegenüber dem Nationalstaat sowie überdies in der Bereitschaft, für das Ziel seiner Überwindung auf einzelstaatliche Hoheitsrechte zu verzichten – wenngleich es sich dabei erst einmal nur um potenzielle Hoheitsrechte handelte, da die Bundesrepublik ja noch unter dem *Besatzungsstatut* stand.[6] Insofern sprach der sozialdemokratische Alterspräsident Paul Löbe für den Großteil der Abgeordneten, als er in seiner Eröffnungsansprache bei der konstituierenden Sitzung des Bundestags am 7. September 1949 als zentrales künftiges Anliegen hervorhob:

> „Deutschland will – ich sagte es schon – ein aufrichtiges, friedliebendes, gleichberechtigtes Glied der *Vereinigten Staaten von Europa* werden. Wir haben im Staatsgrundgesetz von Bonn den Verzicht auf nationale Souveränitätsrechte schon im voraus ausgesprochen, um dieses geschichtlich notwendige höhere Staatsgebilde zu schaffen, und werden uns auch durch Anfangsschwierigkeiten von diesem Ziel nicht abschrecken lassen."[7]

Der hier von Löbe angesprochene Art. 24 GG bildete gleichsam das rechtliche Fundament der Nationalstaatskritik. In Abs. 1 sieht er vor, dass der Bund per Ge-

---

6 Das am 10.4.1949 veröffentlichte *Besatzungsstatut* trat am 21.9.1949 in Kraft. Nach seiner ersten Revision am 6.3.1951 wurde das Auswärtige Amt errichtet und Bundeskanzler Konrad Adenauer zugleich zum ersten Bundesaußenminister. Vgl. Schöllgen 2004, S. 20, 29.
7 Paul Löbe (SPD), 1. BT, 1/7.9.1949, S. 2 (Herv. i. Orig.). Vgl. auch ebd., S. 1.

setz Hoheitsrechte an zwischenstaatliche Einrichtungen – wie etwa gemeinschaftliche europäische Institutionen – abgeben kann. Abs. 2 besagt, dass sich die Bundesrepublik zudem einem System kollektiver Sicherheit anschließen und dazu in die Beschränkung ihrer Souveränität einwilligen kann. Abs. 3 fordert den Bund schließlich dazu auf, Vereinbarungen über eine internationale Schiedsgerichtsbarkeit beizutreten.[8]

Damit hatte der Parlamentarische Rat auf Grundlage der Vorschläge des Herrenchiemseer Verfassungskonvents ein „Novum im deutschen Verfassungsrecht" geschaffen, das „eine Reaktion auf die europäische Geschichte in der ersten Hälfte des 20. Jahrhunderts" darstellte.[9] Vor allem war die das Grundgesetz auch über Art. 24 durchziehende Einschränkung traditioneller Hoheitsrechte[10] eine direkte Konsequenz aus den Jahren der NS-Herrschaft. In diesen Zusammenhang gehören insbesondere auch Art. 25 GG, der das geltende Völkerrecht unmittelbar in das Grundgesetz inkorporierte und ihm eine Vorrangstellung gegenüber den Bundesgesetzen einräumte,[11] sowie das in Art. 26 GG aufgestellte „Verbot der Vorbereitung eines Angriffskrieges"[12].

Mit Bezug auf die NS-Vergangenheit hatte 1948 auch schon der Verfassungskonvent begründet, weshalb die dann in Art. 24 GG ausgesprochene Bereitschaft zur europäischen Integration in das Grundgesetz aufzunehmen sei. Nach Auffassung des Konvents ging der westdeutsche Staat damit der europäischen Entwicklung voran:

---

8 Im Jahr 1992 wurde zum Art. 24 der Abs. 1a ergänzt, der sich mit der Übertragung von Hoheitsrechten auf grenznachbarschaftliche Einrichtungen seitens der Bundesländer befasst. Ersetzt wurde zudem der alte Art. 23 (Geltungsbereich des Grundgesetzes) durch den neuen Art. 23 (Europäische Union – Grundrechtsschutz – Subsidiaritätsprinzip), den sog. Europa-Artikel.
9 Detjen 2009a, S. 380. Vgl. auch Detjen 2009b, S. 58f.
10 Von einer „*Verfassungsentscheidung* für eine ‚offene' Staatlichkeit" spricht Vogel 1964, S. 42 (Herv. i. Orig.).
11 Art. 25 GG [a. F.: Völkerrecht und Bundesrecht; heute: Vorrang des Völkerrechts] besagt: „Die allgemeinen Regeln des Völkerrechtes sind Bestandteil des Bundesrechtes. Sie gehen den Gesetzen vor und erzeugen Rechte und Pflichten unmittelbar für die Bewohner des Bundesgebietes."
12 Art. 26 GG besagt bis heute [inzwischen unter dem Stichwort: Friedenssicherung]:
„(1) Handlungen, die geeignet sind und in der Absicht vorgenommen werden, das friedliche Zusammenleben der Völker zu stören, insbesondere die Führung eines Angriffskrieges vorzubereiten, sind verfassungswidrig. Sie sind unter Strafe zu stellen.
(2) Zur Kriegsführung bestimmte Waffen dürfen nur mit Genehmigung der Bundesregierung hergestellt, befördert und in Verkehr gebracht werden. Das Nähere regelt ein Bundesgesetz."

„Zwar wird damit dem deutschen Volk eine Vorleistung zugemutet. Nach dem, was im Namen des deutschen Volkes geschehen ist, ist aber eine solche Vorleistung, die entsprechende Leistungen der anderen beteiligten Staaten im Gefolge hat, angebracht."[13]

In der Tat war die Bundesrepublik einer der ersten Staaten, die eine solche Integrationsermächtigung aussprachen. Allerdings handelte es sich weniger um eine Einzelleistung denn um eine dem Völkerrecht bzw. den UNO-Grundsätzen angemessene Regelung. Demgemäß hatten auch andere europäische Staaten, zum Teil schon vorher, ähnliche Bestimmungen in ihre Verfassungen aufgenommen.[14] Obwohl sich der Gedanke, dass die Bundesrepublik hier allein in Vorleistung ging, damit deutlich relativiert, spielte der Verweis auf ihre Vorreiterfunktion im politischen Diskurs der Adenauerzeit eine durchaus wichtige Rolle.

So betonte auch Bundeskanzler Konrad Adenauer die besondere Fortschrittlichkeit des Art. 24, als er in seiner ersten Regierungserklärung vom 20. September 1949 ankündigte, dass die Koalition aus CDU/CSU, FDP und DP beabsichtige, Hoheitsrechte an überstaatliche Einrichtungen abzutreten, um den Frieden in Europa und in der Welt zu sichern.[15] Dieser Absicht pflichteten in der Ausspra-

---

13 Bucher (Bearb.) 1981, Dok. Nr. 14: Verfassungsschutzausschuß der Ministerpräsidentenkonferenz der westlichen Besatzungszonen. Bericht über den Verfassungskonvent auf Herrenchiemsee 10.–23.8.1948, S. 504–630, hier S. 517.
14 Ähnliche Ansätze enthalten z.B. die Präambel der Verfassung der IV. Französischen Republik von 1946 („Unter Vorbehalt auf die Gegenseitigkeit stimmt Frankreich den zur Organisation der Verteidigung des Friedens notwendigen Begrenzungen seiner Souveränität zu.") und Art. 11 der italienischen Verfassung von 1947 („[…] unter der Bedingung der Gleichstellung mit den übrigen Staaten stimmt es [Italien, Anm. d. Verf.] den Beschränkungen der staatlichen Oberhoheit zu, sofern sie für eine Rechtsordnung nötig sind, die den Frieden und die Gerechtigkeit unter den Völkern gewährleistet; es fördert und begünstigt die auf diesen Zweck gerichteten überstaatlichen Zusammenschlüsse."). Ein aktueller Vergleich verschiedener Integrationskonzepte bei Arnold 1998.
15 Vgl. Konrad Adenauer (CDU), 1. BT, 5/20.9.1949, S. 30; zur politischen Bedeutung des Art. 24 GG auch Adenauer 1976, S. 233. Die Fortschrittlichkeit des Artikels lobte für die CDU später ebenfalls von Brentano, 1. BT, 46/10.3.1950, S. 1573, der betonte, er glaube, „daß noch keine europäische Verfassung den Ausdruck des Bekenntnisses zu einem solchen Substrat eines echten Souveränitätsbegriffes enthält." Was er dabei unter „echter" Souveränität verstand, führte er nicht weiter aus. Es ist jedoch bemerkenswert, dass diese Äußerung gerade in der in Kap. 2.2 erwähnten Debatte über die in der Bundesrepublik heftig kritisierten *Saarkonventionen* fiel. Sie kann somit einerseits als indirekte Kritik am Verhalten Frankreichs gelesen werden, dem demnach die „echte" Souveränität zu Zugeständnissen in der Saarfrage fehle, andererseits aber auch auf ein tatsächlich gewandeltes Souveränitätsverständnis hinweisen, in dem, wie im Zwischenfazit erörtert, die Mitsprache auf europäischer Ebene an Bedeutung gewann.

che nicht nur die Regierungsparteien bei.[16] Für die SPD befürwortete ebenfalls Carlo Schmid, auf dessen Anregungen Art. 24 auch wesentlich zurückging, „einen europäischen Bundesstaat, an den die europäischen Staaten von heute wesentliche Teile ihrer Souveränität abgeben."[17] Sogar der gemeinhin als besonders nationalistisch geltende SPD-Vorsitzende Kurt Schumacher teilte diese Auffassung prinzipiell und erklärte noch in der ersten außenpolitischen Parlamentsdebatte, dass „wir die Tendenzen unterstützen wollen, die über das Nationalstaatliche und Nationalwirtschaftliche hinausgehen."[18]

Die Vorbehalte der SPD gegen die Nationalstaatskritik und die Funktionalität dieser Kritik für das Regierungslager

Trotz des einmütig angestrebten Abbaus nationalstaatlicher Strukturen deuteten sich allerdings auch schon früh Differenzen besonders zwischen Union und SPD an. Auf den ersten Blick machte sich der Konflikt vor allem daran fest, inwieweit das nationalstaatliche Prinzip gegenwärtig noch als wirkmächtig eingeschätzt wurde: Der Tendenz nach betrachtete die SPD das Ende der Nationalstaaten als erst noch zu verwirklichende Aufgabe, die CDU/CSU dagegen als bereits gegebene Tatsache.[19] So hatte es Schmid vor seinem Plädoyer für einen europäischen Bundesstaat nicht versäumt, mit Blick auf die Europa-Begeisterung auf der Regierungsbank zu warnen:

> „Man sollte nicht den Fehler machen, im freudigen Streben, den Nationalismus früherer Zeiten in den Orkus zu werfen, zu glauben, Antinationalismus bedinge, daß eine deutsche Politik notwendige Funktion der nationalen Interessenpolitik fremder Länder sein müsse, (Sehr gut!) liegen diese Länder nun östlich oder mögen sie westlich liegen."[20]

---

16 Zur europäischen Integration sprachen im 1. BT für die CDU bes. von Brentano, 6/21.9.1949, S. 47; Günter Henle, 7/23.9.1949, S. 95 f.; Franz Etzel, 8/27.9.1949, S. 141; für die FDP Hermann Schäfer, 6/1.9.1949, S. 50; Walter Zawadil, 7/22.9.1949, S. 112; für die DP Hans-Joachim von Merkatz, 7/23.9.1949, S. 113.
17 Carlo Schmid (SPD), 1. BT, 10/29.9.1949, S. 184. Zu Schmids Rolle für Art. 24 GG vgl. Schröder 2005, S. 21–35.
18 Kurt Schumacher (SPD), 1. BT, 17/15.11.1949, S. 402.
19 Vgl. dazu auch Gabbe 1976, S. 158.
20 Schmid, 1. BT, 10/29.9.1949, S. 181 f.

Seine Äußerung machte die Einschränkung vieler Sozialdemokraten in ihrer Kritik am Nationalstaat deutlich, die – angesichts einer Welt ringsum fortbestehender Nationalstaaten – nicht zur Abhängigkeit der Bundesrepublik von anderen Staaten führen dürfe. Internationale Kooperation oder gar die Bildung supranationaler Einrichtungen setzten daher in ihren Augen die Gleichberechtigung der Beteiligten voraus, erforderten also zuerst die Beseitigung der politischen und wirtschaftlichen Beschränkungen, die infolge des Zweiten Weltkriegs noch gegen die Bundesrepublik verhängt waren. Außerdem müsse gewährleistet bleiben, dass die baldige Wiederherstellung der staatlichen Einheit Deutschlands dabei keinesfalls gefährdet werde.[21]

Damit machte die SPD zur Bedingung der Integration in ein westeuropäisch-transatlantisches Bündnis, was die Union als deren Ergebnis erhoffte: Souveränität bzw. Gleichberechtigung und deutsche Einheit.[22] Der Konflikt über die Wirkmächtigkeit des Nationalstaats drehte sich somit im Grunde um den richtigen Weg zur Westintegration, und je mehr die Bundesregierung ihren unbedingten Westkurs mit der Ablehnung des Nationalstaatsprinzips untermauerte, desto weniger war von den Sozialdemokraten eine solche grundlegende Kritik am Nationalstaat zu hören.

Ursache dafür, dass sich die SPD in wesentlich geringerem Maße zu Zugeständnissen gegenüber den Westmächten bereitfand als das Regierungslager, war nicht zuletzt ihr Selbstverständnis als Repräsentantin des nicht durch den Nationalsozialismus korrumpierten „anderen Deutschlands".[23] Demgemäß beanspruchte sie, auf Augenhöhe mit den Alliierten verhandeln zu können, was letztere jedoch bestenfalls mit Befremden quittierten.[24] Zudem stand der Partei, wie noch weiter auszuführen ist, zum Teil auch ihre stärker staatsbezogene Vorstellung von Nation im Weg, wenn es darum ging, supranationale Einrichtungen zu bilden, zumal solange die bisher an den Nationalstaat resp. an nationale Parlamente gekoppelte Demokratie kein Pendant auf europäischer Ebene gefunden

---

21 Vgl. ebd. sowie in derselben Aussprache schon Schumacher, 1. BT, 6/21.9.1949, S. 42.
22 Gabbe 1976, S. 153, hält in dem Zusammenhang fest, dass in der „vorsichtigen" Haltung der Koalition „ein Stück der gewollten Läuterung nationaler Ansprüche, die Verständnis vor militante Politik setzten will", ersichtlich werde. Hierzu ist zu ergänzen, dass diese Haltung besonders der Union auch einige Vorteile mit sich brachte, auf die im Folgenden eingegangen wird.
23 Zu diesem Selbstverständnis von SPD bzw. Sopade vgl. Groh/Brandt 1992, S. 211–232, bes. S. 214 f.; Edinger 1960, S. 50 f.; Matthias 1952, S. 165–174. Auf alle Widerstandskämpfer bezieht Altgeld 2006, S. 161 (Herv. i. Orig.), sich mit den Worten: „Sie standen […] nicht für ein *anderes Deutschland*: Sie waren dieses andere Deutschland!"
24 Selbst bei ihren europäischen Schwesterparteien traf die SPD zunächst auf Misstrauen und wurde z. T. als nationalistisch kritisiert. Vgl. Brandt/Groh 1992, S. 255.

hatte.²⁵ Die Skepsis gegenüber solchen Einrichtungen war daher auch kein Spezifikum der deutschen Sozialdemokratie. Vielmehr erwiesen sich die Oppositionsparteien in Europa grundsätzlich als gleichsam „natürliche" Gegner der supranationalen Ansätze, wie sie im Rahmen der europäischen Gemeinschaften verwirklicht wurden, da diese tendenziell mit einer Schwächung der Mitbestimmungsrechte der nationalen Parlamente und damit der Opposition bei gleichzeitiger Stärkung der Exekutive, sprich der Regierungen, verbunden waren.²⁶

Dementsprechend ist es andersherum wenig erstaunlich, dass sich im politischen Diskurs insbesondere die CDU frühzeitig an die Spitze der Nationalstaatskritiker setzte. Zudem ließ allen voran Adenauer nicht nur in Worten, sondern mit seiner Vertragspolitik gegenüber dem Westen auch in Taten die Bereitschaft erkennen, mit dem Abbau des Nationalstaats Ernst zu machen. So war seine Regierung sehr bei der Etablierung supranationaler Institutionen, z. B. im Rahmen der Montanunion, engagiert. Allerdings war dieses Engagement nicht nur uneigennützig auf die europäische Einigung als explizitem Ziel gerichtet. Vielmehr erwies es sich als ebenso funktional zur Durchsetzung eigener nationaler Interessen.²⁷ In Richtung Westen artikulierte die Kanzlerpartei nationale Belange, darunter zuvorderst das Ziel baldiger Souveränität und Prosperität, jedoch gerade anfangs vorwiegend in verklausulierter Form, waren doch Vorbehalte der damaligen Besatzungsmächte und potenziellen Bündnispartner zu befürchten. Einen Weg dazu, diese Belange implizit zum Ausdruck zu bringen, bot ihr das Postulat, dass das Zeitalter der Nationalstaaten eigentlich längst vorbei sei, was allerdings noch nicht alle in und außerhalb der Bundesrepublik durchschaut hätten. In diesem Tenor betonte der CDU-Abgeordnete Günter Henle in der Aussprache über die erste Regierungserklärung im September 1949, es erscheine ihm

> „dringend wünschenswert, daß man sich überall Rechenschaft geben möge von dem völligen Wandel der politischen Bühne, der sich in Europa vollzogen hat und der ein Weiterfahren in den alten Gleisen nationaler Rivalität als ebenso anachronistisch erscheinen lassen müßte, wie es einst der Fortgang der Kämpfe zwischen den hellenischen Staaten oder auch der zwischen den italienischen Stadtstaaten des Mittelalters

---

25 Siehe dazu bes. Kap. 2.1.2 und Kap. 2.2.
26 Vgl. dazu wie zur umgekehrten Haltung der Regierungen Steffek 2008, S. 179, 181, 183, 202 f.
27 Die Union setzte dabei westdeutsche und nationale Interessen zumeist stillschweigend gleich, vgl. z. B. Adenauer, 2. BT, 61/15.12.1954, S. 3132. Ausführlich zur Gleichsetzung der Bundesrepublik mit Deutschland im Regierungslager siehe Kap. 1.2; zur prinzipiellen Orientierung der westdeutschen Außenpolitik an nationalen Interessen auch Conze 2009, S. 45–51.

war, als ihr Schicksal schon längst von Mächten weit größeren Ausmaßes überschattet wurde."[28]

Ausgangspunkt seiner Nationalstaatskritik war eine vermeintlich übertriebene Angst der Welt *vor* der Bundesrepublik anstatt *um* sie, obwohl sie doch direkt an der Frontlinie zur Sowjetunion liege. Während sich insofern bei der Diskussion von Sicherheitsfragen „im Auslande" häufig noch eine „unheilvolle Verstricktheit in Auffassungen der Vergangenheit", sprich nationales Konkurrenzdenken, zeigen würde, sei die deutsche Nation wegen ihres Zusammenbruchs nach 1945 bereits darüber hinweg.[29]

Henles Ausführungen waren in mehrfacher Hinsicht typisch für die Nationalstaatskritik der CDU: Zum einen spielte für ihn, wie für weite Teile seiner Partei, „offensichtlich ein starker Antikommunismus und die Angst vor einem sozialistischen Gesellschaftssystem" als Antriebsmoment für die westeuropäische Integration eine tragende Rolle.[30] Der Kanzler sprach in dem Kontext gern davon, dass Europa sich entweder bald einigen oder untergehen werde, wobei er die Bundesrepublik von Beginn an als zentrales Element in diese Einigung einbezogen wissen wollte. Zudem sah er das enge und militärisch starke Bündnis mit den USA als Bedingung dafür an, dass sich die nach dem Krieg politisch und ökonomisch geschwächten westeuropäischen Staaten gegen die Sowjetunion behaupten würden können.[31] Diese Auffassung teilten auch die Koalitionspartner. Vor allem August-Martin Euler von der FDP strich wiederholt heraus, dass es allein im Interesse der Sowjetunion liege, „die nationalstaatliche Anarchie, die *balkanische Zerrissenheit*" Europas zu erhalten.[32]

Zum anderen beinhaltete Henles Kritik am Nationalstaatsprinzip aber auch eine indirekte Kritik am zum Teil skeptischen Verhalten der Westmächte, insbesondere Frankreichs, gegenüber der Bundesrepublik. In diesem Sinne bildete

---

28 Henle, 1. BT, 7/23.9.1949, S. 96. Ebd. die beiden folgenden Zitate.
29 Dies brachte er, ebd., indirekt mit der Formulierung zum Ausdruck, dass sich „Nationen, die nicht einen solch furchtbaren Zusammenbruch wie wir erlebt haben, ja wohl auch schwerer [von „Auffassungen der Vergangenheit", Anm. d. Verf. mit Zitat von Henle] lösen können."
30 So bezüglich Henles Conze 2005, S. 334. Müller-Härlin 2008, S. 191, 227, spricht von einer „Scharnierfunktion" des Feindbildes Sowjetunion in den Debatten zur europäischen Einigung, mit dem sich auf verschiedenen Ebenen ein positives Selbstbild unterstreichen ließ.
31 Vgl. Schwarz 1991b, S. 13f.
32 Euler, 1. BT, 184/11.1.1952, S. 7811 (Herv. i. Orig.). Vgl. dazu außerdem Ders., 1. BT, 222/10.7.1952, S. 9901; 2. BT, 62/16.12.1954, S. 3246. Den Vergleich Europas mit dem „Balkan, jener Hexenkessel der nationalen Gegensätze" bemühte daneben auch Henle, 1. BT, 161/12.7.1951, S. 6510; ähnlich von Brentano, 1. BT, 255/19.3.1953, S. 12313.

sie gleichsam ein Vehikel zur Formulierung nationaler Interessen unter den einschränkenden Bedingungen der Besatzungssituation. Bei Henle waren zudem direkte Eigeninteressen berührt, da er zugleich Vorsitzender der Duisburger Klöckner Werke, also ein Vertreter der Eisen- und Stahlindustrie war.[33] Daher setzte er sich speziell für die wirtschaftliche Integration Westeuropas und damit für die Aufhebung der ökonomischen Beschränkungen der Bundesrepublik ein. Darunter fiel vor allem ein Ende der Demontagen und der Maßnahmen zur Entflechtung der Grundstoffindustrien sowie die Aufhebung des *Ruhrstatuts,* das die Kontrolle der Kohle-, Koks- und Stahlproduktion der, zunächst ohne deutsche Beteiligung gebildeten, Internationalen Ruhrbehörde unterwarf.[34] Dabei wurde Henle zum engen Mitstreiter Adenauers auf dem Weg in die vom französischen Außenminister Robert Schuman angeregte Europäische Gemeinschaft für Kohle und Stahl (EGKS/Montanunion), die das *Ruhrstatut* zugunsten der gemeinsamen Kontrolle der Montanindustrie im Europa der Sechs – neben Frankreich und der Bundesrepublik waren Italien sowie die Beneluxländer Gründungsstaaten – beseitigte.[35] Nicht nur die Bundesrepublik, sondern alle Mitgliedstaaten versprachen sich von diesem Schritt Vorteile, etwa den dauerhaften Zugriff auf die großen westdeutschen Kohlevorkommen. Insofern war allerdings, wie Werner Abelshauser ausführt, mit der Entstehung der ersten supranationalen Instanz Europas, der Hohen Behörde als oberstem Exekutivorgan der Montanunion,

> „nicht notwendigerweise eine Schwächung der Souveränität der beteiligten Nationalstaaten verbunden; im Gegenteil, supranationale Kontrolle über zentrale Bereiche der Wirtschaft schien aus französischer Perspektive gerade zur Erhaltung und Sicherung der eigenen Nation erforderlich. Aus deutscher Sicht öffnete sich hier ein Weg, die nationale Souveränität über den westlichen Teilstaat wiederzuerlangen."[36]

---

33 Henle, von 1921 bis 1936 tätig als Diplomat, trat 1937 in die Geschäftsleitung des Konzerns seines Schwiegervaters Peter Klöckner ein und übernahm nach dessen Tod 1940 die Konzernleitung. In seiner Autobiografie Henle 1968, S. 58–73, begründete er diesen Berufswechsel dann mit seiner Gegnerschaft zum NS-Regime. Conze 2005, S. 285 f., merkt dazu an, dass ihm die Karriereoption bei Klöckner die Beendigung der Diplomatenlaufbahn zumindest sehr erleichterte und er danach weder als NS-Befürworter noch als Opponent hervortrat.
34 Zu Henles Rolle vgl. Conze 2005 S. 333 ff.; Schwarz 1991a, S. 651 f.; aus eigener Sicht Henle, Weggenosse, bes. S. 97–108. Das am 28. 4.1949 unterzeichnete *Ruhrstatut* ist abgedr. in: Lademacher/ Mühlhausen (Hrsg.) 1985, S. 74–86.
35 Erarbeitet wurde der am 9. 5. 1950 verkündete *Schumanplan,* auf dem die am 18. 4. 1951 gegründete Montanunion beruhte, jedoch vor allem von Jean Monnet, 1946 bis 1950 Leiter des französischen Planungsamts. Vgl. dazu u. a. die Beiträge in: Wilkens (Hrsg.) 1999.
36 Abelshauser 2004, S. 235 f.

Eine Pointe des supranationalen Aufbruchs auf dem Kontinent lag somit darin, dass er nicht zuletzt der Rekonsolidierung der westeuropäischen Nationalstaaten und so auch der allen voran von den Regierungsparteien als Kernstaat eines künftigen deutschen Nationalstaats verstandenen Bundesrepublik diente.

Vor dem Hintergrund, dass der europäische Einigungsprozess wesentlich aus den sich überschneidenden Eigeninteressen der Beteiligten entsprang, ist schließlich umso bemerkenswerter, wie Henle in seiner Kritik nationalstaatlicher Rivalität unter der Hand die deutsche Nation zum selbstlos handelnden Vorbild stilisierte und so aus der Not des unfreiwilligen Endes deutscher Nationalstaatlichkeit nach 1945 eine Tugend machte. Denn aufgrund des Zusammenbruchs habe die deutsche Nation, so Henles Annahme, im Unterschied zu anderen europäischen Nationen schon aus der Geschichte gelernt und nationalstaatliches Konkurrenzverhalten überwunden, sodass die anderen Nationen, die noch immer unheilvoll darin verstrickt seien, nun sozusagen von ihr lernen könnten. Der vom Herrenchiemseer Konvent in der Vorlage für Art. 24 GG formulierte Gedanke, dass die Bundesrepublik damit in Vorleistungen gehe, wurde dabei, abgesehen von der erwähnten Existenz ähnlicher Ansätze in anderen Verfassungen, gewissermaßen in sein Gegenteil verkehrt: Aus der an die Bundesrepublik gestellten Forderung, beim Abbau nationalstaatlicher Strukturen einen Anfang zu machen, nachdem das nationalsozialistische Deutschland sich nahezu ganz Europa zum Untertan gemacht hatte, wurde jetzt umgekehrt eine Forderung der Bundesrepublik an andere Staaten, ihrem positiven Beispiel zu folgen.[37]

Eine solche Vorbildrolle der deutschen Nation bei der Überwindung des Nationalstaats konstatierte auch der CDU-Politiker Kurt Georg Kiesinger in seiner „Jungfernrede" zum *Petersberger Abkommen* vom 22. November 1949.[38] Darin hatten die drei Hohen Kommissare mit der Bundesregierung unter anderem vereinbart, dass die Demontagen weitgehend beendet würden, wenn die Bundesrepublik bereit sei, der Ruhrbehörde und, voraussichtlich gleichzeitig mit einem französischen oder eigenen Vertreter des abgetrennten Saarlandes, dem Europarat beizutreten.[39] Kiesinger suchte in seiner Rede zu begründen, warum die Regierung gewillt sei, solche Zugeständnisse zu machen und Risiken einzugehen:

---

37 Müller-Härlin 2008, S. 176, fasst dieses Diskurselement in die Formel: „Aus dem eigenen Scheitern, das nicht als solches, sondern als ‚europäische Katastrophe' gedeutet wird, erwächst eine neue ‚europäische' Moral, die aus deutscher Sicht noch nicht hinreichend Verbreitung gefunden hat." Vgl. außerdem ebd., S. 304. Auch bezüglich dieses Elements ist, wie im Folgenden erläutert, eine gewisse Funktionalität für die Artikulation eigener Interessen festzustellen.
38 So nannte Kiesinger 1984, S. 49, selbst seine erste zentrale Bundestagsrede in einem Interview.
39 Vgl. den Abdruck des Abkommens in: Lademacher/Mühlhausen (Hrsg.) 1985, S. 87–91.

Mit dieser opferbereiten Politik habe sie beispielhaft eine proeuropäische Haltung demonstriert, die die anderen Staaten nun dazu auffordere, ihrerseits dasselbe zu tun. In diesem Zusammenhang forderte er:

> „Wir brauchen nicht so ängstlich und so kleinlich zu sein. Wir dürfen den Mut haben, daß die Zeit des anarchischen Nationalstaatentums wirklich vorbei ist. Wer bei uns oder bei den anderen jener Zeit und jener Konzeption noch anhangen [sic] sollte, der würde in der Tat einer versteinerten Zeit angehören. (Sehr richtig! in der Mitte und rechts.) Wir Deutsche wollen doch wieder einmal – was wir so selten in unserer Geschichte haben tun können – im Zuge der Zeit Politik machen; denn immer dann ist *Politik* erfolgreich, wenn sie wirklich *im Geist der Zeit* lebt und handelt und nicht entgegen der Zeit, wie wir es so oft getan haben."[40]

Dass in Bezug auf den Nationalstaat immer wieder, so ja schon beim Freien Demokraten Euler wie auch bei einigen Vertretern der Union,[41] ausgerechnet von „Anarchie" oder dem „Balkan" die Rede war, ist zunächst irritierend, standen diese Bezeichnungen doch offenbar als Metaphern für Chaos und Unordnung, Zwietracht und Uneinigkeit, also für Zustände, die auf den ersten Blick nicht unbedingt mit nationalstaatlichen Strukturen in Verbindung zu bringen sind. Die in diesen Metaphern zum Ausdruck kommende Sehnsucht danach, „aufzuräumen", d. h., Ordnung bzw. neue Strukturen zur Orientierung zu schaffen und Einigkeit zu stiften, verweist allerdings recht deutlich darauf, dass der Nationalsozialismus als unmittelbar vorangegangene historische Epoche den Subtext derartiger Formulierungen bildete. Der vehemente Einsatz gerade der konservativen sowie einstmals pronazistischer Kräfte für den Supranationalismus kann vor diesem Hintergrund auch als eine Art „Bewältigungsversuch" angesehen werden, mit dem die „chaotische" Vergangenheit beiseitegeschoben werden sollte, ohne vorher Struktur in sie hineinzubringen, also nach den Ursachen des „Chaos" zu forschen oder auf die eigene Beteiligung daran zu reflektieren.

Daneben zeigt auch Kiesingers Stellungnahme, dass die These vom Ende der Nationalstaaten grundsätzlich darauf zielte, die Westintegration und damit zugleich die Erweiterung westdeutscher Handlungsfreiheit voranzutreiben und demgegenüber zurückhaltendes Verhalten der erwünschten Bündnispartner – wiederum im vorsichtigen Konjunktiv – als veraltetes nationalstaatliches Denken zu tadeln. Diese verbale Kritik war zwar gegenüber den Entscheidungsbe-

---

40 Kurt Georg Kiesinger (CDU), 1. BT, 18/24./25. 11. 1949, S. 493 (Herv. i. Orig,).
41 Siehe dazu die Belege in Fn. 32 in diesem Kapitel.

fugnissen der Westmächte erst einmal nur ein recht bescheidenes Mittel. Die damit verbundene positive Selbstinszenierung der deutschen Nation als Vorreiterin der europäischen Einigung sollte sich jedoch als dauerhaft wirksames Diskurselement erweisen. Im Falle Kiesingers wurde es nunmehr selbst von einem früheren Parteigänger des NS-Regimes vertreten, der nach eigener Aussage gerade auf dessen nationalistische Parolen angesprungen war.[42]

Vom selben impliziten Tadel getroffen wurde darüber hinaus die SPD-Opposition in der Bundesrepublik, deren Einwände gegen die einzelnen Schritte der Westpolitik mit jener These ebenfalls schlicht als unzeitgemäßes Festhalten am Nationalstaat zurückgewiesen werden konnten. Vor allem Schumacher gab solchen Vorwürfen allerdings auch selbst immer wieder Nahrung. Bestes Beispiel dafür ist sein berühmter Zwischenruf vom „Kanzler der Alliierten", der in eben jener Debatte über das *Petersberger Abkommen* fiel, nachdem Adenauer der SPD unterstellt hatte, dass sie mit ihrer Weigerung, der Ruhrbehörde beizutreten, bewusst die restlose Durchführung der Demontagen in Kauf nehme.[43] Damit war, wie Adenauers Biograf Hans-Peter Schwarz annimmt, des Kanzlers Kalkül aufgegangen, Schumacher „vor der gesamten deutschen und außerdeutschen Öffentlichkeit als hemmungslosen Nationalisten vorzuführen."[44] Angesichts dieses Eklats gerieten obendrein andere Kritikpunkte der SPD, wie die systematische Umgehung des Parlaments beim Abschluss des Abkommens,[45] in den Hintergrund. Somit besaß die These vom Ende der Nationalstaaten für die Regierung auch den Vorteil, dass mit ihrer Hilfe die sozialdemokratische Opposition diskreditiert und unliebsame Diskussionen umgegangen werden konnten.

Gemeinsam gegen den Rest Europas: Positionen zum Marshallplan

Allerdings agierten Regierungsparteien und SPD in außenpolitischen Fragen keineswegs immer nur gegeneinander, sondern positionierten sich gelegentlich auch

---

42 Kiesinger war 1933 bis 1945 NSDAP-Mitglied und ab 1943 stellvertretender Leiter der Rundfunkabteilung des Reichsaußenministeriums. Laut eigener Aussage hatten ihn am Nationalsozialismus das „Ziel der Volksgemeinschaft und das Versprechen, die wirtschaftliche Not zu beenden, sowie der Wunsch, Deutschland aus der Stellung eines Parias unter den europäischen Völkern zu befreien" beeindruckt, wobei er auf die „patriotisch Gesinnten" in der NS-Bewegung gehofft habe. Kiesinger 1989, S. 164.
43 Zwischenruf Schumachers zur Rede Adenauers, 1. BT, 18/24./25.11.1949, S. 525.
44 Schwarz 1991a, S. 689.
45 Vgl. bes. Adolf Arndt (SPD), 1. BT, 18/24./25.11.1949, S. 477–481. Die SPD reichte deshalb sogar Klage beim Bundesverfassungsgericht ein, die jedoch abgewiesen wurde. Vgl. BVerfGE 1, 351.

gemeinsam gegenüber dritten Staaten in einer Vorreiterrolle. Dies war der Fall in der Anfang 1950 geführten Debatte über das von den USA aufgelegte und als erster Schritt zur Verbindung der europäischen Nationalwirtschaften gedachte *European Recovery Program* (ERP/*Marshallplan*), das bei den westdeutschen Parteien grundsätzlich auf viel Zustimmung traf.[46] Nur die KPD quittierte die antikommunistische Stoßrichtung des Programms mit schroffer Ablehnung und dem Bedrohungsszenario einer „Überfremdung der westdeutschen Wirtschaft" durch die USA.[47] Die anderen Parteien sprachen den USA hingegen ihren Dank aus und nutzten derweil die Gelegenheit, dass die Amerikaner die bisherige Zusammenarbeit zwischen den Europäern im Rahmen des ERP als unzureichend bemängelt hatten, um selbst, nunmehr in parteiübergreifender Allianz, abermals die anderen europäischen Staaten wegen ihrer nationalstaatlichen Befangenheit zu ermahnen. „Denn", so der damalige FDP-Vorsitzende Franz Blücher, von 1949 bis 1953 außerdem Bundesminister für Angelegenheiten des Marshallplans, „es ist doch in der Tat so, daß Europa nicht gerettet werden kann, wenn es in nationale Wirtschaften zerfällt, die immer stärker autarke Prinzipien verfolgen."[48] Das bekräftigte auch Hermann Pünder für die CDU, der ergänzte, dass die Bundesrepublik trotz der „Krise des Marshallplangedankens" weiterhin daran mitwirken wolle, und zwar aus Überzeugung von der europäischen Einigung, „nicht etwa deswegen, weil wir als Habenichtse etwas erben wollten"[49]. Gleichwohl bestand an der US-Hilfe auch ein offenkundiges Eigeninteresse der westdeutschen Wirtschaft. Dies verdeutlichte die sowohl von Pünder als auch vom Sozialdemokraten Fritz Baade geäußerte Enttäuschung darüber, dass die spezielle Bedürftigkeit der Bun-

---

46 Das ERP war am 5.6.1947 von US-Außenminister George C. Marshall in Harvard angekündigt worden. Zur Koordination der europäischen Hilfsansprüche gründete sich am 16.4.1948 die Organisation für Europäische Wirtschaftliche Zusammenarbeit (OEEC), der die Bundesrepublik am 31.10.1949 beitrat. Zwar hatten auch schon die drei Westzonen am ERP partizipiert, aber erst am 15.12.1949 wurde das offizielle *Abkommen über die wirtschaftliche Zusammenarbeit zwischen den Vereinigten Staaten von Amerika und der Bundesrepublik Deutschland* geschlossen. Zur frühen prinzipiellen Befürwortung des ERP bei CDU und SPD vgl. Bührer 1997, S. 46–51.
47 Fritz Rische (KPD), 1. BT, 27/18.1.1950, S. 833. Dies entsprach der sich von 1948 bis 1956 ständig verschärfenden Politik der Partei in den Bereichen der Wiederbewaffnung und Wiedervereinigung: „Vom bloßen ‚nationalen Protest' ging sie über zur ‚nationalen Selbsthilfe', von dort zum ‚nationalen Widerstand', schließlich sogar zum ‚nationalen Befreiungskampf'"; von Brünneck 1978, S. 26. Seit Anfang 1950, also zur Zeit der *Marshallplan*-Debatte, verfolgte sie ihre Politik in der von ihr und der SED dominierten Propaganda-Organisation der „Nationalen Front". In ihrem *Programm zur nationalen Wiedervereinigung Deutschlands* vom 2.11.1952 rief sie schließlich zum Sturz des Regierung Adenauer auf. Vgl. ebd., S. 26–34.
48 Franz Blücher (FDP), 1. BT, 27/18.1.1950, S. 830; ähnlich äußerte sich sein Fraktionskollege Victor-Emanuel Preusker, von 1953 bis 1957 Bundesminister für Wohnungsbau, ebd., S. 836.
49 Hermann Pünder (CDU), 1. BT, 27/18.1.1950, S. 831. Vgl. ebd. auch zu Folgendem.

desrepublik im Rahmen des ERP nicht genügend berücksichtigt worden sei, wobei Baade dem noch hinzufügte, dass sich die anderen Staaten daran in den vergangenen Jahren deutscher Schwäche ja schon wie aus einer „Art Kuchen, der in Paris steht"[50], bedient hätten.

Von der Eintracht bei der Beurteilung des *Marshallplans* war bei den anschließend von der Bundesregierung in Angriff genommenen Integrationsschritten – dem Beitritt der Bundesrepublik zum Europarat, der Gründung der Montanunion sowie dem schließlich gescheiterten Projekt der Europäischen Verteidigungsgemeinschaft (EVG), die eine supranational integrierte Armee der sechs an der Montanunion beteiligten Staaten schaffen wollte – allerdings kaum mehr etwas zu spüren. In ihrer Kritik an diesen Integrationsschritten thematisierte die SPD verstärkt das Problem, dass die partielle Auflösung des Zusammenhangs von Nation und Demokratie in den europäischen Institutionen nicht angemessen aufgefangen werde, ja diese Institutionen ihrer Auffassung nach letztendlich gar nicht der Überwindung nationalstaatlicher Interessenpolitik dienen, sondern diese nur auf eine andere Ebene heben würden. Demgegenüber appellierten die Regierungsparteien daran, auf die gleichsam automatische Entwicklung einer europäischen Demokratie und eines entsprechenden gemeinschaftlichen Bewusstseins aus den bestehenden Institutionen heraus zu vertrauen. Dieser Grundsatzdisput sollte bis zur Mitte der 1950er-Jahre unverändert anhalten.

2.1.2 Das Ende der Nationalstaaten – (k)ein Automatismus?
Der Grundkonflikt zwischen Regierung und Opposition

Die ersten europäischen Institutionen in der Kontroverse:
Europarat, Montanunion und EVG

Als Protagonisten der Nationalstaatskritik wie als Unterstützer der Westpolitik an der Seite des Kanzlers traten zu Beginn der 1950er-Jahre vor allem Heinrich von Brentano und Eugen Gerstenmaier hervor.[51] Generell blieben sowohl von Brentanos als auch Gerstenmaiers Stellungnahmen weitgehend frei von der Annahme

---

50 Fritz Baade (SPD), 1. BT, 27/18. 1. 1950, S. 837. Zur Bedeutung des ERP für die Steigerung des westdeutschen Produktionsniveaus sowie die Durchsetzung der marktwirtschaftlichen Ordnung vgl. Lehmann 2000, S. 138–153.
51 Diverse Zitate dazu wie auch von anderen Politikern der Union (z. B. Hermann Ehlers, Hans Ehard) finden sich ebenfalls bei Gabbe 1976, S. 157, 162 ff.

einer Vorbildrolle der Bundesrepublik in Europa.[52] Beide Politiker äußerten sich zudem eher verhalten zu der Ansicht, dass das Ende der Nationalstaaten schon erreicht sei. Gleichwohl legten sie hinsichtlich der supranationalen Perspektive des europäischen Einigungsprozesses ausgesprochen viel Optimismus an den Tag, bei dem es sich in Anbetracht der von ihnen unterstellten Automatismen der künftigen Entwicklung gewiss auch um einigen Zweckoptimismus handelte.[53] Die SPD antwortete darauf mit entsprechendem (Zweck-)Pessimismus. Ihr fortschreitender Rückzug auf einen an der Gegebenheit von Nationalstaaten orientierten Standpunkt war dabei sowohl dadurch begründet, dass sie als Oppositionspartei nur wenig Mitgestaltungsmöglichkeiten bei der Gründung der ersten europäischen Gemeinschaften besaß, als auch durch den daraus resultierenden Umstand, dass sie ihr eigentliches Ideal eines demokratischen und sozialistischen Europas in diesen Gemeinschaften nicht verwirklicht sah.[54]

Von Brentano, Mitbegründer der CDU in Hessen, langjähriger Vorsitzender der CDU/CSU-Bundestagsfraktion und nach einigen Jahren europapolitischen Engagements von 1955 bis 1961 Nachfolger Adenauers als Bundesaußenminister,[55] sprach sich mehrfach dezidiert gegen das Denken in nationalstaatlichen Kategorien aus. Als Begründung dafür führte er als gleichsam objektiven Faktor u. a. das Zusammenrücken Europas durch schnellere Verkehrsverbindungen an, so in seinem Plädoyer für den Beitritt zum Europarat vom Juni 1950:

„In einem Zeitalter, in dem ein Flugzeug von Rom nach London in zwei Stunden fliegt und dabei die Grenzen von acht oder neun Vaterländern übermißt, müssen wir ernst zu machen versuchen mit dem Abbau von politischen, wirtschaftlichen und staatlichen Vorstellungen, die der Vergangenheit angehören. (Sehr richtig bei der CDU.)"[56]

Der am 5. Mai 1949 gegründete Europarat stellte zwar entgegen den ersten französischen Vorschlägen keine supranationale Einrichtung dar, sondern war, vor allem auf Wunsch der britischen Regierung, nach Prinzipien intergouvernementaler

---

52 Angedeutet aber bei von Brentano bezüglich Art. 24 GG. Vgl. 1. BT, 46/10. 3. 1950, S. 1573.
53 Diese unterstellte Zwangsläufigkeit analysiert auch Müller-Härlin 2008, S. 205 ff., 230, vor allem im Hinblick auf die häufige Rede von der „Dynamik" der europäischen Integration. Vgl. ebd., S. 165, zum Zweckoptimismus der Befürworter der EGKS gegenüber Kritikern, die bezweifelten, dass die Bundesrepublik in diesem Zusammenschluss gleichberechtigt sein werde.
54 Zur frühen Formulierung dieses Ideals vgl. z. B. Landesvorstand der SPD Bayern mit Genehmigung der Militärregierung (Hrsg.) 1946, bes. S. 21–27.
55 Vgl. Biographische Daten, in: von Brentano 2004, S. 408.
56 Von Brentano, 1. BT, 68/13. 6. 1950, S. 2470.

Zusammenarbeit strukturiert worden. Die zentralen Entscheidungskompetenzen oblagen dem Ministerkomitee, das sich aus den Außenministern der Mitgliedstaaten bzw. deren Stellvertretern zusammensetzte, während die dem Komitee zur Seite gestellte Beratende Versammlung, bestehend aus Delegierten der nationalen Parlamente, nur mit sehr begrenztem Einfluss ausgestattet war.[57] Dennoch sah von Brentano in der Straßburger Versammlung bereits dynamische Kräfte für eine übernationale Entwicklung wirken, die man von deutscher Seite in dem Glauben unterstützen müsse,

„daß die Dynamik dieser Kräfte in einer heute schon sichtbaren eigengesetzlichen Entwicklung stark genug sein wird, um die statischen Kräfte, wie sie sich im Ministerrat als dem Ausdruck noch vorhandener nationalstaatlicher Gegebenheiten ausdrücken, zu überwinden."[58]

Diesen Glauben an eine selbstläufige Verdrängung nationalstaatlicher Interessenpolitik in europäischen Institutionen mochte die SPD jedoch nicht teilen. Vielmehr lehnte Schumacher den Beitritt zum Europarat strikt ab, primär aufgrund der parallel ergangenen Einladung an das Saarland und der daher von ihm befürchteten Gefährdung sowohl des deutschen Einheitsanspruchs als auch der demokratischen Grundlagen der europäischen Zusammenarbeit selbst. Zudem bemängelte er, dass der Rat schon wegen seines strukturellen Demokratiedefizits viel zu kraftlos sei, um die europäischen Völker vereinen und gegenüber der Sowjetunion bestehen lassen zu können. Daher handele es sich dabei letztendlich nur um bloßes „Geschäftemachen mit dem europäischen Gedanken zugunsten von Nationalstaaten und Nationalwirtschaften".[59]

In analoger Konstellation verliefen 1951/52 die Debatten zur Ratifizierung der Montanunion. Erneut hob die CDU das historisch einmalige Einreißen nationalstaatlicher Barrieren hervor, zu dem sich die beteiligten Staaten durch die Abgabe eines Teils ihrer Souveränitätsrechte an die Hohe Behörde bereit zeigten – „ein Vorgang, der", wie Adenauer prophezeite, „das *Ende des Nationalis-*

---

57 Vgl. Mittag 2008, S. 72 f.; Elvert 2006, S. 48–52; ausführlich Brummer 2008. Gründungsmitglieder des Europarats mit Sitz in Straßburg waren Frankreich, Großbritannien, Irland, die Beneluxstaaten, Dänemark, Norwegen, Schweden und Italien. Die Bundesrepublik wurde am 1.4.1950 zum Beitritt eingeladen, jedoch vorerst nur als assoziiertes Mitglied, d. h. als Mitwirkende in der Beratenden Versammlung, aber ohne Stimmrecht im Ministerkomitee. So wurde sie am 13.7.1950 erst assoziiertes und am 2. Mai 1951 schließlich vollberechtigtes Mitglied.
58 Von Brentano, 1. BT, 68/13.6.1950, S. 2469.
59 Schumacher, 1. BT, 68/13.6.1950, S. 2472. Vgl. auch ebd., S. 2475.

mus in all diesen Ländern bedeuten wird."⁶⁰ Demgegenüber kritisierte für die SPD Carlo Schmid die Montanunion vor allem dafür, dass in ihr jede Möglichkeit demokratischer Mitbestimmung fehle. Deshalb sei die Hohe Behörde im Grunde nicht mehr als ein von der Kontrolle der nationalen Parlamente, aber deshalb noch lange nicht von den jeweiligen nationalstaatlichen Interessen befreites „Konvent von Managern".⁶¹ Vornehmliches Objekt der sozialdemokratischen Kritik war damit abermals ein Strukturdefizit, dieses Mal die Schwäche der Gemeinsamen Versammlung der Montanunion. Wiederum ging es der SPD dabei auch um die eigene Entmachtung als Oppositionspartei. Die Gemeinsame Versammlung als parlamentsähnliches Organ besaß allerdings tatsächlich in erster Linie beratende Funktionen, aber kaum Kontrollbefugnisse gegenüber der Hohen Behörde.⁶² Eine gänzliche Absage erteilten die Sozialdemokraten der Schaffung europäischer Institutionen zwar nicht, jedoch waren sie nicht gewillt, das von Heinrich von Brentano erneut eingeforderte Vertrauen darauf aufzubringen,

„daß sich die Mitglieder der Hohen Behörde als einer supranationalen Instanz der großen und einmaligen Aufgabe bewußt sind, über nationalstaatliche Grenzen, über Ländergrenzen und über enge nationalstaatliche Vorstellungen hinaus Entscheidungen zu treffen, die immerhin 150 Millionen Menschen auf das unmittelbarste betreffen."⁶³

Ähnlich hoffnungsvoll wie von Brentano gab sich Eugen Gerstenmaier, von 1950 bis 1954 Mitglied in der Beratenden Versammlung des Europarats und der Montanunion und von 1954 bis 1969 Bundestagspräsident. In der Mitte 1952 geführten Kontroverse über die Wiederbewaffnung der Bundesrepublik im Rahmen der EVG⁶⁴ und den damit verknüpften *Generalvertrag,* der das *Besatzungsstatut* zugunsten erweiterter westdeutscher Souveränität aufheben sollte, evozierte er sogar das Zukunftsbild „eines gemeinsamen freien europäischen Vaterlandes".⁶⁵ Nicht nur hier vertrat Gerstenmaier die Ansicht, dass es sich bei den Vereinigten Staaten

---

60 Adenauer, 1. BT, 161/12. 7. 1951, S. 6501 (Herv. i. Orig.); ähnlich Henle, ebd., S. 6502, 6505.
61 Schmid, 1. BT, 161/12. 7. 1951, S. 6513. Zur Kritik der SPD am Demokratiedefizit von EGKS und EVG vgl. auch Müller-Härlin 2008, S. 208 ff.
62 Zu den Kompetenzen der Gemeinsamen Versammlung vgl. Mittag 2008, S. 96.
63 Von Brentano, 1. BT, 184/11. 1. 1952, S. 7809.
64 Der am 27. 5. 1952 unterzeichnete *EVG-Vertrag* basierte auf dem *Plevenplan* vom 24. 10. 1950, der nach Frankreichs Ministerpräsident René Pleven benannt, aber wie der *Schumanplan* vor allem von Monnet geprägt war und eine supranational integrierte Europaarmee schaffen sollte. Vgl. dazu die Beiträge in: Timmermann (Hrsg.) 2003.
65 Eugen Gerstenmaier (CDU), 1. BT, 221/9. 7. 1952, S. 9802. Vgl. ebd. für Folgendes. Die insgesamt seltene Formulierung vom europäischen Vaterland benutzte auch Adenauers Staatssekretär Wal-

von Europa um die größte Idee des 20. Jahrhunderts handele. Schon in seiner ersten Rede vor dem Plenum im November 1949 hatte er sich zur Begründung dieser Ansicht auf den Widerstand gegen das NS-Regime bezogen, dem er als Mitglied des Kreisauer Kreises selbst angehört hatte.[66]

„Wir reden von denen, die im Bewußtsein dessen lebten und kämpften, daß der Zusammenbruch des Reiches, daß der Verlust einer geliebten Heimat und daß das Heer der Toten aus vielen Völkern einen Sinn, einen weltgeschichtlichen Sinn erhalte mit dem endlichen *Aufbau einer europäischen Gemeinstaatlichkeit.*"[67]

In der Tat knüpfte Gerstenmaier in bestimmter Weise an die Tradition des Kreisauer Kreises um Helmuth James Graf von Moltke und Peter Graf Yorck von Wartenburg an. Dieser Kreis hatte wie kaum eine andere Widerstandsgruppe nicht nur extremen Nationalismus, sondern den Nationalstaat an sich radikal infrage gestellt. Als historisch, sprachlich und kulturell gewordene Gemeinschaft wurde die Nation dabei auch von den Kreisauern akzeptiert. Sie sollte aber nicht mehr mit staatlicher Macht verbunden sein, und ihre allmähliche Auflösung wurde vor allem mit dem von Moltke entwickelten Konzept „kleiner Gemeinschaften" als neuen Selbstverwaltungseinheiten im Rahmen einer europäischen Gesamtordnung vorweggenommen.[68]

In den *Grundsätzen für die Neuordnung* vom 9. August 1943 befürworteten die Kreisauer zwar bis auf Weiteres die Pflege nationaler Traditionen, dies dürfe

„jedoch nicht zur politischen Machtzusammenballung, zur Herabwürdigung, Verfolgung oder Unterdrückung fremden Volkstums mißbraucht werden. Die freie und friedliche Entfaltung nationaler Kultur ist mit der Aufrechterhaltung absoluter einzelstaatlicher Souveränität nicht mehr zu vereinbaren. Der Friede erfordert die Schaffung einer die einzelnen Staaten umfassenden Ordnung."[69]

---

ter Hallstein, während dem Kanzler selbst der Ausdruck „Vaterland der Europäer" zugeschrieben wird. Vgl. Stötzel/Wengeler 1995, S. 98 f.
66 Zu Gerstenmaiers Leben und Wirken vgl. Gniss 2005, zum Widerstand bes. S. 121–152.
67 Gerstenmaier, 1. BT, 17/15.11.1949, S. 409 (Herv. i. Orig.). Vgl. auch ebd., S. 413.
68 Mit diesen kleinen Selbstverwaltungseinheiten zur Verfolgung breit gefächerter Zwecke von sozialen Einrichtungen über Produktionsgenossenschaften bis hin zu Theater und Religion sollte nach Moltke in erster Linie bewirkt werden, dass „in jedem Einzelnen das Gefühl der Verantwortung für alles was geschieht, geweckt wird". Vgl. Moltke 1986, S. 154.
69 Zitiert nach dem Abdruck in: Ringshausen/von Voss (Hrsg.) 2000, S. 333–340, hier S. 334.

Dieses Europa sollte die souveränen Nationalstaaten schließlich gänzlich aufheben. Deutsche Führungsansprüche wurden ausdrücklich zurückgewiesen. Stattdessen war eine gemeinsame Außen- und Wirtschaftspolitik vorgesehen, wobei letztere planwirtschaftliche Optionen enthielt und die öffentliche Kontrolle von Schlüsselunternehmen sowie die Verhinderung von Kartellbildung vorsah.[70] Speziell in diesem Punkt wich Gerstenmaier als Vertreter des protestantischen Sozialkonservativismus[71] deutlich von der mehrheitlich sozialistischen Ausrichtung des politisch heterogen zusammengesetzten Kreisauer Kreises ab. Unabhängig davon war er jedoch einer der wenigen, die im politischen Diskurs der Adenauerzeit überhaupt auf die Vereinigung Europas als substanzielles Erbe des Widerstandes gegen das NS-Regime hinwiesen.

Der Bundeskanzler begründete seinen Westintegrationskurs stattdessen zumeist mit dem Verweis auf die Kriegsniederlage. So richtete er in jener Debatte Mitte November 1949 an die Adresse der SPD die rhetorische Frage: „Wer hat eigentlich den Krieg verloren, wir oder die anderen?"[72] Im Unterschied zu dieser konfrontativen Haltung hatte Gerstenmaiers Erinnerung an den Widerstand auch eine Einladung an die Opposition zur Kooperation dargestellt.[73] Gleichwohl stand er in dieser Frage ebenso fest hinter Adenauer wie zur Wiederbewaffnung der Bundesrepublik im Rahmen der EVG, wobei er betonte, dass deren eigentliches Ziel in der Bildung einer europäischen Föderation bestehe, die möglichst noch in den nächsten zehn Jahren zu verwirklichen sei. Gedacht war dabei an die unter den Mitgliedern der Montanunion diskutierte Idee der Europäischen Politischen Gemeinschaft (EPG) mit gemeinsamer Verfassung,[74] die aber letzten Endes nicht realisiert wurde.

---

70 Vgl. ebd., S. 339; von Moltke 2000, bes. S. 139.
71 Vgl. Klein 2006, S. 61–72.
72 Adenauer, 1. BT, 17/15.11.1949, S. 443; ähnlich im Rahmen der EVG-Debatte Ders., 1. BT, 240/3.12.1952, S. 11132, sowie Franz-Josef Strauß (CSU), 1. BT, 222/10.7.1952, S. 9852 (alle Herv. i. Orig.), der der SPD vorhielt: „man kann weder von der *Bundesregierung* noch von *Dr. Adenauer* verlangen, daß er *sieben Jahre* nach dem zweiten Weltkrieg bei der *Verhandlungen* nachträglich noch den zweiten Weltkrieg gewinnt, was Sie vielleicht geschafft hätten!"
73 Vgl. Gniss 2005, S. 249.
74 Vgl. Gerstenmaier, 1. BT, 221/9.7.1952, S. 9803; 222/10.7.1952, S. 9921; zur EPG auch Adenauer, ebd., S. 9792; 240/3.12.1952, S. 11140; von Brentano, 256/19.3.1953, S. 12312 f.

Das Abflauen der Nationalstaatskritik mit dem Scheitern der EVG

Nach der Ratifikation von *EVG- und Generalvertrag*, die die Regierungsmehrheit im Mai 1953 gegen die SPD durchgesetzt hatte, ging die Hochkonjunktur der Nationalstaatskritik in der Bundesrepublik allerdings bereits ihrem Ende entgegen. Wohl leitete Heinrich von Brentano im Oktober 1953 auch noch die zweite Legislaturperiode mit einer klaren Absage an den Nationalstaat ein:

> „Die europäischen Staaten haben sich in den vergangenen Jahrzehnten selbst an die Ketten gefesselt, die ein entarteter Nationalismus geschmiedet hat. Die Vorstellung, daß der nationale Staat das Ende einer historischen Entwicklungsfolge sei, war ein verhängnisvoller Irrtum. Ein Etappenziel wurde mit dem Endziel verwechselt."[75]

Die Erstarrung in Nationalstaaten und -wirtschaften habe, so von Brentano weiter, Europa nur in immer neue Katastrophen geführt, doch nun breche sich endlich die Erkenntnis Bahn, „daß die vermeintlichen Interessengegensätze in Wirklichkeit gar nicht bestehen." Diese Zuversicht sollte sich jedoch als verfrüht erweisen. Vollends deutlich wurde dies, als das EVG-Projekt nach über zwei Jahren in der Schwebe am 30. August 1954 in der französischen Nationalversammlung scheiterte, womit auch das darauf aufbauende Konzept der EPG auf unabsehbare Zeit erledigt war.[76]

Adenauer zeigte sich darüber äußerst geschockt und sprach über dieses Datum nur in den düstersten Farben: Er sah darin einen „schwarze[n] Tag für Europa"[77], einen „selbstzerstörerischen Schritt"[78] und einen „weiteren Sieg der Sowjetunion"[79], den die französischen Kommunisten auf „Kommando Moskaus"[80] initiiert hätten – wenngleich auch die Mehrheit der national orientieren Gaullis-

---

75 Von Brentano, 2. BT, 4/28.10.1953, S. 32. Ebd. das folgende Zitat.
76 In der Assemblée Nationale kam es gar nicht mehr zur Abstimmung über die Ratifikation; noch mitten in der Berichterstattung wurde ein Antrag, den Vertrag von der Tagesordnung abzusetzen, mehrheitlich angenommen. Näheres dazu bei Lappenküper 2001, S. 750 ff.
77 Adenauer 1968, S. 283.
78 In einem Brief an den Vizepräsidenten der United Press of America Armistead L. Bradford vom 4.9.1954, abgedr. in: Mensing (Bearb.) 1995, S. 144 f., hier S. 144.
79 Im Gespräch mit Theodor Heuss am 9.9.1954 (Aufzeichnung gez. Klaiber), abgedr. in: Mensing (Bearb.) 1997, S. 141–143, hier S. 141.
80 In einer Rundfunkansprache vom 4.9.1954, abgedr. in: Bulletin, Nr. 167, 7.9.1954, S. 1477 ff., hier S. 1477.

ten die EVG ablehnte.[81] Nicht gerade freundliche Worte fand er im Gespräch mit Bundespräsident Theodor Heuss ebenfalls für den französischen Ministerpräsidenten Pierre Mendès France, dessen Charakter er als „völlig undurchsichtig und unzuverlässig"[82] bezeichnete. Das „Nein" aus Frankreich war allerdings nicht völlig unabsehbar gewesen und von der Bundesregierung offenbar von vornherein als Möglichkeit einkalkuliert worden. So hatte der Kanzler seinem Kabinett schon im September 1952 mitgeteilt, dass die EVG keinesfalls an der Bundesrepublik, sondern wenn, dann höchstens an Frankreich scheitern dürfe.[83]

Obendrein handelte es sich bei der EVG in gewisser Weise ohnehin um eine Ersatzlösung. Denn zuvor war vor allem in den USA bereits die Aufstellung einer westdeutschen Armee unter dem Dach der NATO im Gespräch gewesen – eine Option, der Adenauer anfangs im Sinne des Ziels westdeutscher Gleichberechtigung durchaus mehr zugeneigt gewesen war als der EVG.[84] Jener Option standen jedoch die Sicherheitsinteressen Frankreichs entgegen, das eine NATO-Vollmitgliedschaft und damit ein eigenständiges Heer der Bundesrepublik unbedingt vermeiden wollte. Daher hatte die französische Seite das Konzept für eine integrierte europäische Armee vorgeschlagen, um die eigene Interessenlage mit der von den USA seit Ausbruch des Koreakrieges im Juni 1950 erstrebten Beteiligung der Bundesrepublik am westlichen Verteidigungssystem in Einklang zu bringen. Weil dieses Konzept nunmehr als der einzig gangbare Weg anmutete, um schnellstmöglich sowohl Wiederaufrüstung als auch Souveränität zu erlangen, hatte Adenauer sich sodann mit voller Energie für die EVG eingesetzt. Folglich war er über deren Scheitern vor allem deshalb so entsetzt, weil damit zugleich die Realisierung dieser Ziele in weite Ferne zu rücken schien.

Die Lösung der EVG-Krise durch die Wiederbelebung der NATO-Option im Rahmen der *Pariser Verträge* von 1954/55 markierte sodann einen entscheidenden Wendepunkt in der westdeutschen Diskussion über den Nationalstaat, denn seither nahm die Kritik der Regierungsparteien an ihm rapide ab. Zugleich bedeuteten die Verträge in bestimmter Hinsicht aber auch einen ihrer Höhepunkte, demonstrierte doch vor allem die CDU darin die Bereitschaft, für die Westintegration notfalls auf vormals deutsche Gebiete, sprich auf das Saargebiet, zu ver-

---

81 Vgl. Lappenküper 2001, S. 751. Etwas differenzierter betrachtete Adenauer die französischen Gegner der EVG dann in seinen Erinnerungen; vgl. Adenauer 1968, S. 283–288.
82 Gespräch mit Heuss v. 9.9.1954. in: Mensing (Bearb.) 1997, S. 141 (siehe Fn. 79).
83 Vgl. Schwarz 1991b, S. 38. Umgekehrt gab es solche Überlegungen allerdings auch in Frankreich; vgl. z. B. Lappenküper 2001, S. 642.
84 Vgl. ausführlich dazu Schwarz 1991a, S. 871–879.

zichten. Daher wird zunächst die Saarfrage behandelt, bevor auf die sinkende Popularität der Idee der Überwindung des Nationalstaats zurückgekommen wird.

2.2 Das Saargebiet als europäisiertes Territorium deutscher Nation?

Politische und historische Ausgangspunkte des Konflikts über das Saargebiet

Wenn nationalstaatliche Strukturen im Zuge des westeuropäischen Zusammenschlusses partiell abgebaut werden sollten, welche Folgen zog dieser Prozess dann in den Augen der westdeutschen Parteien für die Kollektivvorstellung der Nation nach sich? Hinweise darauf, welche Rolle der Nation in einem sich vereinigenden Europa zugedacht war, finden sich insbesondere in den Debatten über die Saarfrage, die mit der Frage der Oder-Neiße-Gebiete und der DDR zu den zentralen ungeklärten Territorialfragen in der frühen Bundesrepublik zählte. Daneben beschäftigten die politischen Akteure zwar noch verschiedene weitere Gebietsprobleme, z. B. die kleineren Korrekturen an den Grenzen zu den Beneluxländern, das bis 1952 von Großbritannien besetzte Helgoland, die von Frankreich von 1949 bis 1953 schrittweise an die Bundesrepublik zurückgegebene Hafenstadt Kehl oder die separatistischen Tendenzen bei der dänischen Minderheit in Schleswig.[85] Diese Fragen können hier jedoch außen vor bleiben, da die Auseinandersetzungen über das Saarland symptomatisch für den Umgang mit den Grenzfragen im Westen insgesamt waren und sich an ihnen sowohl die wesentlichen Gemeinsamkeiten wie die entscheidenden Differenzen der Parteien in ihrer jeweiligen Perspektive auf die Nation besonders gut aufzeigen lassen.

Deutlich wird hierbei vor allem, dass die zum Teil äußerst heftigen Konflikte in der Saarfrage nicht zuletzt auf den divergierenden Vorstellungen der Parteien über das Verhältnis von Nation und Staat beruhten. Im Kern drehten sich diese Konflikte um die Option einer Europäisierung des Saargebiets. Damit stand jedoch nicht nur der Status des Gebietes, mithin die territoriale Integrität der deutschen Nation in Form staatlicher Einheit infrage. Vielmehr bildete diese Frage zugleich einen Aspekt des grundsätzlichen und ebenso anlässlich der Gründung der ersten europäischen Institutionen aufbrechenden Konflikts darüber, wie das bisher an den Nationalstaat gebundene Prinzip der Demokratie nunmehr im euro-

---

85 Vgl. den Überblick bei Khan 2004; kurz Gabbe 1976, S. 102 ff.; als Quellensammlungen Bundesministerium des Innern, Abt. Vertriebene, Flüchtlinge und Kriegsgeschädigte (Hrsg.) 1971; Jäckel (Bearb.) 1959.

päischen Rahmen zu verwirklichen sei. Einen gemeinsamen Nenner gab es dabei allerdings auch: Die Zugehörigkeit der Saar zur deutschen Nation in kultureller, historischer und ethnischer Hinsicht blieb im gesamten Parteienspektrum unstrittig,[86] obschon die SPD gewisse Zweifel an der Dauerhaftigkeit einer nationalen Bindung über politische Grenzen hinweg anmeldete.

Von den zentralen Territorialfragen der frühen Bundesrepublik konnte die Saarfrage zwar schlussendlich – mit dem zum 1. Januar 1957 wirksamen Beitritt des Saargebiets in den Geltungsbereich des Grundgesetzes gemäß Art. 23 Satz 2 GG – am schnellsten gelöst werden. Zuvor bot sie jedoch nicht nur reichlich Zündstoff zwischen Regierungsparteien und SPD-Opposition wie schließlich auch im Regierungslager selbst. Sie war zudem eine „Quelle der Mißverständnisse"[87] im Verhältnis der Bundesrepublik zu ihrem westlichen Nachbarn Frankreich, wie der Freie Demokrat Mende die teilweise ausgesprochen erbittert geführten Auseinandersetzungen zwischen beiden Staaten im Rückblick etwas euphemistisch umschrieb.

Gleichwohl wurden die Protagonisten fast aller westdeutschen Parteien parallel zu diesen Auseinandersetzungen nicht müde zu betonen, dass die Aussöhnung mit Frankreich von herausragender Bedeutung für die Einigung Europas sei. Der Kanzler selbst sprach in dem Zusammenhang von „einer der Angelfragen des europäischen Geschicks"[88]. Darin pflichteten ihm die Koalitionspartner durchweg bei,[89] obschon von Merkatz mitunter distanzierter von einer „Vernunftehe" statt einer „Liebesheirat"[90] mit Frankreich redete. Trotz aller heftigen Kritik, die die SPD an der französischen (Saar-)Politik übte, wünschte auch sie grundsätzlich die *„Freundschaft mit Frankreich"*[91], so allen voran Carlo Schmid, der als in Südfrankreich geborener Sohn einer Französin und eines Deutschen selbst zunächst die französische Staatsbürgerschaft besaß.[92] Der Konflikt über das kleine, allerdings

---

86 Vgl. zur Saarfrage auch die Analyse von Gabbe 1976, S. 104–119, hier bes. S. 104 f., 109 f., 118.
87 Erich Mende (FDP), 4. BT, 73/25. 4.1963, S. 3436.
88 Adenauer, 1. BT, 17/15.11.1949, S. 400.
89 Vgl. für die CDU Gerhard Schröder, ebd., S. 415; für die Koalitionspartner DP und FDP von Merkatz, ebd., S. 423; Becker, ebd., S. 438.
90 Von Merkatz, 2. BT, 5/29.10.1953, S. 77.
91 Schmid, 1. BT, 17/15.11.1949, S. 441 (Herv. i. Orig.).
92 Vgl. Edathy 2000, S. 97, Fn. 16. Er besaß sie bis 1914, dann meldete er sich als Kriegsfreiwilliger aufseiten der deutschen Wehrmacht. Zu Schmids französischer Prägung und seiner Kriegsteilnahme vgl. auch Weber 1996b, S. 23–42. Deutet sich darin schon eine gewisse Ambivalenz Schmids an, so wird diese besonders deutlich in seinen Interventionen zugunsten der Häftlinge im NS- und Kriegsverbrechergefängnis in Landsberg, vor allem für den dort inhaftierten Martin Sandberger. Siehe dazu Kap. 4.2.2. Andererseits engagierte Schmid sich sehr für die „Wie-

an Kohlegruben und Schwerindustrie reiche Grenzland stand somit von Beginn an im Kontext der deutsch-französischen Verständigung, die den politischen Akteuren weithin als wesentliches Moment der europäischen Integration, ja einigen überdies als besondere „Herzensangelegenheit"[93] galt.

Die Ausgangssituation, die die Parlamentarier 1949 vorfanden, lässt sich kurz so umreißen: Nach dem Ende des Zweiten Weltkrieges wurde das Saarland der französischen Besatzungsverwaltung unterstellt und von ihr in mehreren Schritten, so durch die Errichtung einer Zollgrenze Ende 1946, aus dem restlichen deutschen Gebiet herausgelöst. Annektiert wurde das um einige Gemeinden im Norden und Osten erweiterte Gebiet jedoch nicht. Vielmehr erhielt es mit der Saarverfassung vom 15. Dezember 1947 weitgehende politische Autonomie, während es wirtschaftlich eine Währungs- und Zollunion mit Frankreich bildete, das auch die Vertretung seiner außen- und verteidigungspolitischen Belange übernahm.[94] Hiermit war das Saargebiet bereits zum zweiten Mal von Deutschland abgetrennt worden. Schon nach dem Ersten Weltkrieg war es mit dem *Versailler Vertrag* ab 1920 für fünfzehn Jahre dem Völkerbund unterstellt und wirtschaftlich eng an Frankreich gekoppelt worden, bis es am 13. Januar 1935 mit über 90 Prozent Zustimmung per Volksentscheid „heim ins" – inzwischen nationalsozialistische – „Reich" kehrte. Wie damals verfolgte die französische Saarpolitik nach 1945 wiederum das doppelte Ziel, eigene Kriegsschäden aus dem Gebiet zu begleichen sowie den vormaligen Kriegsgegner ökonomisch und politisch zu schwächen.[95] Während die materiellen Ansprüche Frankreichs am Saargebiet in der Bundesrepublik jedoch allgemein auf gewisses Verständnis trafen, galt Selbiges nicht für die Etablierung eines (teil-)autonomen Staatswesens.

---

dergutmachung" und die Aufnahme diplomatischer Beziehungen mit Israel. Vgl. Weber 1996b, S. 466–471, 691 ff., 744 f.
93 Carl von Campe (DP), 1. BT, 46/10.3.1950, S. 1576; Helene Wessel (Z), ebd., S. 1580.
94 Die Verfassung trat mit Erscheinen im Amtsblatt des Saarlandes, 3. Jg., Nr. 67, 17.12.1947, S. 1077–1092, in Kraft. Zur frühen Situation an der Saar vgl. Elzer 2007, S. 45–50, der die Rolle Frankreichs sehr kritisch sieht. Eine positivere Beurteilung erfährt die französische Politik dagegen im Tagungsband von Hudemann/Jelloneck/Rauls (Hrsg.) 1997, sowie bei Heinen 1996, S. 25–211; zahlreiche Dokumente und eine ausführliche Chronologie bei Hudemann/Heinen 2007; klassisch zur Saarfrage ist außerdem die zeitgenössische Studie von Schmidt 1959–1962.
95 Vgl. Heinen 1996, S. 11; für einen kurzen Gesamtüberblick zur Geschichte des Saarlandes zudem Loth 2009, S. 352–358.

Erste Auseinandersetzungen der Parteien: die Saarfrage und der Beitritt zum Europarat

Entgegen der faktischen Abtrennung des Saargebiets bestand der Bundestag einmütig darauf, dass es weiterhin Teil der deutschen Nation und nicht etwa der französischen oder gar eine eigenständige sei.[96] Diese Ansicht vertrat auch Konrad Adenauer in seiner ersten Regierungserklärung, in der er die Hoffnung äußerte, dass der deutsch-französische Gegensatz nun „endgültig aus der Welt geschafft werden" könne und

„daß das *Saargebiet* nicht zu einem Hindernis auf diesem Weg werden wird. (Aha! und Hört! Hört!) Am Saargebiet hat Frankreich – das ist ohne weiteres anzuerkennen – wirtschaftliche Interessen. Deutschland hat dort wirtschaftliche und nationale Interessen. (Sehr richtig! – Zuruf: Sind das nur Interessen?) Schließlich aber haben die Saarbewohner selbst den begründeten Wunsch, daß ihre eigenen wirtschaftlichen und nationalen Interessen berücksichtigt werden. (Zuruf von der KPD: Vielleicht sagen Sie auch etwas über die Ausweisungen aus dem Saargebiet!) Alle diese Interessen sollen in eine Ordnung und Übereinstimmung gebracht werden, die sich im Rahmen der europäischen Union, deren Mitglied wir möglichst bald zu werden wünschen, finden lassen wird."[97]

Die vielen Zwischenrufe weisen allerdings schon darauf hin, dass die Ausführungen des Kanzlers keineswegs rundum auf Einverständnis stießen. Der entscheidende Unterschied zwischen den Regierungsparteien, insbesondere der Union, und der SPD bestand dabei in ihrer Antwort auf die Frage, ob sich die allgemein unbestrittene Zugehörigkeit des Saargebiets zur deutschen Nation notwendig in staatlicher Einheit manifestieren müsse oder ob diese eventuell zur Disposition gestellt werden könne.

Die daraus resultierenden Konflikte machten sich zunächst an dem vor allem in der CDU vorherrschenden Ansatz fest, die Saarfrage durch die allmähliche Entwicklung einer deutsch-französischen „Interessengemeinschaft"[98] im Rahmen des europäischen Einigungsprozesses lösen zu wollen. Im ersten Schritt hieß das für die Regierung Adenauer, auch den gleichzeitigen Beitritt von Bundesrepublik

---

96 Seit dem 15.7.1948 gab es immerhin eine eigene, jedoch international nicht anerkannte, saarländische Staatsangehörigkeit. Vgl. Amtsblatt des Saarlandes, 4. Jg., Nr. 61, 14.8.1948, S. 947–952.
97 Adenauer, 1. BT, 5/20.9.1949, S. 30 (Herv. i. Orig.).
98 Henle, 1. BT, 7/23.9.1949, S. 95.

und Saarland zum Europarat in Kauf zu nehmen, um ihrem Ziel näher zu kommen, den selbstständigen Handlungsspielraum der Bundesrepublik zu erweitern und ihr internationale Anerkennung zu verschaffen.[99] Dies dürfe allerdings nicht als Preisgabe des Gebiets missverstanden werden, da, wie der spätere CDU-Bundesminister Gerhard Schröder im Vorfeld betonte, „es für uns nicht die Möglichkeit gibt, irgendwo und irgendwie auf deutsches Land zu verzichten."[100]

Genau das befürchtete jedoch die SPD, weshalb sie sich, während die DP und anfangs auch die FDP dem Kurs der Union folgten,[101] strikt dagegen wandte, eine separate Vertretung des Saarlandes in Straßburg hinzunehmen. Denn damit sei, wie Kurt Schumacher Adenauers Regierungserklärung entgegenhielt, „ja bereits eine vollendete Tatsache akzeptiert, [...] die sehr schwer aus der Welt zu schaffen ist."[102] Sein Einwand, dass das Provisorium Bundesrepublik dem Friedensvertrag nicht derart vorgreifen dürfe, blieb durchweg zentrales Anliegen der SPD – wie in der Saarfrage, so auch in den anderen Territorialfragen.

Die essenzielle Bedeutung der nationalen Einheit für die SPD machte ebenfalls Carlo Schmid in seiner Replik auf Adenauer deutlich, in der er anmerkte, es habe ihn

„geschmerzt, daß der Herr Bundeskanzler davon gesprochen hat, daß Frankreich Interessen im Saargebiet hat – was richtig ist –, daß aber auch Deutschland ‚Interessen' im Saargebiet habe. Man spricht nur dort von ‚Interessen' eines Staats in einem anderen Gebiet, wo dieses Gebiet ein fremdes Gebiet ist. Das Saargebiet aber ist ein Stück Deutschland."[103]

Obschon der Kanzler hiernach sogleich bestritt, dass er „die Saarfrage irgendwie als eine quantité négliable betrachtet hätte",[104] deutete sich in diesem Schlagabtausch doch einer der wesentlichen Konfliktpunkte zwischen Regierungsparteien und Sozialdemokratie an: Erstere waren zu weitgehenden Konzessionen nicht nur bezüglich des ökonomischen, sondern auch des politischen Status der Saar

---

99 Vgl. ebd.; Gerstenmaier, 1. BT, 17/15.11.1949, S. 411; für die Europarat-Debatte selbst Adenauer, 1. BT, 68/13.6.1950, S. 2464f.; von Brentano, ebd., S. 2468. Zum Kontext dieser Debatte vgl. Enders 1990.
100 Schröder, 1. BT, 17/15.11.1949, S. 415f.
101 Für die FDP vgl. Euler, 1. BT, 17/15.11.1949, S. 421; Schäfer, 1. BT, 68/13.6.1950, S. 2479; Becker, ebd., S. 2491; für die DP von Merkatz, ebd., S. 2494f.
102 Schumacher, 1. BT, 6/21.9.1949, S. 42.
103 Schmid, 1. BT, 10/29.9.1949, S. 185.
104 Adenauer, 1. BT, 10/29.9.1949, S. 186.

bereit. So wurde in ihren Reihen, etwa von Bundeswirtschaftsminister Ludwig Erhard oder Adenauers Staatsekretär Otto Lenz, bereits seit 1950 über eine Europäisierung des Gebietes nachgedacht. Der Kanzler stand diesen Ideen zwar erst ablehnend gegenüber und kehrte stattdessen den deutschen Charakter der Saar heraus.[105] Seine Haltung zur Europäisierung änderte sich jedoch, als Frankreich Anfang 1952 die offizielle diplomatische Anerkennung des Saarstaates ankündigte. Da die darauf folgenden deutsch-französischen Spannungen die Pläne für den deutschen Wehrbeitrag in der EVG zu gefährden drohten, erschien ihm der Weg über Europa als ein möglicher Ausweg aus der Sackgasse.[106]

Auch mit ihren außenpolitischen Weichenstellungen insgesamt – dem Beitritt zum Europarat, zur Montanunion, zur letzten Endes nicht verwirklichten EVG sowie zum, allerdings auch in der Koalition kontrovers beurteilten, *Saarstatut* aus dem Paket der *Pariser Verträge* – riskierte die Union, so zumindest der Vorwurf der SPD, die endgültige Abtrennung des Saarlandes durch die in einem späteren Friedensvertrag durchschlagende Macht des Faktischen. Adenauer verneinte dies zwar meistens, in seinen *Erinnerungen* resümierte er jedoch selbst, dass die Bundesregierung mit dem *Saarstatut* „ein großes Risiko, das Risiko einer völligen Abtrennung der Saar"[107] eingegangen war. Die SPD hielt hingegen unbeirrt am Ziel gemeinsamer deutscher Staatlichkeit von Saargebiet und Bundesrepublik fest, das am besten noch vor einem westdeutschen Eintritt in europäische Institutionen zu realisieren sei, keinesfalls aber dadurch gefährdet werden dürfe.[108]

Überparteiliche Gemeinsamkeiten und innerparteiliche Konfliktpunkte

Die bisherige Gegenüberstellung der Parteien ist zweifellos zugespitzt. Zum einen versuchten sie auch immer wieder gemeinsam, die weitere Loslösung des Saargebiets auszubremsen, beispielsweise im einhelligen Protest gegen die am 3. März 1950 zwischen Frankreich und dem Saarland vereinbarten *Saarkonventionen* über den Sonderstatus des Gebiets. Gegen diese Konventionen legte die Bundesregie-

---

105 Vgl. Lappenküper 2001, S. 345 f.
106 Frankreich hatte seine Pläne am 25.1.1952 offiziell angekündigt. Daraufhin sprach sich Adenauer in einer Sonderkabinettssitzung am 31.1.1952 erstmals offen für eine Europäisierung der Saar aus, wobei er sich nicht nur auf entsprechende Ideen des französischen Außenministers Robert Schuman, sondern auch auf Carlo Schmid von der SPD beziehen konnte. Vgl. ebd., S. 348–355.
107 Adenauer 1968, S. 368.
108 Vgl. zur Position der SPD auch die Denkschrift der Sozialdemokratischen Partei Deutschlands zur Frage des Saargebietes, in: [SPD] 1950, S. 19–42.

rung mit Unterstützung des Bundestages „feierlich Verwahrung"[109] ein, obgleich für Adenauer dabei auch taktische Rücksichten eine Rolle gespielt haben mögen, da die französische Saarpolitik innerhalb der Bundesrepublik weithin auf große Ablehnung traf.[110]

Zum anderen fanden sich in beiden politischen Lagern auch gegenläufige Positionen. In der CDU war es insbesondere der Bundesminister für Gesamtdeutsche Fragen Jakob Kaiser, der sich im Rahmen seines „Brückenkonzepts" eines vereinten Deutschlands zwischen den Blöcken aufgrund der „Parallelität der Grenzfragen im Westen und im Osten" auch in der Saarfrage sehr engagierte.[111] In seiner Denkschrift von 1952 forderte er daher anstelle einer Europäisierung ein, „daß die Bundesregierung keine Unklarheit entstehen läßt, daß die Saar zu Deutschland gehört."[112] Nicht nur Kaiser stieß mit dieser Haltung wiederholt mit dem Kanzler zusammen. Für Konflikte im Kabinett sorgte darüber hinaus Thomas Dehler, von 1949 bis 1953 Bundesjustizminister und danach Bundesvorsitzender der FDP, der ebenfalls auf der staatlichen Wiedereingliederung der Saar in die Bundesrepublik beharrte, womit er den offenen Abweichungskurs eines Großteils der FDP in der Saarfrage Mitte der 1950er-Jahre quasi vorwegnahm.[113] „Für Adenauer galt" jedoch, wie Ulrich Lappenküper schreibt, „die Saarfrage eben nicht nur als ein nachrangiges Problem, sondern auch als willkommene Manövriermasse im Rahmen seiner Verständigungspolitik gegenüber Frankreich."[114] Und darin folgte ihm trotz gelegentlicher Konflikte die Mehrheit seiner Partei wie auch der führenden Vertreter der kleineren Koalitionspartner.

Seitens der Opposition schien vor allem Carlo Schmid dem Europakurs Adenauers teilweise gar nicht so abgeneigt zu sein. Immerhin sprach er als einer der ersten westdeutschen Politiker im Bundestag bezüglich des Saargebiets von

---

109 Adenauer, 1. BT, 46/10. 3. 1950, S. 1557 (i. Orig. herv.). Die zwölf *Saarkonventionen* sind abgedr. in: Amtsblatt des Saarlandes, 7. Jg., Nr. 2, 5. 1. 1951, S. 3–52. Zur Diskussion darüber vgl. auch Lappenküper 2001, S. 329–334; Enders 1990, bes. S. 37–40.
110 Von der Presse über die Parteien bis zu „der CDU nahestehenden Industriellenkreisen"; vgl. Lappenküper 2001, S. 329–334, hier bes. S. 330, sowie Enders 1990, bes. S. 37–40.
111 Zu Kaisers Position zur Wiedervereinigung siehe auch Kap. 3.2.1.
112 Beide Zitate aus Jakob Kaisers Saar-Denkschrift, Bonn, 28. 3. 1952, in: Kaiser 1988b, S. 555–557, hier S. 556. Zu Kaisers Position vgl. außerdem Kaiser 1988a, S. 92–106; Zittelmann 1991, S. 29–52, hier S. 43–46; ausführlich zur Saarpolitik von Kaisers Ministerium vgl. Elzer 2007.
113 Vgl. vor allem Klingl 1987, S. 118–130; daneben Zittelmann 1991, S. 115–148; Wengst 1997, bes. S. 250–260; allgemein zum Stellenwert der Wiedervereinigung in Dehlers politischer Konzeption Nickel 2005, S. 79–82.
114 Lappenküper 2001, S. 318. Vgl. auch ebd., S. 355; Lappenküper 2008, S. 10. Laut Klingl 1987, S. 119, war die Saar für die CDU vor allem „lästiger Stolperstein auf dem Weg nach Europa."

Europäisierung, wenngleich nicht auf politischer Ebene, als er 1949 feststellte: „Am besten wäre es natürlich, wir könnten heute schon die europäischen Bodenschätze europäisieren."[115] Dies sei zwar nicht von heute auf morgen möglich, für die Zukunft sei aber eine wirtschaftliche Vereinigung von deutschem Saar- und Ruhrgebiet sowie dem französischen Lothringen anzustreben. Zudem war für ihn trotz der Saarfrage zunächst auch ein Beitritt der Bundesrepublik zum Europarat nicht ausgeschlossen. Allerdings brachte Schmid solche Auffassungen in den folgenden Jahren kaum mehr zum Ausdruck. Primär ging dies auf den Druck Schumachers zurück, der seine Partei ebenso wie Adenauer auf Linie zu bringen wusste, und zu dieser Linie gehörte nach Maßgabe der Kontinuitätsthese als wesentliches Ziel die Wiedervereinigung Gesamtdeutschlands in den „Grenzen von 1937", mithin inklusive der Saar.[116]

Es geht ums (nationale und demokratische) Prinzip: Gründe des Beharrens der SPD auf der staatlichen Eingliederung des Saargebiets in die Bundesrepublik

Warum bestand die SPD so nachdrücklich darauf, dass die Saar wieder Teil des deutschen Staatsterritoriums werden müsse, und weshalb sah sie sich, anders als die Union, auch nicht in der Lage, die Umsetzung dieses Ziels auf einen späteren Zeitpunkt zu verschieben? Eines der zentralen Argumente führte Schumacher ins Feld, als er das „Nein" der SPD zum Europarat-Beitritt der Bundesrepublik begründete. In diesem Kontext beklagte er die Versäumnisse der Regierung in der weiterhin ungelösten „Kardinalfrage"[117] an der Saar, „vor allen Dingen, weil in der Zwischenzeit eine weitergehende energische Französierung der Saarbevölkerung eintritt" – was „bei einer eventuell später einmal kommenden Volksabstimmung für uns sehr peinlich werden könnte". Er befürchtete somit eine fortschreitende Entfremdung des Saarlandes bzw. der Saarländer von der Bundesrepublik durch eine länger anhaltende staatliche Trennung.[118] Noch massiver

---

115 Schmid, 1. BT, 10/29.9.1949, S. 185. Vgl. ebd. auch für Folgendes.
116 Vgl. Weber 1996b, bes. das Kapitel mit dem bezeichnenden Titel „Enttäuscht von Europa – geschlagen von Kurt Schumacher", S. 417–439; ergänzend Weber 1996a, S. 43–49.
117 Schumacher, 1. BT, 68/13.6.1950, S. 2471. Ebd. die folgenden Zitate.
118 Darin bestand auf den ersten Blick eine gewisse Übereinstimmung mit der DP, bei der vom Problem einer drohenden „Entdeutschung" der Saar die Rede war, das sie allerdings wie die CDU/CSU über die europäischen Institutionen lösen wollte. Von Campe, 1. BT, 46/10.3.1950, S. 1576. Anders als die SPD war die DP zudem nicht allein vom Ziel der Wiederherstellung des deutschen Nationalstaats angetrieben. Im Hintergrund stand bei ihr vielmehr die langfristige Vorstellung, eine europäische Neuordnung auf Basis des Heimatrechts und unter Wiederbelebung des Reichs-

trieb dieses Problem die SPD allerdings hinsichtlich der DDR um, weshalb erst in diesem Zusammenhang ausführlich darauf eingegangen wird.[119] An dieser Stelle lässt sich jedoch bereits ersehen, worauf ihre Sorge vor einer Entfremdung, pointiert ausgedrückt, hinauslief: In den Augen der SPD konnte es auf Dauer keine deutsche Nation ohne einheitlichen Staat geben. Diese, so ließe sich umgekehrt schlussfolgern, manifestierte sich vielmehr gerade im gemeinsamen Wollen zur Begründung und Bewahrung eines einigen politischen Gemeinwesens.[120]

Zudem sahen die Sozialdemokraten, ähnlich den anderen stark auf die deutsche Einheit orientierten Politikern wie Kaiser oder Dehler, einen direkten Zusammenhang der Saarfrage mit den Grenzfragen im Osten, sprich dem Problem der Oder-Neiße-Gebiete und – etwas seltener explizit – der DDR. Denn mit einer De-facto-Anerkennung der Zustände an der Saar schwäche man, wie Schumacher postulierte,

„nicht nur unverantwortlich unsere Position im Westen; wir schwächen auch unsere Position im Osten. Jemand, der hier auf dem Gebiet der Kompromisse in die Loslösung des Saargebietes aus dem politischen Gebiet Deutschlands hereinrutscht, verliert den festen Boden des politischen Kampfes gegen die Oder-Neiße-Linie. (Zustimmung.)"[121]

Die Gefahr einer Präjudizierung der anderen Territorialfragen durch zu weitgehende Zugeständnisse in der Saarfrage, die als Hinnahme des Status quo verstanden werden könnten, wurde von der SPD immer wieder problematisiert. So strich zu Beginn der zweiten Legislaturperiode Erich Ollenhauer als Parteivorsitzender nach Schumachers Tod am 20. August 1952 gleichfalls heraus, dass für die Sozialdemokraten

---

gedankens durchzuführen. Darauf wird im Verlauf von Kap. 3 noch zurückgekommen. Vgl. dazu außerdem Gabbe 1976, S. 44f., 165f. Besonders der Landesverband Niedersachsen, also aus jenem Land, aus dem die Partei als Nachfolgerin der Welfenpartei hervorging, hatte überdies eine monarchistische Tendenz. Vgl. Meyn 1965, S. 9–16, S. 37.

119 Siehe Kap. 3.2.1. Das gilt auch für die in den Diskussionen über die Territorialprobleme grundlegende Annahme der SPD, dass die Mehrheitsverhältnisse nach gesamtdeutschen Wahlen wesentlich günstiger für sie aussehen würden, die neben den oben angeführten Gründen auch bezüglich der Saar als integralem Bestandteil der deutschen Einheit eine gewisse Rolle spielte.

120 Vgl. besonders den Bezug von Carlo Schmid, 2. BT, 71/26.2.1955, S. 3825, auf Ernest Renans Definition der Nation „als ein Plebiszit, das jeden Tag wiederholt wird". Siehe dazu bereits Kap. 1.2.

121 Schumacher, 1. BT, 6/21.9.1949, S. 42. Vgl. auch Ders., 1. BT, 46/10.3.1950, S. 1568.

„die Grenzfragen ein unteilbares Ganzes darstellen. Ein Verzicht auf die Zugehörigkeit des Saargebiets zu Deutschland muß die deutsche Position bei zukünftigen Friedensverhandlungen in bezug auf die *deutschen Ostgrenzen* außerordentlich erschweren!"[122]

Wie die Sorge um eine Entfremdung von Saarland und Bundesrepublik gehörte auch die Befürchtung, dass Kompromisse in der Saarfrage negative Rückwirkungen auf die deutschen Ostgrenzen haben könnten, in den Rahmen des als unteilbar verstandenen Ziels der Wiederherstellung der staatlichen Einheit Deutschlands insgesamt. Insofern war die Lösung der Saarfrage für die SPD ebenfalls weniger als selbstständiges Anliegen denn vor allem als integraler Bestandteil der gesamten Wiedervereinigung von Bedeutung.[123] Daher war sie in ihren Augen jedoch gerade keine „Manövriermasse" oder ein relativ unwichtiger Nebenschauplatz des Gesamtprojekts der europäischen Integration, der mit deren Fortschritt ohnehin an Bedeutung verlieren werde, wie das Saarproblem gelegentlich vonseiten der Regierungsparteien dargestellt wurde. So urteilte Adenauer auch im Rahmen der Europarat-Debatte: „Aber, *Eintritt der Saarregierung in den Europarat* und *Ablehnung der Einladung durch Deutschland*: das sind wirklich nicht vergleichbare Größen."[124]

In der Reaktion Kurt Schumachers auf ein solches Abwägen der Europa- gegen die Saarfrage zeigte sich aber darüber hinaus, dass die SPD sich selbst keineswegs nur als Hüterin eigener nationaler Belange verstand. Nachdem Schumacher mitsamt der deutschen Bevölkerung seine eigene Partei gegen den wiederkehrenden Nationalismusvorwurf verteidigt hatte,[125] kritisierte er vielmehr das Herunterspielen der Saarfrage gerade im Hinblick auf das Ziel eines geeinten, demokratischen Europas:

„Nun, meine Damen und Herren, seien wir uns darüber klar, daß diese *Saarfrage* zu einem wichtigen *Entscheidungsfaktor in der Verwirklichung der europäischen Konzeption* überhaupt geworden ist. Es gibt keine Verwirklichung europäischen Geistes ohne die Demokratie der Völker auch in der Saarfrage! Aber ich möchte auch für Deutschland vor Methoden der Bagatellisierung der Saarfrage warnen, die bereits dann

---

122 Erich Ollenhauer (SPD), 2. BT, 4/28.10.1953, S. 51 (Herv. i. Orig.). Ähnlich hatte er schon in der EVG-Debatte argumentiert. Vgl. 1. BT, 255/19.3.1953, S. 12320.
123 Vgl. auch Wehner, 2. BT, 61/15.12.1954, S. 3118; implizit er Ollenhauer, ebd., S. 3139; ähnlich für den GB/BHE Frank Seiboth, 2. BT, 62/16.12.1954, S. 3226.
124 Adenauer, 1. BT, 68/13.6.1950, S. 2464 (Herv. i. Orig.). Ähnlich die Argumentation Henles zum Beitritt der Bundesrepublik zur Montanunion; vgl. 1. BT, 161/12.7.1951, S. 6508 f.
125 Vgl. Schumacher, 1. BT, 46/10.3.1950, S. 1562.

beginnt, wenn man eine Wertskala aufstellt. (Sehr gut! bei der SPD.) Diese vergleichsweise Wertung von Europa und der Saarfrage kann dazu führen, daß Europa nach uneuropäischen Prinzipien errichtet wird."[126]

Die ablehnende Haltung der SPD zur Aufnahme des Saargebiets in Institutionen wie den Europarat sei daher nicht als Blockade der europäischen Integration zu verstehen, sondern liege ebenso im deutschen wie im europäischen Interesse.

Die Auseinandersetzungen der Parteien über das Saarproblem drehten sich somit nicht nur um die nationale Einheit Deutschlands, sondern ebenso um die Gestaltung Europas nach dem Prinzip der Demokratie. Insbesondere die SPD sah dieses Prinzip durch den internationalen Umgang mit der Saarfrage gefährdet, doch auch vonseiten der Regierungsbank waren zum Teil ähnliche Kritikpunkte zu vernehmen. So erblickte nicht nur die SPD im Saarstaat einen „Polizeistaat"[127]. Auch die Regierungsparteien lehnten die saarländische Regierung als undemokratisch ab, da sie nicht durch freie Wahlen zustande gekommen sei und autoritäre Methoden – wie Ausweisungen und Ausbürgerungen, Einschränkung der Meinungs-, Versammlungs- und Vereinigungsfreiheit, Parteiverbot der prodeutsch ausgerichteten DPS – anwandte.[128] Im Fokus der Kritik stand der saarländische Ministerpräsident Johannes Hoffmann, der vielen Zeitgenossen als eilfertiger Gehilfe Frankreichs und autokratischer Regent galt, sich allerdings, zumal aus heutiger Perspektive, als sehr widersprüchliche Person darstellt. Zumindest wird ihm eine europaische Gesinnung und das Bemühen, eigenständig gegenüber der französischen Regierung zu handeln, nicht mehr gänzlich abgesprochen.[129] Schließlich war der 1935 emigrierte NS-Gegner nach seiner Rückkehr 1945 auch deshalb für einen autonomen Saarstaat angetreten, weil dieser nach seiner Überzeugung zu einer Brücke zwischen Frankreich und der Bundesrepublik auf dem Weg in ein supranationales Europa werden könne. Die damaligen Angriffe der westdeutschen Parteien gegen Hoffmann fielen aber auch deswegen so heftig aus, weil sie der Artikulation der eigenen Interessen im Saargebiet dienten. So richteten sich die Angriffe, wie Armin Heinen annimmt, „zwar einerseits auch gegen autori-

---

126 Ebd., S. 1566 (Herv. i. Orig.). Vgl. ebd., S. 1567, für Folgendes.
127 Schumacher, 1. BT, 46/10. 3. 1950, S. 1565, 1567 f.; 1. BT, 68/13. 6. 1950, S. 2470.
128 Vgl. Heinen 1996, S. 213–245; Elzer 2007, bes. S. 45–50, sowie zur DPS S. 81–151.
129 Ein überwiegend positives Urteil erfährt Hoffmann in dem, allerdings von seiner Enkelin herausgegebenen, Sammelband mit Beiträgen von Weggefährten und zeitgenössischen Kritikern, vgl. Steinle 1993 sowie bei Küppers 2008; kritisch dagegen Elzer 2007. Für Hoffmanns eigene Darstellung seiner Ziele vgl. seine Biografie Hoffmann 1963.

tär-demokratische Verkrustungen", wollten "andererseits jedoch und zentral die staatliche Existenz der Saar selbst" treffen.[130]

Mit den Zuständen an der Saar stand für die SPD allerdings im Unterschied zu den Regierungsparteien überdies die Zusammenarbeit in Europa und mit den westlichen Bündnispartnern insgesamt zur Diskussion; denn "das Problem der Saarfrage ist ja", wie Schumacher wiederum nicht ohne Seitenblick auf die Ostgrenzen betonte,

> "nicht in erster Linie der Saarkomplex. Das Problem der Saar ist doch die Frage nach dem Prinzip, nach dem Europa errichtet werden soll; und man kann bei der Verschiedenheit aller tatsächlichen Voraussetzungen ein Prinzip im Westen nicht anders behandeln als im Osten."[131]

Vor allem das Verhalten Frankreichs wurde von der SPD als nationalistisch und undemokratisch gegeißelt, da es die Saarbevölkerung gegen ihren Willen von der Bundesrepublik getrennt habe. Doch auch den USA und Großbritannien wurde vorgehalten, dass sie mit ihrer Toleranz der französischen Saarpolitik die ohnehin auf internationaler Ebene bestehende Diskriminierung der Bundesrepublik unterstützen würden, womit sie hinter ihre eigenen demokratischen Maßstäbe zurückzufallen drohten. Dies brachte neben Kurt Schumacher auch Herbert Wehner pointiert zum Ausdruck: "Die Saarfrage, meine Damen und Herren, ist für uns eine Probe aufs Exempel der demokratischen Gesinnung der westlichen Vertragspartner. (Beifall bei der SPD.)"[132]

Auch dieser Vorwurf kann in die oftmals zwischen Anmaßung und Frustration schwankende Haltung der Partei gegenüber den Alliierten eingeordnet werden, die die Enttäuschung vieler Sozialdemokraten darüber verriet, dass in ihren Augen ihre Rolle als Widerstandskämpfer gegen das NS-Regime von jenen nicht angemessen berücksichtigt wurde. Zwar stand die SPD mit ihren Einwänden gegen "die *uneuropäische Annexion des Saargebiets*", auf die, wie der sozialdemokratische Saarexperte Karl Mommer zusammenfasste, "die *uneuropäische Polizei-*

---

130 Heinen 1996, S. 214.
131 Schumacher, 1. BT, 68/13. 6. 1950, 2472. Gleichsam andersherum, nämlich den Unterschied zwischen West und Ost betonend, argumentierte zwei Jahre später Schmid, 1. BT, 221/9. 7. 1952, S. 9809: "Das Saargebiet liegt im Westen. Über das Saargebiet kann man sprechen, ohne mit den Russen verhandeln zu müssen. [...] Frankreich ist einer der Vertragspartner, und Frankreich kann das Recht an der Saar herstellen, wenn es das Recht und die Einheit Deutschlands will."
132 Wehner, 1. BT, 222/10. 7. 1952, S. 9875. Ähnlich Schumacher, 1. BT, 46/10. 3. 1950, S. 1562.

staatlichkeit dieses Gebiets"[133] gefolgt sei, auf den ersten Blick keineswegs allein. So konnte sich Mommer in seinem Beitrag auf die in Reaktion auf die *Saarkonventionen* erstellte Denkschrift der Bundesregierung zur Saarfrage vom 9. März 1950 beziehen, in der die französische Politik in ähnlicher Weise zurückgewiesen worden war.[134] Zudem hatte auch der CDU/CSU-Fraktionsvorsitzende Heinrich von Brentano schon solche „voreuropäischen Lösungen" des Saarproblems kritisiert.[135] Wie von Brentano sah jedoch die Mehrheit seiner Partei eine Beilegung des deutsch-französischen Konflikts über das Saargebiet letztendlich nur durch die ausgeweitete Kooperation in den europäischen Institutionen gewährleistet, in denen parallel dazu auch die Demokratie schrittweise auszubauen sei – wobei die Frage europäischer Demokratie im Bundestag ohnehin kaum vonseiten der Union thematisiert wurde. Die SPD machte die Lösung der Saarfrage dagegen zur notwendigen Bedingung der europäischen Zusammenarbeit, da deren demokratische Grundlage ansonsten bereits unwiderruflich beschädigt sei.

Doch nicht nur im Hinblick auf die Beurteilung der Saarproblematik im Kontext europäischer Demokratie waren Differenzen zwischen den Parteien vorhanden. Auch unter einer Lösung der Saarfrage wurde vor diesem Hintergrund Unterschiedliches verstanden. So erschien der SPD im Grunde nur die Eingliederung der Saar in die Bundesrepublik als demokratischen Grundsätzen angemessen, da ihre Abtrennung vom deutschen Staat ja gemäß der Kontinuitätsthese als völkerrechtswidrig und zudem als unfreiwillig begriffen wurde. Dass diese These die Neugründung eines deutschen Staates unter demokratischen Vorzeichen gerade blockiert hatte, wurde dabei zwar nicht thematisiert – der Anspruch der Partei, eine demokratische Lösung der Saarfrage herbeizuführen, besaß dadurch jedoch einen sehr ambivalenten Charakter.[136]

Die Regierungsparteien kritisierten die Loslösung des Saarlandes zwar ebenfalls auf Basis der Kontinuitätsthese. Praktisch war aber vor allem die CDU zur Absicherung der Westintegration auch für andere Lösungen als die staatliche

---

133 Karl Mommer, 1. BT, 183/10.1.1952, S. 7761 (Herv. i. Orig.).
134 Vgl. [Bundesregierung] 1950.
135 Von Brentano, 1. BT, 68/13.6.1950, S. 2468.
136 Gabbe 1976, S. 105 ff., problematisiert besonders, aber nicht nur für die SPD den Umstand, dass – sollte es zu einer Abstimmung an der Saar kommen – von Beginn an ein „deutsches" Ergebnis vorausgesetzt und damit das demokratische Element des Anspruchs auf Selbstbestimmung an der Saar konterkariert wurde. Ohne die Wurzel in der Kontinuitätsthese hier zu benennen, spricht er treffend davon, dass diese Vorannahme „direkt oder indirekt von einer Vorstellung des Volkes als unauflösbarem Substrat der Nation aus[geht]." Ebd., S. 118. Relativiert wurde diese Annahme allerdings durch die gleichzeitige Thematisierung des Entfremdungsproblems.

Wiedereingliederung offen, solange absehbar schien, dass die eigenen wirtschaftlichen und politischen Interessen an der Saar in anderweitiger Form wahrgenommen werden konnte.

Der Konflikt über die Europäisierung der Saar im Rahmen des Saarstatuts

In ihrer Bereitschaft, auch eine Europäisierung des Saargebiets zu akzeptieren, fand die CDU allerdings nicht nur in der Opposition, sondern auch in der Koalition Gegner. So lehnte die FDP eine Europäisierung ebenfalls mehrheitlich ab und bestritt, wie Thomas Dehler, zudem die Kompetenz des Saarlandes, allein über seinen politischen Status zu bestimmen. Denn auch nach Dehlers Auffassung handelte es sich bei der Wiedervereinigung um einen unauflöslichen Gesamtkomplex, über den auch nur das gesamte deutsche Volk entscheiden könne.[137] Genau das, eine Volksabstimmung der Saarländer über den europäischen Status des Gebiets, sah aber das Mitte der 1950er-Jahre im Rahmen der *Pariser Verträge* zwischen Frankreich und Deutschland vereinbarte *Saarstatut* vor. Daraufhin eskalierten die bislang latenten Spannungen zwischen FDP und Union, und in der Abstimmung über das Statut kam es schließlich zum offenen Bruch der Koalitionsdisziplin: Es wurde nicht nur von der SPD, sondern auch vom Großteil der FDP wie des GB/BHE abgelehnt.[138] Die ihm zustimmenden Abgeordneten dieser Regierungsparteien verließen in der Folge zum Teil sogar ihre bisherige politische Heimat.[139] Trotz der zahlreichen Gegenstimmen und Enthaltungen auch aus der Koalition wurde das *Saarstatut* jedoch am 27. Februar 1955 vom Bundestag angenommen, womit der Weg zur Europäisierung des Saarlandes nunmehr endgültig frei schien.

Entgegen der Abstimmungsempfehlung Adenauers wurde das Statut aber in der vereinbarten Volksabstimmung am 23. Oktober 1955 von gut zwei Dritteln

---

137 Vgl. Thomas Dehler (FDP), 2. BT, 4/28.10.1953, S. 55.
138 Laut Protokoll stimmten in der namentlichen Einzelabstimmung über das *Saarstatut* (inkl. Berliner Abgeordnete) 34 FDP-Abgeordnete mit Nein, 7 mit Ja, 6 enthielten sich und 4 waren abwesend. Von den Abgeordneten des GB/BHE stimmten 15 mit Nein und 11 mit Ja. Bei der DP gab es bei 11 Ja-Stimmen 1 Nein-Stimme und 1 Enthaltung. Die Union stimmte bei 4 Enthaltungen und 2 Nein in sehr großer Mehrheit mit Ja, die SPD geschlossen mit Nein. Vgl. 2. BT, 72/27.2.1955, S. 3939–3947.
139 So traten die bislang dem GB/BHE angehörenden Bundesminister Theodor Oberländer und Waldemar Kraft sowie einige andere Abgeordnete der Partei, die dem Statut zugestimmt hatten, nun mehrheitlich der CDU bei, während der GB/BHE ab Herbst 1955 zur Oppositionspartei wurde.

der saarländischen Bevölkerung abgelehnt, sodass Frankreich mit dem *Luxemburger Vertrag* vom 27. Oktober 1956 schließlich der Eingliederung des Saarlandes in die Bundesrepublik zustimmte. Dieses Ende war jedoch wohl von niemandem so vorhergesehen worden, auch wenn Adenauer es später nahe legte, dass er sich genau dieses Ergebnis gewünscht habe.[140] Unabhängig davon fügte sich die schlussendlich nationalstaatliche Lösung der Saarfrage nahtlos in die generell zunehmende Renaissance pro-nationalstaatlichen Denkens im letzten Drittel der 1950er-Jahre ein. So zeigten sich in den Debatten über die Saar zwar einerseits Ansätze zur Neubestimmung der Rolle der Nation, die vor allem bei der CDU offenbar nicht unbedingt einen einheitlichen staatlichen Rahmen benötigte, um als historisch-kulturell-ethnische Gemeinschaft fortzubestehen. Im Zuge dessen erhielten die über europäischen Institutionen gegebenen Mitsprache- und Verfügungsmöglichkeiten über ein bestimmtes Gebiet gegenüber den klassischen Elementen des Nationalstaats, insbesondere der Souveränität über ein Gebiet durch dessen Einverleibung ins eigene Staatsterritorium, ein größeres Gewicht, um die eigenen nationalen, im Falle des Saargebiets speziell wirtschaftlichen Interessen abzusichern. Andererseits war diese Entwicklung aber eben auch nur eine Tendenz, der gewichtige Gegentendenzen entgegenstanden.

2.3 Tendenzen der Wiederbelebung nationalstaatlichen Denkens

Die Pariser Verträge als Wendepunkt

Das Scheitern der EVG im August 1954 setzte der anfänglichen supranationalen Aufbruchsstimmung gerade der Regierungsparteien ein jähes Ende. Als die Bundesregierung nach dem ersten Schock daran ging, zusammen mit den Bündnispartnern nach Alternativen zu suchen, konnte recht bald auf die schon zuvor ins Auge gefasste NATO-Option zurückgegriffen werden. Keine zwei Monate später wurde diese Option dann mit den am 23. Oktober 1954 unterzeichneten *Pariser Verträgen* realisiert.[141] Über den Beitritt der Bundesrepublik zur NATO sowie zum kollektiven Beistandspakt der Westeuropäischen Union (WEU)[142] hinaus – im Zuge dessen nun also doch die Aufstellung einer eigenen Nationalarmee erfolgte –

---

140 Vgl. Adenauer 1968, S. 368.
141 Vgl. Schöllgen 2004, S. 34–36. Die *Pariser Verträge* sind u. a. abgedr. in: Anders (Hrsg.) 1955.
142 Zur Vorgeschichte und Ausgestaltung der WEU vgl. Schürr 2003, S. 49–83; Birk 1999, hier bes. S. 43–83.

enthielt das umfangreiche Vertragswerk diverse weitere Bestandteile, so neben dem deutsch-französischen Abkommen über das *Saarstatut* und einer Regelung über die in Westdeutschland verbleibenden alliierten Truppen auch eine Neufassung des *Generalvertrags,* die der Bundesrepublik sogar mehr Souveränitätsrechte als die vorherige Version einräumte.

Obschon sich die *Pariser Verträge* im Vergleich zur EVG wieder stärker am nationalstaatlichen Modell ausrichteten, war der Gedanke an die Überwindung des Nationalstaats in der 1954/55 geführten Debatte über die Verträge selbst durchaus noch präsent: Einerseits zeigte sich Adenauer zwar erfreut, dass die Bundesrepublik mit dem neuen *Generalvertrag* „*eine erweiterte politische Selbständigkeit, Verantwortlichkeit* und *Handlungsfähigkeit*"[143] zugestanden bekam, zumal nun aus der Vorläufervariante „solche Bestimmungen, die geeignet waren, Zweifel an der Souveränität der Bundesrepublik zu erwecken"[144], geändert oder getilgt waren. Andererseits sei die Regierung aber „nach wie vor der Überzeugung, daß jede übersteigerte Form nationalstaatlichen Souveränitätsdenkens geschichtlich überholt und verderblich wäre." Außerdem drückten mehrere Abgeordnete, vor allem aus CDU/CSU und DP, ihr Bedauern darüber aus, dass es erst einmal keine supranational integrierte Armee geben werde.[145]

Die meisten von ihnen verwiesen allerdings zugleich darauf, dass die Bundesrepublik keinerlei Mitschuld an dieser Entwicklung trage, sondern sich weiterhin vorbildlich verhalten habe. So forderte der CDU-Abgeordnete Will Rasner die Deutschen in der Bundesrepublik auf, „ein wenig stolz darauf zu sein", bei den Arbeiten an der EVG „eine wesentliche Rolle gespielt zu haben und in unserer konsequenten Haltung von niemandem übertroffen worden zu sein."[146] Analog dazu stellte auch Kiesinger klar, wem das Ende der EVG jedenfalls nicht zu verdanken sei: „Wir haben es anders gewollt."[147] Zum einen wurde dabei ausgeblen-

---

143 Adenauer, 2. BT, 61/15.12.1954, S. 3122 (Herv. i. Orig.).
144 Ebd. Dazu gehörten u.a. das Recht der Alliierten, Streitkräfte nach eigenem Ermessen in der Bundesrepublik zu stationieren, oder das Recht, den Notstand zu erklären und entsprechende Maßnahmen zu seiner Beseitigung zu ergreifen. Vgl. ebd.; hier auch das folgende Zitat.
145 Vgl., alles 2. BT, für die CDU Kiesinger, 61/15.12.1954, S. 3156; Will Rasner, 62/16.12.1954, S. 3189; 3191; für die CSU Richard Jaeger, ebd., S. 3212, 3214; Strauß, 69/24.2.1955, S. 3571, sowie für die DP von Merkatz, 62/16.12.1954, S. 3185, der allerdings auch noch in den *Pariser Verträgen* ausbaufähige supranationale Ansätze erblickte.
146 Rasner, 2. BT, 62/16.12.1954, S. 3189.
147 Kiesinger, 2. BT, 69/24.2.1955, S. 3537. Ähnlich schon Jaeger, 2. BT 62/16.12.1954, S. 3212; mit explizitem Verweis auf die Schuld Frankreichs Euler, 2. BT, 69/24.2.1955, S. 3547.

det, dass die Beneluxländer den EVG-Vertrag ebenfalls schon ratifiziert hatten.[148] Zum anderen unterblieb zumindest öffentlich auch eine kritische Beurteilung des eigenen Verhaltens in den EVG-Verhandlungen, in denen die Regierung teilweise selbst „nicht eben mit Taktgefühl"[149] gegenüber Frankreich agiert hatte. Insofern wurde zwar gerade vonseiten der Union am Leitbild des Supranationalismus festgehalten. Dies geschah jedoch weithin, indem dieses nunmehr in die Krise geratene Leitbild nach wie vor zum positiven Selbstbild und damit zu einer Art Exklusivitätsmerkmal der deutschen Nation stilisiert wurde, mit dem eine mehr oder weniger offen ausgesprochene Selbstüberhöhung insbesondere gegenüber Frankreich einherging.

Offenkundig eher erfreut als betroffen darüber, dass statt der EVG nun die *Pariser Verträge* vorlagen, waren hingegen weite Teile der FDP. Intern hatten Vertreter der Partei wie auch der GB/BHE schon seit längerem Vorbehalte gegen die EVG geäußert, sich öffentlich jedoch hinter Adenauers Kurs gestellt.[150] Wie die SPD schon seit einigen Jahren, so vertraten jetzt aber auch die Freien Demokraten offen die Auffassung, dass das Zeitalter der Nationalstaaten doch noch nicht ganz vorbei sei. Eine Ausnahme bildete allerdings weiterhin August-Martin Euler, der an seiner Position festhielt, dass es nur die Sowjetunion sei, die in Europa „den *Schrebergartenzustand,* den Zustand nationalstaatlicher Zerrissenheit aufrechterhalten" wolle.[151] Demgegenüber meinte jedoch der FDP-Vorsitzende Thomas Dehler[152]:

„daß der Weg, der jetzt eingeschlagen worden ist, der richtige ist, das freie Zusammenfügen von Einzelstaaten, von Nationalstaaten, das Bündnis – Herr Kollege Kiesinger

---

148 Adenauer unterstrich allerdings wiederholt, so in seiner Rundfunkerklärung vom 4.9.1954, in: Bulletin, Nr. 167, 7.9.1954, S. 1477f., hier S. 1477, dass „[a]llein das französische Parlament [...] sich bisher versagt" hat. Ähnlich dazu in seinen *Erinnerungen* Adenauer 1968, S. 288.
149 Lappenküper 2001, S. 644. Als Beispiel nennt Lappenküper, dass der designierte Verteidigungsminister Theodor Blank Mitte Juni 1952 zum Entsetzen Robert Schumans gegenüber der Presse interne Informationen preisgegeben und dabei überdies überhöhte Zahlen genannt hatte, nämlich dass die Bundesrepublik Anfang 1953 100 000 Freiwilligenkader einstellen und schon Ende 1954 über 500 000 bewaffnete Soldaten verfügen werde. Hinter verschlossenen Türen waren nach dem Scheitern der EVG allerdings auch selbstkritische Stimmen im Kabinett Adenauer zu vernehmen, so von Kaiser, Dehler und Hellwege. Vgl. ebd., S. 758 f.
150 Vgl. Ehlert 1993, S. 239 f.; zum Wandel von FDP und GB/BHE auch Gabbe 1976, S. 167 ff.
151 Euler, 2. BT, 69/24.2.1955, S. 3548; vgl. auch Ders, 2. BT, 62/16.12.1954, S. 3246. Gleichwohl hatte Euler z. B. das *Saarstatut* ebenfalls abgelehnt. Vgl. 2. BT, 72/7.2.1955, S. 3945.
152 Zu Dehlers Entwicklung vom Unterstützer zum Kritiker der Adenauerschen Westpolitik, wie sie besonders ab 1955 deutlich wurde, vgl. u. a. Winter 1999, bes. S. 27 f.

nennt es abwertend ‚nationale Koalitionspolitik' –, nein, ich glaube, daß das Bündnis die richtige Form ist. Wir werden den Dingen nicht gerecht werden, meine Damen und Herren, wenn wir nicht erkennen, daß nach wie vor das Gesetz des nationalen Staates gilt."[153]

Daraufhin beeilte sich der direkt angesprochene Kiesinger sogleich einzuwerfen, dass es ihm genauso selbstverständlich sei, „daß ein gesundes Europa nur aus gesunden nationalen Individualstaaten zusammengesetzt sein kann".[154] Sodann ließ Dehler es sich nicht nehmen, anzumerken, dass Kiesinger damit seiner auch in dieser Debatte wieder mehrfach betonten Ablehnung des Nationalstaats als veraltet deutlich widersprach.[155] Einmal mehr demonstrierte sich in diesem Widerspruch, wie flexibel, pragmatisch und situativ der Umgang mit dem Nationalstaat bei einigen Abgeordneten war und wie sehr es sich dabei zugleich um eine Gratwanderung handelte, mit der die bei verschiedenen Adressaten vermuteten Bedürfnisse gleichzeitig befriedigt werden sollten: einerseits die der Westmächte (an sie gerichtet: Ablehnung des Nationalstaats); andererseits die der deutschen Bevölkerung (hier eher: Bewahren des Nationalstaats).

Ähnlich wie die Mehrheit der Liberalen war auch der GB/BHE, seit 1953 der vierte Koalitionspartner im Bunde, der hier von Frank Seiboth formulierten Ansicht,

„daß wir es heute eigentlich wiederum rings um uns herum mit nationalstaatlichem Denken zu tun haben. Wir gehen ja auch heute mit diesen Verträgen nicht einer Integration des freien Westeuropas, sondern einer Koalition – politisch gesehen – von Nationalstaaten entgegen. Darüber hat uns die französische Kammer Ende August belehrt, und vielleicht ist manchem – auch mir persönlich – die Brille, die wir vorher sozusagen im Arsenal der Europäer gefasst hatten, nun wiederum gegen eine deutsche Brille vertauscht worden. [...] Das heißt, wir müssen heute auch auf die Wahrung unserer nationalstaatlichen deutschen Interessen bedacht sein."[156]

---

153 Dehler, 2. BT, 61/15.12.1954, S. 3159; vgl. auch ebd., S. 3160 f., sowie für weitere Fraktionsmitglieder, alles 2. BT, Hasso Eccard von Manteuffel, 62/16.12.1954, S. 3199; Becker, ebd., S. 3235; Mende, 71/26.2.1955, S. 3750.
154 Kiesinger, 2. BT, 61/15.12.1954, S. 3159.
155 Vgl. Dehler, 2. BT, 61/15.12.1954, S. 3159; zur Kiesingers Kritik am Nationalstaat, ebd., 3146 f., 3148 f., 3156; und 69/24.2.1955, S. 3531, 3537.
156 Seiboth, 2. BT, 62/16.12.1954, S. 3227.

Im selben Tenor äußerte sich sein Fraktionskollege Horst Haasler: „Die Illusion, daß die Zeiten rivalisierender Nationalstaaten in der freien Welt nun vorüber seien, ist mir durchaus nicht eigen."[157]

Somit ging angefangen bei der FDP und dem GB/BHE im Regierungslager der Übergang von der Besatzungssituation zur Souveränität bzw., in den Worten Carlo Schmids, „Beinahe-Souveränität"[158] der Bundesrepublik mit der sukzessiven Rückbesinnung auf den Nationalstaat einher, während sich bei der SPD im letzten Drittel der 1950er-Jahre ein gegenläufiger Wandel abzeichnete.

Positionswandel und neue Bündnisse gegen Ende der 1950er-Jahre

Mit den am 25. März 1957 unterzeichneten *Römischen Verträgen*[159], die die Europäische Wirtschaftsgemeinschaft (EWG) und die Europäische Atomgemeinschaft (Euratom) zum Beginn des Jahres 1958 ins Leben riefen, stimmte die SPD erstmals einem der großen außenpolitischen Projekte der Regierung Adenauer zu. Darüber hinaus formulierte sie in diesem Kontext nach langer Zeit auch wieder eine offene Kritik am Nationalstaatsprinzip. So begründete Karl Mommer die Zustimmung seiner Partei damit, „daß das Streben von Millionen Menschen in Europa, aus der Nationalstaatlichkeit herauszukommen, etwas sehr Positives in unserer politischen Welt ist."[160]

Dagegen war es nun die seit 1956 ebenfalls oppositionelle FDP, die die *Römischen Verträge* mehrheitlich „mit dem durch die Ereignisse der letzten Jahre – Ablehnung der EVG und Zurücktreten des Enthusiasmus für Europa – nun gebotenen Realismus"[161] abwies, wie Max Becker, seit 1952 selbst Mitglied der Parlamentarischen Versammlung des Europarats und seit 1955 der Versammlung der WEU, schon im Vorfeld angekündigt hatte. Denn, so dann in der Gesetzesdebatte sein Fraktionskollege Robert Margulies, der, wie es die „Ironie des Schick-

---

157 Horst Haasler (GB/BHE), 2. BT, 71/26.2.1955, S. 3835. Mehr Bedauern zeigten hingegen Johannes-Helmut Strosche, ebd., S. 3768, sowie Adolf Franz Samwer, ebd., S. 3797.
158 Schmid, 2. BT, 71/26.2.1955, S. 3823.
159 Online unter: Europäische Union, Amt für amtliche Veröffentlichungen der Europäischen Gemeinschaften (Hrsg.): EUR-Lex. Der Zugang zum EU-Recht: Gründungsverträge, URL: http://eur-lex.europa.eu/de/treaties/index.htm#founding [Stand: 3.8.3012; Zugriff: 16.12.2012]; vgl. dazu außerdem EuG 1984, S. 100–258.
160 Karl Mommer (SPD), 2. BT, 224/5.7.1957, S. 13319.
161 Becker, 2. BT, 137/22.3.1956, S. 7085.

sals wollte"[162], 1964 eines der ersten zwei deutschen Mitglieder in der Euratom-Kommission werden sollte: „Leider atmet dieses Vertragswerk nichts vom Geist europäischer Zusammenarbeit, sondern da sind ganz engstirnige, nationale Egoismen gegeneinander ausgehandelt worden. Und da haben die Franzosen viel geschickter verhandelt als wir."[163]

Während die FDP nach ihrem Ausscheiden aus der Koalition immer mehr einen nationalstaatlichen Blickwinkel einnahm, ging die SPD im Zuge ihrer Annäherung an den Westintegrationskurs der Regierung Adenauer schließlich sogar daran, die Unionsparteien in ihrer Kritik am Nationalstaat zu übertreffen. Deutlich zeigt sich diese Entwicklung in der Aussprache über den Gesetzesentwurf zum *Elysée-Vertrag* vom 22. Januar 1963, der die Grundlagen der bis heute währenden engen deutsch-französischen Zusammenarbeit schuf.[164] Nun geißelte Herbert Wehner die zwischen Adenauer und dem französischen Präsidenten Charles de Gaulle vereinbarte bilaterale Allianz als Rückfall in nationale Interessenpolitik und Souveränitätsdenken.[165] Daraufhin sah sich nunmehr Gerhard Schröder, von 1961 bis 1966 CDU-Bundesaußenminister und als „Atlantiker" gegenüber dem „gaullistischen" Projekt einer deutsch-französischen Sonderbeziehung eigentlich eher skeptisch eingestellt, in die Position gedrängt, das bis in die CDU/CSU hinein umstrittene Verhalten der Bundesregierung zu verteidigen.[166] Da Wehner vor allem die Begründung der Union, dass der Abschluss des *Elysée-Vertrags* sowohl im deutschen wie im französischen Interesse liege, als Zeichen mangelnder europäischer Gesinnung angegriffen hatte,[167] legte Schröder ebenfalls besonderes Augenmerk auf diesen Punkt. Jedoch fiel seine Gegenargumentation

---

162 So in der Rückschau Walter Scheel 2007, der damals zu den in der FDP-Fraktion intern überstimmten Befürwortern der Verträge zählte, während Margulies ihre Gegner anführte.
163 Robert Margulies (FDP), 2. BT, 224/5.7.1957, S. 13325. Ausführlich mit den Motiven der FDP für die Ablehnung des Vertragswerks befasst sich Winking 2004, bes. S. 42–63, 518–598.
164 Vgl. Vertrag zwischen der Bundesrepublik Deutschland und der Französischen Republik über die deutsch-französische Zusammenarbeit, in: BGBl., Nr. 19, 26.6.1963 II S. 707–710; dazu Steinkühler 2002.
165 Vgl. Wehner, 4. BT, 73/25.4.1963, bes. S. 3427f., 3433f. Ähnlich für die SPD auch Willi Birkelbach, ebd., S. 3442.
166 Zur Umstrittenheit des Vertrags in der Union vgl. Defrance/Pfeil 2005b, bes. S. 22–25; zur grundlegenden Kontroverse zwischen „Atlantikern" wie Schröder und Ludwig Erhard auf der einen Seite und „Gaullisten" wie Adenauer und Strauß auf der anderen, also zwischen den Befürwortern einer engen transatlantischen und jenen einer deutsch-französischen Kooperation Geiger 2008; Hildebrand 1990.
167 Vgl. zu dieser Begründung bes. Ernst Majonica (CDU), 4. BT, 73/25.4.1963, S. 3420. Wehner, ebd., S. 4327f., bezog sich in seiner Kritik zudem auf die Anführung deutscher Interessen in einem Brief Adenauers an Hamburgs Bürgermeister Paul Nevermann (SPD) vom Herbst 1962.

mit der Erläuterung, dass die Wahrnehmung eigener Interessen vorerst weiterhin legitim sei, da das Zusammenfinden der europäischen Nationen ohnehin noch „eines längeren Prozeß des Sich-einander-Anpassens"[168] bedürfe, weit hinter die enthusiastischen Bekenntnisse der CDU/CSU zum Supranationalismus aus den letzten Jahren zurück.

Der ab 1960 amtierende FDP-Vorsitzende Erich Mende sah sich demgegenüber als Befürworter von de Gaulles Konzept eines nicht supranational integrierten „Europa[s] der Vaterländer"[169] weniger dazu gezwungen, die Rückkehr zur bilateralen Politik als Umweg zum weiteren Abbau des Nationalstaats zu rechtfertigen. Vielmehr stellte er den Wandel der sozialdemokratischen Position zum Nationalstaat als unglaubwürdig dar, als er sich gegenüber Wehner empörte, „wie meisterhaft der gleiche Sprecher, der damals erbitterter Gegner der Gründung europäischer Institutionen war, sich heute hier als allumfassender Beschützer der gleichen Institutionen aufspielt." Dieser keineswegs ganz unzutreffende Vorwurf relativiert sich insofern etwas, als sich die SPD am Beginn der Ära Adenauer ja durchaus für eine Integration Europas ausgesprochen hatte. Dass sie von dieser Position abgerückt war, hatte ihr erster Nachkriegsvorsitzender Schumacher anlässlich der Gründung der Montanunion vor allem damit begründet, dass sie die tatsächlich zustande gekommene Verbindung von nur sechs Staaten als *„regionale[n] Spezialpakt innerhalb Europas"* ablehnte, der noch dazu nur Länder eines bestimmten Typs umfasse: „Dieser Typ ist konservativ und klerikal, er ist kapitalistisch und kartellistisch."[170] Die Rückbesinnung der SPD auf die Nationalstaatskritik am Ende der 1950er-Jahre erfolgte allerdings gerade im Kontext ihrer Anpassung an die Regierungspolitik und damit der offiziellen Abkehr von ihrem anfänglichen Ziel, eine sozialistische Gesellschaftsordnung in einem vereinigten Deutschland bzw. Europa schaffen zu wollen.

Der Wandel der sozialdemokratischen Positionen zum Nationalstaat resp. zum europäischen Integrationsprozess war somit Teil der mit dem *Godesberger*

---

168 Schröder, 4. BT, 73/25. 4. 1963, S. 3440. Dieser Rückschritt zeigte sich auch bei von Brentano, der den *Elysée-Vertrag* zwar zuerst wiederum in den Kontext des Abbaus nationaler Vorbehalte stellte, dann aber ebenfalls hauptsächlich betonte, dass er der „Verwirklichung der *deutschen Politik*" diene, vgl. 4. BT, 77/16. 5. 1963, S. 3750 f., Zitat S. 3751 (Herv. i. Orig.).
169 Mende, 4. BT, 73/25. 4. 1963, S. 3437. Ebd., S. 3435, das folgende Zitat.
170 Schumacher auf der Konferenz der Sozialen Arbeitsgemeinschaften der SPD in Gelsenkirchen: „50 Jahre mit gebundenen Händen", 24. 5. 1951, auszugsw. abgedr. in: Schumacher 1985, S. 807–818, hier S. 808 (Herv. i. Orig.). Vgl. auch schon Schumachers Grundsatzreferat auf dem Parteitag der SPD vom 21. bis 25. 5. 1950 in Hamburg: „Die Sozialdemokratie im Kampf um Deutschland und Europa" , 22. 5. 1950, abgedr. in: Schumacher 1985, S. 746–780, bes. S. 778.

Programm von 1959[171] eingeleiteten Reform, im Zuge derer sich die Partei sowohl zur westlichen Militärallianz als auch zur sozialen Marktwirtschaft bekannte. Ein tief greifender Wandel ihrer Vorstellungen von der deutschen Nation selbst scheint damit jedoch nicht verbunden gewesen zu sein. So findet sich kein Hinweis darauf, dass die SPD den Staat nun nicht mehr als erforderlichen Rahmen für die Einheit der Nation betrachtete. Vielmehr ist anzunehmen, dass sich die veränderte Position der SPD zur Westintegration vor allem pragmatischen Gründen schuldete, darunter die aufgrund der Stagnation ihrer Bemühungen um die Wiedervereinigung mit der DDR wachsende Bereitschaft, sich mit dem Status quo abzufinden. Allerdings nahm die Partei dies nicht zum Anlass, den aus ihrer Auffassung von der notwendigen Verbindung von Nation und Staat logisch folgenden unaufhaltsamen Zerfall der deutschen Nation jetzt als unvermeidlich oder gar als Tatsache zu konstatieren, was nicht zuletzt darauf hindeutet, dass auch ihre Nationenvorstellungen vorstaatliche Züge besaß.

Bei der Union verhielt es sich insofern ähnlich, als dass auch ihr Wandel gegen Ende der Ära Adenauer mit keiner expliziten Revision der Nationenvorstellungen verbunden war. Allerdings hatte ihre vehemente Kritik am Prinzip des Nationalstaats in der Gründungsphase eine wichtige Funktion verloren, nachdem die Bundesrepublik mit den *Pariser Verträgen* souverän geworden war. Die eigene Interessenpolitik musste jetzt nicht mehr derart verklausuliert vertreten und im selben Maße mit den nunmehr ehemaligen Besatzungsmächten abgestimmt werden, wie auf dem Weg bis hierhin. Verantwortlich dafür, dass die supranationale Aufbruchsstimmung abflaute, waren aber sicherlich auch weitere Faktoren, so das allgemeine Stocken der Integrationsbemühungen in den an diesem Prozess beteiligten europäischen Ländern nach dem Ende der EVG oder die enge Bindung Adenauers an den seit 1959 amtierenden französischen Ministerpräsidenten de Gaulle, der keine supranationale Integration anstrebte und vor allem den zu großen Einfluss der USA in Europa kritisierte.[172]

Nichtsdestotrotz blieb ein engerer Zusammenschluss Europas bei Gewährleistung nationalstaatlicher Kontrollbefugnisse für die Bundesrepublik vor allem in wirtschaftlicher Hinsicht weiterhin von zentraler Bedeutung. Daher markierte die Krise der Kritik am Nationalstaatsprinzip mitnichten das Ende der westdeutschen Bemühungen um eine europäische Einigung. Sie verdeutlichte jedoch, dass die Bereitschaft zur supranationalen Integration Grenzen besaß und keineswegs auf eine vollständige Überwindung nationalstaatlicher Strukturen zielte. Vielmehr

---

171 Vgl. Vorstand der SPD (Hrsg.) 1959b. Zur Einordnung des Programms siehe auch Kap. 3.2.1.
172 Vgl. dazu z. B. Ménudier 2005.

leitete sie eine Transformation des Nationalstaats ein, in deren Rahmen sich auch die Vorstellungen von der Nation in spezifischer Weise ausformten.

2.4 Zwischenfazit: Mitsprache vor Souveränität

Trotz des sich ab Mitte der 1950er-Jahre abzeichnenden Wandels der parteipolitischen Positionen bleibt im Blick auf die Adenauerzeit insgesamt augenfällig, dass die SPD in wesentlich stärkerem Maße als die Regierungsparteien nationalstaatliche Strukturen als gegeben voraussetzte, während in erster Linie die CDU sich verbal offenbar recht schmerzlos vom Nationalstaat verabschiedete. Den Willen zur supranationalen Integration demonstrierte die Regierung Adenauer obendrein nicht nur auf der Diskursebene, sondern wenigstens zum Teil auch in ihrer politischen Praxis, sprich in den von ihr abgeschlossenen internationalen Abkommen und Verträgen.

Die diese Praxis begleitende Kritik am Nationalstaatsprinzip war allerdings nicht nur die bewusst gezogene Lehre aus dem Nationalsozialismus, als die sie durchgängig dargestellt wurde, sondern konnte ebenso Teil des Mechanismus der Schuldabwehr sein. So lässt sich die distanzierte Haltung der Regierung Adenauer gegenüber dem Nationalstaat mit Wilfried von Bredow auch folgendermaßen einordnen: Sie nutzte die Chance, die die europäische Integration und die deutsch-französische Freundschaft als deren Basis der Bundesrepublik boten, um, so mit ironischem Unterton von Bredow, „die eigene nationalistische Vergangenheit und am besten auch gleich das Zeitalter der Nationalstaaten hinter sich lassen."[173]

Die Attraktivität der Kritik am Nationalstaat lag somit unter sozialpsychologischen Aspekten betrachtet auch darin begründet, dass der schnelle rhetorische Abschied vom Nationalstaat gleichzeitig einen schnellen Abschied von der national(sozial)istischen Vergangenheit suggerierte. Dies gilt sowohl für individuelle Vergangenheiten – wie im Falle Kiesinger[174] – als auch für die Vergangenheit der Bundesrepublik als Nachfolgestaat des Dritten Reiches resp. die Vergangenheit der deutschen Nation insgesamt. Nicht zuletzt deshalb war die Nationalstaatskritik stärker in den Reihen der Regierungsparteien vorhanden. Sie integrierten den Großteil der ehemals einen äußerst aggressiven Nationalismus vertretenden konservativen Kräfte der Weimarer Republik und NS-Zeit, die an die Vergangenheit und ihre eigene Rolle darin nicht mehr erinnert werden, sondern sie als „cha-

---

173 Von Bredow 2006, S. 112. Vgl. dazu auch Gabbe 1976, S. 85, 219 f., 224.
174 Siehe Fn. 42 in diesem Kap.

otische" und „anarchistische" Zeit „vergessen", sprich hinter sich lassen wollten. Gerade sie profitierten davon, dass mit der im politischen Diskurs betonten Distanz gegenüber dem Nationalstaat von vornherein auch Distanz zum Nationalsozialismus signalisiert wurde, ohne dass noch eine nähere Auseinandersetzung damit erforderlich schien.

Zugleich entsprach die Nationalstaatskritik auf der Diskursebene auch dem realpolitischen Interesse der Bundesregierung am zügigen Wiederaufstieg der Bundesrepublik im Westbündnis. Dies legt die Annahme nahe, dass auch diese Form des „Vergessens" der NS-Vergangenheit, wie Adorno im Jahr 1959 grundsätzlich zur Frage der Schuldabwehr in der westdeutschen Nachkriegsgesellschaft ausführte,

> „[a]us der allgemeinen gesellschaftlichen Situation weit eher als aus der Psychopathologie [...] zu begreifen [ist]. Noch die psychologischen Mechanismen in der Abwehr peinlicher und unangenehmer Erinnerungen dienen höchst realitätsgerechten Zwecken."[175]

Diese Zweckorientierung der Kritik am Nationalstaat trug wohl auch ihren Teil dazu bei, dass sie im Regierungslager nachließ, als 1955 das vordringliche Ziel verwirklicht war, „Souveränität durch Integration"[176] zu erlangen.

Ein vergleichbares verbales Abgrenzungsbedürfnis gegen den Nationalstaat bestand aufseiten der politischen Linken nicht, da sie sich nicht so sehr durch die NS-Vergangenheit belastet sah.[177] Vielmehr trat sie mit dem Anspruch auf, das moralisch unversehrte „andere Deutschland" zu repräsentieren und daher auf Augenhöhe mit den Befreiern agieren zu können. Mit ihrer harschen Kritik an der Besatzungspolitik und ihren vehementen Forderungen nach sofortiger Gleichberechtigung stieß die SPD – die KPD galt ohnehin nicht als anerkannter Diskussionspartner – bei den Westmächten jedoch eher auf Unverständnis. Dagegen konnte sich die CDU/CSU mit ihrer explizit prowestlichen und schrittweise vorgehenden Politik rasch Kredit erwerben, wobei ihr zudem die der Bundesrepublik zugewiesene Bedeutung seit dem Ausbruch des Kalten Krieges im letzten Drittel der 1940er-Jahre zu Hilfe kam.

---

175 Adorno 1998c, S. 558.
176 So die Kapitelüberschrift für die Zeit von 1949 bis 1955 bei Schöllgen 2004, S. 18.
177 Zum Selbstbild der SPD als unbelastet vgl. auch Gabbe 1976, S. 170, 206, 216 m. w. N., sowie Müller-Härlin 2008, S. 163, der dieses Selbstbild als einen Grund dafür benennt, dass die SPD ebenso wie das bürgerliche Lager im Bundestag weitgehend von der deutschen Schuld schwieg.

Doch nicht nur bei der SPD lässt sich eine bestimmte Form der Selbstüberhöhung gegenüber den westlichen Bündnispartner, so in ihrem vehementen Einfordern sofortiger unbedingter Gleichberechtigung, beobachten. Auch die Kritik der Regierungsparteien am Nationalstaat als Zeichen westdeutscher Integrationsbereitschaft trug, wie Maximilian Müller-Härlin feststellt, „zuweilen missionarische Züge"[178]. Dies gilt vor allem für die Stilisierung der Bundesrepublik zum Vorbild für alle anderen am westeuropäischen Integrationsprozess beteiligten Staaten, die demnach immer noch von nationalstaatlichem Konkurrenzdenken getrieben waren, während die Bundesrepublik dies vermeintlich in einem schon 1949 konstatierten Lernprozess bereits hinter sich gelassen hatte. Insofern lag eine gewisse Pointe der Kritik am Nationalstaatsprinzip darin, dass die deutsche Nation mit der ihr in diesem Zusammenhang zugesprochenen Vorreiterrolle bei der Überwindung dieses Prinzips nunmehr gerade darüber als exklusive Gemeinschaft definiert wurde, dass sie im Unterschied zu anderen Nationen nicht mehr nationalistisch sei. Dieses im politischen Diskurs vermittelte Bild von der „geläuterten" Nation verdeckte allerdings nur schwach, dass auch die Bundesrepublik nicht bloß aus uneigennützigen Motiven in den europäischen Einigungsprozess eintrat, sondern ebenso wie die anderen Bündnispartner, um auf diesem Wege eigene Zielsetzungen zu verwirklichen, so etwa erweiterte Souveränität, Unterstützung des Westens beim Bestehen auf den Wiedervereinigungs- und Alleinvertretungsanspruch und nicht zuletzt wirtschaftliche Interessen.

Dass derartige positive Selbstinszenierungen der deutschen Nation im politischen Diskurs überhaupt und dazu recht häufig vorkamen, zeigt schon, dass zwar der Nationalstaat wenigstens verbal ad acta gelegt wurde, nicht aber die Nation selbst. Allerdings erfuhr die ihr zugedachte Rolle zumindest in Teilen eine Neubestimmung, wie besonders im Umgang der Bundesregierung mit der Saarfrage, aber auch in ihren Argumentationen zur Gründung der ersten europäischen Gemeinschaften wie der Montanunion ersichtlich wird. Diese Neubestimmung lässt sich auf die Formel bringen: Im Zweifelsfall Mitsprache vor Souveränität. Das heißt, dass die in zwischenstaatlichen Institutionen zur Verfügung stehenden Möglichkeiten, über bestimmte Territorien, wie die Saar oder das Ruhrgebiet, damit aber auch über die dort verfügbaren Ressourcen (mit) zu bestimmen, tendenziell an Bedeutung gewannen gegenüber der alleinigen Souveränität über ein jeweiliges Territorium als Teil des eigenen Staatsgebiets. Geboren war diese tendenzielle Verschiebung primär aus der Not heraus, gerade im Fall der Bundesrepublik, die als besetzter Staat ohnehin aus einer Position der Schwäche heraus

---

178 Müller-Härlin 2008, S. 176.

agierte und für die es weniger darum ging, Gebiete zu verlieren, denn sie in irgendeiner Weise zurückzugewinnen. Doch auch die anderen europäischen Staaten litten nach dem Zweiten Weltkrieg unter wirtschaftlicher Schwäche und wurden nicht zuletzt von den USA auch ein Stück weit in den Integrationsprozess hineingenötigt.[179] Zudem bot dieser Prozess den Beteiligten inklusive der Bundesrepublik jedoch auch die Möglichkeit, nicht nur dem eigenen Staat wieder auf die Beine zu helfen, sondern langfristig auch Einfluss z. B. auf Ressourcen anderer Staaten und Absatzmärkte zu gewinnen.

Damit soll nicht in Abrede gestellt werden, dass die Vereinigung Europas nach 1945 auch und zuerst ein politisches Projekt war, das auf die Verwüstung fast des ganzen Kontinents durch Nationalsozialismus und Faschismus antwortete. Die politische Integration wurde nach dem Scheitern der EPG mit der EVG jedoch kaum mehr entscheidend vorangetrieben, während die bereits auf den Weg gebrachte ökonomische Integration weiter verfolgt wurde.

Die Nation entkoppelte sich im Zuge dieses Integrationsprozesses in bestimmter Hinsicht immer mehr vom Staat und damit von den weiterhin an diesen, zumindest nicht unmittelbar an überstaatliche Institutionen gebundenen demokratischen Strukturen: Erst seit 1979 werden die Vertreter des aus der Gemeinsamen Versammlung der Montanunion hervorgegangenen Europäischen Parlaments in den Mitgliedstaaten direkt gewählt, die Kompetenzen des Parlaments resp. der Gemeinsamen Versammlung waren im Untersuchungszeitraum vorwiegend beratender Natur.[180]

Insofern lässt sich davon sprechen, dass die Vorstellung von der Nation als einer auf den Staat bezogenen politischen Willensgemeinschaft zwar an Relevanz verlor, nicht aber die Vorstellung von ihr als einer vorstaatlichen und, gerade im Fall der deutschen Nation, über Kultur, Geschichte und Herkunft bestimmten Gemeinschaft. Am Beispiel des Kanzlers hat dies Hans-Peter Schwarz überaus deutlich herausgestellt:

„Die europäischen Völker sind für ihn [Adenauer, Anm. d. Verf.] Wesenheiten, deren Eigenart ihm faßbarer erscheint, als dies eine relativierende Soziologie einzuräumen

---

179 So schon im Rahmen des ERP; vgl. Elvert 2006, S. 42–46; Mittag 2008, S. 66–71.
180 Vgl. Mittag 2008, S. 96, für die Montanunion sowie ebd., S. 116, zu EWG und Euratom, für die die Versammlung ab 1958 ebenfalls zuständig war und in deren Rahmen ihre Rechte erweitert wurden, z. B. konnte sie jetzt Änderungsvorschläge zum Haushalt einbringen. Auch wurde hier schon in Aussicht gestellt, die Versammlung künftig direkt in den Mitgliedstaaten wählen zu lassen, die jedoch über 20 Jahre benötigten, um sich auf ein Wahlrecht zu einigen. Bis zu Beginn der 1970er-Jahre besaß das EP keine legislativen Kompetenzen. Vgl. ebd., S. 169.

bereit ist. Biologismus spielt dabei mit hinein; auch sozialpsychologische Stereotype. Häufig betont er, im Grunde seien die Deutschen ein Volk von starker Lebenskraft, aber politisch labil aufgrund einer im 20. Jahrhundert schrecklich verlaufenden Geschichte. Den Franzosen attestiert er [...] gelegentlich biologische Schwäche [...]. Im britischen Volkscharakter will Adenauer zwar [...] ‚eine starke Note der Beharrlichkeit' erkennen, hütet sich aber, dabei durchblicken zu lassen, daß dies in seinem Mund ein Euphemismus für Schwerfälligkeit, Modernitätsrückstand und Unfähigkeit zur Bewältigung des außenpolitischen und wirtschaftlichen Wandels ist."[181]

Vor dem Hintergrund der Tendenz einer zunehmenden Trennung von Staat und Nation erscheint es daher einerseits treffend, wenn Jörg Gabbe in Bezug auf Adenauer und dessen Einsatz für die europäische Integration davon spricht, dass die „Nation als entpolitisierte Kultureinheit in Europa [...] grob umrissen das verbleibende Objekt für die alte, Europa das Objekt für die neue, zu erweiternde Vaterlandsliebe [ist]."[182] Andererseits ist dies vielleicht etwas positiv formuliert, wenn man die Verwurzelung nationaler Stereotype im Denken des Kanzlers, aber vor allem die nicht zuletzt äußeren Notwendigkeiten entspringende und auch auf (nationale) Vorteile zielende westdeutsche Europapolitik bedenkt.

Zum einen verlor der Nationalstaat als (traditioneller politischer) Rahmen der Nation in Europa keineswegs völlig an Bedeutung. Vielmehr wurden nationalstaatliche Strukturen parallel zu den neuen supranationalen Strukturen weitergeführt, wie etwa in der Doppelstruktur der Montanunion (Ministerrat/Hohe Behörde)[183] oder im Bündnis nationaler Armeen in der NATO, in die schließlich auch die Bundesrepublik einbezogen wurde. Zum anderen ist die Vorstellung von der deutschen Nation als historisch-kulturell-ethnisch zusammengehaltener Gemeinschaft keineswegs zwingend als unpolitisch resp. entpolitisiert zu verstehen, denn sie beinhaltete verschiedene, zum Teil politisch brisante Implikationen, so hinsichtlich der deutschen Territorialansprüche „im Osten" oder im Bezug auf die in diesem Zusammenhang reformierte Staatsbürgerschaft.

Außerdem stand die Kritik am Nationalstaat als Prinzip in Westdeutschland von Beginn an in einem gewissen Gegensatz zu dem Anspruch der Parteien, den vormaligen deutschen Nationalstaat gemäß der Kontinuitätsthese wiederherstellen zu wollen. Gegenüber dem Westen zeigte sich die Bundesregierung in der

---

181 Schwarz 1991a, S. 854f., m. w. N.
182 Gabbe 1976, S. 161.
183 Eine ähnliche Struktur stellte bei EWG und Euratom die Aufteilung zwischen Kommission und (Minister-)Rat dar, nur dass der Rat hier im Vergleich zur Montanunion sogar aufgewertet war, die Kommission hingegen weniger Befugnisse besaß. Vgl. Mittag 2008, S. 114–117.

praktischen Handhabung dieser These zwar prinzipiell kompromissbereit; gegenüber der Sowjetunion und Polen wurde der Nationalstaatsanspruch jedoch stets unnachgiebig aufrechterhalten – wenngleich die operative Politik diesem Anspruch hier ebenfalls nicht immer völlig entsprach.

3 Einheit im Zwiespalt
Die Ambivalenz der Nationenvorstellungen gegenüber „dem Osten"

Auch in den Debatten über die Gebietsfragen „im Osten", d. h. über die Oder-Neiße-Gebiete und über das Verhältnis zur DDR, wurden die Vorstellungen von der deutschen Nation vornehmlich im Sinne einer durch vorstaatliche Kriterien, also historisch, kulturell und ethnisch bestimmten Gemeinschaft reaktualisiert. Die Basis dafür war hier allerdings nicht wie im Rahmen der Westintegration die Kritik am Prinzip des Nationalstaats bei gleichzeitigem Festhalten am Fortbestand der Nation. Ausschlaggebend im Zusammenhang mit den östlichen Gebietsfragen war vielmehr im Gegenteil das Beharren auf der Wiederherstellung des deutschen Nationalstaats in den „Grenzen von 1937" und somit gerade die Unnachgiebigkeit bezüglich der Kontinuitätsthese.

Besonders vehement vertraten die Forderung nach neuerlicher staatlicher Einheit der deutschen Nation wiederum die Sozialdemokraten, die dem Nationalstaat ohnehin weniger distanziert gegenüberstanden. Aber auch das Regierungslager hielt den Anspruch auf Wiederherstellung des deutschen Nationalstaats hier grundsätzlich aufrecht, darunter auch jene Politiker, die doch eigentlich nationalstaatliche Strukturen per se als obsolet ansahen. So wurde im politischen Diskurs der Adenauerzeit durchgängig darauf insistiert, dass Deutschland niemals auf die Oder-Neiße-Gebiete verzichten dürfe, und ebenso wurde weithin die Wiedervereinigung mit der DDR als prioritäres Ziel herausgestellt. Gleichwohl kamen in den Debatten über die östlichen Gebietsfragen auch Unterschiede in den Nationenvorstellungen der Parteien zum Tragen, wiederum allen voran in der Frage des jeweils darin implizierten Verhältnisses von Nation und Staat.

Unter Berücksichtigung jener Unterschiede wie der Gemeinsamkeiten der Parteien werden zunächst die Diskussionen über die unter polnischer Verwaltung stehenden Ostgebiete[1] untersucht. In diesen Diskussionen zeigt sich ein bemer-

---

1 Im Folgenden sind stets nur die Oder-Neiße-Gebiete gemeint, wenn von den Ostgebieten die Rede ist, während im damaligen Sprachgebrauch zunächst z. T. auch die DDR darin inbegriffen war, z. B. in der Eröffnungsansprache des sozialdemokratischen Alterspräsidenten Paul Löbe,

kenswerter Wandel in der Artikulation nationaler Interessen, nämlich die Tendenz, diese Interessen immer weniger offen als solche zum Ausdruck zu bringen, sondern sie stattdessen als europäische oder allgemein menschliche Anliegen zu formulieren (3.1). Danach stehen die Kontroversen über das Ziel der Wiedervereinigung von Bundesrepublik und DDR im Zentrum, die neben dem allseitigen Festhalten an der nationalen Verbundenheit über die staatliche Teilung hinweg zugleich demonstrieren, dass die Nation keineswegs als völlig homogene Einheit vorgestellt wurde. Vielmehr färbte die Kritik der Parteien am SED-Regime allmählich auch auf das Bild der DDR-Bürger ab, sodass sich die Vorstellungen von der deutschen Nation zunehmend gleichsam konzentrisch um die Bevölkerung der Bundesrepublik im Kern herum anordneten (3.2). Dieser Punkt wird auch zum Schluss nochmals aufgriffen, um die Ambivalenz der Nationenvorstellungen in Richtung Osten noch einmal genauer zu beleuchten (3.3).

3.1 Vom nationalen Interesse zum „Menschenrecht": der Anspruch auf die Oder-Neiße-Gebiete

Relevanz und Grundlagen der Debatten über die Oder-Neiße-Gebiete

Prinzipiell wurde der Anspruch, dass die Gebiete östlich von Oder und Neiße weiterhin Teil des deutschen Nationalstaats seien, von den Parteien mit Ausnahme der KPD über die gesamte Ära Adenauer hinweg auf der politischen Agenda gehalten.[2] Diese Position des Nicht-Verzichts war auch deshalb so verbreitet, weil Organisationen wie der Zentralverband der vertriebenen Deutschen, ab 1954 Bund der vertriebenen Deutschen (ZvD/BvD), und der Verband der Landsmannschaften (VdL), aus denen sich am 27. Oktober 1957 der Bund der Vertriebenen (BdV) gründete, nicht nur im GB/BHE als spezifischer Interessenpartei der Vertriebenen ein parlamentarisches Sprachrohr besaßen.[3] Vielmehr waren diese Organi-

---

1. BT, 1/7.9.1949, S. 1. Wie der Terminus Wiedervereinigung (siehe Kap. 3.2) verengte sich aber auch jene Bezeichnung bei den Zeitgenossen zunehmend im hier verwendeten Sinne.
2. Vgl. dazu auch Böke 1996b, S. 184 f. Zur Position der KPD zur Anerkennung der Oder-Neiße-Grenze siehe schon kurz Fn. 50 in Kap. 1.2 dieser Arbeit.
3. Zur (Vor-)Geschichte und Struktur der diversen Vertriebenenorganisationen vgl. Salzborn 2000. S. 52–58, 82–111; zum Aufstieg und Niedergang des GB/BHE die klassische Studie von Neumann 1968; speziell für Niedersachsen Frenzel 2008; Grebing 1995.

sationen in fast allen Parteien und damit im Bundestag insgesamt fest verankert.[4] Im Unterschied zur Saarfrage war die Oder-Neiße-Frage allerdings, zumindest für weite Teile von Union und SPD, weniger unter außenpolitischen denn primär unter innenpolitischen Aspekten relevant.[5] Schließlich bildeten die rund acht bis zwölf Millionen Vertriebenen in der Bundesrepublik eine gewichtige, politisch, ökonomisch und sozial zu integrierende und für die jeweils eigene Partei als Wählerschaft zu gewinnende Gruppe.[6]

Für die Ausformung der Vorstellungen von der deutschen Nation ist der politische Diskurs über die Ostgebiete aber darüber hinaus deshalb von Bedeutung, weil sich darin eine aufschlussreiche Verschiebung in der Argumentation nationaler Anliegen andeutet. So zeigt sich zumindest bei Teilen der politischen Akteure im Verlauf der Zeit die Neigung, von der direkten Artikulation des Gebietsanspruchs in nationalen Termini Abstand zu nehmen. Dies heißt allerdings keineswegs zwingend, dass sich die territoriale Ausdehnung Deutschlands in der zeitgenössischen Vorstellungswelt „verkleinerte" bzw. „schrumpfte"[7]. Vielmehr wurde die Annahme, dass der deutsche Staat in den „Grenzen von 1937" fortbestehe, und somit der Anspruch auf die Ostgebiete bis zum Ende der Adenauerzeit und darüber hinaus weithin ausdrücklich aufrechterhalten. Allerdings eröffnete das aus der *Charta der deutschen Heimatvertriebenen* vom 5. August 1950 entnommene Stichwort vom „Recht auf die Heimat"[8] auch die Option, diesen Anspruch in einen anderen, nunmehr europäischen oder noch weiter gefassten, menschenrechtlichen Rahmen statt eines „rein" nationalen zu stellen. Diese sich im Untersuchungszeitraum erst abzeichnende Tendenz lässt sich als Teil einer bis heute fortgeschriebenen Entwicklung der Entkontextualisierung und Entkonkretisie-

---

4   Zur Parteiverankerung des BdV siehe etwa die Liste seiner ersten Präsidenten: 1957–1959: Georg Baron Manteuffel-Szoege (CSU) und Linus Kather (CDU, ab 1954 GB/BHE); 1959–1963: Hans Krüger (CDU); 1964–1966: Wenzel Jaksch (SPD); 1967–1970: Reinhold Rehs (SPD). Alle Präsidenten waren in ihrer Amtszeit teilweise, wenn nicht durchgängig auch MdB.
5   Vgl. dazu schon Kogon 1970, S. 89, der in diesem Kontext auch auf die Rolle „der alten antikommunistischen Zusammenbruchs-Erwartung" als weiteres Motiv eingeht.
6   Die Angaben zur Anzahl der Vertriebenen schwanken in der Literatur recht stark. Von ca. 8 Mio. spricht Salzborn 2000, S. 39; von ca. 9 Mio. Park 1989, S. 1; von ca. 12 Mio. sprechen Lotz 2007, S. 51f.; Beer 1997, S. 145. Detaillierte Aufschlüsselungen statistischer Daten zu den Vertriebenen finden sich bei Park 1989 sowie Reichling 1987.
7   So die Interpretation von Lotz 2007, S. 151–162, 202–208; Gabbe 1976, S. 142, 145, 232.
8   Charta der deutschen Heimatvertriebenen. Gegeben zu Stuttgart am 5. August 1950, abgedr. in: Bund der Vertriebenen – Vereinigte Landsmannschaften und Landesverbände (Hrsg.) 1990, S. 13 f. Mehr dazu im Verlauf des Kapitels.

rung⁹ der Geschichte der Vertreibungen interpretieren. Im Zuge dieser Entwicklung wurden die Vertreibungen der Deutschen nach 1945 immer mehr aus ihrem eigentlichen kausalen Zusammenhang, dem Nationalsozialismus, gelöst, um in den vagen Kontext einer Art unspezifischen Globalgeschichte „der" Vertreibungen an verschiedenen Orten, zu verschiedenen Zeiten und mit verschiedenen Ursachen, Folgen und Betroffenengruppen gehoben zu werden.¹⁰

Bevor auf die Anfänge dieser Entwicklung in der frühen Bundesrepublik eingegangen wird, sind einige Anmerkungen zur geografischen und historischen Einordnung der Frage der Ostgebiete voranzustellen. Festzuhalten ist zunächst, dass unter diese Bezeichnung im engeren Sinn nur die Gebiete zwischen der Oder und der Lausitzer Neiße im Westen und der deutschen Vorkriegsgrenze von 1937 im Osten fallen. Gemeint sind also die vormals preußischen Provinzen Ostpreußen, Pommern, die östliche Neumark und Schlesien, nicht aber die schon im *Versailler Vertrag* vom 28. Juni 1919 vom Deutschen Reich abgetretenen Territorien wie Posen mit der Freien Stadt Danzig, Westpreußen, das Sudetenland oder das Memelgebiet, die erst im Zweiten Weltkrieg erneut erobert wurden.¹¹ In den Ostgebieten hatten sowohl Deutsche als auch Polen gelebt, bevor die Nationalsozialisten mit dem Überfall auf Polen am 1. September 1939 ihren Vernichtungsfeldzug begannen und im Zuge ihrer rassistischen Siedlungspolitik die ansässige polnische Bevölkerung rücksichtslos vertrieben oder ermordeten.¹² Das brutale Vorgehen der Nationalsozialisten hatte auf polnischer Seite fast fünf Millionen Todesopfer zur Folge, was in den westdeutschen Debatten über die Oder-Neiße-Gebiete

---

9 Zu dem im Rahmen einer Analyse der Gedenkpraxis unter Helmut Kohl entwickelten Begriff der Entkonkretisierung vgl. Moller 1998.
10 Symptomatisch für diese Entwicklung und gewissermaßen zugleich ihr Höhepunkt war die Debatte um ein zentrales Mahnmal für die Vertriebenen in Berlin. Stattdessen wird nun ein Informations- und Dokumentationszentrum von der eigens dazu gegründeten Stiftung „Flucht, Vertreibung, Versöhnung" eingerichtet, um an das „Jahrhundert der Vertreibungen" zu erinnern. Vgl. als Ausschnitte dieser Debatte den das Zentrum prinzipiell positiv beurteilenden Beitrag von Danyel/Kleßmann 2003; kritisch hingegen Lipowicz 2006. Ein „Jahrhundert der Vertreibungen" konstatiert u. a. Lemberg 2003, in: Bingen/Borodziej/Troebst (Hrsg.) 2003; auch in diesem Tagungsband geht es um die „Europäisierung" von Erinnerungskulturen.
11 Zum Begriff der Ostgebiete sowie zur folgenden Darstellung des historischen Hintergrunds von Flucht und Vertreibung der Deutschen aus diesen seit 1944 vgl. Lotz 2007, S. 4 f., 46–57.
12 Allerdings hatte in den 1870er-Jahren auch schon Bismarck eine „Politik der Germanisierung" in den betreffenden, preußisch besetzten Gebieten in Gang gesetzt. Salzborn 2000, S. 24. Vgl. ebd., S. 26–31, zur Radikalisierung dieser „Germanisierungspolitik" unter dem NS-Regime.

jedoch weitgehend[13] außen vor blieb. Statt des „fremden" Leids der Polen stand hier ganz das „eigene" Leid der Vertriebenen im Zentrum.

Dieser Ausblendung polnischer NS-Opfer entsprechend bürgerte sich schon am Ende der 1940er-Jahre für den gegen Ende des Zweiten Weltkriegs einsetzenden Prozess erzwungener Migration der in diesen Gebieten beheimateten oder erst während der Expansion angesiedelten deutschen Bevölkerung der verengende und den deutschen Opferstatus besonders drastisch herausstellende Begriff der Vertreibung ein.[14] Bei näherer Betrachtung erweist sich dieser Prozess jedoch als wesentlich komplexer, umfasste er doch wenigstens drei verschiedene Phasen: Flucht, Vertreibung und Aussiedlung.[15] So waren schon seit Ende 1944 viele Deutsche vor der Roten Armee gen Westen geflohen, bevor in den letzten Kriegswochen die sogenannten „wilden" Vertreibungen einsetzten, mit denen polnische Behörden gleichsam umgekehrte „bevölkerungspolitische" Tatsachen schaffen wollten und in denen sich nun zum Teil auch Leid und Wut der polnischen Bevölkerung aus sechs Jahren Besatzungsherrschaft entluden. Im *Potsdamer Abkommen* vom 2. August 1945 überantworteten die Alliierten dann nicht nur das Territorium jenseits der Oder-Neiße-Linie, mithin ungefähr ein Viertel des einstigen Reichsgebiets, der polnischen Verwaltung bzw. teilten es östlich der Curzon-Line dem sowjetischen Staatsgebiet zu, sondern vereinbarten auch die „ordnungsmäßige Überführung deutscher Bevölkerungsteile" aus Polen sowie aus der Tschechoslowakei und Ungarn in die Besatzungszonen.[16]

Da infolgedessen zur Zeit der Gründung der Bundesrepublik kaum noch Deutsche in den Oder-Neiße-Gebieten verblieben waren, fehlte es den westdeutschen Forderungen nach Rückgabe dieser Gebiete anders als bei Saar und DDR an einer personalen Basis vor Ort, auf die sie sich hätten beziehen können.[17] Das machte die Erfüllung dieser Forderungen, zumal als allein mit nationalen Interessen legitimierte, prinzipiell unwahrscheinlicher als die bezüglich der anderen Ter-

---

13 Eine gewisse Ausnahme bildete die KPD, die, wie Walter Fisch, 7/23.9.1949, S. 122, hin und wieder an das Leid „aller Völker, die unter der Besetzung des Naziregimes so Fürchterliches erduldet haben", erinnerte, dieses Leid aber auch instrumentalisierte, um die sowjetische Politik zu rechtfertigen.
14 Zur Geschichte dieser begrifflichen Verengung vgl. Lotz 2007, S. 2 ff. (ebd., S. 3, auch kurze Anmerkungen zum Begriff der Zwangsmigration); Salzborn 2001, S. 16, Fn. 6; Salzborn 2000, S. 12–21, 38–45; Böke 1996b, S. 148–179; Beer 1997; Ackermann 1995, S. 65–79.
15 Vgl. Lotz 2007, S. 51 f.; mit Bezug auf Theodor Schieder fügt Salzborn 2000, S. 43, diesen drei Phasen noch die vorherige Phase der „Evakuierung durch deutsche Einheiten" hinzu.
16 Potsdamer Abkommen, Art. XIII., in: Rauschning (Hrsg.) 1985, S. 34.
17 Gabbe 1976, S. 142 f., nennt dies als Hauptgrund dafür, dass bezüglich der Ostgebiete primär juristisch, also mit der Kontinuitätsthese und dem *Potsdamer Abkommen,* argumentiert wurde.

ritorien. Von Bredow nimmt an, dass sich die politischen Akteure darüber auch im Klaren waren: „[W]er ein bisschen politischen Verstand besaß, wusste schon früh, dass die Gebiete jenseits von Oder und Neiße verloren waren."[18]
Verstärkend hinzu kam, dass für die Ansprüche der Bundesrepublik auf diese Gebiete auf internationaler Ebene geringere Unterstützung zu erwarten war als für die Forderung nach Wiedereingliederung des Saargebiets und vor allem nach Wiedervereinigung mit der DDR. Denn während die deutsch-deutsche Teilung auf den Zerfall der Anti-Hitler-Koalition im Rahmen des Kalten Krieges zurückging, hatten die vier Alliierten die Abtrennung der Ostgebiete vorbehaltlich des Friedensvertrags in Potsdam letztendlich einvernehmlich beschlossen und dabei, wie Mathias Beer festhält, bewusst einen neuerlichen Versuch unternommen,

„Europa nach dem Nationalitätsprinzip zu ordnen, um so eine friedliche und stabile Nachkriegsordnung herzustellen. Weil der nach dem Ersten Weltkrieg eingeschlagene Weg, die Grenzen an die Nationalitäten anzupassen, gescheitert war, wurden nach der Katastrophe des Zweiten Weltkrieges die Nationalitäten an die neuen Grenzen angepasst."[19]

Im Rahmen der alliierten Pläne, auf diese Weise eine dauerhafte Nachkriegsordnung zu schaffen, die sowohl die sowjetischen Gebietsansprüche befriedigte als auch die Existenz des polnischen Staates mit nach Westen verschobenen Grenzen absicherte, hatten die Gebietsforderungen des vormaligen Kriegsgegners kaum Platz. Zudem schienen diese Forderungen nach dem nationalsozialistischen Raubmordfeldzug im Osten auch unter moralischen Gesichtspunkten wenig gerechtfertigt. In diesem Sinne ist die Feststellung des unter anderem für die Sudetendeutsche Landsmannschaft tätigen Staats- und Völkerrechtlers Dieter Blumenwitz durchaus zutreffend, dass die „Festlegung der polnischen Westgrenze [...] von den Alliierten nicht so sehr als Frage des Schicksals Deutschlands als vielmehr Polens angesehen"[20] wurde.

---

18 Von Bredow 2006, S. 74. Vgl. auch ebd., S. 134.
19 Beer 2005, S. 109.
20 Blumenwitz 1993, S. 503. Zur Ehrung von Blumenwitz durch die Sudetendeutsche Landsmannschaft vgl. Salzborn 2000, S. 127 bzw. S. 200, Fn. 571.

Begründungen des deutschen Anspruchs auf die Ostgebiete

Trotz aller zu erwartenden Hindernisse war die Position, dass auf die Ostgebiete nicht verzichtet werden könne, unter den politischen Akteuren der Adenauerzeit vorherrschend, und auch darüber hinaus waren die Differenzen in dieser Frage, zumindest unter den größeren Parteien, nicht so groß wie bezüglich der Saar oder der DDR. Zwar trat die SPD unter Schumacher wiederum etwas offensiver auf als die Union und beanspruchte für sich eine Vorreiterrolle, als der Parteivorsitzende in der Aussprache über die erste Regierungserklärung postulierte, „daß die Sozialdemokratische Partei 1945 längere Zeit die einzige gewesen ist, die sich in Deutschland und vor der Weltöffentlichkeit gegen die *Oder-Neiße-Linie* gewandt hat."[21] Darauf regte sich jedoch sofort heftiger Widerspruch aus der Mitte,[22] und in der Tat wussten sich jenseits solcher kleineren Scharmützel alle Parteien außer der KPD einig in dem Diktum, dass die Bundesrepublik die Oder-Neiße-Grenze niemals anerkennen werde.[23]

Zu Beginn der ersten Legislaturperiode war dieses Diktum weithin verbunden mit der offenen und als nationales Interesse begründeten Forderung nach einer vollen staatlichen Rückgliederung der Ostgebiete. Argumentiert wurde dies, wie schon im Fall des Saargebiets, vor allem mit der Kontinuitätsthese, wobei besonders die Vertreter der Union zusätzlich noch auf das *Potsdamer Abkommen* verwiesen, in dem die betreffenden Gebietsabtretungen unter den Vorbehalt gestellt worden waren, das eine endgültige Festlegung erst in einem abschließenden Friedensvertrag zu treffen sei.[24] Die SPD äußerte sich zwar teilweise skeptischer zu den Potsdamer Regelungen, da die Westmächte der Sowjetunion darin bereits zugesichert hatten, die Festschreibung dieser Regelungen bei einer Friedenskonferenz zu unterstützen; sie untermauerte damit jedoch ebenfalls ihren Gebietsanspruch.[25] So blieben lediglich einige Vertreter der kleineren Parteien wie etwa

---

21 Kurt Schumacher (SPD), 1. BT, 6/21. 9. 1949, S. 41 (Herv. i. Orig.).
22 Für die CDU vgl. Heinrich von Brentano, 1. BT, 6/21. 9. 1949, S. 44; ähnlich für die BP Gebhard Seelos, 1. BT, 7/22. 9. 1949, S. 57.
23 Diese Einigkeit betonten im 1. BT für die WAV Alfred Loritz, 7/22. 9. 1949, S. 68; für die CDU Günter Henle, 7/23. 9. 1949, S. 95; für die SPD Schumacher, 68/13. 6. 1950, S. 2472. Letzterer kritisierte allerdings gleichzeitig die Saarpolitik als kontraproduktiv, darin ausgerechnet unterstützt von Fritz Dorls von der rechtsextremen SRP, ebd., S. 2501 f. Zur Kritik der KPD vgl. Max Reimann, 7/22. 9. 1949, S. 64 ff.; Hermann Nuding, 68/13. 6. 1950, S. 2498.
24 Vgl. für die CDU Konrad Adenauer, 1. BT, 5/20. 9. 1949, S. 28 f.; Henle, 1. BT, 7/23. 9. 1949, S. 95; Oskar Wackerzapp, 1. BT, 222/10. 7. 1952, S. 9880.
25 Vgl. Carlo Schmid (SPD), 1. BT, 221/9. 7. 1952, S. 9809.

der WAV übrig, die die alliierten Vereinbarungen wegen der darin angekündigten Umsiedlung als Bezugspunkte gänzlich ablehnten.[26] Um diese eher formale, völkerrechtlich orientierte Argumentation abzustützen, wurden in begrenztem Maße auch wirtschaftliche Notwendigkeiten angeführt, da mit den Oder-Neiße-Gebieten die einstige „Kornkammer" des Deutschen Reiches und wichtige Absatzmärkte der industriellen Produktion abhandengekommen seien.[27] Relevanter als solche nutzenorientierten Begründungen war jedoch, vor allem bei den Mitte-Rechts-Parteien, der Verweis auf die vermeintlich schon jahrhundertelange Zugehörigkeit der Oder-Neiße-Gebiete zu Deutschland. So sei es zwar, wie Bundespräsident Theodor Heuss in seiner Antrittsrede am 12. September 1949 ausführte,

> „ganz gut, wenn wir den anderen etwas davon erzählen, was es für die Ernährung Deutschlands bedeutet, daß diese Basis entrückt ist. Aber der deutsche Osten ist nicht bloß Getreideacker und Kartoffelfeld; er ist die Heimat deutscher Menschen. [...] Seit die großen Wanderungen des späten Mittelalters zu Ende kamen und sich festigten, ist dort deutsches Land, das wir nicht vergessen können, weil es in unserem Geschichtsgefühl und in dem Wissen um das Schicksal von Millionen deutscher Menschen bleibt."[28]

Ausgeblendet wurde dabei nicht nur, dass es Deutschland als Nationalstaat erst seit 1871 gab, sondern auch die polnische Tradition in diesen Gebieten. Deutlich kommt darin zum Ausdruck, dass die deutsche Nation hier ganz im Sinne einer vorstaatlichen, durch Gefühl und Schicksal bzw. Geschichte, Kultur und Herkunft an ihr „angestammtes" Territorium gebundenen Gemeinschaft verstanden wurde. Überdies äußerten nicht alle das Gefühl der tief verwurzelten „seelischen"[29] Verbundenheit mit den Ostgebieten in einer derart – jedenfalls relativ – moderaten

---

26 So behauptete Günter Goetzendorff (WAV), 1. BT, 7/23.9.1949, S. 129: „Jalta und Potsdam waren Verbrechen an der Menschheit!" Entgegen seiner Aussage bestand darin aber keine Übereinstimmung mit Adenauer, der vielmehr die tatsächliche Durchführung der Vertreibungen als Widerspruch zu der von den Alliierten geplanten Umsiedlung verstand, wenngleich auch er dabei jene kurze Phase „wilder" Vertreibungen mit der Realisierung der Umsiedlung in eins setzte. Vgl. Adenauer, 1. BT, 5/20.9.1949, S. 28f.
27 Vgl. Franz Richter, Deckname des 1952 enttarnten Nationalsozialisten Fritz Rößler (NR), 1. BT, 7/22.9.1949, S. 84; Karl Rüdiger (FDP), 1. BT, 7/23.9.1949, S. 108; Hermann Etzel (BP), ebd., S. 118; Martin Frey (CDU), ebd., S. 141f.; Linus Kather (CDU), ebd., S. 145; Heinrich Leuchtgens (NR), 1. BT, 27/18.1.1950, S. 841f.; umgedreht als Argument für eine verstärkte Exportorientierung der Bundesrepublik Max Becker (FDP), 1. BT, 68/13.6.1950, S. 2491.
28 Theodor Heuss (FDP), 1. BT, 2/12.9.1949, S. 10f. (Herv. i. Orig.).
29 So eine Formulierung von Hans Ewers (DP), 1. BT, 7/22.9.1949, S. 50.

Vom nationalen Interesse zum „Menschenrecht": der Anspruch auf die Oder-Neiße-Gebiete 139

Form wie Heuss. Vielmehr erwies sich der Übergang von der Betonung deutscher Tradition „im Osten" hin zur offenen Behauptung, die Deutschen seien den Polen überlegen, als fließend.[30]

Vor allem bei den kleineren Parteien rechts der CDU beinhaltete der Verweis auf die deutsche Tradition in den Ostgebieten oftmals eine offensiv antikommunistische bzw. „anti-asiatische" Stoßrichtung mit drohendem Unterton. So orakelte Günter Goetzendorff für die WAV, dass es niemals Frieden in der Welt geben werde, „solange die Grenze Asiens an der Elbe liegt".[31] Bei der FDP gemahnte Walter Zawadil daran, dass „unsere Ost- und Grenzlanddeutschen […] jahrhundertelang den Schutzschild Europas bildeten" – womit er zugleich andeutete, dass dieser nun leider zerstört sei.[32] Ebenso bedauerte Zawadils Parteikollege Hermann Schäfer, 1949 bis 1953 Vizepräsident des Bundestages, dass die Ostgebiete dem „neuen Byzantinismus des Ostens"[33] anheimgefallen seien, und schloss daran ein Plädoyer zur „Befreiung" auch Osteuropas vom Kommunismus an, da es ebenfalls zum christlich-abendländischen Kulturkreis gehöre. Darin stimmte er ganz mit Hans-Joachim von Merkatz von der DP überein, der die von der SPD eingeworfene Frage danach, wo bei ihm der Osten anfange, „mit den Worten Queuilles […]: ‚Es ist die Aufgabe der europäischen Politik, die Grenzen Europas so weit nach Osten zu legen wie nur irgend möglich!'"[34], beantwortete.

---

30 Bes. extrem bei Richter, 1. BT, 7/22.9.1949, S. 82 f., und dem hier noch parteilosen, später u. a. bei der WAV und der DP aktiven Vertriebenenpolitiker Franz Ott, 1. BT, 7/23.9.1949, S. 155. Dagegen hielt Walter Fisch von der KPD, ebd., S. 122, dass es chauvinistisch sei und „zumindest eine Geschmacklosigkeit sondergleichen, im Jahre 1949 von den deutschen Leistungen in Polen und der Tschechoslowakei zu sprechen und daraus Gebietsansprüche abzuleiten." Weitere Belege zu Behauptungen einer deutschen „Kulturüberlegenheit" bei Gabbe 1976, S. 147.

31 Goetzendorff, 1. BT, 7/23.9.1949, S. 126. Er war ein sehr rechtslastiger Vertreter der WAV, der bald für kurze Zeit zur DRP wechselte, dann fraktionslos wurde und schließlich nicht wieder in den 2. Bundestag einziehen konnte. Zu Goetzendorff vgl. Fischer 2010, S. 104–107, 425.

32 Walter Zawadil (FDP), 1. BT, 7/23.9.1949, S. 111. Auch Zawadil stand weit rechts, er wechselte 1952 zur DP. Dass die Sowjetunion beabsichtige, Westdeutschland durch die Gebietsabtretungen und Vertreibungen „für den Bolschewismus reif zu machen", unterstellte aber auch für die CDU Kather, ebd., S. 145, der 1954 dem GB/BHE beitrat, um schließlich bei der NPD anzugelangen. Vgl. zu ihrem Werdegang Fischer 2010, S. 447 (Zawadil), 428 (Kather).

33 Hermann Schäfer (FDP), 1. BT, 68/13.6.1950, S. 2479; zur „neuen byzantinischen Welle" auch Ders., 1. BT, 98/8.11.1950, S. 3602. Die Bedeutung der Vertriebenen bei der Verteidigung des christlichen Abendlandes betonte ebenfalls Hans-Gerd Fröhlich (BHE), ebd., S. 3601. Seit Okt. 1950 bildete der nicht lizenzierte BHE eine Gruppe im Bundestag, die sich aus auf anderen Listen gewählten Abgeordneten bes. der WAV zusammensetzte. 1953 zog der 1951 als Bundespartei konstituierte GB/BHE regulär in den Bundestag ein. Vgl. Fischer 2010, S. 71 f.

34 Hans-Joachim von Merkatz (DP), 1. BT, 68/13.6.1950, S. 2493. Henri Queuille war ein französischer Radikalsozialist, der in der Nachkriegszeit diverse Funktionen in Frankreich bekleidete,

Doch nicht nur Richtung Osten wurde, beispielsweise von Goetzendorff, „das Wirken der Deutschen im Grenzland und Ausland [...] als das Wirken von Pionieren für die deutsche Kultur und die christlich-abendländische Kultur" herausgestellt und daraus abgeleitet, dass man niemandem nehmen dürfe, „worauf er seit Jahrhunderten seiner Abstammung nach ein Recht hat."[35] Den USA wurde ebenfalls vorgehalten, so neben Goetzendorff vom Freien Demokraten Karl Rüdiger, „daß diese Gebiete schon seit länger als tausend Jahren deutsch waren, bevor überhaupt Amerika entdeckt wurde."[36] Zudem mussten sich die Westmächte, etwa vom SPD-Vorsitzenden Schumacher, vorwerfen lassen, dass die Deutschen den Kommunismus bereits bekämpft hätten, „als wir in der ganzen Welt allein waren und jeder *Alliierte* die *Sowjets* noch als seinen *Verbündeten gegen die Deutschen* betrachtet hat."[37] Im gleichen Tenor konstatierte auch der FDP-Fraktionsvorsitzende Schäfer, dass „der" deutsche Soldat im Feldzug *„gegen den Osten* [...] bestimmt nicht instinktloser gewesen [ist] als etwa die Illusionisten des *Yalta-Abkommens* [sic]."[38] Somit gesellte sich nicht nur am äußersten rechten Rand, sondern ebenfalls in der politischen Mitte zum anti-östlichen auch ein anti-westlicher Affekt – in beiden Fällen mit deutlich aggressiv-überheblichem Tonfall, wobei dieser Tonfall in Richtung Osten wesentlich häufiger vorkam und zumeist heftiger ausfiel als in Richtung Westen.

Besonders von der Union waren solche der Westintegration nicht gerade zuträglichen Äußerungen jedoch zumindest im Bundestag eher selten zu hören. Und auch die Sozialdemokraten waren, wenigstens als Partei insgesamt und im Vergleich mit den kleineren Parteien der politischen Rechten betrachtet, im Parlament relativ zurückhaltend. Anders verhalten konnte es sich allerdings außerhalb des parlamentarischen Raums, vor allem bei den Vertriebenentreffen, auf denen regelmäßig namhafte Politiker sprachen oder Grußworte überbringen ließen.[39]

---

u. a. war er 1948 bis 1949, 1950 und 1951 Ministerpräsident und 1950/1951 Innenminister. Zur „Befreiung" Osteuropas vgl. auch von Merkatz, 1. BT, 184/11.1.1952, S. 7814.
35 Goetzendorff, 1. BT, 7/23.9.1949, S. 126.
36 Rüdiger, 1. BT, 7/23.9.1949, S. 108; vgl. Goetzendorff, ebd., S. 128.
37 Schumacher, 1. BT, 98/8.11.1950, S. 3574 (Herv. i. Orig.).
38 Schäfer, 1. BT, 98/8.11.1950, S. 3606 (Herv. i. Orig.). Vgl. für die Rechte außerdem von Thadden, ebd., S. 3589 f.; Richter/Rößler, ebd., S. 3591.
39 So telegrafierten die drei Sozialdemokraten Erich Ollenhauer, Willy Brandt und Herbert Wehner zum „Deutschlandtreffen der Schlesier" in Köln 1963: „Verzicht ist Verrat! Wer wollte das bestreiten: 100 Jahre SPD heißt vor allem 100 Jahre Kampf für das Selbstbestimmungsrecht der Völker. Das Recht auf die Heimat kann man nicht für ein Linsengericht verhökern – niemals darf hinter dem Rücken der aus ihrer Heimat vertriebenen oder geflüchteten Landsleute Schindluder getrieben werden." Abgedr. in: Landsmannschaft Schlesien (Hrsg.) 1979, S. 37. Diese Festschrift verwies auch an diversen weiteren Stellen, bes. S. 6–11, darauf, dass namhafte Politiker an Ver-

Doch wirklich an die Wiedergewinnung der Ostgebiete glauben mochten vor allem einige Christdemokraten wohl schon früh nicht recht. Zumindest lag dieser Moment für Eugen Gerstenmaier schon 1949 „in weiter Ferne".[40] Dennoch war auch für ihn und damit für einen der exponiertesten Vertreter der Kritik am Nationalstaat im Kontext der Debatten über die Westintegration die geringe Chance auf Realisierung kein Grund, den Territorialanspruch offen aufzugeben. Vielmehr äußerte Gerstenmaier unbeirrt die Hoffnung, dass „das deutsche Land jenseits der Oder-Neiße-Linie wieder zur Heimstätte derer werden kann, denen es von Gottes und Rechts wegen gehört", wenngleich er betonte, dass dieses Ziel nur „mit friedlichen Mitteln und im Rahmen einer" – nicht näher präzisierten – „internationalen Lösung" anzustreben sei.

Da die Verwirklichung des deutschen Gebietsanspruchs jenseits der Oder-Neiße-Grenze als einer „Systemgrenze"[41] im Kalten Krieg aber auch für die Politiker, die auf einer nationalstaatlichen Lösung beharrten, nur als Fernziel gelten konnte, bildete das Bewahren des Kulturgutes dieser Gebiete wie der landwirtschaftlichen Produktion ein weiteres häufig formuliertes Anliegen. So müsse, wie Zawadil in einer gleichsam mustergültigen Zusammenfügung der zentralen Elemente einer vorstaatlichen Nationenvorstellung – Kultur und Abstammung – betonte, bis zum Tag der Rückgliederung der Ostgebiete der „Dienst an der Heimat in der lebendigen Pflege aller kulturellen Elemente unseres stammlichen Daseins" bestehen.[42] Dieses fast schon folkloristisch anmutende Anliegen einer in der Bundesrepublik zu betreibenden Kulturpflege ließe sich zwar, zumal angesichts seiner wachsenden Relevanz im Verlauf der Ära Adenauer,[43] als Zeichen für den sinkenden Glauben an die tatsächliche Rückgewinnung der Ostgebiete deuten. Denn Kulturpflege allein wäre ja auch ohne Wiedergewinnung besagter Gebiete möglich gewesen. Allerdings bot die Argumentation mit der Sorge um den Erhalt der kulturellen Tradition der Vertriebenen durchgängig ein offenes Einfallstor für Vor-

---

triebenentreffen, z. B. Adenauer am „Deutschlandtreffen" in Hannover 1961, teilgenommen hatten. Zur taktischen Ambivalenz Adenauers hinsichtlich seiner Äußerungen einerseits gegenüber den Vertriebenenverbänden und andererseits gegenüber den westlichen Verbündeten vgl. von Bredow, Außenpolitik, S. 104, sowie Kittel 2007, S. 77, der jedoch u. a. anhand obigen Zitats allen voran die „Doppelbödigkeit" von Willy Brandts Position betont. Ausführlich mit dem Verhältnis der SPD zu den Vertriebenenverbänden befasst sich jetzt die Dissertation von Müller 2012.
40 Eugen Gerstenmaier (CDU), 1. BT, 17/15.11.1949, S. 413. Ebd., die folgenden Zitate.
41 Salzborn 2001, S. 10.
42 Zawadil, 1. BT, 7/23.9.1949, S. 112.
43 Vgl. z. B. von Brentano, 2. BT, 4/28.10.1953, S. 29 f.; von Merkatz, 2. BT, 5/29.10.1953, S. 72; Richard Jaeger (CSU), ebd., S. 86. Weitere Belege im Verlauf dieses Kapitels.

stellungen angeblicher deutscher Überlegenheit gegenüber den Polen bis hin zu mehr oder minder expliziten Kolonisationsansprüchen.[44]
Vor allem aber stand die Kulturpflege, wie Samuel Salzborn analysiert hat, im Kontext der „Vererbbarkeit" des Vertriebenenstatus an nachfolgende Generationen, die nicht nur ein besonderes Anliegen der Vertriebenenverbände zum Selbsterhalt darstellte, sondern im *Bundesvertriebenengesetz* (BVFG) vom 19. Mai 1953 auch rechtlich verankert war.[45] Dieses Gesetz regelte zum einen Rechte und Vergünstigungen, die mit dem Vertriebenenstatus einhergingen. Seinen Hintergrund bildete zum anderen aber auch das Ziel, die Rückkehr in „die Heimat" nicht nur dort geborenen oder aufgewachsenen Personen, sondern ebenso deren Nachkommen zu ermöglichen.

Kodifizierungen von „Volkszugehörigkeit" und Ansätze zur doppelten Staatsbürgerschaft in Bezug auf die Vertriebenen

Die 1953 im BVFG kodifizierte Definition einer/s Vertriebenen war vom Grundsatz her bereits im Grundgesetz vorweggenommen. Nach Art. 116 GG Abs. 1[46] sollte als Deutsche/r gelten, „wer die deutsche Staatsangehörigkeit besitzt" oder aber wer „als Flüchtling oder Vertriebener deutscher Volkszugehörigkeit oder als dessen Ehegatte oder Abkömmling" im Reichsgebiet „nach dem Stande vom 31. Dezember 1937 Aufnahme gefunden hat." Die hier für die Zugehörigkeit zur deutschen Nation als ausschlaggebend benannten Kriterien, Staatsbürgerschaft oder „Volkszugehörigkeit", nahm das BVFG zur Bestimmung des Vertriebenenstatus auf, wobei es diesen Status in territorialer Hinsicht sehr weiträumig festlegte. So besagte § 1 Abs. 1 BVFG:

„Vertriebener ist, wer als deutscher Staatsangehöriger oder deutscher Volkszugehöriger seinen Wohnsitz in den ehemals unter fremder Verwaltung stehenden deutschen Ostgebieten oder in den Gebieten außerhalb der Grenzen des Deutschen Reiches nach

---

44 Vgl. dazu auch Gabbe 1976, S. 147. Von den langjährigen negativen Erfahrungen der Vertriebenen „mit dem Osten, sowohl mit der Seele der östlichen Völker als auch mit ihrer jetzigen Ideologie", sprach etwa Johannes-Helmut Strosche vom GB/BHE, 2. BT, 71/26. 2. 1955, S. 67. Adenauer, 2. BT, 3/20.10.1953, S. 14 (Herv. d. Verf.), dachte hingegen vor allem daran, „auf dem Wege der *inneren Kolonisation* neuen Siedlungsraum zu gewinnen", was bedeuten sollte, dass selbstständige Existenzen der Vertriebenen in der Bundesrepublik zu fördern seien.
45 Vgl. dazu wie im Folgenden Salzborn 2000, S. 14–21.
46 Siehe dazu schon Kap. 1.3.

dem Gebietsstande vom 31. Dezember 1937 hatte und diesen im Zusammenhang mit den Ereignissen des zweiten Weltkrieges infolge Vertreibung, insbesondere durch Ausweisung oder Flucht, verloren hat."[47]

Zusätzlich definierte § 2 Abs. 1 BVFG den Status des Heimatvertriebenen:

„Heimatvertriebener ist ein Vertriebener, der am 31. Dezember 1937 oder bereits einmal vorher seinen Wohnsitz im Gebiet desjenigen Staates hatte, aus dem er vertrieben worden ist (Vertreibungsgebiet); die Gesamtheit der Gebiete, die am 1. Januar 1914 zum Deutschen Reich oder zur Österreichisch-Ungarischen Monarchie oder zu einem späteren Zeitpunkt zu Polen, zu Estland, zu Lettland oder zu Litauen gehört haben, gilt als einheitliches Vertreibungsgebiet."

Sowohl der Status des Vertriebenen als auch der des Heimatvertriebenen war, wie in Art. 16 Abs. 1 GG vorgesehen, auf Ehegatten und Kinder übertragbar.[48]
§ 6 BVFG bestimmte schließlich die neben der Staatsangehörigkeit maßgebliche „Volkszugehörigkeit": „Deutscher Volkszugehöriger im Sinne dieses Gesetzes ist, wer sich in seiner Heimat zum deutschen Volkstum bekannt hat, sofern dieses Bekenntnis durch bestimmte Merkmale wie Abstammung, Sprache, Erziehung, Kultur bestätigt wird."

Ersichtlich wird hier, wie sich die Vorstellungen von der deutschen Nation speziell im Fall der Vertriebenen auf die Vorstellung einer durch Merkmale wie Abstammung, Kultur etc. definierten Gemeinschaft zuspitzten, zumal ja nicht nur die im BVFG kodifizierte „Volkszugehörigkeit", sondern schon die im ius sanguinis basierte deutsche Staatsangehörigkeit selbst stark auf derartige Elemente gestützt ist.

Im Zusammenhang mit der Frage deutscher „Volkszugehörigkeit" der Vertriebenen standen auch die 1953/54 geführten Debatten über eine Reform des deutschen Staatsangehörigkeitsrechts. Eingeleitet wurde die Diskussion mit dem *Entwurf für ein Gesetz zur Regelung von Fragen der Staatsangehörigkeit*,[49] den die Regierung am 3. Dezember 1953 im Bundestag einbrachte. Zum einen sah dieser Entwurf vor, dass die Sammeleinbürgerungen deutscher „Volkzugehöriger", die das NS-Regime in den während des Krieges eroberten Gebieten durchgeführt

---

47 Gesetz über die Angelegenheiten der Vertriebenen und Flüchtlinge (Bundesvertriebenengesetz/ BVFG), in: BGBl. I, Nr. 22, 22.5.1953, S. 201–221, hier S. 203. Ebd. das folgende Zitat.
48 Vgl. § 1 Abs. 3, § 2 Abs. 2, § 7 BVFG.
49 Vgl. 2. BT-DS, Nr. 44, 6.11.1953.

hatte, weiterhin Geltung haben sollten, wenn die Betroffenen keinen Widerspruch einlegten.[50] Zum anderen sollte gemäß Art. 116 GG Abs. 1 ein zeitlich unbefristeter Anspruch auf Einbürgerung für jene Vertriebenen und ihre Nachkommen geschaffen werden, die noch nicht deutsche Staatsangehörige waren.[51] Beide Bestimmungen wurden in das am 21. Oktober 1954 einstimmig vom Bundestag verabschiedete Gesetz übernommen.[52]

An der Diskussion über diese Reform ist u. a. interessant, dass in ihr aus zwei unterschiedlichen Richtungen angeregt wurde, über die – dann aber nicht realisierte – Möglichkeit nachzudenken, die doppelte Staatsbürgerschaft anzuerkennen. Auf der einen Seite plädierten Vertriebenenpolitiker wie Alfred Gille vom GB/BHE und Herbert Czaja von der CDU für eine solche Option. Zwar wollte sich Gille „über die Begründung dieses Wunsches [eine doppelte Staatsbürgerschaft zu erwägen, Anm. d. Verf.] im Augenblick nicht zu weit auslassen".[53] Er deutete jedoch an,

„daß es vom Standpunkt der Betroffenen, aber vielleicht in noch höherem Maße vom Standpunkt übergeordneter allgemeiner deutscher Interessen wichtig sein könnte, andere Staatsangehörigkeiten mit der jetzt verliehenen deutschen Staatsangehörigkeit gemeinsam zu erhalten. Ich brauche nur an den Sonderfall Danzig zu denken, ohne den etwa überbewerten zu wollen; ich brauche nur an die ganzen deutschen Volksgruppen aus dem südosteuropäischen Raum zu denken."

---

50 Wie Bundesinnenminister Gerhard Schröder (CDU), 2. BT, 7/3.12.1953, S. 138 (Herv. i. Orig.), dazu ausführte, ging es dabei um „die *völkerrechtlich* unanfechtbare Möglichkeit der *Anerkennung der deutschen Staatsangehörigkeit* nicht nur der Volksdeutschen aus den Sudetengebieten, dem Memelland und dem Protektorat, sondern auch aus den eingegliedert gewesenen Ostgebieten, aus Untersteiermark, Kärnten und Krain sowie aus der Ukraine." Vgl. hierzu wie zu Folgendem auf Edathy 2000, S. 93–104.
51 Vgl. Schröder, 2. BT, 7/3.12.1953, S. 139.
52 Vgl. bes. die Abschnitte 1 und 2 sowie Abschnitt 3, §§ 8–10 des Gesetzes zur Regelung von Fragen der Staatsangehörigkeit, in: BGBl. I, Nr. 6, 22.2.1955, S. 65–68. Ebenfalls regelte das Gesetz die Ansprüche zur Wiedereinbürgerung der vom NS-Regime „aus politischen, rassischen oder religiösen Gründen" ausgebürgerten deutschen Staatsbürger (§§ 11–13) gemäß Art. 116 GG Abs. 2, der besagt: „Frühere deutsche Staatsangehörige, denen zwischen dem 30. Januar 1933 und dem 8. Mai 1945 die Staatsangehörigkeit aus politischen, rassischen oder religiösen Gründen entzogen worden ist, und ihre Abkömmlinge sind auf Antrag wieder einzubürgern. Sie gelten als nicht ausgebürgert, sofern sie nach dem 8. Mai 1945 ihren Wohnsitz in Deutschland genommen haben und nicht einen entgegengesetzten Willen zum Ausdruck gebracht haben." Die hiervon Betroffenen mussten ihre Ansprüche laut § 12 des Gesetzes allerdings bis zum 31.12.1956 geltend machen.
53 Gille, 2. BT, 7/3.12.1953, S. 140. Ebd. folgende Zitate. Zur doppelten Staatsbürgerschaft als Weg zum „Sich-Näherkommen" in Europa auch Herbert Czaja (CDU), 2. BT, 51/21.10.1954, S. 2553.

Wenngleich Gille dies nicht offen aussprach, so lassen seine Worte auch die Interpretation zu, dass es hierbei nicht zuletzt darum ging, den qua „Volkszugehörigkeit" als deutsche Staatsbürger definierten „Volksgruppen" über die doppelte Staatsbürgerschaft einen Weg zu eröffnen, nicht nur auf die Politik der Bundesrepublik, sondern ebenfalls weiterhin auf die Politik anderer Staaten, genauer gesagt der Staaten in den vormals vom NS-Regime unterworfenen Gebieten im „südosteuropäischen Raum", gemäß deutscher Interessen einwirken zu können. Zudem schien Gille die doppelte Staatsbürgerschaft vornehmlich für ganz bestimmte Gruppen im Sinn zu haben. Jedenfalls stellte seine vage Formulierung, dass „andere Staatsangehörigkeiten [...] zu erhalten" seien, nicht klar, dass dies für jeden Menschen gelten solle.

Deutlich wird die potenzielle Problematik dieser Formulierung vor allem, wenn man sie mit der eindeutigen Position von Carlo Schmid kontrastiert. Denn auf der anderen Seite trat auch der Sozialdemokrat dafür ein, das deutsche Staatsbürgerschaftsrecht grundlegend zu reformieren. Zum einen befürwortete er die Einführung des ius soli, zum anderen ebenfalls die Anerkennung der doppelten Staatsbürgerschaft. Anders als Gille begründete er dies jedoch nicht im Blick auf Volksgruppen, sondern auf das Individuum, nämlich damit,

> „daß unser Staatsangehörigkeitsrecht so individualistisch wie möglich und darum so weltbürgerlich wie möglich gestaltet werden sollte. Jeder Mensch sollte die Möglichkeit haben, mehr als nur eine Staatsangehörigkeit zu besitzen, die seines Heimatlandes und die seines Aufenthaltsstaates, wenn dessen Gesetze es zulassen."[54]

Derartige individualistisch-kosmopolitische Reformansätze konnten sich aber ebenso wenig durchsetzen wie die, wenigstens implizit, auf die politische Einflussnahme in anderen Staaten abzielenden Ansätze der Vertriebenenpolitiker. Vielmehr verwirklichte das Reformgesetz, das am 22. Februar 1955 in Kraft trat, die Anerkennung der doppelten Staatsbürgerschaft gar nicht, sondern führte, so Sebastian Edathy, „die Tradition der engen Verbindung von ‚Volkszugehörigkeit' und Staatsbürgerschaft fort[...]. Leitbild blieb der Staatsbürger als Teil einer Abstammungsgemeinschaft".[55]

---

54 Schmid, 2. BT, 7/3.12.1953, S. 141; zum ius soli vgl. ebd.
55 Edathy 2000, S. 104.

Diffusität statt Eindeutigkeit: das „Recht auf die Heimat"

Für die ersten Jahre der Ära Adenauer lässt sich zusammenfassend festhalten, dass der vermeintliche deutsche Anspruch auf die Ostgebiete und auf Rückkehr der Vertriebenen in diese im politischen Diskurs weithin mit dem Anspruch nach voller staatlicher Rückgliederung besagter Gebiete verknüpft war und deutlich als national(staatlich)es Anliegen formuliert wurde. Ab etwa 1952/53 ist in dieser Hinsicht allerdings eine gewisse Verschiebung auszumachen. In den Mittelpunkt der Diskussionen rückte nun verstärkt das „Recht auf die Heimat". Mit ihm konnte die zuvor eindeutig dem „harten" Anspruch auf Einverleibung der Ostgebiete in das eigene Staatsterritorium verbundene Forderung nach einem Rückkehrrecht für die Vertriebenen und ihre Nachkommen in einen vieldeutigeren Zusammenhang, insbesondere in den scheinbar „weicheren" Rahmen einer europäischen Lösung, gestellt werden.[56]

Ihren Ausgangspunkt hatte diese Verschiebung insbesondere in der *Charta der deutschen Heimatvertriebenen*, die dreißig Vertreter der Vertriebenenverbände „als ihr Grundgesetz und als unumgängliche Voraussetzung für die Herbeiführung eines freien und geeinten Europas"[57] im Sommer 1950 unterzeichneten. Im Anschluss an den Befund, dass „[d]en Menschen mit Zwang von seiner Heimat trennen, bedeutet, ihn im Geiste töten", forderte die *Charta*, „daß das Recht auf die Heimat als eines der von Gott geschenkten Grundrechte der Menschheit anerkannt und verwirklicht wird." Während eine nationalstaatliche Lösung in der *Charta* explizit nicht erwähnt wird, findet sich an mehreren Stellen der Gedanke an eine europäische Lösungsstrategie angedeutet. So wurde darin angekündigt, dass die Vertriebenen „jedes Beginnen mit allen Kräften unterstützen [werden], das auf die Schaffung eines geeinten Europas gerichtet ist, in dem die Völker ohne Furcht und Zwang leben können", und „durch harte, unermüdliche Arbeit teilnehmen [werden] am Wiederaufbau Deutschlands und Europas." Verlangt wurde daher auch die „[t]ätige Einschaltung der deutschen Heimatvertriebenen in den

---

56 Zur Vieldeutigkeit des „Rechts auf die Heimat" vgl. Böke 1996b, S. 184–192; zur allmählichen „Aufweichung" des offenen Territorialanspruchs auch Gabbe 1976, S. 144–147, der dies wie auch die Definition des Heimatrechts als Menschenrecht als Teil der Mäßigung interpretiert, sowie Lotz 2007, S. 127–208, der die Zäsur mit 1956/57 etwas später ansetzt, was sich dadurch erklärt, dass er nicht die Parteien, sondern neben einigen Vertriebenenorganisationen als staatliche Stellen das Bundesministerium für Vertriebene, Flüchtlinge und Kriegsgeschädigte sowie das Bundesministerium für gesamtdeutsche Fragen untersucht, die beide besonders stark auf die Wiederherstellung der deutschen Einheit in den „Grenzen von 1937" orientiert waren.
57 So die Formulierung in der Einleitung der *Charta*, zit n. d. Abdr. in: BdV (Hrsg.) 1990, S. 13. Ebd. folgende Zitate. Zur ausführlichen Interpretation der *Charta* vgl. Salzborn 2000, S. 57.

Wiederaufbau Europas."⁵⁸ Dem darin deutlich werdenden Anspruch der Vertriebenen, bei einer Neuordnung Europas eine maßgebliche Rolle zu spielen, folgte sodann ein Passus, der diesen Anspruch aus dem selbst zugeschriebenen Status als – am härtesten getroffenes – Opfer von Nationalsozialismus und Krieg herleitete: „Die Völker der Welt sollen ihre Mitverantwortung am Schicksal der Heimatvertriebenen als der vom Leid dieser Zeit am schwersten Betroffenen empfinden". Folglich müsse überall erkannt werden, „daß das Schicksal der deutschen Heimatvertriebenen wie aller Flüchtlinge, ein Weltproblem ist, dessen Lösung höchste sittliche Verantwortung und Verpflichtung zu gewaltiger Leistung fordert."

Vor dem Hintergrund solcher Formulierungen schloss der gleich zu Beginn der *Charta* ausgesprochene Verzicht auf „Rache und Vergeltung"⁵⁹ somit nicht aus, dass die Vertriebenenverbände mit anderen Mitteln und Wegen versuchen würden, erneuten Zugang zu den Ostgebieten zu erlangen. Angelegt war dies schon in dem nicht nur bei Aktiven der Verbände, sondern auch, wie gesehen, bei Politikern wie Heuss und Gerstenmaier vorhandenen Verständnis von Heimat als einem Territorium, dem eine bestimmte Gruppe von Menschen durch Elemente wie Gefühl, Geschichte, Kultur, Abstammung etc. fest verbunden ist. Demgemäß beinhaltet das Heimatrecht grundsätzlich „das Postulat der natürlichen und schicksalsbegründeten Verwurzelung von Kollektiven in einem bestimmten geografischen bzw. geopolitischen Raum."⁶⁰ Heimat bzw. das Recht auf sie kann folglich auch nicht einfach aufgegeben werden.

Dass die *Charta* eine nationalstaatliche Lösung überging, bedeutete keineswegs, dass eine solche Lösung durch das „Recht auf die Heimat" ad acta gelegt war. Vielmehr sollten sich gerade die besonders engagierten Vertriebenenpolitiker, allen voran aus dem GB/BHE, speziell in der zweiten Hälfte der 1950er-Jahre auf das Heimatrecht beziehen, um damit genau die Forderung nach einer Eingliederung der Ostgebiete in den deutschen Staat zu untermauern. Langfristig betrachtet blieb die Rede von europäischen Lösungsansätzen in der *Charta* allerdings auch nicht nur eine völlig folgenlose Worthülse. Dies legen jedenfalls die im Rahmen der Volksgruppentheorie entwickelten Vorstellungen einer Neuordnung Europas nach „ethnischen" Prinzipien jenseits bestehender nationalstaatlicher Strukturen nahe, die ab Ende der 1960er-Jahre in den Vertriebenenverbänden auf dem Vormarsch waren.⁶¹ Solche Vorstellungen waren im politischen

---

58 *Charta*, in: BdV (Hrsg.) 1990, S. 14. Ebd. die folgenden zwei Zitate.
59 Ebd., S. 13.
60 Salzborn 2005, S. 120. Vgl. ebd., S. 129 f. zum Heimatbegriff der Volksgruppentheorie.
61 Ausführlich dazu vgl. Salzborn 2005 Besonders das Jahr 1969 (erste sozial-liberale Koalition) markiert in dieser Hinsicht einen Wendepunkt, wobei es einiger Überzeugungsarbeit der

Diskurs der Adenauerzeit zwar noch nicht verbreitet. Jedoch gab es auch hier Äußerungen, die bereits in diese Richtung wiesen, etwa bei von Merkatz, dessen Partei, die DP, schon frühzeitig das „Recht auf die Heimat" als Grundpfeiler einer Neuordnung des europäischen Staatensystems zu einem ihrer programmatischen Steckenpferde machte.[62] So trat von Merkatz im Kontext der EVG-Debatte im Juli 1952 dafür ein, fortan die Heimat statt der Nation zum Dreh- und Angelpunkt des Denkens und Handelns zu erheben.[63] Denn, so seine Prämisse: „Die elementaren Vorstellungen Heimat, Volk und Raum, d. h. der Lebensbereich von Völkern, sind uns heute wirklicher geworden als die Begriffe Staat, Souveränität und Nation."[64] Daher gelte es vor allem anderen, das Heimatrecht als grundlegendes Menschenrecht in einem neuen Völkerrecht zu verankern. Zugleich gehörte von Merkatz allerdings zu den vehementesten Vertretern der Kontinuitätsthese und damit der Forderung nach Wiederherstellung des deutschen Nationalstaats in den „Grenzen von 1937".[65] Die Position, dass der Nationalstaat im Grunde überkommen sei, vertrat er somit nicht konsistent, auch nicht in den Debatten über die Oder-Neiße-Gebiete.

Exemplarisch zeigt sich dies in der Aussprache über die Regierungserklärung zu Beginn der 2. Legislaturperiode 1953. In dieser Aussprache traten vor allem Differenzen innerhalb der Koalition zutage, obschon allseits – einschließlich der Opposition – strikt an der Nichtanerkennung der Oder-Neiße-Grenze festgehalten wurde. So betonte Adenauer: „Entsprechend den zahlreichen Erklärungen des Bundestages und der Bundesregierung wird das deutsche Volk die sogenannte *Oder-Neiße-Grenze* niemals anerkennen."[66] In diesem Punkt traf er im Plenum auf große Zustimmung, von der CDU über SPD und FDP bis zu DP und GB/BHE.[67] Jenseits dessen merkte der Kanzler noch recht allgemein an, dass die „Erhaltung der Lebenskraft der mittel- und ostdeutschen Bauern [...] eine Voraussetzung des Erfolges der auf die Wiederherstellung Deutschlands in Einheit und Freiheit

---

Spitzenfunktionäre bedurfte, bis sich europäische Strategien gegenüber der nationalen Option in den Verbänden durchsetzen konnten; vgl. Salzborn 2000, S. 68 f., 134 ff.; Kuhr 2000, S. 15, 50 f.
62 Vgl. Meyn 1965, z. B. S. 20 f., 36; Gabbe 1976, S. 44 f., 164 ff.
63 Vgl. von Merkatz, 1. BT, 221/9.7.1952, S. 9826.
64 Von Merkatz, 2. BT, 5/29.10.1953, S. 69. Zu Folgendem vgl. ebd., S. 78.
65 Siehe dazu Kap. 1.2 und 1.3.
66 Adenauer, 2. BT, 3/20.10.1953, S. 20 (Herv. i. Orig.).
67 Vgl. für die CDU von Brentano, 2. BT, 4/28.10.1953, S. 31; für die SPD Ollenhauer, ebd., S. 51; für die FDP Dehler, ebd., S. 55; für die DP von Merkatz, 2. BT, 5/29.10.1953, S. 78; für den GB/BHE Horst Haasler, ebd., S. 95.

gerichteten Politik der Bundesregierung" sei.[68] Ähnlich vage blieb für die CDU Heinrich von Brentano, der hauptsächlich sein Verständnis für die unvergängliche Erinnerung der Vertriebenen an ihre Heimat und für den Wunsch sie wiederzusehen zum Ausdruck brachte, ohne näher darauf einzugehen, ob, wann und in welcher Form dieses Wiedersehen geschehen solle.[69]

Gegen solche als zu schwach empfundenen Positionierungen regte sich sogleich Protest aus den Reihen des Regierungslagers. Allen voran ging dabei Linus Kather, von 1949 bis 1957 Bundestagsabgeordneter, zuerst für die CDU und ab 1954 für den GB/BHE, und zudem von Ende 1949 bis 1958 Vorsitzender des ZvD/BvD bzw. nach dessen Zusammenschluss mit dem VdL im Jahr 1957 des BdV. Kather, gegenüber dem vorwiegend pragmatischen Umgang Adenauers mit der Vertriebenenfrage ohnehin eher skeptisch gesinnt,[70] begrüßte zwar ebenfalls die Nichtanerkennung der Oder-Neiße-Grenze in der Regierungserklärung, kritisierte jedoch die Worte Adenauers als „nicht präzise und nicht positiv genug", da „diese Formulierung z. B. die Aufgabe von Ostpreußen oder Oberschlesien nicht ausschließt."[71] Der in der *Charta* ausgesprochene, „Verzicht der Vertriebenen auf Gewalt und Rache" sei aber keineswegs als „Verzicht auf das *Heimatrecht*" missszuverstehen, das Kather hier offenbar ganz im Sinne eines Rückgaberechts verstand.[72] Äußerst beunruhigt zeigte er sich daher außerdem – unterstützt von Alfred Gille vom GB/BHE – über die vom Kanzler zeitweise hinter verschlossenen Türen, so im Kreis seiner Journalisten-„Teerunde", geäußerte, jedoch auch in der CDU nicht durchsetzbare Idee, das Oder-Neiße-Gebiet in ein deutsch-polnisches Kondominium umzuwandeln.[73] Auch von Merkatz war zum Wohlgefallen Kathers ausführlicher als der Kanzler auf die Nichtanerkennung der Grenze eingegangen, indem er hinzugefügt hatte, dass die DP nicht bereit sei, „auf deutsches Gebiet zu verzichten, d. h. den Verzicht auf das Recht auf die Heimat auszusprechen"[74]. Hiernach gestand er allerdings zu, dass er „auf diesem Gebiet keine starken Worte der Regierung" erwarte.

---

68 Adenauer, 2. BT, 3/20.10.1953, S. 14. Vgl. dazu ebd., S. 17 f., sowie für den GB/BHE Horst Haasler, 2. BT, 5/29.10.1953, S. 96 f. Zur notwendigen „Vorbereitung für den Tag X" sprach, ebd., S. 100, auch Bundesvertriebenenminister Theodor Oberländer (GB/BHE, ab 1955 CDU).
69 Vgl. von Brentano, 2. BT, 4/28.10.1953, S. 29 f.
70 Zum gespannten Verhältnis von Adenauer und Kather vgl. kurz Schwarz 1991a, S. 656, 928.
71 Kather, 2. BT, 5/29.10.1953, S. 98. Ebd., S. 99, das folgende Zitat (Herv. i. Orig.).
72 So auch die Interpretation von Böke 1996b, S. 188.
73 Vgl. Kather, 2. BT, 5/29.10.1953, S. 98; Alfred Gille, ebd., S. 103. Zu den erstmals schon 1947 geäußerten Vorstellungen Adenauers, der außer an ein Kondominium auch daran dachte, die Ostgebiete der UNO zu unterstellen, vgl. Morsey/Schwarz (Hrsg.) 1984, S. 308; Gabbe 1976, S. 145.
74 Von Merkatz, 2. BT, 5/29.10.1953, S. 78. Ebd. folgendes Zitat. Vgl. dazu Kather, ebd., S. 98.

Die Differenzen über die Oder-Neiße-Frage in der Koalition waren damit zwar nicht allzu groß und gingen, wie von Merkatz andeutete, nicht zuletzt auf taktische Fragen zurück: Zu forsche Töne in der Oder-Neiße-Frage hätten das Verhältnis Adenauers zu den Westmächten trüben können, und daher überließ er sie schon aus pragmatischen Gründen lieber den kleineren Koalitionspartnern.[75] Abgesehen davon schienen der Kanzler und mit ihm einige Protagonisten der CDU allerdings auch zunehmend überzeugt, dass die Ostgebiete nicht gänzlich für Deutschland zurückzugewinnen seien. So plädierte Gerstenmaier stattdessen für eine „supranationale Bewältigung der europäischen Grenzprobleme"[76] – wiederum aber ohne eine nähere Konkretisierung seiner Vorstellungen. Ähnliche Vorstellungen äußerte auch der Kanzler, nachdem er zuvor angemerkt hatte „daß wir selbst, die Bundesrepublik, die Frage der Oder-Neiße-Gebiete mal beiseitelegen sollten."[77] Anders als Gerstenmaier tat er dies jedoch nicht im Bundestag, sondern erneut lediglich im Hintergrundgespräch mit seiner Journalistenrunde.

Obwohl die öffentlichen Äußerungen der Regierungsparteien, auch aufgrund innenpolitischer Rücksichten insbesondere auf die Wählerstimmen der Vertriebenen, widersprüchlich blieben, lässt sich bei der FDP ebenfalls eine leichte Tendenz hin zur Einbettung der Oder-Neiße-Frage in einen europäischen Kontext beobachten – wobei ihr Grundtenor, ähnlich den anderen Territorialfragen, durchgängig stärker von nationalen Termini geprägt blieb als es bei der CDU der Fall war.[78] Ebenso zeigt sich im Auftreten der SPD ein gewisser Wandel, jedoch in anderer Hinsicht, denn sie favorisierte weiterhin klar nationalstaatliche statt europäischer Lösungen. Allerdings trat unter dem Vorsitz Ollenhauers das Oder-Neiße-Problem zunehmend hinter der zuvor zu vollziehenden Wiedervereinigung mit der DDR zurück,[79] wobei, wie Christoph Kleßmann annimmt, schon für Schumacher „[z]u vermuten ist, daß er hier Spielraum bei Verhandlungen über die Wieder-

---

75 Beer 2005, S. 117, sieht allerdings mit der Verschärfung des Kalten Krieges auch ein Interesse der Alliierten daran, dass die Vertriebenen „ihre außenpolitischen Anliegen – insbesondere das Recht auf Heimat – laut und unüberhörbar für den Ostblock artikulieren können."
76 Gerstenmaier, 2. BT, 5/29.10.1953, S. 92. Demgegenüber beharrten insbesondere Stimmen aus der CSU darauf, dass die Ostgebiete weiterhin Teil des deutschen Staatsgebiets seien. Vgl. Walter Rinke, 2. BT, 62/16.12.1954, S. 3253f.; Hans Schütz, 2. BT, 70/25.2.1955, S. 3713f.
77 Küsters (Bearb.) 1986, S. 201f.
78 Vgl. z.B. Dehler, der u.a. mit Blick auf die Oder-Neiße-Grenze anmerkte, dass ganz Europa unter der Teilung Deutschlands blute. Vgl. 2. BT, 61/15.12.1954, S. 3158. Mehr zur Entwicklung der FDP bei Gabbe 1976, S. 145, sowie ebd., S. 146f. zu DP und GB/BHE.
79 Ollenhauer benutzte den Begriff Wiedervereinigung schon sehr früh allein bezogen auf die DDR. Vgl. z.B. 1. BT, 7/23.9.1949, S. 98f.

vereinigung sah."⁸⁰ Das gilt im Übrigen auch für die Regierung, bei der, in steigendem Maße selbst im grundsätzlich auf die „Grenzen von 1937" fixierten Bundesministerium für gesamtdeutsche Fragen, die Wiedervereinigung mit der DDR ebenfalls klar vor der Oder-Neiße-Frage rangierte.⁸¹

Gleichwohl wurde das Stichwort vom „Recht auf die Heimat" auch bei CDU und SPD adaptiert.⁸² Gerade den Christdemokraten inklusive des Kanzlers bot es gegenüber der eindeutigen Rückgabeforderung den Vorteil der Mehrdeutigkeit, mit dem diverse Adressaten – von den Westmächten bis hin zu den Vertriebenen – parallel bedient werden konnten. Denn das Heimatrecht konnte zwar auf das Ziel staatlicher Eingliederung der fraglichen Gebiete hinauslaufen, musste dies aber nicht zwangsläufig. Vor allem aber konnte dieses Ziel mit Bezug auf das Heimatrecht zum Anliegen Europas oder sogar der Menschheit „geadelt" und damit vom Odium eines bloß nationalen Interesses befreit werden. Schließlich war auch das nationale Interesse selbst durchaus variabel. So konnte darunter je nach Partei oder in einer Partei je nach Zeitpunkt sowohl der direkte Weg zur Verfügung über die Ostgebiete durch ihre Eingliederung in den deutschen Staat als auch der „Umweg" durch das Anstreben einer mitbestimmenden, wenn nicht hegemonialen deutschen Position in Europa verstanden werden. Wie diffus das Heimatrecht benutzt werden konnte, zeigt nicht zuletzt die Wankelmütigkeit, die der GB/BHE als genuine Vertriebenenpartei an den Tag legte.

1953 und damit nach der deutschen Ratifizierung der EVG, aber noch vor deren Scheitern in der französischen Nationalversammlung favorisierte man auch beim GB/BHE eine zumindest nicht explizit am Prinzip des Nationalstaats orientierte Lösung der Oder-Neiße-Frage. Vielmehr sollte das in der *Charta der Vereinten Nationen* vom 26. Juni 1945 vereinbarte Selbstbestimmungsrecht der Völker im Zuge der Neugestaltung Europas im Sinne des Heimatrechts ausgebaut bzw. umgeformt werden.⁸³ Dafür müssten, so Walter Eckhardt, u. a. die geschehenen Vertreibungen materiell „wiedergutgemacht" und künftige verhindert, vor allem aber die „Verdrängung nationalstaatlichen Denkens" vorangetrieben werden.⁸⁴ Der Tendenz nach verschob sich der Schwerpunkt der Argumentationen dabei von der primär völkerrechtlichen Fundierung des Gebietsanspruchs in der Kontinuitätsthese hin zur „moralischen" Begründung des – nicht näher definier-

---

80 Vgl. Kleßmann 1996, S. 123.
81 Vgl. Lotz 2007, S. 152 f.
82 Vgl. dazu auch Böke 1996b, S. 188 ff.
83 Gille, 2. BT, 5/29.10.1953, S. 103, wies allerdings darauf hin, dass zuvor das Verhältnis von Heimatrecht und Selbstbestimmungsrecht noch genauer zu klären sei.
84 Vgl. Walter Eckhardt, 2. BT, 4/28.10.1953, S. 61 f., Zitat S. 62.

ten – Rückkehrrechts durch das „Unrecht der Vertreibung".[85] Wie die Kategorien Recht bzw. Unrecht schon sagen, ging es weiterhin darum, den Anspruch auf die Oder-Neiße-Gebiete (völker-)rechtlich zu verankern, jedoch eben nicht nur als deutsches Anrecht auf den Nationalstaat von 1937, sondern auf der Ebene eines allgemeinen und vermeintlich frei von nationalen Interessen zu realisierenden Menschenrechts.[86] Über das Heimatrecht wurde sodann auch beim GB/BHE die Aussicht eröffnet, „die Bedeutung der Grenzen" insgesamt abzubauen,[87] um, wie zumindest angesichts der erwähnten Überlegungen der Partei zur doppelten Staatsbürgerschaft anzunehmen ist, über eine Gesamteuropa umfassende Vereinigung doch wieder einen Zugang zu den Ostgebieten zu finden.

Während die Oder-Neiße-Frage für die anderen Parteien allerdings immer mehr an Bedeutung verlor, je weiter die Integration der Vertriebenen in der Bundesrepublik sowie die Integration der Bundesrepublik in die westliche Staatengemeinschaft voranschritten (und je unwahrscheinlicher eine baldige Einbeziehung des Ostblocks in den europäischen Integrationsprozess wurde), desto mehr fixierte sich der GB/BHE wiederum darauf, den deutschen Nationalstaat in den „Grenzen von 1937" wiederherstellen zu wollen. So kritisierten seine Vertreter ab Mitte der 1950er-Jahre die zunehmende Verengung des Begriffs der Wiedervereinigung auf die DDR – eine durchaus zutreffende Beobachtung – und stellten dagegen nunmehr eine gleichsam umgedrehte Reihenfolge ihrer Ziele auf: zuerst erneuter Zusammenschluss des einstigen Deutschen Reiches und Verwirklichung des Heimat- bzw. Selbstbestimmungsrechts in diesem, dann möglicherweise eine Abkehr vom Nationalstaat.[88]

Den anderen Parteien bot das „Recht auf die Heimat" hingegen durch seine begriffliche Unschärfe einen Ausweg, den wachsenden Widerspruch zwischen dem formalen Beharren auf Rückgabe der Ostgebiete und der bestenfalls geringen Aussicht, dass dies jemals oder gar in naher Zeit durchzusetzen sein werde, zu überbrücken.[89] So erwies sich das Heimatrecht gegenüber dem schlichten Rück-

---

85 Eckhardt, 2. BT, 4/28.10.1953, S. 62.
86 Die Anerkennung der Vertreibungen als völkerrechtswidrig war für die Vertriebenenverbände auch deshalb von Interesse, da damit vermeintliche Ansprüche auf „Wiedergutmachung" verbunden schienen. Vgl., aus diesen Anspruch unterstützender Richtung, de Zayas 1993, S. 686.
87 Haasler, 2. BT, 5/29.10.1953, S. 96.
88 Vgl. Haasler, 2. BT, 61/15.12.1954, S. 3179; Frank Seiboth, 2. BT, 62/16.12.1954, S. 3227; Kather (jetzt im GB/BHE), 2. BT, 70/25.2.1955, S. 3667f. Allerdings betonte Strosche, 2 BT, 71/26.2.1955, S. 3927, weiterhin, dass die Vertriebenen, da nach seiner Auffassung selbst Opfer des Nationalstaats, als Erste für ein einiges Europa eingetreten seien.
89 Das bedeutete jedoch nicht, dass die Kontinuitätsthese als Argument ganz aus dem Diskurs verschwand. Vgl. die Regierungserklärungen Bundesaußenminister von Brentanos vom 28.6.1956

gabeanspruch als äußerst vielseitig: Es eignete sich sowohl – gerade in Kombination mit der starren Position des Nichtverzichts auf die Ostgebiete und der Nichtanerkennung der Grenze – als eine Art menschenrechtliche Verschleierung des fortgesetzten Wunsches nach Restauration des Deutschen Reiches wie als Legitimation eines „bloßen" Rückkehrrechts für die Vertriebenen. Dieses Rückkehrrecht war wiederum ebenfalls so diffus, dass es entweder im Sinne eines mehr oder weniger gleichberechtigten Zusammenlebens mit der polnischen Bevölkerung oder aber, wie etwa seine „Vererbbarkeit" oder die recht große Empörung im Bundestag über die ja lediglich intern geäußerten Gedanken Adenauers über ein deutsch-polnisches Kondominium nahelegen, einer deutschen Vormachtstellung gemeint sein konnte. Schließlich konnte mit dem Postulat des „Rechts auf die Heimat" überhaupt keine konkrete Zielsetzung bezüglich der Ostgebiete selbst verbunden sein, sondern der Blick sich, wie es vor allem in der CDU, aber auch in der SPD der Fall gewesen zu sein scheint, eher nach innen auf das Wählerpotenzial der Vertriebenen richten. Diese galt es ebenso wenig zu verschrecken wie die westlichen Bündnispartner, die das letzte Wort über das Hauptziel der Wiedervereinigung mit der DDR zu sprechen hatten. Redeten die Parteien, wie häufig praktiziert, ohne weitere Erläuterung vom „Recht auf die Heimat", konnte quasi jeder Zuhörer seine eigene Interpretation darin wiederfinden, obschon sich vor allem der GB/BHE – als im 2. Kabinett Adenauers zeitweise immerhin mit zwei Ministern, Waldemar Kraft als Bundesminister für besondere Aufgaben und Theodor Oberländer als Bundesminister für Vertriebene, Flüchtlinge und Kriegsgeschädigte, vertretene Partei – stets gegen eine allzu „weiche" Handhabe des Heimatrechts wandte.

Trotz aller Unmutsbekundungen, die Teile des GB/BHE auch 1955 bezüglich einer negativen Wirkung des *Saarstatuts* auf die deutsche Rechtsstellung in den Ostgebieten[90] oder 1956 gegen die Bildung der nur Westeuropa umfassenden EWG vorbrachte,[91] scheint es – zumal die SPD eine fast gleichlautende Kritik vertrat – nur bedingt zuzutreffen, dass sich die Vertriebenen als soziale Gruppe von den etablierten Parteien vernachlässigt fühlten.[92] Zumindest scheiterte der GB/BHE

---

sowie vom 31.1.1957, beide auch abgedruckt in: Auswärtiges Amt (Hrsg.) 1966, S. 137–159, hier S. 151, sowie S. 179–193, hier S. 183.
90 Vgl. ebd.; Kather, 2. BT, 72/27.2.1955, S. 376 f. Zum inneren Konflikt des GB/BHE über das Statut und den im Zusammenhang damit erfolgten Parteiaustritten siehe schon Kap. 2.2.
91 Vgl. Artur Stegner, 2. BT, 224/5.7.1956, S. 13326 f. Von Merkatz, 2. BT, 137/22.3.1956, S. 7105, bezeichnete hingegen als Ziel der EWG auch die Freiheit der osteuropäischen Völker.
92 Dies unterstellte aber Stegner, 2. BT, 224/5.7.1956, S. 13329.

bei den Bundestagswahlen 1957 an der Fünf-Prozent-Hürde[93] – ein Niedergang, der symptomatisch war für den Fortschritt der sozialen und politischen Integration der Vertriebenen und die sinkende Relevanz der Oder-Neiße-Frage, die exemplarisch in den Aussprachen zu Beginn der letzten beiden Wahlperioden der Adenauerzeit deutlich wird.

Die sinkende Bedeutung der Oder-Neiße-Frage gegen Ende der Ära Adenauer

In seiner Regierungserklärung von 1957 bezog Adenauer das Wort Wiedervereinigung recht deutlich ausschließlich auf die DDR, um lediglich nachzuschieben, dass die Regierung auch an die Deutschen denke, die noch jenseits der Oder-Neiße-Grenze wohnten.[94] Als Vorsitzender der CDU/CSU-Fraktion ergänzte Heinrich Krone, dass die Vertriebenen „zu uns" gehörten, „wie wir zu ihnen gehören."[95] Dabei bezog er sich zudem positiv auf das „Recht auf die Heimat", jedoch ohne dieses inhaltlich näher auszuführen und es in eindeutiger Weise zu interpretieren. Während sich der SPD-Vorsitzende Ollenhauer in der Regierungsaussprache überhaupt nicht direkt zur Frage der Oder-Neiße-Gebiete oder des Heimatrechts äußerte,[96] war der Freie Demokrat Thomas Dehler als einer von wenigen da schon präziser, als er verlangte, dass das Heimatrecht Teil des internationalen Rechts werden müsse und dazu ausführte:

„Unabhängig von bestehenden oder kommenden Staatsgrenzen muß für jeden Menschen im Lande seiner Geburt oder seines langjährigen Wohnsitzes das Recht zum Aufenthalt, das Recht zur Rückkehr dahin, das Recht zur Niederlassung daselbst und alles das in Gleichberechtigung mit den anderen Bewohnern dieses Landes zugebilligt und gesichert werden."[97]

Dehler interpretierte das Heimatrecht demnach gemäß seiner eigenen liberalen Orientierung in einem individualistischen Sinne, bezog er sich hier doch auf die Rechte von Individuen und das Prinzip der Gleichheit aller vor dem Gesetz. Damit entsprach seine Lesart kaum der an kulturell-ethnisch bestimmten Kollekti-

---

93 Zum anschließenden Niedergang des GB/BHE vgl. Neumann 1968, S. 228–234.
94 Vgl. Adenauer, 3. BT, 3/29.10.1957, S. 24, 26.
95 Heinrich Krone, 3. BT, 4/5.11.1957, S. 34. Vgl. ebd., S. 40, für Folgendes. Ähnliches formulierte von Merkatz bezüglich der inhaftierten Kriegsbrecher. Siehe dazu Kap. 4.2.2.
96 Vgl. Ollenhauer, 3. BT, 4/5.11.1957, S. 41–55.
97 Dehler, 3. BT, 4/5.11.1957, S. 63.

ven ausgerichteten Ausprägung des Heimatrechts bei den Vertriebenenverbänden und ihren Vertretern im Parlament.[98] Wie sich die Forderung nach einer flexibleren Handhabe der Bedeutung von Staatsgrenzen im Sinne eines an Geburt bzw. langjährigen Wohnort gekoppelten Aufenthalts-, Rückkehr-, und Niederlassungsrechts „für jeden Menschen" allerdings mit dem auch nach seiner Reform von 1955 auf dem ius sanguinis basierten Staatsbürgerschaftsrecht der Bundesrepublik vereinbaren lassen sollte, ließ Dehler unerwähnt.

Auf das Heimatrecht bezog sich schließlich auch der letzte DP-Vorsitzende Herbert Schneider, der dabei deutlich stärker das deutsche Interesse in der Sache herauskehrte, jedoch ebenfalls den Gedanken an mehr Flexibilität zum Ausdruck brachte. Im Unterschied zu Dehler blieb jedoch unklar, was er damit meinte:

> „Für uns wird das Ziel der Einheit in Freiheit nicht durch die Oder oder die Görlitzer Neiße begrenzt. Wir denken nicht an Verzicht, denn das Recht auf die angestammte Heimat ist unantastbar. Dies alles bedeutet nicht eine Politik der Stärke, sondern eine Politik der Selbstbehauptung. Mit Festigkeit im Grundsätzlichen und mehr Geschmeidigkeit und Anpassungsfähigkeit im Handeln, als wir es in der Vergangenheit manchmal bewiesen haben, werden wir unser gestecktes Ziel schließlich doch erreichen."[99]

Nachdem sich die DP im Laufe des Jahres 1960 mehrheitlich in die CDU aufgelöst hatte und den verbliebenen Abgeordneten nach einer Fusion auf Bundesebene mit den Resten des GB/BHE zur GDP bei den Bundestagswahlen von 1961 der Einzug ins Parlament nicht gelang, versank jedoch auch diese Partei in der Bedeutungslosigkeit.

In der Regierungserklärung zum Beginn der vierten Wahlperiode verwies Vizekanzler Ludwig Erhard darauf, dass die Sorge für die Vertriebenen und Flüchtlinge weiterhin „eine soziale Verpflichtung und ein nationales Anliegen" sei und dass die „Pflege des mittel- und ostdeutschen Kulturgutes" fortgesetzt werde.[100] Zudem protestierte er gegen den von der Sowjetunion angekündigten Separatfriedensvertrag mit der DDR und hob hervor, dass die Wiedervereinigung Deutschlands auf Basis des Selbstbestimmungsrechts das Ziel bleibe, erwähnte

---

98 Zur Differenzierung von Niederlassungs- und Heimatrecht vgl. Salzborn 2005, S. 135 f.
99 Herbert Schneider (DP), 3. BT, 4/5.11.1957, S. 77. Gemeint ist ebenfalls die Lausitzer Neiße, die früher auch als Görlitzer Neiße bezeichnet wurde.
100 Ludwig Erhard (CDU), 4. BT, 5/29.11.1961, S. 29. Fritz Erler kritisierte für die SPD zwar die Durchführung des Lastenausgleichs als ungerecht, betonte sonst aber ebenfalls nur die große Bedeutung der Kulturpflege für das Zugehörigkeitsgefühl der Vertriebenen. Vgl. 4. BT, 6/6.12.1961, S. 99. Diese befürwortete weiterhin auch Adenauer, 4. BT, 57/6.2.1963, S. 2581.

in dem Zusammenhang allerdings ausdrücklich allein die DDR.[101] Willy Brandt wurde im Vergleich dazu deutlicher, als er sagte, dass auch die SPD der Auffassung sei, „daß die Frage der *Ostgrenzen* erst mit einer gesamtdeutschen Regierung geregelt werden kann".[102] Zudem legte er eine unzuverlässige Haltung der Regierung nahe, indem er unterstrich, „was wir früher gesagt haben, nämlich, daß wir keine Politik hinter dem Rücken der heimatvertriebenen Landsleute machen dürfen." Gleichzeitig bettete Brandt seine Äußerungen jedoch in den Wunsch nach mehr Einsatz der Regierung für freundschaftliche und auf Ausgleich gerichtete Beziehungen zu den östlichen Nachbarn ein. Darauf reagierte Heinrich von Brentano abwehrend mit der Frage, ob dies denn bei aller moralischen Verantwortung besonders gegenüber Polen die richtige Antwort auf den knapp drei Monate zuvor begonnenen Mauerbau sei.[103] Zur Oder-Neiße-Frage sprach von Brentano allerdings ebenso wenig wie der FDP-Bundesvorsitzende Erich Mende, der zwar erneut das Selbstbestimmungsrecht für die Deutschen einforderte, die Ostgebiete in dem Kontext aber nicht direkt thematisierte.[104]

Gegen Ende der Adenauerzeit war die Konjunktur der Oder-Neiße-Frage als Gegenstand der politischen Diskussion somit an einem vorläufigen Tiefpunkt angelangt, was sich erst knapp zehn Jahre später, im Zusammenhang mit den *Ostverträgen*, wieder ändern sollte.[105] Dies hieß jedoch nicht, dass im Bundestag ausgesprochen wurde, dass man auf die Ostgebiete verzichte und die Oder-Neiße-Grenze anerkenne. Allein schon deshalb blieb der politische Diskurs zu dieser Territorialfrage hochgradig ambivalent: Das formale Beharren auf dem Nationalstaat von 1937 stand Ideen einer europäischen, polnisch-deutschen oder gar der Akzeptanz einer allein polnischen Lösung entgegen; Abwertungen der Polen und Überlegenheitsansprüche widersprachen ebenso wie die dem „Recht auf die Heimat" innewohnende ethnische und aggressive Konnotation dem Ansinnen einer lediglich individuellen Rückkehrmöglichkeit.

Daher ließe sich zwar einerseits interpretieren, dass die vorgestellten Grenzen der deutschen Nation mit der Zeit enger wurden.[106] Dies zeigt sich auf begrifflicher Ebene auch im Bedeutungswandel der Bezeichnung Ostdeutschland

---

101 Vgl. Erhard, 4. BT, 5/29.11.1961, S. 31.
102 Willy Brandt (SPD), 4. BT, 6/6.12.1961, S. 56 (Herv. i. Orig.). Ebd. das folgende Zitat.
103 Vgl. Brandt, 4. BT, 6/6.12.1961, S. 55; von Brentano, 4. BT, 6/6.12.1961, S. 67.
104 Vgl. Erich Mende (FDP), 4. BT, 6/6.12.1961, S. 75.
105 Siehe dazu Fn. 108 in Kap. 1.3. Für eine differenzierte Analyse der öffentlichen Auseinandersetzungen über die Deutschlandpolitik Brandts aus geschichtswissenschaftlicher Perspektive vgl. außerdem Mundzeck 2008.
106 Siehe dazu bereits Fn. 7 sowie Lotz 2007, S. 4 f. auch zum Wandel auf Begriffsebene.

an, die vormals die Ostgebiete meinte, sich im Verlauf der Ära Adenauer aber auf das ehemals als Mitteldeutschland benannte Gebiet der DDR verschob. Andererseits wurden unter dem Stichwort „Recht auf die Heimat", das ja u. a. auch für die Sudetendeutschen gelten sollte, allerdings gedanklich manchmal selbst noch die „Grenzen von 1937" überschritten, wenngleich ein tatsächlicher Territorialanspruch auf die ab 1938 eroberten Gebiete unter den großen Parteien nicht diskussionsfähig war.[107]

Das „Recht auf die Heimat" bildete ohnehin ein passables Dach für all diese divergierenden Vorstellungen, wenn es zur damaligen Zeit auch noch kein „nicht durch den Revanchismusverdacht kontaminiertes Gesicht"[108] erhielt. Trotz der Anrüchigkeit des Heimatrechts machte sich jedoch in den politischen Auseinandersetzungen über die Ostgebiete die Tendenz bemerkbar, die zunächst primär in nationaler Terminologie gefasste Begründung des eigenen Anspruchs auf das fragliche Territorium hinter einer Legitimation mit – im deutschen Interesse interpretierten – europäischen Belangen bzw. Menschenrechten zurücktreten zu lassen. Wenngleich in anderer sowie in weitaus schwächerer und weniger verbreiteter Form als im Fall der Saar, war somit auch in den Debatten über die Ostgebiete zumindest implizit die Möglichkeit angelegt, statt auf die Einverleibung der Gebiete in das eigene Staatsterritorium auf eine Mitsprache über sie, vermittelt über europäische oder andere Institutionen, zu setzen.[109] Grundlage dafür war wiederum eine auf einem vorstaatlichen und vorkonstitutionellen Volksbegriff basierte Vorstellung von der deutschen Nation, wie sie speziell in den Äußerungen zu den Oder-Neiße-Gebieten als vermeintlich seit Jahrhunderten „deutsches" Territorium wie in der rechtlichen Kodifizierung des Vertriebenenstatus über eine „(vererbbare) Volkszugehörigkeit" zum Ausdruck kam.

Doch obschon z. B. vom Kanzler womöglich über Lösungen der Oder-Neiße-Frage jenseits des Nationalstaats nachgedacht wurde, verblieben derartige Ansätze in informellen Kreisen, während öffentlich stets die Position des Nicht-Verzichts hochgehalten wurde. Diese größere Starrheit der Regierungspolitik in Richtung Osten im Unterschied zu ihrer Flexibilität in Richtung Westen bestätigt sich auch in den Debatten über das Ziel der Wiedervereinigung mit der DDR.

---

107 Auch Union und SPD gestanden den Sudetendeutschen ein Heimatrecht zu, wollten damit aber gerade die Gebietsansprüche der kleinen Rechtsparteien abwehren. Vgl. zu diesen Ansprüchen Loritz, 1. BT, 7/22. 9.1949, S. 68; Richter, ebd., S. 82 f.; Goetzendorff, 1. BT, 7/23. 9.1949, S. 129; kritisch dazu Kather, ebd., S. 145; Schmid, ebd., S. 184; Adenauer, ebd., S. 187.
108 Kreutzberger 2001, S. 7.
109 Zum aber erst in den 1960ern in den Vertriebenenverbänden einsetzenden Wandel siehe Fn. 61.

3.2 Das Ziel der Wiedervereinigung mit der DDR im Spannungsfeld von nationaler Rhetorik, pragmatischer Politik und Antikommunismus

Sprachen die politischen Akteure der Adenauerzeit vom Ziel der Wiedervereinigung, der deutschen Einheit etc., war damit, wie bereits im Zusammenhang mit der Saarfrage und der Oder-Neiße-Problematik angedeutet, grundsätzlich ein breites und variables Bedeutungsspektrum eröffnet.[110] So konnten sich besagte Formulierungen auf sämtliche der von westdeutscher Seite erhobenen Territorialansprüche im Rahmen der „Grenzen von 1937" erstrecken. Im engeren Sinne bezogen sich Ausdrücke wie Wiedervereinigung oder Einheit jedoch von Beginn an in erster Linie auf den Zusammenschluss von Bundesrepublik und DDR und spitzten sich gerade bei Union und SPD immer mehr auf diesen Themenkomplex zu, wenn auch ohne ihre Mehrdeutigkeit gänzlich zu verlieren.[111]

Durchgängig blieb der politische Diskurs über die DDR von nationaler Rhetorik bestimmt, d.h., sie galt ebenso wie die Bundesrepublik als unverzichtbarer Bestandteil des deutschen Nationalstaats, und kein Politiker stellte gegenüber der westdeutschen Öffentlichkeit prinzipiell infrage, dass die Wiedervereinigung mit der DDR zentrales Ziel der eigenen politischen Konzeption sei.[112] Das gilt auch für die Bundesregierung inklusive des Kanzlers, deren Einheitswille sowohl unter den Zeitgenossen, sprich vor allem von der SPD, als auch in der historischen Forschung stark bezweifelt wurde.[113] Doch ebenso, wie einerseits festgestellt wurde, dass die Regierung Adenauer „keine operative Wiedervereinigungspolitik"[114] verfolgte, ist andererseits zu beobachten, dass sie auf der diskursiven Ebene ähnlich vehement am Ziel nationaler Einheit festhielt wie die sozialdemokratische Opposition. Diese fortgesetzte Macht des Bezugs auf die Nation als Legitimationsmittel politischer Entscheidungen zeigt sich nicht zuletzt darin, dass selbst das Projekt der Westintegration über die Formel abgefedert wurde, dass sie am Ende die Wiedervereinigung bringen werde.[115]

---

110 Vgl. ausführlich dazu Hahn 1995, bes. S. 286 ff., 322 ff.
111 Siehe dazu die Kritik des GB/BHE an dieser begrifflichen Verengung in Kap. 3.1.
112 So war es undenkbar, für die DDR eine „Europäisierung" o. Ä. in Betracht zu ziehen, wie es bei der Saar der Fall war. Vgl. dazu auch Karl Mommer (SPD), 2. BT, 70/25. 2.1955, S. 3717.
113 Vgl. dazu bes. die Beiträge von Josef Foschepoth, so u. a. Foschepoth 1988d, m. w. N.; zur gegenteiligen Position etwa Schwarz 1979.
114 Conze 2009, S. 67; ähnlich schon Thränhardt 2007, S. 96; Foschepoth 1988c, S. 22. Alle drei Autoren weisen ebenfalls auf die Divergenz von Wort und Tat bei Adenauer hin.
115 Anders äußerte sich Adenauer dagegen z. T. gegenüber den Alliierten. Ebenso bekannt wie umstritten ist die Notiz des britischen Hochkommissars Kirkpatrick, laut der der Kanzler ihm Ende

Schon allein angesichts der „doppelten Staatsgründung"[116] von 1949 stellte sich in allen politischen Lagern allerdings besonders dringlich die Frage, inwiefern der nationale Zusammenhalt einschließlich der DDR überhaupt langfristig bewahrt werden könne oder ob eine Auseinanderentwicklung der deutschen Nation auf Dauer unvermeidbar sein werde. Bei allen Differenzen, die in der Beantwortung dieser Frage zutage traten, bezogen sich sowohl Regierungsparteien als auch Opposition in der Diskussion dieses Problems schlussendlich wiederum auf eine vorstaatliche, ethnisch konnotierte Vorstellung von Nation, um die Verbundenheit der Deutschen über die Existenz von zwei deutschen Staaten hinweg konservieren und auf diese Weise dem Anspruch auf Wiedervereinigung größere Unbedingtheit verleihen zu können.[117]

Die antikommunistische Grundstimmung, die die frühe Bundesrepublik maßgeblich prägte,[118] entfaltete in diesem Kontext einen gleichsam doppelten Effekt: Zum einen wurde die Einheit der Nation durch den häufigen Verweis darauf unterstrichen, dass die Mehrheit der deutschen Bevölkerung in Ost und West die DDR-Diktatur ebenso wie den Kommunismus insgesamt ablehne. Zum anderen erschienen die DDR-Bürger im politischen Diskurs der Adenauerzeit jedoch zugleich vorwiegend nur noch als passive Objekte und – dauerhaft dem „Gift vom Osten"[119], sprich kommunistischer Indoktrination ausgesetzt – als sich zunehmend entfernende, womöglich sogar gefährliche „Fremde", womit gleichzeitig eine bestimmte Form der Abstufung in die Vorstellungen von der einen deutschen Nation hineingebracht wurde.[120]

Dem ambivalenten, zwischen Nähe und Distanz, Verbundenheit und Entfremdung schwankenden Verhältnis der westdeutschen Parteien zur DDR wird auf zwei Ebenen in seinen Folgen für die Nationenvorstellungen nachgegangen.

1955 mitteilte, dass die Westintegration der Bundesrepublik wichtiger als die Wiedervereinigung Deutschlands sei. Diese Notiz ist erstmals veröffentlicht bei Foschepoth 1988b. Vgl. dazu in Kritik an Adenauers mangelndem Willen zur Einheit Gehler 1992; Adenauer Einheitswillen dagegen verteidigend Pape 1999.

116 Titelgebend bei Kleßmann 1991.
117 Den Fortbestand „eines ethnischen Zusammenhalts" – bei gleichzeitiger Abkehr vom „überzogenen Nationalismus" – sieht auf Ebene des Alltagsbewusstseins auch Jarausch 2004, S. 86.
118 Als entscheidenden Konsens der frühen Bundesrepublik resp. als die „die politischen Lager überwölbende Integrationsideologie" bezeichnet den Antikommunismus Schildt 1999, S. 97.
119 So eine Formulierung von Heinrich von Brentano, 1. BT, 98/8.11.1950, S. 3616.
120 Dieser ambivalente Effekt entspricht in bestimmter Weise der von Kogon 1970, bes. S. 86 f., skizzierten doppelten Funktion des Antikommunismus: 1. als Bindeglied zum antibolschewistischen Element der NS-Ideologie (Einheit), 2. als Eintrittsticket ins Westbündnis (Trennung). Angedeutet, aber nicht näher analysiert wird die „Gefahr der Selbstüberhebung gegenüber dem anderen Teil der Nation" auch bei Gabbe 1976, S. 96 (Zitat), 217.

Als Erstes stehen die Sichtweisen auf das Verhältnis von Bundesrepublik und DDR als Staaten im Zentrum (3.2.1). Als Zweites wird noch einmal eigens das im politischen Diskurs erzeugte Bild von den DDR-Bürgern beleuchtet (3.2.2).

3.2.1 Das Verhältnis zur DDR zwischen Verbundenheit und Entfremdung

Ein kurzer Rückblick auf die Vorgeschichte der deutsch-deutschen Teilung

Angesichts der Komplexität der Vorgeschichte der deutsch-deutschen Teilung kann diese Geschichte hier keinesfalls mit dem Anspruch auf Vollständigkeit nachgezeichnet werden. In Anbetracht der einseitigen Schuldzuweisungen, die die Parteien der Adenauerzeit mit jeweils unterschiedlicher Stoßrichtung für das Zustandekommen der Teilung vorbrachten, sei jedoch hervorgehoben, dass die Teilung wohl letztendlich von keiner Seite ganz allein zu verantworten war. Vielmehr trugen in einem wechselvollen Prozess alle Beteiligten, die Westalliierten wie die Sowjetunion, im Rahmen ihrer Möglichkeiten aber auch die politischen Akteure in West- und Ostdeutschland ihren Teil dazu bei, dass es schließlich zur Gründung zweier deutscher Staaten kam.

Dass die Alliierten zumindest 1945 nicht mehr beabsichtigen, das in vier Besatzungszonen unterteilte deutsche Gebiet in verschiedene (Teil-)Staaten aufzuspalten, zeigt vor allem das *Potsdamer Abkommen* vom 2. August 1945. Darin vereinbarten sie ausdrücklich, ihre Zonen weiterhin „als eine wirtschaftliche Einheit zu betrachten"[121] und über den Alliierten Kontrollrat gemeinsam zu verwalten.[122] Auch auf politischer Ebene sollte, „[s]oweit dieses praktisch durchführbar ist, [...] die Behandlung der deutschen Bevölkerung in ganz Deutschland gleich sein." Anders als die Ablösung der Ostgebiete, die schon in Potsdam zumindest bis zum Abschluss eines Friedensvertrages beschlossen worden war und die insofern als Ausdruck der gemeinsamen Politik der vier Siegermächte gegenüber dem deutschen Kriegsgegner gelten kann, war die Trennung von Bundesrepublik und DDR somit kein unmittelbares Resultat des Zweiten Weltkrieges. Vielmehr bildete sie gleichsam ein Nebenprodukt der sich im letzten Drittel der 1940er-Jahre weltweit verschärfenden Spannungen zwischen den USA und der Sowjetunion, die alsbald

---

121 *Potsdamer Abkommen*, Art. III, Abs. B, Nr. 14, in: Rauschning (Hrsg.) 1985, S. 26. Das folgende Zitat findet sich ebenfalls in Art. III, Abs. A, Nr. 2, ebd., S. 24.
122 Vgl. dazu wie zur folgenden Darstellung der Teilungsgeschichte, soweit nicht anders angegeben, Kleßmann 1991, S. 31–34, 99–110 u. bes. 177–208; Thränhardt 2007, S. 49–66; zu den Potsdamer Deutschlandregelungen auch Eschenburg 1985, S. 46–49.

zum Zerfall der Anti-Hitler-Koalition und damit auch zum offenen Bruch in der alliierten Deutschlandpolitik führten

Besonders das Jahr 1947, in dem ausgehend von den USA auch der Terminus Kalter Krieg populär wurde,[123] erwies sich auf diesem Weg als entscheidend: Am 12. März proklamierte US-Präsident Harry S. Truman anlässlich der sich zuspitzenden Lage in Griechenland und der Türkei die *Truman-Doktrin,* in der er offiziell den Wechsel der amerikanischen Politik zur Eindämmungsstrategie (Containment Policy) gegenüber der Sowjetunion verkündete. Am 5. Juni folgte der *Marshallplan* der USA zur wirtschaftlichen Regeneration Europas, der sich formal zwar auch an die UdSSR richtete, deren Ablehnung allerdings von vornherein einkalkulierte. In der Tat wies die UdSSR das Hilfsprogramm nicht nur für sich, sondern auch für ihre Satellitenstaaten, etwa die sehr daran interessierte Tschechoslowakische Republik, zurück.[124]

In Deutschland konsolidierte sich derweil die Bizone, die Amerikaner und Briten zum 1. Januar 1947 aus ihren Besatzungszonen gebildet hatten und in der sich am 25. Juni der Frankfurter Wirtschaftsrat als „eine Art Quasi-Parlament"[125] konstituierte. Im selben Monat scheiterte die Münchener Ministerpräsidentenkonferenz, die die ostdeutschen Vertreter noch vor dem eigentlichen Beginn verließen, da entgegen der Ankündigung nach dem mehrheitlichen Willen der Westzonenvertreter über Fragen der politischen Einheit Deutschlands nicht diskutiert werden sollte. Abgebrochen wurde am Jahresende auch die Londoner Außenministerkonferenz als letzter Versuch der Vier Mächte, sich auf eine deutschlandpolitische Linie zu einigen. Im Februar 1948 debattierten die Westmächte unter Beteiligung der Beneluxstaaten in London bereits über die Gründung eines eigenständigen Weststaates. Danach eskalierten die Ereignisse zusehends: Die Sowjetunion reagierte zunächst mit dem Auszug aus dem Kontrollrat und ersten Beschränkungen der Verkehrsverbindungen nach Berlin. Der westdeutschen Währungsreform vom 20. Juni 1948 folgte drei Tage später die Einführung der Ostmark und die vollständige Blockade der Land- und Wasserwege nach Berlin, die die Westmächte jedoch per Luftbrücke umgingen. Am 1. Juli 1948 übergaben sie den westdeutschen Ministerpräsidenten die *Frankfurter Dokumente,* und nachdem im August der Herrenchiemseer Konvent getagt hatte, begannen im September die Beratungen des Parlamentarischen Rates, während sich paral-

---

123 Zur Begriffsgeschichte vgl. Stöver 2007, bes. S. 11–14.
124 Dementsprechend sollte auch die sowjetische Besatzungszone nicht von den Hilfsmaßnahmen profitieren. Zu den westdeutschen Reaktionen auf den *Marshallplan* siehe bereits Kap. 2.1.1.
125 Kleßmann 1991, S. 186.

lel dazu die Staatswerdung der DDR vollzog. Als der Bundestag der am 23. Mai 1949 mit der Verabschiedung des Grundgesetzes gegründeten Bundesrepublik am 7. September 1949 erstmals zusammentrat, stand die Gründung des ostdeutschen Staates genau einen Monat später gerade unmittelbar bevor.

Prinzipielle Gemeinsamkeiten und Differenzen der Parteien in den Jahren 1949/50

Grundlegend stimmten Regierung und SPD darin überein, ein ungeachtet der staatlichen Teilung andauerndes Gefühl nationaler Zusammengehörigkeit der Deutschen in Ost und West anzunehmen. Dies deutete sich bereits im allgemeinen Applaus an, den der Kanzler für folgende Aussage aus seiner ersten Regierungserklärung erhielt:

> „Wenn auch der Eiserne Vorhang, der quer durch Deutschland geht, noch so dicht ist, – er kann nichts an der geistigen Verbundenheit zwischen den deutschen Menschen diesseits und jenseits des Eisernen Vorhangs ändern. (Lebhafter Beifall rechts, in der Mitte und bei der SPD.)"[126]

In der anschließenden Aussprache wurde allerdings ebenfalls bereits ersichtlich, dass die Parteien trotz dieser grundsätzlichen Gemeinsamkeit unterschiedlich beurteilten, wie unverbrüchlich die Verbundenheit der Nation denn tatsächlich sei bzw. auf welche Weise sie zukünftig am besten gewahrt werden könne. Die diesbezüglichen Differenzen machten sich zunächst besonders an dem vom Christdemokraten Jakob Kaiser übernommenen und bis 1957 geleiteten Bundesministerium für gesamtdeutsche Fragen fest, das auch für alle Angelegenheiten bezüglich der DDR zuständig sein sollte. Kurt Schumacher lehnte dies für die SPD jedoch strikt ab.[127] Den Einspruch seiner Partei gegen das von ihm als „*Ostministerium*"[128] betitelte Ressort begründete der SPD-Vorsitzende damit, dass der Verkehr zwischen Ost- und Westdeutschland vielmehr im Innenministerium zu regeln sei, um zu „manifestieren, daß das Verhältnis der deutschen Bundesrepublik zur sowjetischen Besatzungszone unter deutschem Blickwinkel ein innerdeutsches Problem ist." Die Einrichtung eines Sonderministeriums ermögliche es hingegen,

---

126 Adenauer, 1. BT, 5/20.9.1949, S. 30. Ebd. folgende Zitate.
127 Vgl. Creuzberger 2008, zur Kritik der SPD ebd., S. 41 ff., 46 ff.
128 Schumacher, 1. BT, 6/21.9.1949, S. 34 (Herv. i. Orig.). Ebd. folgende Zitate.

das Problem der deutsch-deutschen Beziehungen auf die völkerrechtliche Ebene zu verlagern, was „bestimmt nicht gewollte Gefahren" beinhalte. Was er damit meinte, war, dass die DDR seitens der Bundesrepublik keinesfalls zum „Ausland" gestempelt werden dürfe, wollte man den nationalen Zusammenhalt und damit den Anspruch auf Wiedervereinigung nicht gefährden.

Diese Position wurde zwar prinzipiell im Regierungslager geteilt, weshalb die auf die DDR gerichtete Politik nicht als Außenpolitik, sondern als Deutschlandpolitik firmierte.[129] Demgemäß bestritt Heinrich von Brentano für die CDU in Reaktion auf Schumacher sogleich, dass Kaisers Ministerium das spezielle deutsch-deutsche Verhältnis in irgendeiner Weise infrage stelle.[130] Auch das Problem der Entzweiung der deutschen Nation durch die staatliche Teilung, das hier bei Schumacher nur zwischen den Zeilen anklang, von den Sozialdemokraten aber in wachsendem Maße thematisiert werden sollte, sprach von Brentano an. Anders als die SPD, die dieses Problem vor allem als drohende Gefahr darstellte, schilderten die Regierungsparteien die Entfremdung zwischen Bundesrepublik und DDR jedoch eher als bereits gegebenes Faktum,[131] und dies auch bereits Ende September 1949, also noch bevor knapp zwei Wochen später die DDR als Staat überhaupt formal gegründet worden war.

So begründete von Brentano die Notwendigkeit eines besonderen „Ostministeriums", damit, dass die Auseinanderentwicklung beider Gesellschaftssysteme schon zu weit fortgeschritten sei, weshalb das Ressort die „psychologischen und tatsächlichen Vorbereitungen"[132] für den Tag der Einheit zu treffen habe:

„Denn wir können ja nicht etwa blind daran vorbeigehen, daß sich drüben in der Ostzone unter der Herrschaft der Sowjetunion soziologische, strukturelle, wirtschaftliche Veränderungen vollzogen haben, die im Falle der Wiederherstellung der deutschen Einheit nicht etwa von heute auf morgen beseitigt oder revidiert werden können."

---

129 Zum „Paradoxon deutscher Außenpolitik", das sich institutionell im Ministerium für gesamtdeutsche Fragen (ab 1969: für innerdeutsche Angelegenheiten) niederschlug und darin bestand, dass die Deutschlandpolitik zwar den zentralen Bereich westdeutscher Außenpolitik bildete, aber eben nicht als solche benannt werden durfte, vgl. Schöllgen 2004, S. 7, 12 f., Zitat S. 12.
130 Vgl. von Brentano, 1. BT, 6/21.9.1949, S. 44 f.
131 Dies entsprach den Positionen zum Ende des Nationalstaats, das von der Koalition ebenfalls als Tatsache, von der SPD hingegen als Möglichkeit dargestellt wurde. Siehe dazu Kap. 2.1.1. Diverse Belege zur Thematisierung des Entfremdungsproblems auch bei Gabbe 1976, S. 128 ff., allerdings ohne nähere Analyse der oben genannten Differenzierung ihrer Einschätzung als real vs. drohend.
132 Von Brentano, 1. BT, 6/21.9.1949, S. 45. Ebd. das folgende Zitat.

Während sich der Konflikt über Kaisers Ministerium allerdings bald entschärfte, weil die SPD zunehmend die Möglichkeiten einer produktiven Zusammenarbeit mit dem ebenfalls stark auf die Wiederherstellung der deutschen Einheit orientierten Minister erkannte,[133] schätzten die Parteien das Entfremdungsproblem auch weiterhin unterschiedlich ein. Diese Unterschiede hingen eng damit zusammen, welcher Stellenwert der Wiedervereinigung jeweils eingeräumt wurde: Suchten die Sozialdemokraten den hohen Rang, den sie der deutschen Einheit zumaßen, dadurch zu betonen, dass sie die Entfremdung als Bedrohung, insofern aber auch als noch abwendbar beschrieben, wirkte die Wiedervereinigung um Einiges weniger vordringlich, wenn man die Entfremdung, wie die Regierungsseite, als ohnehin schon vorhandene Realität verstand.

Vor diesem Hintergrund erklärt sich auch, dass die Regierungsparteien – scheinbar im Widerspruch zum gleichzeitig von ihnen konstatierten hohen Grad der Entfremdung – die Beständigkeit der nationalen Verbundenheit besonders stark hervorhoben, ließ sich auf diese Weise doch legitimieren, dass keine allzu große Eile in Sachen Wiedervereinigung geboten sei. Dagegen drängte die SPD stets darauf, die Einheit schnellstmöglich herbeizuführen, und stellte daher eher den sonst unaufhaltsamen Zerfall der Nation in den Vordergrund.[134] Ähnlich wie in der Saardiskussion neigte somit das Regierungslager und darin allen voran die Union dazu, die Einheit der Nation als unabhängig von der Einheit des Staates vorauszusetzen, wohingegen die SPD befürchtete, dass die nationale ohne die staatliche Einheit keinen Bestand haben könne. So hatte Adenauer kurz vor seinem eingangs zitierten Statement zur unabänderlichen Verbundenheit der Deutschen erklärt, dass die staatliche Teilung „eines Tages – das ist unsere feste Überzeugung – wieder verschwinden"[135] werde. Schließlich sei sie

> „durch Spannungen herbeigeführt worden, die zwischen den Siegermächten entstanden sind. Auch diese Spannungen werden *vorübergehen*. Wir hoffen, daß dann der Wiedervereinigung mit unseren Brüdern und Schwestern in der Ostzone und in Berlin nichts mehr im Wege steht."

Im Kontrast zu dieser vornehmlich auf die Herbeiführung der Einheit durch äußere Faktoren setzenden Äußerung Adenauers betonte Schumacher die zentrale Rolle der Wiedervereinigung in der politischen Konzeption seiner Partei:

---

133 Vgl. Creuzberger 2008, S. 62.
134 Diese Differenzen werden im Folgenden noch ausführlich belegt.
135 Adenauer, 1. BT, 5/20. 9. 1949, S. 30. Ebd. das folgende Zitat (Herv. d. Verf.).

„Mögen nun viele Leute diesen Zustand der Spaltung Deutschlands für relativ und *vorübergehend* erachten, wir Sozialdemokraten können das nicht. Die Frage der *deutschen Einheit* kommt hinein in jede andere politische Frage, die Deutschland berührt. Diese Frage kommt nicht mehr von der Tagesordnung."[136]

Diese unterschiedlichen Prioritätensetzungen in der Wiedervereinigungsfrage hatten nicht zuletzt taktische Gründe, und insofern waren auch die divergierenden Nationenvorstellungen der Parteien zum Teil Produkt taktischer Überlegungen, ohne sich ganz auf eine Funktion politischer Taktik reduzieren zu lassen.[137] Gleichwohl spielte es für die Haltung der SPD zur Einheit der Nation eine relevante Rolle, dass wichtige ihrer Wahlhochburgen in der DDR lagen, weshalb sie hoffen konnte, bei einer gesamtdeutschen Wahl die Mehrheit zu erringen und dann selbst die Bundespolitik bestimmen zu können.[138] Dies gab Erich Ollenhauer in der Aussprache über die erste Regierungserklärung Adenauers auch offen zu erkennen, als er im Plenum die Frage stellte, „wie die politische Zusammensetzung dieses Hauses aussehen würde, wenn am 14. August in allen vier Zonen Deutschlands gewählt worden wäre."[139]

Da die Union mit ihren Koalitionspartnern demgegenüber bereits die politische Macht in Westdeutschland besaß, lag es für sie zumindest näher, erst die Bundesrepublik im Westbündnis voranzubringen, d. h. vor allem weitgehende Souveränität zu erlangen, um weitere politische Weichen stellen zu können. Folglich wundert es wenig, dass Adenauer sich in seiner Regierungserklärung zuerst erfreut über das schnelle *„Werden des neuen Deutschlands"*[140] bzw. „dieses Werden des deutschen Kernstaates" gezeigt hatte, bevor er erwähnte, dass es besonders schmerzlich sei, dass Deutschland „in zwei Teile zerrissen ist", während die Sozialdemokraten stattdessen den provisorischen Charakter der Bundesrepublik als Teilstaat herausstrichen.[141]

Gerade anfangs ging es bei den Auseinandersetzungen über den Stellenwert der Einheit und die Verortung der Bundesrepublik als Kern- oder Teilstaat vor allem darum, wie das ökonomische System in Westdeutschland auszugestalten und damit auch das System des künftigen Gesamtdeutschlands zu präjudizieren sei.

---

136 Schumacher, 1. BT, 6/21.9.1949, S. 35 f. (1. Herv. d. Verf., 2. Herv. i. Orig.).
137 Dagegen spricht etwa, dass die verschiedenen Nationenvorstellungen auch in den anderen hier untersuchten Politikfeldern relativ konsistent blieben.
138 Vgl. Thränhardt 2007, S. 56; Brandt 1996, S. 46.
139 Ollenhauer, 1. BT, 7/23.9.1949, S. 98.
140 Adenauer, 1. BT, 5/20.9.1949, S. 22 (Herv. i. Orig.). Ebd. folgende Zitate.
141 Vgl. Schumacher, 1. BT, 6/21.9.1949, S. 41; Ollenhauer, 7/23.9.1949, S. 99.

Im Zentrum stand also die „Frage: ,Planwirtschaft' oder ,Soziale Marktwirtschaft'", die, wie Adenauer ebenfalls gleich zu Beginn seiner Erklärung herausstellte, „im Wahlkampf eine überragende Rolle gespielt [hat]."[142] Der Kanzler interpretierte das Zustandekommen der bürgerlichen Koalition dementsprechend dahingehend, dass sich „[d]as deutsche Volk [...] mit großer Mehrheit gegen die Planwirtschaft ausgesprochen" habe. Dagegen befürchtete Schumacher für die SPD, dass die Bundesrepublik nunmehr entgegen den Interessen der arbeitenden Bevölkerung „ein autoritärer *Besitzverteidigungsstaat* werden kann."[143]

Auch die Divergenzen in der Beurteilung des Entfremdungsproblems hingen im Kern mit der sozialen Frage zusammen.[144] Die Regierungsparteien sahen die Entzweiung der Nation schon deshalb als dermaßen weit fortgeschritten an, weil diese Entwicklung in ihren Augen primär auf den Sozialisierungsbestrebungen in der DDR beruhte, die, wie in von Brentanos Begründung des „Ostministeriums" bereits anklang, für die Wiedervereinigung erst wieder komplett rückgängig gemacht werden müssten. Demgegenüber befürwortete die Nachkriegs-SPD in ihren frühen Jahren durchaus noch ein sozialistisches Wirtschaftssystem[145] und erblickte daher im Versuch, ein solches System zu etablieren, an sich keinen Distanz schaffenden Faktor, obwohl sie die konkrete Umsetzung des Sozialismus in der DDR ebenfalls strikt ablehnte.[146]

Verstärkt durch die im April 1946 in der sowjetischen Zone erzwungene Vereinigung von SPD und KPD zur SED prägte die westdeutsche Sozialdemokratie allerdings ein mindestens ebenso massiver Antikommunismus wie CDU/CSU, DP und FDP.[147] Dadurch relativierten sich in bestimmtem Maße auch die Differenzen zwischen den Parteien, insbesondere, was die der Bundesrepublik zugestandene Rolle im Verhältnis zum potenziellen Gesamtdeutschland angeht. So plädierte neben dem Kanzler nicht nur der FDP-Fraktionsvorsitzende Hermann Schäfer dafür, „diesen Staat, den wir hier beginnen, zu einem echten Kristallisationskern neuer deutscher Einheit zu machen."[148] Indirekt stand auch die 1947 von Schu-

---

142 Adenauer, 1. BT, 5/20.9.1949, S. 22. Ebd. das folgende Zitat.
143 Schumacher, 1. BT, 6/21.9.1949, S. 32 (Herv. i. Orig.). Ebd., S. 33, sah er daher auch in der Bundesrepublik die „Gefahr einer Entfremdung der arbeitenden Menschen vom Staat."
144 Bei der BP, die die Entfremdung von Bundesrepublik und DDR wie die Regierung mehr als Faktum denn als Gefahr beschrieb, ging diese Ansicht allerdings primär auf ihre Ablehnung jeder Form von Zentralstaatlichkeit zurück. So hielt sie einen zu zentralstaatlichen Aufbau der Bundesrepublik für die Ursache der Entfremdung. Vgl. Etzel, 1. BT, 7/23.9.1949, S. 11.
145 Vgl. hierzu wie zum Wandel der Partei im Verlauf der 1950er-Jahre Miller 1975.
146 Vgl. etwa die Kritik an der DDR-Diktatur von Ollenhauer, 1. BT, 7/23.9.1949, S. 102 f.
147 Vgl. u. a. Leonhard 2006; für weitere Literatur und Dokumente siehe Nepp (Zs.gest.) 2006.
148 Schäfer, 1. BT, 6/21.9.1949, S. 51.

macher entworfene Magnettheorie dafür, den Weststaat zu einem solchen Kristallisationskern werden zu lassen.[149] Demnach sollte die Bundesrepublik durch gute Löhne und Arbeitsbedingungen sowie weitreichende Mitbestimmungsrechte der Arbeitnehmerinnen und Arbeitnehmer möglichst sozial und demokratisch ausgestaltet werden, um dadurch derart anziehend auf die DDR zu wirken, dass die Wiedervereinigung herbeigeführt werde.[150] Vom Grundsatz her teilte den zentralen Gedanken der Magnettheorie, dass der Weststaat politisch und vor allem ökonomisch so stark und attraktiv gemacht werden müsse, dass die Einheit quasi von allein kommen werde, auch die Bundesregierung, allerdings vor dem Hintergrund ihrer eigenen wirtschafts- und sicherheitspolitischen Vorstellungen.[151]

Des Weiteren trug auch der von allen nicht-kommunistischen Parteien konstatierte westdeutsche Alleinvertretungsanspruch dazu bei, dass die Bundesrepublik gegenüber der DDR im politischen Diskurs der Adenauerzeit als zentraler Kern der Nation resp. des deutschen Nationalstaates erschien. Denn bei allen Konflikten über die aus diesem Anspruch resultierenden Befugnisse und ihre Grenzen waren sich Koalition und SPD doch einig in dem Grundsatz, dass die DDR – vor allem aufgrund der fehlenden demokratischen Legitimation ihrer Regierung – keine völkerrechtliche Anerkennung als eigenständiger zweiter deutscher Staat finden dürfe, sondern die Bundesrepublik bis zur Einheit allein befugt bleiben müsse, für das deutsche Volk zu sprechen und die Belange eines künftigen Gesamtdeutschlands treuhänderisch zu vertreten.[152]

Untermauert wurde der Eindruck vom Weststaat als Kern der Nation schließlich noch dadurch, dass sich der Blick beider politischen Lager grundsätzlich nach Westen orientierte und vom Osten, damit aber auch zunehmend von der DDR, abwandte. So bestand spätestens seit Entwicklung der Magnettheorie eine weitere Gemeinsamkeit von Sozialdemokratie und Regierungslager in der Auffas-

---

149 Zu folgender Einordnung der Magnettheorie vgl. auch Thränhardt 2007, S. 60 f., 88.
150 Vgl. Schumacher, 1. BT, 6/21. 9. 1949, S. 34, 40 f. Demgemäß kritisierte die SPD später Projekte wie den *Schumanplan* auch dafür, dass sie die Magnetwirkung gefährdeten, da u. a. ausreichende Mitbestimmungsrechte fehlten. Vgl. Herbert Wehner, 1. BT, 183/10. 1. 1952, S. 7765.
151 Vgl. z. B. von Brentano, 1. BT, 98/8. 11. 1950, S. 3616. Die KPD vertrat dagegen eine gleichsam umgekehrte Magnettheorie, die eine, real allerdings kaum vorhandene, Anziehungskraft der DDR auf die Bundesrepublik postulierte. Vgl. Reimann, 1. BT, 17/15. 11. 1949, S. 429.
152 Eine Anerkennung der DDR lehnte der Kanzler schon am Tag seiner Wahl am 15. 9. 1949 öffentlich ab. Selbiges wiederholte er am 21. 10. 1949 vor dem Bundestag, als er den Alleinvertretungsanspruch erstmals begründete. Vgl. Küsters 2000, S. 497. Den weiteren Hintergrund dieses Anspruchs bildete die These von der Kontinuität des Deutschen Reiches. Siehe dazu wie zu den diesbezüglichen Gemeinsamkeiten und Differenzen der Parteien Kap. 1.2, m. w. N.

sung, dass die deutsche Zukunft prinzipiell an der Seite der westlichen Staatenwelt zu suchen sei.[153]

Folglich verwarfen auch die Sozialdemokraten mehrheitlich solche Einheitskonzepte, die Deutschland explizit als Brücke zwischen den zwei großen Blöcken begreifen wollten, wofür vor allem der damit in der Unionsspitze allerdings recht isoliert stehende Minister für gesamtdeutsche Fragen Jakob Kaiser eintrat,[154] bzw., wie bei Helene Wessel vom Zentrum, die Einheit auf Basis einer „Verständigung zwischen Ost und West"[155] zum Preis der bündnispolitischen und militärischen Neutralität Gesamtdeutschlands erstrebten. So warnte der SPD-Vorsitzende eindringlich vor

> „einem Rückfall in die missionarische Brückentheorie. Das sind Illusionen, die 1933 aus der Hoffnung entstanden, mit einem totalitären Gegner, der das Ganze will, zu einem Kompromiß zu kommen, das [sic] einem die eigene politische Existenz und Selbständigkeit läßt."[156]

Damit äußerte sich Schumacher ebenso ablehnend zur Neutralisierung wie die besonders stark antikommunistisch ausgerichteten Vertreter der Regierungsparteien, etwa August-Martin Euler, der für die FDP eine „entschiedene Absage an alle Arten verdächtiger *Neutralitätspolitik* seltsamer Brückenschläger"[157] erteilte, oder Hans-Joachim von Merkatz von der DP, der lakonisch bemerkte: „*Deutschland* ist keine Brücke zwischen Ost und West, sondern Deutschland ist ein wichtiger Teil des Abendlandes und hat stets in der *Front zum Osten* gestanden."[158]

---

153 Zu Schumachers Abkehr von seinen anfänglich positiven Überlegungen zur Neutralität Deutschlands im Zuge der Verhärtung der Blockkonfrontation 1945/46 und der Entstehung seiner Magnettheorie in diesem Kontext vgl. Kleßmann 1996, bes. S. 120 f.
154 Vgl. ausführlich dazu die ausgewählten Dokumente in Kaiser 1988b. In seinem Einsatz für die Einheit regte er auch das 1954 entstandene, überparteiliche Kuratorium unteilbares Deutschland an. Vgl. Kreuz 1980; Meyer 1997.
155 Helene Wessel (Z), 1. BT, 7/22. 9.1949, S. 74. Zu ihrer politischen Biografie vgl. Fries 1993.
156 Schumacher, 1. BT, 6/21. 9.1949, S. 34 f. Warum er gerade das Jahr 1933 nannte, ist nicht ganz nachvollziehbar, da die auch von Adenauer so gefürchtete, sogenannte Schaukelpolitik zwischen Ost und West in erster Linie mit der Amtszeit des Weimarer Außenministers Gustav Stresemann, also den 1920er-Jahren, bzw. noch zuvor mit der Außenpolitik des Kaiserreichs unter Bismarck assoziiert ist. Zu Adenauers Ablehnung dieser Politik vgl. Bierling 2005, S. 75.
157 August-Martin Euler (FDP), 1. BT, 17/15.11.1949, S. 419 (Herv. i. Orig.).
158 Von Merkatz, 1. BT, 68/13. 6.1950, S. 2493 (Herv. i. Orig.). Zur Ablehnung einer Neutralisierung in dieser Debatte über den Beitritt zum Europarat vgl. auch für die CDU von Brentano, ebd., S. 2467; für die FDP Max Becker, ebd., S. 2492; für die SPD Schumacher, ebd., S. 2473.

Dennoch wurde der SPD in den folgenden Jahren von der Regierungsbank aus wiederholt unterstellt, eine Neutralitätspolitik zu befürworten.[159] Dieser Vorwurf war in Anbetracht des Konzepts eines bündnisfreien Gesamtdeutschlands im Rahmen eines kollektiven europäischen Sicherheitssystems zwischen den Blöcken, das die Sozialdemokraten seit Anfang der 1950er-Jahre als Alternative zur Einbindung der Bundesrepublik in das westliche Militärbündnis entwickelten, auch nicht ganz abwegig.[160] Der Vorwurf wurde von der SPD allerdings stets zurückgewiesen.[161] Abgesehen davon besaßen die Regierungsparteien in ihren Reihen ebenfalls einige, obschon nur wenige Politiker, die der Westintegration ein neutrales, dafür aber wiedervereinigtes Deutschland vorgezogen hätten. Dazu zählte neben Kaiser der erste Bundesinnenminister Gustav Heinemann, der im Oktober 1950 aus Protest gegen die geplante Wiederbewaffnung von seinem Amt zurücktrat.[162] 1952 schied er zudem aus der CDU aus, um u. a. zusammen mit der vormaligen Zentrumsabgeordneten Helene Wessel die GVP zu gründen, die die Wiedervereinigung Deutschlands im Zuge eines Ausgleichs zwischen Ost und West ganz ins Zentrum ihrer Programmatik rückte.[163]

Was Wessel, Heinemann und Kaiser jenseits aller Differenzen einte, war, dass sie die Einheit nur durch eine stärkere Einbeziehung der sowjetischen Interessen für realisierbar hielten und daher für mehr Verständigungsbereitschaft gegenüber der vierten Siegermacht plädierten.[164] Damit gehörten sie zu den wenigen politischen Kräften, die aus dem antikommunistischen Grundkonsens der Ära

---

159 Vgl. in der EVG-Debatte für die DP von Merkatz, 1. BT, 221/9.7.1952, S. 9825; für die FDP Euler, 222/10.7.1952, S. 9901; für die CSU Franz Josef Strauß, ebd., S. 9863; zur Neuauflage der Vorwürfe anlässlich der *Pariser Verträge* wiederum Euler, 2. BT, 62/16.12.1954, S. 3244 f.; von Merkatz 69/24.2.1955, S. 3557, sowie Kurt Georg Kiesinger (CDU), 61/15.12.1954, S. 3155; Erhard, 71/26.2.1955, S, 3814; Will Rasner (CSU), 62/16.12.1954, S. 3192 f.
160 Zu diesem alternativ zur EVG entwickelten und anlässlich des NATO-Beitritts erneuerten Konzept, das dann letztmals im weiter unten diskutierten *Deutschlandplan* von 1959 aufgegriffen wurde, vgl. u. a. Löwke 1969.
161 Vgl. für die EVG-Debatte Carlo Schmid, 1. BT, 221/9.7.1952, S. 9817; Erler, 222/10.7.1952, S. 9903; Brandt, ebd., S. 9917 f.; für die Debatte über die *Pariser Verträge* Ollenhauer, 2. BT, 61/15.12.1954, S. 3145; Karl Wienand, 71/26.2.1955, S. 3777; noch nach der beschlossenen Einbindung der Bundesrepublik in die NATO und WEU Schmid 2. BT, 136/22.3.1956, S. 7080.
162 Zu Kaisers und Heinemanns Ansichten zur Wiedervereinigung im Kontrast zu Adenauers Position vgl. Doering-Manteuffel 1989.
163 Der GVP gelang allerdings nie der Einzug in den Bundestag. 1957 löste sie sich auf und Heinemann und Wessel schlossen sich der SPD an. Vgl. Müller 1990.
164 Vgl. die entsprechende Kritik an der Regierung von Wessel, 1. BT, 18/24./25.11.1949, S. 518. Die Grenzen zur SPD sind zumindest in dieser Hinsicht fließend, sah doch auch sie, wie im Folgenden erwähnt, die Notwendigkeit, die sowjetischen Interessen mehr zu berücksichtigen.

Adenauer ausscherten. Grundlegend andere Nationenvorstellungen waren damit zwar nicht unbedingt verbunden. Vor allem bei Wessel fällt jedoch auf, dass sie den Gedanken an die Einheit der deutschen Nation besonders deutlich als eine noch zu erfüllende Aufgabe und nicht als gleichsam unumstößliche Feststellung formulierte:

> „Mögen wir auch verschiedene politische Vorstellungen haben, die Idee Deutschland darf nie in der Diskussion untergehen. Das gemeinsame, das einheitliche Deutschland für die Zukunft zu retten, ist auch uns hier im Bundestag als die entscheidende Aufgabe gestellt."[165]

Wie bei Wessel, so spielte der Bezug auf den Willen der Deutschen in Ost und West, weiterhin eine Nation zu sein, und damit die Begründung des Wiedervereinigungsziels im Sinne eines demokratischen Auftrags zwar auch bei den anderen Parteien, zumal als Gegenpol zur fortschreitenden Westbindung der Bundesrepublik, eine wichtige Rolle.[166] Die wiederholten Appelle, dass der Einheitswille nicht erlahmen dürfe bzw. gegen Resignation gestärkt werden müsse, lassen allerdings indirekt darauf schließen, dass einige Politikerinnen und Politiker, im Übrigen einschließlich Wessel, doch nicht so ganz von der Festigkeit dieses Willens insbesondere bei der westdeutschen Bevölkerung überzeugt waren.[167]

Die in sämtlichen Parteien vertretene Annahme, dass die Verbindung der deutschen Nation wenigstens in Form eines Zusammengehörigkeitsgefühls fortwähre,[168] implizierte zwar gleichwohl, dass sozusagen schon rein intuitiv ein Wunsch der deutschen Bevölkerung in Ost und West nach ihrer nationalen Einheit existiere, aus dem heraus ein bewusster und aktiv artikulierter Wille entwickelt werden könne. Nichtsdestotrotz bemühten die politischen Akteure – gleichsam zur Sicherheit – noch diverse weitere einheitsstiftende Elemente, wie

---

165 Wessel, 1. BT, 68/13. 6. 1950, S. 2488 (Herv. i. Orig.). Vgl. ebd. für Folgendes.
166 Vgl. für die DP von Merkatz, 2. BT, 5/29. 10. 1953, S. 74; für die CDU Lemmer, 2. BT, 16/25. 2. 1954, S. 548; Hermann Ehlers, 2. BT, 47/7. 10. 1954, S. 2301; 2. BT, 49/15. 10. 1954, S. 2457; für die SPD Brandt, 2. BT, 69/24. 2. 1955, S. 3564; für die FDP Dehler, 2. BT, 72/27. 2. 1955, S. 3901 (mit einem Selbstzitat aus seiner Hamburger Rede vom 29. 1. 1955).
167 Vgl. Wessel, 1. BT, 68/13. 6. 1950, S. 2488; von Merkatz, 2. BT, 5/29. 10. 1953, S. 74; Ollenhauer, 2. BT, 102/23. 9. 1955, S. 5656; Gerstenmaier, 3. BT, 1/15. 10. 1957, S. 8.
168 Vgl. z. B. für die CDU Tillmanns, 1. BT, 222/10. 7. 1952, S. 9863; Rehling, ebd., S. 9896; von Brentano, 2. BT, 4/28. 10. 1953, S. 30; Krone, 2. BT, 102/23. 9. 1955, S. 5661; für die SPD Ollenhauer, 2. BT, 4/28. 10. 1953, S. 49; für die DP von Merkatz, 2. BT, 5/29. 10. 1953, S. 74.

gemeinsame Geschichte oder gemeinsame kulturelle Traditionen und Werte,[169] um die Forderung nach Wiedervereinigung stärker untermauern zu können. Vor allem FDP und DP beschrieben die deutsche Nation dabei als zwar historischen, nun aber gleichsam festgefügten Zusammenhang. So erhoffte die Freie Demokratin Marie Elisabeth Lüders „die *staatliche Vereinigung des geschichtlich gewordenen Volksraumes*"[170] und von Merkatz hielt für die „wichtigste Grundlage der Einheit unseres Vaterlandes in Freiheit [...] das unzerstörte Bewußtsein der Zusammengehörigkeit unseres Volkes als geschichtliche Nation."[171]

Besonders augenfällig wurde die sich in solchen Äußerungen andeutende Neigung, die Einheit der Nation weniger als durch die staatliche Einheit einzulösenden, demokratischen Auftrag denn als konstante Größe darzustellen, aber in Formulierungen, die suggerierten, dass die Nation eine quasi natürliche Gemeinschaft sei. Dies gilt nicht zuletzt für die häufige Rede von „unseren Brüdern und Schwestern in der Ostzone"[172], die in erster Linie auf die vielfachen verwandtschaftlichen Bande zwischen Ost- und Westdeutschen anspielte. Alsbald gerann diese Redewendung jedoch zum verselbstständigten Schlagwort, wobei der kollektivierende Zusatz „unsere" den Bezug auf individuelle Familienverhältnisse zugunsten einer die Nation als Ganze betreffenden Problemlage zurücktreten ließ. Eine ähnliche Konnotation besaß die verbreitete Formel, dass die deutsch-deutsche Teilung „widernatürlich" sei.[173] Beide Formulierungen ließen sich zwar auch in einem demokratisch-freiheitsorientierten Sinne verstehen, sozusagen als Brüderlichkeit im demokratischen Geiste oder als Teilung wider die freiheitliche Natur des Menschen.[174] Auch dadurch wäre die in solchen Äußerungen stets mitschwingende Konnotation einer natürlichen Zusammengehörigkeit der Nation jedoch nicht völlig aufgehoben. Zudem entsprach letztere Bedeutungsebene dem vorstaatlichen und vorkonstitutionellen Volksbegriff der Kontinuitätsthese, mit

---

169 Zum Bezug auf derartige Elemente vgl. auch Gabbe 1976, S. 124f., sowie ebd., S. 126–129, zu Verweisen auf den Einheitswillen; zur wiederholt von Politikern wie Schumacher geäußerten Kritik am mangelnden Einheitswillen der westdeutschen Bevölkerung ebd., S. 123, 129.
170 Marie Elisabeth Lüders (FDP), 2. BT, 1/6.10.1953, S. 2 (Herv. i. Orig.).
171 Von Merkatz, 3. BT, 4/5.11.1957, S. 77.
172 Hier zit. n. Adenauer, 1. BT, 5/20.9.1949, S. 30. Teilweise war auch nur von Brüdern die Rede, so bei Heuss, 1. BT, 2/12.9.1949, S. 10, oder Gerhard Schröder (CDU), 17/15.11.1949, S. 415.
173 So z. B. Brandt, 2. BT, 69/24.2.1955, S. 3564. Analog dazu bezeichnete für die KPD Reimann, 1. BT, 7/22.9.1949, S. 64, das Ostministerium als „widernatürliches Ministerium".
174 So dann ausdrücklich Helmut Kohl am 11.9.1989 in seinem Bericht auf dem CDU-Parteitag: „Die Teilung unseres Vaterlandes ist widernatürlich, weil es wider die Natur des Menschen ist, ihm Freiheit und Selbstbestimmung zu verweigern." Christlich Demokratische Union Deutschlands, Bundesgeschäftsstelle (Hrsg.) o. J., S. 17–35, hier S. 19.

der die Forderung nach Wiedervereinigung mit der DDR weithin begründet wurde,[175] obwohl diese Forderung, wie von Wolfgang Abendroth gezeigt, ebenso auf Basis der Diskontinuitätsthese hätte erhoben werden können.[176]

Waren solche Verweise auf vermeintlich permanente „Klammern" der Nation durchgängig, allerdings im Zuge fortschreitender Westintegration verstärkt präsent, so lässt sich für die Jahre 1949/50 erst einmal festhalten, dass sich hier zwar schon die Linien der späteren Konflikte zwischen Regierung und Opposition abzeichneten – die Wiedervereinigung mit der DDR spielte zu dieser Zeit aber noch nicht die zentrale Rolle, die sie dann vor allem im Zuge der Debatten über die EVG ab 1952 einnehmen sollte. Im Vordergrund der Dispute der ersten beiden Jahre stand vielmehr die Frage nach Gleichberechtigung der Bundesrepublik im Westbündnis. Obschon die SPD dabei bereits die Sorge umtrieb, dass, wie Adolf Arndt Ende November 1949 in der Debatte über das *Petersberger Abkommen* festhielt, durch die Adenauersche Politik der Westbindung „die *territoriale Unversehrtheit Deutschlands* mit der an Gewißheit grenzenden Wahrscheinlichkeit aufs Spiel gesetzt wird"[177], artikulierte sie diese Sorge anfangs primär mit Blick auf das Saargebiet sowie die Ostgebiete.[178] Dies gilt auch für die Debatte über den westdeutschen Beitritt zum Europarat im Juni 1950, in der die Frage, inwiefern das Verhältnis zur DDR von diesem Schritt berührt werden würde, jedoch schon größeren Raum einnahm, weshalb diese Auseinandersetzung als Teil einer Übergangsphase bis zum Beginn der großen Dispute ab 1952 verortet werden kann.

Sowohl Regierungsparteien als auch SPD problematisierten in der Europarat-Debatte erneut, dass mit der zunehmenden Westbindung der Bundesrepublik die Teilung verfestigt und so die Entzweiung der Nation weiter forciert werden könnte. Beide Lager sahen die Verantwortung dafür jedoch unterschiedlich verteilt. Seitens der CDU betonte von Brentano in seinem Plädoyer für den Beitritt, dass die Schuld für die wachsende Entfremdung beider Gesellschaften keinesfalls bei der Bundesregierung liege, sondern allein bei der Sowjetunion, die „die Entscheidung, vor der wir heute stehen, zwar nicht zum Anlaß, aber zum Vorwand

---

175 Vgl. von Brentano, 1. BT, 6/21.9.1949, S. 44; Hans Ewers (DP), 7/22.9.1949, S. 48; Wilhelm Laforet (CSU), 7/23.9.1949, S. 93 f., sowie, hier primär bezogen auf die Saar, jedoch die deutsche Einheit als unteilbares Ganzes vor Augen, Schumacher, 1. BT, 46/10.3.1950, S. 1565 f.
176 Siehe dazu die näheren Erläuterungen in Kap. 1.3.
177 Adolf Arndt (SPD), 1. BT, 18/24./25.11.1949, S. 480. Lediglich die KPD argumentierte in dieser Debatte damit, dass das *Petersberger Abkommen* den Kanzler gegenüber dem Westen zur „Aufrechterhaltung der Spaltung" verpflichte. Walter Fisch, ebd., S. 509. Auch in der Debatte über den *Marshallplan* am 18. und 26.1.1950 wurde die Wiedervereinigung mit der DDR kaum erwähnt.
178 Zur Periodisierung bzw. zum Wandel der SPD Anfang der 1950er-Jahre vgl. auch Fichter 1993, S. 108; Kleßmann 1996, S. 113 f., 122–126; Gabbe 1976, S. 97 f., 177, 182

nehmen wird, um die deutsche Ostzone noch mehr, als es bisher geschehen ist, aus dem Verband des deutschen Volkes zu lösen."[179] Analog dazu kritisierte Max Becker für die FDP, dass

> „in der Öffentlichkeit davon gesprochen [wird]: Wenn man in den Europarat hineinginge, bedeute dies ein Abschiednehmen von der Ostzone. Kein Wort ist davon war! Wer hat denn die Spaltung [...] herbeigeführt? Doch der Osten! Der Osten hat ein politisches System des Drucks und des Terrors eingeführt und dadurch die Ostzone von uns getrennt. Der Osten hat ein wirtschaftliches System eingeführt, das mit dem westlichen nicht mehr zu vereinbaren ist."[180]

Solch eindeutige Schuldzuweisungen an die Sowjetunion waren ebenso typisch für die Argumentationslinie des Regierungslagers in den kommenden Jahren, wie es Schumachers Position zum Europarat für die Auffassung der SPD war. Die Genossen verorteten die Verantwortung für die fortschreitende Entfremdung wiederum hauptsächlich bei der Bundesregierung, vor allem, weil deren Haltung zur Wiedervereinigung viel zu passiv sei, wie der SPD-Vorsitzende nachdrücklich beanstandete:

> „In Sachen der deutschen Einheit wünsche ich dem Herrn Kanzler und seinen Ministern mehr Aktivität, mehr Planung, mehr propagandistische und politische Leistung. (Zurufe rechts). Unsere Gefahr ist, daß unser Volk sich unter dem Druck der eigenen Not in seinen einzelnen Teilen abfindet, sich einrichtet und sich widerwilligen Herzens so halb und halb mit dem Zustand zufrieden gibt."[181]

Mit dieser konträren Beurteilung der Ursachen des Entfremdungsproblems bei Regierung und Opposition korrespondierte ihre entgegengesetzte Einschätzung der westalliierten Unterstützung für den deutschen Wunsch nach Wiedervereinigung. Schumacher verlieh vor allem in Richtung Frankreich seinen Bedenken Ausdruck, „daß manche Leute zwar widerwillig von der Notwendigkeit deutscher Einheit reden, daß sie aber an der Spaltung Deutschlands ein machtpolitisches Interesse haben." Dagegen hob Adenauer schon im Vorfeld der Europarat-Debatte hervor, dass es ein gemeinsames Interesse des Westens an der deutschen

---

179 Von Brentano, 1. BT, 68/13. 6. 1950, S. 2468.
180 Becker, 1. BT, 68/13. 6. 1950, S. 2491 (Herv. i. Orig.).
181 Schumacher, 1. BT, 68/13. 6. 1950, S. 2478. Ebd., S. 2477, das folgende Zitat. Den Vorwurf, dass die „Inaktivität" der Regierung in Sachen deutscher Einheit maßgeblich zur Gewöhnung an die Teilung beitrage, erneuerte in der EVG-Debatte Brandt, 1. BT, 222/10. 7. 1952, S. 9915.

Einheit gäbe.[182] Diese Annahme wiederholte er bei jedem der folgenden Vertragsabschlüsse auf dem Weg der Bundesrepublik nach Westen – der Gründung der Montanunion, dem *EVG- und Generalvertrag* und schließlich den *Pariser Verträgen* – aufs Neue,[183] während die SPD den Einheitswillen der Verbündeten weiterhin skeptisch beurteilte.[184]

Die Zuspitzung des Konflikts über die Wiedervereinigung ab 1951/52

Bei allen Differenzen teilten die nicht-kommunistischen Parteien das Ziel, die DDR von der Diktatur zu befreien und eine gesamtdeutsche Demokratie zu etablieren.[185] Als ersten Schritt zur Einheit forderten daher sowohl die Koalition als auch die SPD freie Wahlen in ganz Deutschland. Da man von der klaren Abwahl des SED-Regimes ausging, galten sie als gewisse Garantie dafür, dass es nicht zu einer Wiedervereinigung unter sowjetischem Einfluss kommen würde.[186] Mit dieser Forderung wurden im November 1950 auch die ersten Vorstöße aus dem Ostblock einhellig abgelehnt, so der im Oktober von der Prager Außenministerkonferenz lancierte und kurz darauf von Otto Grotewohl, von 1949 bis 1964 Ministerpräsident der DDR, aufgegriffene Vorschlag, zur Vorbereitung der Einheit einen gesamtdeutschen konstituierenden Rat mit paritätischer Besetzung zu bilden.[187] Schließlich ginge es, wie Hermann Schäfer für die FDP zuspitzte, bei solchen Vorschlägen ja doch nur um „die Parität von Taube und Aasgeier".[188]

---

182 Vgl. z. B. anlässlich der *Saarkonventionen* Adenauer, 1. BT, 46/10.3.1950, S. 1558.
183 Vgl. Adenauer, 1. BT, 182/9.1.1952, S. 7598 f. (Montanunion); 1. BT, 221/9.7.1952, S. 9790 f. *(EVG- und Generalvertrag);* 2. BT, 61/15.12.1954, S. 3125 f. *(Pariser Verträge).* Mitunter trieb diese Annahme seltsame Stilblüten, so bei Kiesinger, 2. BT, 69/24.2.1955, S. 3535 (Herv. i. Orig.), der das westliche Eigeninteresse darin erblickte, die Entwicklung einer „Art von *Synthese zwischen preußischer Substanz* und *bolschewistischer Ideologie"* bei der DDR-Jugend aufzuhalten – woraufhin von Merkatz, ebd., S. 3560, für die DP und Erich Mende, 2. BT, 71/26.2.1955, S. 3758, für die FDP nachdrücklich gegen die Abwertung Preußens protestieren.
184 Vgl. Friedrich Wilhelm Henßler, 1. BT, 182/9.1.1952, S. 7611; Herbert Wehner, 183/10.1.1952, S. 7764 f. (Montanunion); Ders., 1. BT, 222/10.7.1952, S. 9873 f.; vorsichtiger Carlo Schmid, 221/9.7.1952, S. 9810 f., 9812 (EVG); Ders., 2. BT, 71/26.2.1955, S. 3824 f. *(Pariser Verträge).*
185 Dies gab schließlich auch die Präambel des Grundgesetzes vor, indem sie dazu aufforderte, „*in freier Selbstbestimmung* die Einheit und Freiheit Deutschlands zu vollenden." (Herv. d. Verf.).
186 Sowohl Regierung als auch Opposition äußerten sich daher positiv zur Unterstützung dieser Forderung durch US-Hochkommissar John McCloy. Vgl. Adenauer, 1. BT, 46/10.3.1950, S. 1558; Schumacher, ebd., S. 1566; Wessel, ebd., S. 1582, sowie Dies., 68/13.6.1950, S. 2488.
187 Vgl. Küsters 2000, S. 525–538; Schöllgen 2004, S. 31 f.
188 Schäfer, 1. BT, 98/8.11.1950, S. 3602. Ähnlich kritisch von Brentano, ebd., S. 3617. Diese Äußerungen fielen bereits vor dem direkten Angebot, das Grotewohl dann am 30.11.1950 in einem Brief

Als es jedoch schien, als seien zuerst die DDR, deren Volkskammer am 15. September 1951 an den Bundestag den Appell *Deutsche an einen Tisch!* richtete, um über die von westdeutscher Seite gestellten Bedingungen zu verhandeln,[189] und im Frühjahr 1952 schließlich auch die Sowjetunion bereit, sich dem Gedanken an freien Wahlen zu öffnen, zeigte sich, dass die Parteien im konkreten Fall durchaus unterschiedlich reagierten. Im Gegensatz zu den anderen Territorialfragen erwies sich nun manches Mal die SPD als kompromissbereitere Partei, während sich die Vertreter der Regierungsparteien in Fragen der Wiedervereinigung mit der DDR mehrheitlich wenig diplomatisch verhielten. Wie schon die allen voran von Adenauer in Bezug auf das Saargebiet bekundete Bereitschaft, notfalls andere als nationalstaatliche Lösungen zu akzeptieren, lief dieses Verhalten der Regierungsseite allerdings im Endeffekt auf das gleiche Ergebnis hinaus: Anders als bei der SPD kam der staatlichen Vereinigung der deutschen Nation nicht die höchste Priorität zu, sondern lediglich eine der Westintegration gleichrangige, wenn nicht nachgeordnete Position – ohne dass damit die Fortexistenz der deutschen Nation als historisch, kulturell und ethnisch zusammengehaltene Gemeinschaft grundsätzlich in Zweifel gezogen wurde.

Deutlich werden die unterschiedlichen Haltungen der Parteien vor allem im Umgang mit der *Stalin-Note* vom 10. März 1952. Darin bot die Sowjetunion an, mit den Westalliierten unverzüglich über einen Friedensvertrag mit Deutschland zu verhandeln, der nach ihren Vorstellungen einen bis zur Oder-Neiße-Grenze reichenden, demokratischen, aber neutralen deutschen Staat mit eigener kleiner Armee schaffen sollte. Unabhängig von der bis heute umstrittenen Frage, wie ernst die Offerte Stalins tatsächlich gemeint war,[190] ist hinsichtlich der westdeutschen Reaktionen festzustellen, dass die Regierung gar nicht erst zur Prüfung des Angebots bereit war, da sie es als bloßes Störmanöver der gerade kurz vor dem Abschluss stehenden EVG-Verhandlungen erachtete.[191] Je mehr Zugeständnisse die

---

an Adenauer unterbreitete. Der Brief ist abgedr. in: Brandt/Ammon (Hrsg.) 1981, S. 96 f.; vgl. zudem Lemke 1996.

189 Der Bundestag antwortete darauf am 27. 9. 1951 mit der Verabschiedung einer Wahlordnung für freie gesamtdeutsche Wahlen, die u. a. die Beaufsichtigung der Wahlen durch die UNO vorsah. Vgl. Winkler 2005, S. 147.

190 Zu den engagiertesten Vertretern derer, die darin eine vergebene Möglichkeit zur Einheit erblicken, zählt Rolf Steininger; vgl. z. B. Steininger 1985; eine ähnliche Position vertreten die Beiträge in: Foschepoth (Hrsg.) 1988a. Zur Gegenposition, die eine reelle Chance zur Einheit bestreitet, vgl. Schwarz (Hrsg.) 1982; Graml 1988 sowie die Quellensammlung eingeleitet von Ruggenthaler (Hrsg.) 2007.

191 Vgl. dazu für die CDU Adenauer, 1. BT, 221/9. 7. 1952, S. 9798 f.; Gerstenmaier, ebd., S. 9803; Henle, 1. BT, 240/3. 12. 1952, S. 11120.

östliche Seite zu machen schien, desto mehr verschärfte sie daher ihre eigenen Bedingungen für die Wiedervereinigung bzw. traf entsprechende Absprachen mit den verhandlungsbefugten Westmächten.[192] Dagegen wollten die Sozialdemokraten, intern aber auch Teile der FDP oder CDU-Bundesminister Kaiser, Stalins Vorschläge zumindest prüfen und kritisierten die abschlägigen Antworten des Westens als Ausdruck mangelnden Willens zur Einheit.[193]

Merklich verschärft hatte sich der Konflikt über die Rangordnung von Wiedervereinigung und Westintegration ohnehin schon vor Eintreffen der *Stalin-Noten*, mit der 2. und 3. Beratung des Vertrags über die Gründung der Montanunion im Januar 1952. Wie bei den späteren Schritten der Westintegration stand hierbei ebenfalls vor allem die Frage im Mittelpunkt, ob der Vertrag die deutsche Einheit erschweren würde. Der Kanzler verneinte dies – mit einer Formulierung ganz im Sinne des Verständnisses der Bundesrepublik als Kernstaat –, weil „der Schumanplan diesen Teil Deutschlands [die sowjetische Besatzungszone] nicht abtrennt, sondern im Gegenteil die bestehende Verknüpfung respektiert und die Wege zu einem endgültigen *Anschluß* offenhält"[194]. Somit beachte der Vertrag „schon jetzt die *Zusammengehörigkeit ganz Deutschlands*". Daran wurden aus den Reihen der Sozialdemokraten mit zunehmender Vehemenz Zweifel erhoben.

Nachdem schon Hermann Veit erklärt hatte, dass der *Schumanplan* in den Augen der SPD u.a. wegen seiner „*Unvereinbarkeit* [...] *mit der* sich aus dem Grundgesetz ergebenden *Vorstellung von der fortdauernden Existenz des Deutschen Reiches* und der sich daraus ergebenden Aufgabe der faktischen Wiedervereinigung"[195] verfassungswidrig sei, fiel Herbert Wehner die Aufgabe

---

192 So wurde – auch als die Sowjetunion nach der ersten ablehnenden Antwort des Westens am 25.3.1952 in einer zweiten Note vom 9.4.1952 eine Zustimmung zu freien Wahlen signalisiert hatte – verstärkt die Einsetzung einer UN-Kommission zur Untersuchung der Voraussetzungen für freie Wahlen sowie die Freiheit der Bündniswahl Gesamtdeutschlands und die Revision der Oder-Neiße-Grenze gefordert. Vgl. dazu die Darstellungen bei Winkler 2005, S. 149, Foschepoth 1988d, S. 44–49; Schöllgen 2004, S. 32f.
193 Vgl. z.B. Wehner, 1. BT, 222/10.7.1952, S. 9876.
194 Adenauer, 1. BT, 182/9.1.1952, S. 7598 (Herv. d. Verf.). Ebd., S. 7599, das folgende Zitat (Herv. i. Orig.). Er bezog sich dabei bes. auf § 22 der Übergangsbestimmungen: „Der Warenaustausch auf dem Gebiet von Kohle und Stahl zwischen der Bundesrepublik Deutschland und der sowjetischen Besatzungszone wird, soweit es sich um die Bundesrepublik Deutschland handelt, unbeschadet des Ablaufs der Übergangszeit durch die deutsche Bundesregierung im Einverständnis mit der Hohen Behörde geregelt." Gesetz betr. den Vertrag vom 18.4.1951 über die Gründung der EGKS in: BGBl. II, Nr. 7, 6.5.1952, S. 499. Vgl. dazu auch den Bericht des wirtschaftspolitischen Ausschusses von Victor-Emmanuel Preusker (FDP), 1. BT, 182/9.1.1952, S. 7594, sowie für die DP Christian Kuhlemann, 1. BT, 183/10.1.1952, S. 7705f.; von Merkatz, ebd., S. 7739.
195 Hermann Veit (SPD), 1. BT, 183/10.1.1952, S. 7729.

zu, die Einwände seiner Partei ausführlich zu begründen. Dabei stellte er besonders die wiederholten Äußerungen der Bundesregierung infrage, dass es für sie „keine Vorrangfrage"[196] von deutscher Einheit und europäischer Integration gebe. Schließlich habe Adenauer an anderer Stelle, z. B. gegenüber amerikanischen Journalisten, durchaus eine klare Reihenfolge zugunsten der europäischen Integration aufgestellt. Dies bestätige auch der Vertrag über die Montanunion, der ein Bündel an „Zwangsläufigkeiten" enthalte, das eine weitere Verselbstständigung von Bundesrepublik und DDR befördere.

Dass die Bundesrepublik als Provisorium nicht immer mehr „vollendete Tatsachen" schaffen dürfe, blieb auch in den folgenden Jahren zentraler Kritikpunkt der SPD.[197] Denn, so prognostizierte Carlo Schmid in der EVG-Debatte:

> „Wer sich verhält, als sei Westdeutschland eine eigenständige politische Potenz, macht Westdeutschland zu einem Staat mit einem politischen Schicksal und macht so das andere Stück Deutschland auch zu einem Wesen mit einem eigenem geschichtlichen Schicksal."[198]

Gegenüber diesen Bedenken der SPD brachten die Abgeordneten der Regierungsparteien wiederkehrend zum Ausdruck, dass die Einheit für sie in der Tat nicht zwingend vor der europäischen Integration rangierte. So entgegneten in der Debatte über die Montanunion für die CDU sowohl Robert Tillmanns wie von Brentano der SPD, dass das Grundgesetz keine Reihenfolge von Wiedervereinigung und europäischer Integration festlege, sondern beide Ziele unabhängig nebeneinanderstelle.[199] Schließlich enthalte es auch Art. 24, der es dem Bund erlaube, Hoheitsrechte an zwischenstaatliche Einrichtungen wie die Hohe Behörde der Montanunion abzugeben.[200] Im Einklang damit führte in der Debatte über die EVG Eugen Gerstenmaier aus, dass es für die Bundesregierung eine „Hierar-

---

196 Wehner, 1. BT, 183/10. 1. 1952, S. 7763. Vgl. ebd. für Folgendes; das nächste Zitat auf S. 7765.
197 Vgl. für die EVG-Debatte z. B. Schmid, 1. BT, 221/9. 7. 1952, S. 9818; Erler, 1. BT, 222/10. 7. 1952, S. 9907; zu den *Pariser Verträgen* Käte Strobel, 2. BT, 71/26. 2. 1955, S. 3766.
198 Schmid, 1. BT, 221/9. 7. 1952, S. 9811.
199 Vgl. Robert Tillmanns (CDU), 1. BT, 183/10. 1. 1952, S. 7767 f.; von Brentano, 184/11. 1. 1952, S. 7805 f.
200 Die hier konstatierte Unabhängigkeit beider Ziele ist rechtlich so nicht ganz zutreffend; denn gemäß der Entscheidung des Bundesverfassungsgerichts bedeutete das Wiedervereinigungsgebot der Präambel, „daß die staatlichen Organe alle Maßnahmen zu unterlassen haben, die die Wiedervereinigung rechtlich hindern oder faktisch unmöglich machen." BVerfGE 5, 85, S. 128 (KPD-Verbot). Demnach ist weniger das Ob denn das Wie der europäischen Integration ausschlaggebend sowie die Beurteilung, ob das realisierte Wie der Einheit widerspricht.

chie der Werte"[201], d. h. von deutscher Einheit und europäischer Integration, überhaupt nicht gebe. Vielmehr basiere ihre Politik „[a]uf der polaren Zusammenspannung beider Werte", und zudem sei es

> „eine Tatsache: das einzige Element der Bewegung, das im seitherigen status quo der Zweiteilung Deutschlands erschienen ist, ist geboren aus der Politik der Integration und wirkt einstweilen geradezu automatisch als ein Anstoß zur Wiedervereinigung."

Der in diesen Worten recht deutlich ausgedrückten Prioritätensetzung auf der europäischen Integration entsprechend hatte auch der provisorische Charakter der Bundesrepublik für die Regierungsseite, zumal in Fragen der praktischen Politik, eine geringere Bedeutung als für die Sozialdemokraten. Zwar stellte kaum jemand diesen Charakter derart offensiv infrage wie von Merkatz für die DP, der sich schon anlässlich der Gründung der Montanunion dagegen verwahrte, „daß die Bundesrepublik als Provisorium anzusehen sei. Wir bleiben konsequent bei unserer Auffassung, daß Westdeutschland […] der deutsche Kernstaat ist und der Treuhänder für unser gesamtes deutsches Volk, dem zu handeln versagt ist."[202] In der Konsequenz lag dies allerdings nicht weit von der Position der Union entfernt. So legte Adenauer in der Debatte über den *EVG- und Generalvertrag* erneut dar, dass sich die CDU „von Anfang an zur Konzeption des Kernstaates bekannt"[203] habe, und in der Debatte über die *Pariser Verträge* verkündete schließlich Franz Josef Strauß für die CSU: „Für uns ist die Bundesrepublik so lange ein Definitivum, bis ihre Politik neue Tatsachen geschaffen hat, die sie – rückwirkend gesehen – zum Provisorium gemacht haben."[204]

Auch darüber hinaus tauschten die Parteien in den Auseinandersetzungen über die EVG sowie über die nach deren Scheitern als Ersatz vereinbarten *Pariser Verträge* ähnliche Argumente aus wie schon in den Beratungen über die Montanunion. Der Ton wurde nun allerdings deutlich härter, da jetzt nicht mehr allein die ökonomische Westintegration der Bundesrepublik, sondern ihre Wiederbewaffnung im Rahmen einer Einbindung in das westliche Verteidigungsbündnis zur Debatte stand.

---

201 Gerstenmaier, 1. BT, 221/9.7.1952, S. 9806. Ebd. die folgenden Zitate.
202 Von Merkatz, 1. BT, 184/11.1.1952, S. 7813; als „mehr oder weniger provisorisch" bezeichnete die Bundesrepublik dann in der EVG-Debatte Schäfer, 221/9.7.1952, S. 9819, für die FDP.
203 Adenauer, 1. BT, 240/3.12.1952, S. 11146.
204 Franz Josef Strauß, 2. BT, 69/24.2.1955, S. 3580.

Die Wiedervereinigung im Kontext der westdeutschen Wiederbewaffnung

Die Einbindung der Bundesrepublik in die westliche Militärallianz wurde von der Bundesregierung ebenso dringend erstrebt wie von der SPD strikt abgelehnt. Im Hintergrund des Konflikts stand die Uneinigkeit der Parteien bezüglich der Frage, was genau unter der – in der EVG-Debatte erstmals besonders präsenten – Formel von der „Einheit in Frieden und Freiheit" zu verstehen sei.[205] Denn obgleich beide Seiten diese Formel für das von ihnen erstrebte Ziel beanspruchten, beherbergte sie unter ihrer „begrifflichen Vagheit"[206] sehr verschiedene Auslegungen, vor allem des Freiheitsbegriffs.

Für die Union beinhaltete der Begriff im Einklang mit den westlichen Verbündeten, dass auch Gesamtdeutschland die Freiheit der Bündniswahl haben müsse, damit aber letztendlich die Möglichkeit, sich ebenfalls an den Westen zu binden.[207] Dagegen verstand die SPD den Freiheitsbegriff nicht zuletzt mit Blick auf die Interessen der Sowjetunion dergestalt, dass ein einiges Deutschland die Freiheit von jeglichen Bündnissen, wenigstens aber solchen militärischer Art, in Kauf nehmen müsse.[208] Gerade das lehnten die Regierungsparteien jedoch kategorisch ab, da nach ihrer Auffassung die Einheit unter demokratischen Vorzeichen nicht nur ausschließlich im Verbund mit dem Westen zu erreichen war, sondern auch zwingend einen Verbund in militärischer Hinsicht voraussetzte. Dies folgte aus ihrem Konzept der „Politik der Stärke", dem zufolge nur eine starke militärische Allianz die Sowjetunion zu ernsthaften Verhandlungen bewegen konnte, während jedes Zeichen von Schwäche, d.h. vor allem Bündnislosigkeit und verfrühte Konzessionsbereitschaft, nur die Einheit in Unfreiheit, also ein sowjetisiertes Gesamt-

---

205 Für diverse Varianten dieser Formel (die SPD sprach dabei eher von Freiheit, die CDU eher oder zumindest genauso oft von Frieden, und sie benutzte die Formel insgesamt häufiger) vgl. u. a. für die CDU Adenauer, 1. BT, 221/9.7.1952, S. 9799; 240/3.12.1952, S. 11137; 2. BT, 3/20.10.1953, S. 19, 21; 3. BT, 3/29.10.1957, S. 24; Gerstenmaier, 1. BT, 221/9.7.1952, S. 9805f.; Ehlers, 2. BT, 1/6.10.1953, S. 5; Krone, 3. BT, 4/5.11.1957, S. 37; für die DP von Merkatz, ebd., S. 77; für die FDP Lüders, 3. BT, 15.10.1957, S. 2; für die SPD Schmid, 1. BT, 10/29.9.1949, S. 182; Schumacher, 1. BT, 98/8.11.1950, S. 3621; Ollenhauer, 2. BT, 4/28.10.1953, S. 47.
206 Kämper 2005, S. 430.
207 So betonte Adenauer, 1. BT, 221/9.7.1952, S. 9791, in Bezug auf Art. 7 *Generalvertrag*, der festlegte, dass im Fall der Wiedervereinigung die der Bundesrepublik zugestandenen Souveränitätsrechte und, so Deutschland es wolle, die Verträge über die europäische Gemeinschaft auf ganz Deutschland erstreckt würden: „Meine Damen und Herren, ich bitte, daraus zu entnehmen, daß das wiedervereinigte Deutschland die Freiheit hat, sich zu entscheiden, was es tut."
208 Vgl. zur EVG Ollenhauer, 2. BT, 4/28.10.1953, S. 49; zu den *Pariser Verträgen* Erler, 2. BT, 62/16.12.1954, S. 3204f.; noch danach Ollenhauer, 2. BT, 100/16.7.1955, S. 5581f.

deutschland bringen könne.²⁰⁹ Erich Mende drückte dies für die FDP in der Debatte über die *Pariser Verträge* einmal plakativ in dem Bild aus, „daß man nur noch die Wahl hat zwischen Stahlhelm mit Sowjetstern und Stahlhelm ohne Sowjetstern und keineswegs mehr zwischen Strohhut und Stahlhelm."²¹⁰
Demgemäß spitzte Adenauer bereits die Entscheidung über die EVG dahingehend zu, dass ein Nein zu den Verträgen die Preisgabe ganz Deutschlands an die Sowjetunion, ein Ja dagegen einen wichtigen Schritt auf dem Weg zur „Wiedervereinigung Deutschlands in Frieden und Freiheit in einem freien Europa"²¹¹ bedeuten würde. Er unterstellte der SPD hier also gleichsam nationalen Verrat, sollte sie bei ihrer Ablehnung der Verträge bleiben. Damit reagierte er nicht zuletzt auf den umgekehrten Vorwurf Schumachers, der zuvor in einem Interview erklärt hatte: „Wer dem Generalvertrag zustimmt, hört auf, ein Deutscher zu sein."²¹² In diesem Schlagabtausch zeigt sich einerseits die fortgesetzte Relevanz nationaler Rhetorik auf Basis der Erwartung einer negativen Wirkung des Antinationalismusvorwurfs an den politischen Gegner.²¹³ Andererseits wurde aber gerade im Regierungslager auch immer wieder betont, dass die Forderung nach Wiedervereinigung keineswegs revisionistisch²¹⁴ bzw. nationalistisch sei²¹⁵ – ein Hinweis auf die Gratwanderung, mit der sich die Koalition ebenso als Vertreterin nationaler Interessen wie als verlässlicher Bündnispartner des Westens zu etablieren suchte. Dass Letzteres durchaus auf einer Art Arbeitsteilung mit der sich deutlich nationaler gesinnt gebenden SPD beruhte, bemerkte, ebenfalls zur EVG, Herbert Wehner: „Die *Opposition* versucht doch, durch ihre Kritik ihrer Aufgabe gerecht zu werden, die

---

209 Vgl. dazu auch Wengeler 1996, S. 293–300; bezüglich der EVG für die CDU Adenauer, 1. BT, 221/9.7.1952, S. 9798 f.; Eugen Gerstenmaier, ebd., S. 9804 ff.; für die FDP Schäfer, ebd., S. 9822 f.; für die DP von Merkatz, ebd., S. 9825; bezüglich der *Pariser Verträge* u. a. Adenauer, 2. BT, 61/15.12.1954, S. 3134 f.; Kiesinger, ebd., S. 3152.
210 Mende, 2. BT, 62/16.12.1954, S. 3223 f.; ähnlich Euler, ebd., S. 3246 (Herv. i. Orig.), der das Ziel der Sowjetunion darin erblickte, Europa „im Zustand der gegenwärtigen *Balkanisierung* und der *zerrissenen Kleinstaaterei*" festzuhalten, um es am Ende inklusive Gesamtdeutschlands komplett in die Gewalt zu bekommen, sobald die USA frustriert über den Atlantik zurückzögen.
211 Adenauer, 1. BT, 221/9.7.1952, S. 9799. Ähnlich schon bei der Entscheidung über die Montanunion, vgl. Ders., 1. BT, 184/11.11952, S. 7795, 7819.
212 Interview der Presseagentur United Press mit Schumacher: Die bevorstehende Unterzeichnung der Verträge, 15.5.1952, abgedr. in: Schumacher 1985, S. 902–905, hier S. 902.
213 Ausführlich mit den gegenseitigen Vorwürfen des nationalen Verrats befasst sich Gabbe 1976, S. 138, 194–202. Müller-Härlin 2008, S. 154, hält für die *Schumanplan*- und EVG-Debatten hingegen fest, dass derartige Vorwürfe „undeutschen Handelns" eine Ausnahme blieben.
214 Vgl. von Merkatz, 1. BT, 98/8.11.1950, S. 3614.
215 Vgl. von Brentano, 2. BT, 4/28.10.1953, S. 31; Lüders, 3. BT, 1/15.10.1957, S. 2; Becker, 3. BT, 4/5.11.1957, S. 59.

Position des eigenen Landes in der Auseinandersetzung mit den ausländischen Vertragspartnern zu verbessern."[216]

Zudem forderte die SPD, dass die Regierung nicht nur die Gefahr der Sowjetisierung im Auge behalten müsse, sondern, so abermals Wehner, auch die „einer Koreanisierung Deutschlands", also das Risiko, dass das geteilte Land zum Kriegsschauplatz werden könne.[217] Abgesehen davon könne eine Militärallianz, wie Ollenhauer befürchtete, da sie dem sowjetischen Interesse fundamental zuwiderlaufe, „nur zu einer *Vertiefung der Spaltung*"[218] und folglich zur weiteren Entfremdung von Ost- und Westdeutschen führen. Dieser sozialdemokratischen Kritik an der EVG entsprechend fiel dann auch ein Zwischenruf aus, den Wehner in der Diskussion der *Pariser Verträge* zur Rede des CSU-Abgeordneten und Vorsitzenden des Verteidigungsausschusses Richard Jaeger machte, als dieser die Gefahren der Waffen- und Bündnislosigkeit beschwor: „Was Sie machen, ist eine Politik der Zersetzung der Nation!"[219]

Dieser Zwischenruf erinnert zunächst stark an ähnlich lautende Bemerkungen von Hans-Joachim von Merkatz, der schon im Rahmen der EVG-Beratungen dazu aufgerufen hatte, dass die deutsche Außenpolitik alles daran setzen müsse, „diesen unsere Nation jetzthin vernichtenden Zustand zu überwinden. Denn darüber sind wir uns klar: eine gespaltene deutsche Nation ist gar keine deutsche Nation mehr."[220] Vergleichbar äußerte er sich später in der Debatte über das Pariser Vertragswerk:

> „Es ist das selbstverständliche Ziel eines Volkes und einer Nation, die Einheit seines Staates zurückzugewinnen; sonst ist dieses Volk überhaupt nicht da. Ohne die Herstellung der Einheit Deutschlands ist Deutschland eben noch nicht wieder im geschichtlichen Raum."[221]

Allerdings vertrat von Merkatz keineswegs konsequent eine staatsbezogene Vorstellung von Nation, wie es hier den Anschein haben könnte. Vielmehr sah er den Staat wie auch die Nation als immer weniger bedeutsam bzw. vor allem als durch die Kategorien der Heimat überholt an, wie insbesondere in seinen Positionierun-

---

216 Wehner, 1. BT, 222/10.7.1952, S. 9871 (Herv. i. Orig.).
217 Wehner, 1. BT, 222/10.7.1952, S. 9874.
218 Ollenhauer, 1. BT, 255/19.3.1953, S. 12319 (Herv. i. Orig,).
219 Wehner (Zwischenruf zur Rede Richard Jaegers), 2. BT, 62/16.12.1954, S. 3218.
220 Von Merkatz, 1. BT, 221/9.7.1952, S. 9824.
221 Von Merkatz, 2. BT, 69/24.2.1955, S. 3557.

gen zur Oder-Neiße-Frage deutlich wurde.[222] Darüber hinaus hatte er gemäß der generell im Regierungslager vorherrschenden Auffassung direkt vor den beiden hier zitierten Statements nicht versäumt, zunächst darauf hinzuweisen, wem der prekäre Zustand der deutschen Nation zu verdanken sei, nämlich allein der Sowjetunion. Dieser Ansicht folgend beharrte auch der Freie Demokrat Mende weiterhin darauf, dass die ungünstige Entwicklung für den nationalen Zusammenhalt weder von der Regierung noch vom Westen mit zu verantworten sei: „Sondern es war die völlig anders geartete *Entwicklung in der Sowjetzone*, die uns die Zone immer mehr entfremdete."[223]

Obschon die Schuldzuweisungen an die sowjetische Seite in der Koalition somit weithin vorherrschend blieben, lässt sich jedoch beobachten, dass in der Debatte über die *Pariser Verträge* nicht mehr nur von der SPD,[224] sondern zunehmend auch von der Regierungsbank skeptische Stimmen dazu zu hören waren, dass die Einheit in absehbarer Zeit realisiert werden könne.[225] Thomas Dehler kritisierte für die FDP in dem Zusammenhang sogar die negativen Wirkungen des Antikommunismus bzw. der hegemonialen Denkweise „des Entweder-Oder der freien Welt und der bösen bolschewistischen Welt".[226] Darin zeigt sich bereits, dass der deutschlandpolitische Konsens im Regierungslager auch[227] hinsichtlich des Umgangs mit der DDR allmählich in Auflösung begriffen war.

Adenauers Moskaureise als Zäsur

Einen entscheidenden Einschnitt, sowohl im Hinblick auf den Zusammenhalt der Koalition als auch auf die weitere Entwicklung der Nationenvorstellungen, markiert vor allem die Moskaureise des Kanzlers vom 9. bis 13. September 1955. Auf dieser Reise verabredete Adenauer – im Austausch für die Freilassung der letzten deutschen Kriegsgefangenen – die Aufnahme diplomatischer Beziehungen mit

---

222 Siehe dazu Kap. 3.1.
223 Mende, 2. BT, 71/26. 2. 1955, 3749 (Herv. i. Orig.); vgl. von Brentano, 72/27. 2. 1955, S. 3881.
224 Zur Vertiefung der Spaltung vgl. Ollenhauer, 2. BT, 61/15. 12. 1954, S. 3139, S. 3146; zur Gefahr eines „Bruderkrieges" vgl. Erler, 2. BT, 62/16. 12. 1954, S. 3208; Strobel, 2. BT, 71/26. 2. 1955, S. 3765; Wienand, ebd., S. 3774, 3776, sowie ähnlich für den erst seit 1953 im Bundestag vertretenen GB/BHE Johannes-Helmut Strosche, ebd., S. 3768; Walter Kutschera, ebd., S. 3778.
225 Vgl. für die DP von Merkatz, 2. BT, 69/24. 2. 1955, S. 3559 f.; für die CSU Georg Baron Manteuffel-Szoege, 2. BT, 70/25. 2. 1955, S. 3668.
226 Dehler, 2. BT, 72/27. 2. 1955, S. 3903.
227 Zu den Differenzen in der FDP über die Saarregelungen der *Pariser Verträge* siehe Kap. 2.2.

der Sowjetunion.[228] Dazu erklärte er nach seiner Rückkehr zwar, dass die deutsche Seite in den Verhandlungen stets klargestellt habe, „daß eine *Normalisierung der Beziehungen* unter keinen Umständen darin bestehen kann, daß man den *anormalen Zustand der Teilung Deutschlands* legalisiert."[229] Dass er dabei so nachdrücklich betonte, dass die Bundesrepublik weiterhin entschlossen sei, ihren Alleinvertretungsanspruch – gegebenenfalls auch gegenüber dritten Staaten – zu behaupten, deutete allerdings schon darauf hin, dass der Botschafteraustausch keineswegs ganz unproblematisch für das westdeutsche Selbstverständnis als einziger deutscher Staat war. Verstärkt wurde diese Problematik noch dadurch, dass die Sowjetunion seit der ergebnislosen Genfer Gipfelkonferenz der Vier Mächte vom 18. bis 23. Juli 1955 offensiv die „Zweistaatentheorie" verfocht, der sich nicht zuletzt auch die Einladung Adenauers nach Moskau verdankte.[230]

Um den Alleinvertretungsanspruch angesichts der Existenz von fortan zwei deutschen Botschaften in Moskau zu untermauern, verkündete die Regierung daher Anfang Dezember die *Hallsteindoktrin*. Sie spitzte diesen Anspruch dahingehend zu, dass die Aufnahme diplomatischer Beziehungen zur DDR durch andere Staaten von der Bundesrepublik als „unfreundlicher Akt" betrachtet werden würde und zum Abbruch etwaiger diplomatischer Kontakte führen könne.[231] Damit wurde zugleich die im politischen Diskurs ohnehin dominante Tendenz, den eigenen Staat zum zentralen Kern der deutschen Nation – und insofern die DDR gleichsam zur Peripherie dieses Kerns – zu erklären, verstärkt. Nicht diese Tendenz an sich, jedoch die in ihrem Gefolge immer deutlicher werdende Stagnation in Sachen Wiedervereinigung sollte sodann nicht nur bei der SPD, sondern zunehmend auch bei der FDP für Unmut sorgen.

Zunächst aber waren es die Sozialdemokraten, die im Anschluss an Adenauers Erklärung beklagten, dass die Verhandlungen mit der Sowjetunion deutlich gemacht hätten, dass die „Politik der Stärke" keineswegs zur Einheit führen werde und somit endgültig gescheitert sei.[232] Dennoch werde seine Partei, so Ollenhauer, der Vereinbarung mit Moskau zustimmen, um wenigstens die „*Normalisierung der Beziehungen zwischen Bonn und Moskau* [...] für eine *aktive Wiedervereinigungspolitik* auszunutzen".[233] Vorrangig sei jedoch vor allem, dass im Hinblick auf

---

228 Mehr dazu im Kontext der Diskussion über die Kriegsverbrecherfrage in Kap. 4.2.2.
229 Adenauer, 2. BT, 101/22.9.1955, S. 5644 (Herv. i. Orig.). Vgl. ebd., S. 5646 f., für Folgendes.
230 Vgl. Schöllgen 2004, S. 42 f.
231 Zur Benennung der *Hallsteindoktrin* siehe schon Kap. 1.2. Ausführlich mit ihrer Entstehungsgeschichte und Anwendung befassen sich u. a. Kilian 2001; Booz 1995; Verfürth 1968.
232 Vgl. Ollenhauer, 2. BT, 102/23.9.1955, S. 5654.
233 Ollenhauer, 2. BT, 102/23.9.1955, S. 5655. Ebd., S. 6656, folgendes Zitat (alle Herv. i. Orig.).

die DDR-Bürger noch viel mehr getan werde, „als wir bisher getan haben, auch unter Opfern, [...] um ihnen vor allem auch bei Aufenthalten in der Bundesrepublik das Gefühl zu geben, daß wir *ein Volk und eine untrennbare Gemeinschaft* sind."
Wenngleich der CDU/CSU-Fraktionsvorsitzende Heinrich Krone eine konträre Deutung der „Politik der Stärke" anbot, da es umgekehrt auch als ihr Erfolg gewertet werden könne, dass die Gespräche mit Moskau überhaupt zustande gekommen seien,[234] stimmte er Ollenhauer doch zumindest in dem Punkt zu,

> „daß wir diese Verbundenheit zwischen uns und der Zone gar nicht laut und deutlich genug herausstellen können. Sie allein gibt uns die Gewähr und die Möglichkeit, daß einstmals für sie [die Menschen in der DDR, Anm. d. Verf.] wiederum der Tag kommt, wo sie mit uns wiedervereinigt sind."

Ähnlich äußerte sich für die FDP Dehler;[235] er stellte allerdings zugleich klar, dass die Bundesrepublik bei aller Verbundenheit mit den Menschen in der DDR im Falle der Wiedervereinigung eine umfassende Führungsrolle zu übernehmen gedenke und daher nur bedingt zu Kompromissen über den Weg zur Wiedervereinigung bereit sei. So gebe es „keine Kompromisse im Grundsätzlichen. Die ,Errungenschaften' aus der Zone auch nur zum Teil zu übernehmen hieße die Grundlagen unserer Lebensordnung aufweichen und zerstören." Dieses Diktum – keine Übernahme von „sogenannten Errungenschaften der Sowjetzone"[236] – war später noch häufiger von Seiten der Bundesregierung, z. B. bei Krone oder von Merkatz, zu vernehmen. Es war vor allem eine Reaktion darauf, dass die Sowjetunion im Rahmen ihrer „Zweistaatentheorie" genau auf eine solche Übernahme der „Errungenschaften" aus der DDR als Bedingung der Einheit pochte, um damit die offizielle Anerkennung des ostdeutschen Staates zu forcieren. Insofern war dieses Diktum primär als Ablehnung jeglicher Kooperation mit dem DDR-Regime zu verstehen. Jedoch wurde damit auch vorweggenommen, dass nicht nur die politische Ordnung der parlamentarische Demokratie, sondern ebenso die ökonomische Ordnung der Bundesrepublik, die soziale Marktwirtschaft, bei der Wiedervereinigung maßgeblich sein sollte – obwohl das Grundgesetz selbst diese

---

234 Vgl. Krone, 2. BT, 102/23.9.1955, S. 5660. Ebd., S. 5661, das folgende Zitat.
235 Vgl. Dehler, 2. BT, 102/23.9.1955, S. 5664. Ebd., S. 5663, das folgende Zitat.
236 Krone, 3. BT, 4/5.11.1957, S. 44; ähnlich von Merkatz, ebd., S. 76.

ökonomische Ordnung nicht zwingend festlegte.[237] Auch damit wurde die Rolle der Bundesrepublik als Kern der Nation unterstrichen.

Jenseits seiner Übereinstimmung mit der Union wie auch mit der DP in dieser Hinsicht bemerkte Dehler allerdings auch, und darin eher einig mit der SPD, dass die Bundesregierung sich nun mit neuem Engagement für die Einheit einsetzen müsse, um zu verhindern, dass in der deutschen Bevölkerung der Eindruck entstehe, dass man die Zweistaatlichkeit inzwischen akzeptiert habe:

> „Das Bild der zwei deutschen Botschafter in Moskau darf sich nicht in unserem Volke einprägen. Es darf im Kreml nur einen deutschen Botschafter, nur einen Botschafter des deutschen Volkes geben, der die Stimme für Deutschland erhebt. [...] Das deutsche Volk kann keine leeren Formeln und keine blutlosen Versicherungen mehr hören. Es will begreifen können, was geschieht. Es will den Weg sehen. Das ist nötig, wenn nicht das deutsche Bewußtsein in unserem Volk verkümmern soll."[238]

Hatte die SPD schon direkt nach Adenauers Rückkehr aus Moskau bezweifelt, dass der Weg der *Hallsteindoktrin* der Weg zur Einheit sei,[239] wurde bei der ersten Anwendung dieser Doktrin gegenüber Jugoslawien im Oktober 1957 auch seitens der FDP Protest laut, und selbst in der Union gab es einige, obschon in der Öffentlichkeit weniger laute Gegenstimmen.[240] Vor allem Thomas Dehler hatte sich mittlerweile öffentlich immer mehr als Gegner der Adenauerschen Deutschlandpolitik positioniert und geriet damit zusehends in offenen Konflikt mit dem Kanzler.[241] Parallel dazu erfolgte der Bruch zwischen Dehler und Adenauer in der Außenpolitik, was, wie Lutz Nickel bemerkt, ebenso wie ihre deutschlandpolitischen Divergenzen nicht zuletzt auf ihrem unterschiedlichen Verhältnis zur Nation beruhte: „Während Adenauer um der Westintegration und der europäischen Integration willen bereit war, auf deutsche Gebiete zu verzichten, war für Dehler

---

237 Vgl. Art. 14 Abs. 3 (Enteignung) und Art. 115 (Sozialisierung) GG.
238 Dehler, 2. BT, 102/23.9.1955, S. 5665 (Herv. i. Orig.); ähnlich Ollenhauer, ebd., S. 5657.
239 Ollenhauer, 2. BT, 102/23.9.1955, S. 5657.
240 Zu diesen zählte etwa Gerstenmaier, während von Brentano den Kanzler in seinem Kurs stützte. Vgl. dazu Kilian 2001, S. 56 ff. Die *Hallsteindoktrin* wurde noch zwei weitere Male, 1963 gegen Kuba und 1967 gegen Rumänien, angewandt, bevor sie schließlich aufgeben wurde.
241 Vor allem in der in der auf eine Große Anfrage der FDP betr. *Haltung der Bundesregierung auf der NATO-Konferenz am 16. Dezember 1957* (vgl. 3. BT-DS, Nr. 82, 11.12.1957) wie auf einen ähnlichen Antrag der SPD hin zustande gekommenen Bundestagsdebatte, in der auch Gustav Heinemann, nun für die SPD, erneut seine Kritik am deutschlandpolitischen Kurs der Bundesregierung äußerte. Vgl. Dehler, 9/23.1.1958, S. 384–399; Heinemann, ebd., S. 401–406.

die Nation sakrosankt und deren Wiedervereinigung die erste rechtliche und geschichtliche Pflicht."[242]

Dieser Bruch vollzog sich nicht nur zwischen den beiden Spitzenpolitikern. Schon in der Abstimmung über die *Pariser Verträge* hatten die FDP-Abgeordneten überwiegend gegen das *Saarstatut* votiert bzw. sich enthalten. 1956 schieden die Freien Demokraten – unter Verlust der „Euler-Gruppe", sechzehn Abgeordneten des nationalliberalen Flügels um August-Martin Euler, Hermann Schäfer und Franz Blücher, die die Partei aus Protest gegen Dehlers Kurs verließen – aus der Bundesregierung aus.[243] Nunmehr an keine Koalitionsdisziplin mehr gebunden, wurde im letzten Drittel der 1950er-Jahre die FDP zu der Partei, die die weitere Westintegration der Bundesrepublik in Form von EWG und Euratom ablehnte, weil sie die Entfremdung von der DDR forciere und so die Wiedervereinigung erschwere.[244]

Dagegen wurde die Sozialdemokratie ihre Sorgen vor der „Versteinerung" der Teilung und ihr „ungutes Gefühl"[245] über den mangelnden Einsatz der Regierung für die Einheit zwar ebenfalls nicht los – sie passte sich aber gleichwohl an den außenpolitischen Kurs Adenauers mit der Begründung an, dass eine wirtschaftliche Integration der Wiedervereinigung nicht so sehr entgegenstehe wie eine militärische oder politisch-verfassungsmäßige. Trotz ihres Wandels fuhr sie jedoch auch darin fort, als Gegengewicht zur Westintegration mehr Aktivitäten der Regierung für die deutsche Einheit zu verlangen[246] und vor der Gewöhnung an die Teilung zu warnen.[247]

---

242 Nickel 2005, S. 81f.
243 Anlass dafür war die Aktion der sog. „Jungtürken" in der FDP in Nordrhein-Westfalen. Zusammen mit der SPD stürzten sie den bisherigen CDU-Ministerpräsidenten Karl Arnold durch ein konstruktives Misstrauensvotum und lösten ihn durch Fritz Steinhoff von der SPD ab. Daraufhin spaltete sich die „Euler-Gruppe" ab, aus der sich später die, wenig erfolgreiche, FVP gründete. Während Adenauer seine Regierung mit den Abgeordneten dieser Abspaltung fortsetzen konnte, ging die FDP auf Bundesebene in die Opposition. Vorausgegangen war dem überdies ein heftiger Streit über die von der Union angedachte Einführung des Mehrheitswahlrechts, mit dem sie, wie Dehler fürchtete, die FDP ganz zu „schlucken" beabsichtigte. Vgl. Dittberner 2005, S. 45f.
244 Vgl. Robert Margulies (FDP), 2. BT, 224/5.7.1957, S. 13324. Der GB/BHE bangte gar, dass bei weiterer supranationaler Integration der Bundesrepublik die DDR als einziger deutscher Staat übrig bleiben könne. Vgl. Stegner, ebd., S. 13328; dazu die Kritik von Brentanos, ebd., S. 13334.
245 Beide Zitate: Willi Birkelbach, 2. BT, 208/9.5.1957, S. 12012. Vgl. auch Karl Mommer, 2. BT, 224/5.7.1957, S. 13319f.; Heinrich Deist, ebd., S. 13338; Wilhelm Mellies, ebd., S. 13348.
246 Vgl. Deist, 2. BT, 224/5.7.1957, S. 13341.
247 Vgl. Ollenhauer, 3. BT, 4/5.11.1957, S. 44.

Bevor sie sich zum Auftakt des neuen Jahrzehnts schließlich auch zur NATO bekannte,[248] startete die SPD mit dem *Deutschlandplan* vom 19. März 1959 zudem noch eine letzte deutschlandpolitische Initiative auf Grundlage ihrer Idee einer entmilitarisierten und atomwaffenfreien Entspannungszone in Mitteleuropa.[249] Auf Basis dieses kollektiven Sicherheitssystems jenseits von NATO und *Warschauer Pakt* sollte die Wiedervereinigung in drei Stufen erfolgen. Die erste dieser Stufen sah nun sogar die Bildung einer paritätisch von Bundesrepublik und DDR besetzten Gesamtdeutschen Konferenz als Zugeständnis an die sowjetische Seite vor. Nachdem diese Konferenz erste Vorverhandlungen geführt hatte, sollte auf der zweiten Stufe ein Gesamtdeutscher Parlamentarischer Rat mit legislativen Kompetenzen entstehen, dessen Mitglieder auf Grundlage von getrennten Wahlen ebenfalls zu gleichen Teilen aus der Bundesrepublik und aus der DDR kommen sollten. In der dritten Stufe sollte eine Verfassunggebende Nationalversammlung den Rat ablösen und eine gesamtdeutsche Verfassung erarbeiten. Freie Wahlen in ganz Deutschland sollten erst nach In-Kraft-Treten der Verfassung erfolgen, waren anders als zu Beginn des Jahrzehnts also nicht mehr an den Anfang, sondern ans Ende des Vereinigungsprozesses gestellt. Entstanden war dieser Plan als Reaktion auf die zweite Berlinkrise, die die internationale Diskussion über die „deutsche Frage" neu angefacht hatte.

Ausgelöst worden war die Berlinkrise durch eine Rede des Ersten Sekretärs des ZK der KPdSU und Vorsitzenden des Ministerrates der UdSSR Nikita S. Chruschtschow vom 10. November 1958. Darin kündigte Chruschtschow an, dass die sowjetische Besatzungsmacht sämtliche der noch bei ihr verbliebenen Hoheitsbefugnisse an die DDR übertragen werde, und verlangte außerdem die Umwandlung Berlins in eine entmilitarisierte Freie Stadt. Ein entsprechendes Ultimatum an die Westmächte erging am 27. November 1958. Die Bundesregierung, die schon seit Mitte der 1950er-Jahre misstrauisch beobachtete, dass die Westalliierten der Sowjetunion in wachsendem Maße signalisierten, notfalls auch ohne deutsche Einheit zur Entspannung kommen zu wollen, musste nun befürchten, dass ihre Bündnispartner die Anerkennung der DDR möglicherweise als eher geringen Preis für das Vermeiden eines „heißen Krieges" um Berlin ansahen. Zusehends erwies sich, dass sich die Bundesrepublik mit ihrer starren Nichtanerkennungshal-

---

248 Zuerst verkündete dies Wehner, 3. BT, 122/30.6.1960, S. 7058–7061; zu diesem „Alleingang" des stellvertretenden SPD-Fraktionsvorsitzendenden auch Schöllgen 2004, S. 54.
249 Vgl. Vorstand der SPD (Hrsg.) 1959a; auch in: Brandt/Ammon (Hrsg.) 1981, S. 169–174.

tung gegenüber der DDR auf internationaler Ebene immer mehr in eine isolierte Position hineinmanövriert hatte.[250]

Vor allem, um diese Situation zu durchbrechen und selbst die Initiative zu ergreifen, hatte die SPD den *Deutschlandplan* lanciert. Schon im Jahr darauf wurde der Plan jedoch wieder ad acta gelegt, und zwar ausgerechnet von Herbert Wehner, der ihn selbst maßgeblich mit formuliert hatte. So erklärte Wehner in jener Rede vom 30. Juni 1960, in der er im Bundestag auch erstmals das Bekenntnis zur NATO aussprach, dass die SPD ihren Plan nicht mehr länger als aktuell betrachte.[251] Die Ursache dafür lag zum einen darin, dass solche Vorschläge der Partei angesichts der weiteren Ereignisse im Verlauf der Berlinkrise überholt schienen. Anlass war insbesondere, dass die vermeintlich entscheidende Zusammenkunft der Vier Mächte auf der Pariser Gipfelkonferenz Mitte Mai 1960 schon vor ihrem eigentlichen Beginn gescheitert war und die SPD den von ihr vorgeschlagenen „dritten Weg" zwischen NATO und *Warschauer Pakt* nun nicht mehr für gangbar hielt.[252] Zum anderen stand ihre Distanzierung vom *Deutschlandplan* im Kontext der Godesberger Parteireform vom November 1959, in deren Rahmen die Sozialdemokraten nicht nur den Wandel in außen- und verteidigungspolitischer Hinsicht, sondern auch ihre offizielle Abkehr von einer sozialistischen Wirtschaftsprogrammatik vollzogen.[253]

Ähnlich klanglos wie der *Deutschlandplan* verhallten allerdings auch die Konzepte, mit denen die Regierung auf die Krise um Berlin zu reagieren suchte, so der nach dem Staatssekretär im Bundeskanzleramt Hans Globke benannte Plan von 1959.[254] Dieser Plan beinhaltete zwar einerseits einen bemerkenswerten Neuansatz in der Regierungspolitik, schlug er doch auf der Grundlage offizieller Beziehungen zur DDR und einer Freistadt-Lösung für Berlin nach spätestens fünf Jahren eine Volksabstimmung in Bundesrepublik und DDR über die Wiedervereinigung sowie gesamtdeutsche Wahlen vor. Andererseits zeigte er jedoch, so

---

250 Vgl. zur Berlinkrise Steiniger 2001; Wettig 2006; zur Vorgeschichte auch Wettig 2011.
251 Vgl. Wehner, 3. BT, 122/30. 6. 1960, bes. S. 7058 f.; dazu auch Miller 1975, S. 34, 41 f.
252 Am 1. Mai 1960 war ein amerikanisches U-2-Aufklärungsflugzeug über der Sowjetunion abgeschossen worden. Chruschtschow reiste zwar trotzdem nach Paris, verlangte aber eine Entschuldigung des US-Präsidenten Dwight D. Eisenhower. Da Eisenhower dies ablehnte, verweigerte Chruschtschow die Teilnahme an der Konferenz. Vgl. Wettig 2006, S. 71–86.
253 Vgl. Miller 1975, S. 38, sowie schon kurz Kap. 2.3.
254 Vgl. dazu Erhard 2003, bes. S. 95–208. Der Plan ist online abzurufen bei der Konrad Adenauer Stiftung (Hrsg.): Globke-Plan (1959), URL: http://www.konrad-adenauer.de/index.php?msg=4709 [Zugriff: 16. 12. 2012].

Gregor Schöllgen, bereits an, „daß man sich mit der Lage in der geteilten Stadt abzufinden begann."[255]

Aus Perspektive der Bundesregierung war die Pariser Konferenz im Mai 1960 daher auch alles andere als unglücklich verlaufen, da ihr Scheitern dafür sorgte, dass vorerst alles beim Status quo blieb.[256] Gleichwohl erschien die strikte Nichtanerkennungspolitik gegenüber der DDR zu Beginn der 1960er-Jahre und vor allem nach dem in der Nacht zum 13. August 1961 begonnenen Mauerbau zunehmend als überholt und realitätsfremd.[257] Schon einige Jahre zuvor war nicht mehr nur von der SPD eine Intensivierung der Beziehungen zu den Ostblockstaaten, besonders zu Polen, eingefordert worden,[258] sondern auch im Regierungslager, so bei von Merkatz von der DP, das neue Stichwort von der „Aktivierung der Ostpolitik"[259] gefallen. Dies führte allerdings nicht dazu, dass die Regierung ihre bisherige Linie noch grundlegend revidierte. Erst nach der Ablösung Adenauers durch Ludwig Erhard im Herbst 1963 konnte CDU-Bundesaußenminister Gerhard Schröder seine schon unter Adenauer vorsichtig begonnene „Politik der Bewegung" verstärken, u. a. durch die Errichtung von Handelsvertretungen in Warschau, Budapest, Bukarest und Sofia.[260]

Als kurze Zusammenfassung kann bis hierhin festgehalten werden, dass zwar die Regierungsparteien ebenso wie die SPD zumindest rhetorisch stets an der Vorstellung festhielten, dass die Einheit der deutschen Nation, sei sie begründet durch den entsprechenden Willen der Bevölkerung oder – bzw. in den meisten Fällen: und – durch die gemeinsame Geschichte, Kultur sowie eine „natürliche" Zusammengehörigkeit, trotz der staatlichen Teilung fortbestehe. Zugleich vollzog sich sowohl in der praktischen Politik als auch auf der Diskursebene jedoch eine zunehmende Abkehr der nach Westen orientierten Bundesrepublik von der DDR, damit aber schließlich auch eine Abkehr von den dort lebenden Menschen.

---

255 Schöllgen 2004, S. 56.
256 Dementsprechend kommentierte Adenauer das Scheitern der Konferenz mit den Worten: „Wir haben nochmals fies Jlück jehabt". Schwarz 1983, S. 107.
257 Von einem zunehmenden „Wirklichkeitsverlust" spricht Foschepoth 1988d, S. 53.
258 Vgl. Ollenhauer, 3. BT, 4/5. 11. 1957, S. 53.
259 Von Merkatz , 3. BT, 4/5. 11. 1957, S. 76.
260 Vgl. ausführlich dazu Eibl 2001.

3.2.2 „... wie gegen einen Bruder, der morden will": das ambivalente Bild der DDR-Bürger

Nahe Verwandte – gefährliche Fremde

Das negative Verhältnis der westdeutschen Parteien zur DDR als Staat blieb auch für das im politischen Diskurs der Adenauerzeit vorherrschende Bild von der Bevölkerung dieses Staates nicht ohne Folgen: Wurden die DDR-Bürger einerseits häufig als „Brüder und Schwestern" und damit als nahe Verwandte angesprochen, schien andererseits die Distanz zu ihnen immer größer zu werden. Diese Distanz schlug sich u. a. darin nieder, dass die Ostdeutschen in westdeutscher Perspektive vornehmlich entweder als passiv und hilflos beschrieben oder aber eher misstrauisch beäugt und sogar als, zumindest im Falle eines bewaffneten Konflikts, potenzielle Bedrohung dargestellt wurden. Abgestützt und forciert wurde dieser Entfremdungsprozess durch den ausgeprägten westdeutschen Antikommunismus, der sich in der scharfen Abgrenzung sowohl von kommunistischen Positionen im Inneren der Bundesrepublik als auch gegenüber kommunistischen Staaten im Äußeren manifestierte.[261] Dabei ging es den nicht-kommunistischen Parteien zum einen um ein gegen Diktaturen gerichtetes Bekenntnis zur Demokratie, im Regierungslager zudem zur Marktwirtschaft. Die gängige starre Gegenüberstellung von Ost und West bewirkte jedoch zugleich, dass vor allem die Sowjetunion, dadurch vermittelt aber auch die DDR sowie zum Teil der Kommunismus überhaupt, zu etwas gänzlich „Fremden" stilisiert wurden, was das ohnehin stark zugespitzte Freund-Feind-Schema des Kalten Krieges umso undurchlässiger wirken ließ.

Dass das System der DDR vor allem von den Regierungsparteien nicht allein als oktroyiertes, sondern auch als ethnisch, kulturell und gesinnungsmäßig „fremdes" System dargestellt wurde, zeigte sich bereits 1949, als Adenauer dem Wunsch nach Entspannung zwischen den Blöcken unter Beifall der Mitte und der Rechten anfügte:

„Aber wenn ich ausspreche, daß wir den Wunsch haben, in Frieden mit Sowjet-Rußland zu leben, so gehen wir davon aus, daß auch Sowjet-Rußland und Polen uns unser Recht lassen und unsere deutschen Landsleute auch in der Ostzone und in dem

---

261 Zum Antikommunismus innerhalb der Bundesrepublik, der hier nicht ausführlich behandelt werden kann, vgl. die Pionierarbeit von Brünneck 1978 sowie die Studie von Korte 2009.

ihnen unterstehenden Teil von Berlin das Leben in Freiheit führen lassen, das deutschem Herkommen, deutscher Erziehung und deutscher Überzeugung entspricht."[262]

Andere taten sich zwar durch weitaus massivere Angriffe gegen die sowjetische Besatzungsmacht und ihre Unterstützer hervor, allen voran die NR, für die sich der vermeintliche Franz Richter, Anfang 1952 enttarnt als der Nationalsozialist Fritz Rößler, über „arbeits- und lichtscheues Volk"[263] ausließ, das sich in der DDR breitmache. Dennoch deutet sich auch in den relativ zurückhaltenden Worten des Kanzlers an, wie leicht die Ablehnung des DDR-Systems als aufgedrückt und undemokratisch in seine gleichsam ethnisierende Klassifizierung als völlig andersartig überging. Damit wurde überdies nicht allein die Differenz der westdeutschen Demokratie zur ostdeutschen Diktatur zu einer absoluten gemacht, sondern quasi nebenbei auch die zur NS-Diktatur, mit der die kommunistischen Systeme dem verbreiteten Totalitarismuskonzept gemäß oftmals, so etwa auch in Adenauers erster Regierungserklärung, gleichgesetzt wurden.[264]

Ähnlich verabsolutiert wurde der Systemgegensatz durch die vor allem im Regierungslager anzutreffende Bemerkung, dass es sich bei der deutsch-deutschen Grenze um einen, in den Worten des Freien Demokraten Hermann Schäfer, „Graben zwischen zwei Welten"[265] handele. Noch expliziter ethnisch aufgeladen war die Unterscheidung, die von Merkatz für die DP zwischen den „uns kulturell wesensverwandten Länder[n]"[266] des Westens und den, wie sich indirekt daraus ergibt, eben „wesensfremden" Ländern des Ostens vornahm. In vergleichbarer Weise wurde sie aber ebenso von Sozialdemokraten getroffen.[267]

---

262 Adenauer, 1. BT, 5/20.9.1949, S. 29 (alle Herv. d. Verf.).
263 Franz Richter, 1. BT, 7/22.9.1949, S. 81.
264 Vgl. Adenauer, 1. BT, 5/20.9.1949, S. 22, sowie Ders., 221/9.7.1952, S. 9799 f.; für die CDU außerdem Luise Rehling, 1. BT, 222/10.7.1952, S. 9893; Gerstenmaier, ebd., S. 9807; Krone, 3. BT, 4/5.11.1957, S. 34; für die FDP Mende, 1. BT, 222/10.7.1952, S. 9884; Ludwig Schneider, 2. BT, 71/26.2.1955, S. 3832.
265 Schäfer, 1. BT, 6/21.9.1949, S. 51. Ähnlich z.B. dann in der Debatte über die *Pariser Verträge* von Merkatz, 2. BT, 69/24.2.1955, S. 3558: „Eine Staatsgrenze ist leicht zu überwinden, eine Grenze zwischen zwei Welten ist es nicht. Das ist doch das Schicksal, das wir tragen müssen."
266 Von Merkatz, 1. BT, 240/3.12.1952, S. 11148.
267 So betonte auch Schumacher, 1. BT, 68/13.6.1950, S. 2473 (Herv. i. Orig.), im Kontext seiner Absage an Neutralisierungskonzepte, „daß *Deutschland* und sein Volk Bestandteile der Kultur und der gesellschaftlichen und demokratischen *Auffassung des Westens* sind." Seine Aufschlüsselung von Kultur, Gesellschaft und Demokratie zeigt, dass es ihm bei der strikten Trennung zwischen West und Ost nicht nur um die zwischen Demokratie und Diktatur allein ging.

Die DDR-Bürger als passive Objekte

Die DDR-Bürger wurden im Rahmen der Darstellungen des kommunistischen Systems als „wesenfremd" zwar in erster Linie als Opfer präsentiert, damit aber auch weniger als Handelnde denn als bloße Objekte gezeichnet. Das sich daraus ergebende Gesamtbild, wie es insbesondere im Regierungslager entworfen wurde, kann eine kurze Auswahl an Statements veranschaulichen[268]: Die Bürger der DDR seien „Opfer eines Jochs",[269] „verelendet",[270] dem „Schicksal unterworfen",[271] „entwürdigt und geschändet",[272] müssten wie die anderen Völker Osteuropas „in Knechtschaft dahinvegetieren",[273] ihr „menschliches Schicksal drüben in der Unfreiheit ist eine schwere Tragödie",[274] sie seien „versklavt worden"[275] und stellten sich bezüglich der Bundesrepublik nur die Frage „Wann holen die uns endlich aus diesem Los hier raus?"[276]

Ebenso wenig Eigeninitiative wurde den DDR-Bürgern im verbreiteten Stichwort von ihrer notwendigen „Befreiung" zugestanden.[277] Wie bei den meisten Abgeordneten, die diesen Begriff verwendeten, durchschien, dass sie sich die „Befreiung" der DDR eigentlich nur als von außen erzwungene denken konnten, so stand auch für den Freien Demokraten Euler außer Frage, dass die Wiedergewinnung der Freiheit in der DDR „unsere Aufgabe", also die der Bundesrepublik, sei.[278] Damit korrespondiert der Befund von Wolfgang Benz, dass sich alle damaligen Parteien außer der KPD die Wiedervereinigung als Anschluss der DDR an

---

268 Eine ähnliche Auswahl an Statements wie die folgende findet sich bei Müller-Härlin 2008, S. 166 f., 225, der dieses Bild von den DDR-Bürgern und ihre unten diskutierte Gegenüberstellung zur Regierung ebenfalls kurz anspricht.
269 Euler, 1.BT, 17/15.11.1949, S. 418.
270 Adenauer, 1. BT, 221/9.7.1952, S. 9797; vgl. auch Gerstenmaier, ebd., S. 9807.
271 Franz Josef Strauß, 1 BT, 222/10.7.1952, S. 9552.
272 Adenauer, 1. BT, 255/19.3.1953, S. 12314.
273 Schäfer, 1. BT, 255/19.3.1953, S. 12330.
274 Von Merkatz, 2. BT, 69/24.2.1955, S. 3556.
275 Strauß, 2. BT, 69/24.2.1955, S. 3573.
276 Euler, 2. BT, 70/25.2.1955, 3727.
277 Von Befreiung/befreien sprachen z.B. für die DP von Merkatz, 1. BT, 68/13.6.1950, S. 2497; Ders., 1. BT, 255/19.3.1953, S. 12337; für die FDP Hans Albert Freiherr von Rechenberg, 1. BT, 240/3.12.1952, S. 11132; Euler, 2. BT, 70/25.2.1955, 3728, sowie für die CDU Kiesinger, 2. BT, 69/24.2.1955, S. 3534 f., der Adenauer gegen die internationale Kritik in Schutz nahm, in die dieser wegen der Verwendung des Wortes „Befreiung" im Europarat geraten war. Außer Gebrauch kam das Wort dennoch auch beim Kanzler nicht, vgl. z.B. Adenauer, 3. BT, 3/29.10.1957, S. 24.
278 Euler, 2. BT, 62/16.12.1954, S. 3245.

die Bundesrepublik vorstellten[279] – also als Beitritt der DDR in den Geltungsbereich des Grundgesetzes gemäß Art. 23 Satz 2 GG und nicht als gleichberechtigte Vereinigung verbunden mit der Ablösung des Grundgesetzes durch eine gesamtdeutsche Verfassung gemäß Art. 146 GG.

Abgesehen von dieser praktisch erst 1989/90 relevant werdenden Diskussion machte die Koalition wiederholt deutlich, dass die Bundesrepublik im Falle der Wiedervereinigung nicht nur, was das politische, sondern auch, was das ökonomische System angeht, die Führung übernehmen müsse. Dies gilt nicht nur für die Ablehnung einer Übernahme „sozialer Errungenschaften" aus der DDR, wie sie vor allem in der zweiten Hälfte der 1950er-Jahre bekundet wurde,[280] sondern speziell für „Kolonisationsphantasien", die schon zuvor mehr oder minder offen in Bezug auf die DDR geäußert wurden. Implizit finden sich solche Kolonisationsansprüche etwa im Beitrag Max Beckers zur Europarat-Debatte, in dem der Freie Demokrat seine Befürwortung des Beitritts mit den Worten begründete:

„Wenn wir in den Europarat hineingehen, wenn wir versuchen, hier den Westen wirtschaftlich gesund zu erhalten, [...] den Geist der Freiheit hochzuhalten, dann schaffen wir wenigstens in einem Teile Deutschlands die Voraussetzungen, die es uns möglich machen, wenn der Tag der Einheit wieder gekommen ist, nun auch dem Osten wieder auf die Beine zu helfen."[281]

Ausdrücklicher wurde zwei Jahre später Beckers Fraktionskollege Hermann Schäfer, der im Juli 1952 in der Debatte über die EVG konstatierte:

„In dem Augenblick, in dem der ‚*Eiserne Vorhang*' aufgeht, entsteht doch eine ungeheure Fülle von *wirtschaftlichen Verpflichtungen,* um diese große neue Kolonisationsaufgabe unseres Volkes zu verwirklichen, (Abg. Wehner: Hört! Hört! ‚Kolonisationsaufgabe',

---

279 Vgl. Benz 1989, S. 53. Benz bezieht sich vor allem auf die CDU/CSU und SPD. Die KPD war gemäß ihrer pro-sowjetischen Ausrichtung stets gegen einen Anschluss und kritisierte z.B. die EVG, da diese auch Gesamtdeutschland binde und damit einer künftigen Nationalversammlung jede Souveränität nehme. Vgl. Reimann, 1. BT, 222/10.7.1952, S. 9865. Schließlich ist der Befund von Benz auch für einzelne Stimmen sowohl aus der SPD als auch der CDU etwas zu differenzieren. Vgl. für die SPD Schmid, 2. BT, 47/7.10.1954, S. 2316; 71/26.2.1955, 3825; für die CDU Eduard Wahl (als Berichterstatter für die Mehrheitsauffassung des 16. Ausschusses für Rechtswesen und Verfassungsrecht), 2. BT, 69/24.2.1955, S. 3619.
280 Siehe dazu Kap. 3.2.1.
281 Becker, 1. BT, 68/13.6.1950, S. 2491.

das ist ja toll!) aus einem verödeten, zerstörten und ausgepowerten Gebiet wieder einen fruchtbaren deutschen Lebensbereich zu machen."[282]

Weniger drastisch formuliert, aber dem Gedanken nach ähnlich äußerte sich im Rahmen der Debatte über die *Pariser Verträge* Mitte der 1950er-Jahre auch Adenauer: „Unsere Absicht war, die Bundesrepublik Deutschland zu einem lebendigen, gesunden Staatswesen zu machen, [...] das bereit und in der Lage ist, die terrorisierte, ausgeblutete Sowjetzone am Tag der Wiedervereinigung zu tragen und zu stützen."[283]

Vor allem solche Äußerungen zeigen, wie sehr die Bundesrepublik in der ihr zugesprochenen Rolle Kernstaat oder auch, dies unter Einschluss der SPD, als Treuhänderin der gesamten Nation ins Zentrum der im politischen Diskurs erzeugten Nationenvorstellungen rückte. Unter vorstaatlichen Gesichtspunkten wie Geschichte, Kultur oder Herkunft umfasste die deutsche Nation zwar weiterhin gleichermaßen die Bevölkerungen der Bundesrepublik wie der DDR. Jedoch erschienen die DDR-Bürger dabei immer weniger als gleichberechtigte Subjekte der Nation im Sinne einer politischen Willensgemeinschaft, sondern vorwiegend nur noch als Objekte des politischen Handelns anderer, sei es gegenwärtig der Sowjetunion und des DDR-Regimes, sei es bei einer Wiedervereinigung des Westens und der Bundesrepublik. Fraglos war dieser Blick auf die DDR-Bürger nicht zuletzt eine Folge tatsächlicher Machtverhältnisse und besaß angesichts der sowjetisch abgesicherten SED-Diktatur einen realen Kern. Gleichwohl trug dieser Blick in sich die Tendenz, den DDR-Bürgern jegliche politische Handlungsfähigkeit abzusprechen, wenn nicht sogar langfristig die Fähigkeit zur Entwicklung eines politischen Willens überhaupt abzuerkennen – zumindest, wenn man davon ausgeht, dass sich folgende Aussage Adenauers von 1957 über die Situation der russischen Bevölkerung auch auf die Menschen in der DDR erstrecken würde, sollte die Diktatur dort längere Zeit bestehen bleiben:

„Vierzig Jahre der Gewaltherrschaft haben im russischen Volk die Fähigkeit einer eigenen Willensbildung zerstört. Es ist den Machthabern im Kreml gelungen, diese riesigen Volksmassen auf Ziele auszurichten, die ebensosehr [sic] der kommunistischen Ideologie wie dem Panslawismus angehören."[284]

---

282 Schäfer, 1. BT, 221/9.7.1952, S. 9823 (Herv. i. Orig,).
283 Adenauer, 2. BT, 61/15.12.1954, S. 3132.
284 Adenauer, 3. BT, 3/29.10.1957, S. 23.

Dieser Aussage zufolge wäre allerdings zumindest die russische Bevölkerung, wenn nicht jede Gruppe von Menschen, die unter einer fraglos ihre Spuren hinterlassenden Gewaltherrschaft gelebt hat, unfähig, je wieder selbst die politischen Verhältnisse zu gestalten und für immer zu einem Leben unter fremdbestimmten Bedingungen verurteilt.

Die DDR-Bürger als Aktivisten

Mitunter wurde den DDR-Bürgern jedoch auch eine etwas aktivere Rolle zugestanden. Seitens der SPD forderte etwa Willy Brandt gegen die verbreitete Darstellung der ostdeutschen Bevölkerung als passive Opfer ein, dass man in der westdeutschen Politik mehr „Zutrauen zu diesem Volk und gerade zu den 18 Millionen in der Sowjetzone" haben müsse;[285] Fritz Erler drehte das übliche Schema, dass die Bewohner der DDR auf die Hilfe der Bundesrepublik hofften, dahingehend um, dass es der Bundesrepublik ebenfalls Hoffnung gebe, dass jene sich nicht einfach in ihr Schicksal ergeben würden,[286] und Herbert Wehner betonte, dass selbst die Sowjetunion auf Dauer nicht ignorieren könne, dass die meisten DDR-Bürger „weder volkdemokratisch noch sowjetisch sein"[287] wollten. Positive Worte für den „heroischen Widerstand"[288] der DDR-Bürger gegen die kommunistische Indoktrination fanden auch die Regierungsparteien, so außer dem CSU-Politiker Georg Baron Manteuffel-Szoege die Christdemokratin Luise Rehling, die in der Debatte über die EVG anmerkte:

> „daß die östlichen Machthaber unter dem Leitmotiv der bolschewistischen Parteilichkeit und durch Einhämmern der bolschewistischen Ideologie – wir kennen die Methoden aus der Zeit des Nationalsozialismus ja zur Genüge – in Erziehung und Unterricht eine geistige Kluft aufzureißen versuchen, die schon wesentlich tiefgreifendere Konsequenzen für eine Trennung der Deutschen in Ost- und Westdeutschland gehabt hätte, wenn nicht der weitaus größte Prozentsatz unserer Brüder und Schwestern einen so bewunderungswürdigen geistigen Widerstand geleistet hätte."[289]

---

285 Brandt, 1. BT, 222/10.7.1952, S. 9918.
286 Vgl. Erler, 2. BT, 62/16.12.1954, S. 3208. Wie weiter unten zitiert, sprach er an anderer Stelle aber auch vom zunehmenden „Sichabfinden" der DDR-Bürger. 2. BT, 70/25.2.1955, S. 3728.
287 Wehner, 2. BT, 69/24.2.1955, S. 3543.
288 Manteuffel-Szoege, 2. BT, 70/25.2.1955, S. 3668.
289 Luise Rehling, 1. BT, 222/10.7.1952, S. 9893.

Sogar von Merkatz von der DP lobte gelegentlich die widerständische Haltung der Ostdeutschen, obschon er dabei nicht versäumte, zu betonen, dass diese Haltung vor allem durch die Bundesregierung und ihre „Politik der Stärke" gefördert worden sei.[290]

Zum Symbol des aktiven Freiheitswillens der DDR-Bürger avancierte jedoch vor allem der Aufstand vom 17. Juni 1953, der sich aus Protesten und Streiks anlässlich einer Arbeitsnormenerhöhung rasch zur Erhebung gegen die SED-Regierung und für freie Wahlen ausgeweitet hatte, aber – hauptsächlich durch die von der DDR-Regierung zu Hilfe gerufenen sowjetischen Truppen – blutig niedergeschlagen worden war. Dieser Tag wurde vom Bundestag am 4. August 1953 zum gesetzlichen Feiertag erklärt und fortan in der Bundesrepublik als „Tag der deutschen Einheit" begangen.[291] 1963 proklamierte ihn Bundespräsident Heinrich Lübke im Rundfunk sogar als „Nationalen Gedenktag des Deutschen Volkes", da der Tag keinesfalls, indirekt meinte das vermutlich: wie bisher, nur „zur Entspannung, Erholung oder gar dem Vergnügen dienen" dürfe.[292]

Die westdeutschen Parteien werteten den Aufstand in der DDR somit nicht nur als Bekenntnis zu Freiheit und Demokratie, sondern ebenso zur deutschen Einheit.[293] Der Kanzler selbst benutzte zwar eher wenig nationale Rhetorik, betonte aber zu Beginn seiner zweiten Amtszeit, dass die Bürger der DDR am 17. Juni demonstriert hätten, „daß ihr Freiheitsbegriff mit dem unsrigen und nicht mit dem der dortigen Machthaber identisch ist"[294]. Daran schloss von Brentano mit der Bemerkung an:

> „Am 17. Juni haben mutige Männer und Frauen uns in der Bundesrepublik und in der ganzen Welt gezeigt, daß sie in der Hoffnung auf Freiheit leben. Mehr als 600 Menschen haben dieses Bekenntnis zu ihrem deutschen Vaterland und zur Freiheit mit ihrem Leben bezahlt [...]."[295]

---

290 Von Merkatz, 1. BT, 98/8.11.1950, S. 3609 f. Eine aktivere Rolle gestand er später auch speziell „der deutschen Arbeiterschaft" zu, „die am 17. Juni 1953 zur Aktion der Befreiung in ihrer Zone geschritten war." 2. BT, 72/27.2.1955, S. 3917.
291 Vgl. Gesetz über den Tag der deutschen Einheit, in: BGBl. 1953 I, S. 778; zu den Ereignissen des 17.6.1953 u. a. den Tagungsband Engelmann/Kowalczuk (Hrsg.) 2005.
292 Proklamation des Bundespräsidenten, in: BGBl. 1963 I, S. 397 f., hier S. 398.
293 Vgl. die Reden von Theodor Heuss, Jakob Kaiser und Ernst Reuter, sozialdemokratischer Bürgermeister von Berlin, alle vom 23.6.1953, in dieser Reihenfolge abgedr. in: Hupka (Zs.gest,) 1964, S. 19–22; 22 f.; 24 f.
294 Adenauer, 2. BT, 3/20.10.1953, S. 19; ähnlich schon Ders., 1. BT, 272/17.6.1953, S. 13449.
295 Von Brentano, 2. BT, 4/28.10.1953, S. 30 (Herv. i. Orig.).

Insofern wurden die DDR-Bürger in den Reaktionen auf den 17. Juni 1953 zwar gleichsam als „Märtyrer" der ganzen Nation geehrt und damit die ihnen sonst zugesprochene passive und marginale Rolle durchbrochen. Zugleich wurde der Aufstand jedoch sofort wieder dem Führungsanspruch der Bundesrepublik vereinnahmt und unter das Motto subsumiert: Sie wollen doch nur leben wie wir.

DDR-Regierung versus DDR-Bevölkerung

Verstärkt wurde der Eindruck einer unlösbarer Verbundenheit der deutschen Nation dadurch, dass die westdeutschen Parteien Regierung und Bevölkerung der DDR zumeist streng einander gegenüberstellten. So erklärte Ollenhauer im Namen der SPD schon 1949 einerseits die „unlösbare Gemeinschaft des Kampfes […] mit den unterdrückten, inhaftierten und illegalen Freiheitskämpfern in der Ostzone" und andererseits die „unversöhnliche Gegnerschaft […] zu den kommunistischen Trägern des Diktatursystems in der Ostzone und zu ihren kommunistischen Mitschuldigen in der Westzone."[296] Ähnlich äußerte sich später seitens der FDP Dehler mit der Formel: „jede nur mögliche Fühlung mit den deutschen Menschen in der Zone, […] aber keine Gemeinschaft mit ihren Gewalthabern"[297] Entsprechend begründete von Merkatz für die DP, warum man jegliche Gespräche mit der DDR ablehne:

> „Wir sind nicht gewillt, Verhandlungen mit Pankow zu führen. Warum nicht? Weil solche Verhandlungen de facto und dann eines Tages de jure die Spaltung Deutschlands, die ja bloß eine Spaltung der staatlichen Organisation, aber in gar keiner Weise eine Spaltung des Volkes ist, bestätigen würden."[298]

Dieser Kontrast von DDR-Bürgern und Regierung basierte vor allem darauf, dass das SED-Regime als, so ebenfalls von Merkatz, bloße „Marionettenregierung"[299] der Sowjetunion galt. Mithin wurde der Einsatz für die Wiedervereinigung auch als Kampf gegen eine „sowjetische Fremdherrschaft"[300] verstanden. Dass es ja

---

296 Ollenhauer, 1. BT, 7/23.9.1949, S. 103.
297 Dehler, 2. BT, 102/23.9.1955, S. 5664.
298 Von Merkatz, 2. BT, 136/22.3.1956, S. 7108.
299 Von Merkatz, 3. BT, 4/5.11.1957, S. 76.
300 Adenauer, 2. BT, 23/74.1954, S. 795. Vgl. dazu und zur Abgrenzung gegenüber der als „undeutsch" apostrophierten SED sowie der KPD auch Gabbe 1976, S. 131ff.; 192ff., 212.

trotzdem Deutsche waren, die als „Staatsmänner der Ostzonenrepublik"[301] agierten, wurde dadurch relativiert, dass diese als „undeutsch", also als gegen das nationale Interesse handelnde Handlanger der Sowjetunion dargestellt wurden, die, so Rehling für die CDU, wie alle anderen Regierungen des Ostblocks, „nichts anderes als Funktionäre der Zentrale in Moskau" seien.[302] Auch Euler sah in der DDR „eine staatliche Existenz", die die Sowjetunion „mit Hilfe von politisch abhängigen Subjekten – ‚Politikern' kann man da nicht sagen – ins Leben gerufen" habe,[303] und Kurt Georg Kiesinger schämte sich sogar für DDR-Ministerpräsident Otto Grotewohl, war dieser doch immerhin „ein Mann, der einen deutschen Namen trägt".[304] Außer dem Namen schienen die Regierenden der DDR in der vorherrschenden Darstellung jedoch kaum mehr etwas mit den anderen Angehörigen der deutschen Nation gemein zu haben. Sie wurden gleichsam aus dieser ausgeklammert, was es erlaubte, den Gedanken an die eine, über die Systemgrenze hinweg fortbestehende nationale Gemeinschaft festzuhalten und gleichzeitig den Alleinvertretungsanspruch der Bundesrepublik gegenüber der DDR zu untermauern.

„Brudermord"

Entsprach die Konfrontation von DDR-Regierung und DDR-Bürgern der Neigung, letztere als Opfer ersterer darzustellen, so waren aus der Koalition wie aus der SPD jedoch auch Stimmen zu hören, die den Ostdeutschen eine zwar durchaus aktivere, dafür aber auch deutlich negativere Rolle zusprachen. So beklagte von Merkatz für die DP,

> „daß sich so viele Deutsche im Osten als Helfershelfer eines Systems gefunden haben, das seine willkürliche Utopie aller Welt gewaltsam aufzwingen will, um diese Erde einer kleinen Clique machthungriger Menschen botmäßig zu machen."[305]

Ließe sich diese Bemerkung noch als Kritik vor allem an den SED-Funktionären verstehen und damit in die gängige Gegenüberstellung von Regierung und Bevölkerung einordnen, so machte August-Martin Euler für die FDP klar, dass sich aus der vom DDR-Regime unter der Ägide der Sowjetunion betriebenen „Sowje-

---

301 Lemmer, 1. BT, 222/10.7.1952, S. 9880.
302 Rehling, 1. BT, 222/10.7.1952, S. 9893.
303 Euler, 2. BT, 69/24.2.1955, S. 3546.
304 Kiesinger, 2. BT, 69/24.2.1955, S. 3532.
305 Von Merkatz, 1. BT, 98/8.11.1950, S. 3614.

tisierung", sprich „aus der völligen Umkrempelung Mitteldeutschlands" schließlich auch weitreichende Folgen für das menschliche Zusammenleben in der DDR überhaupt ergeben würden. Dies erläuterte er im Hinblick auf die Rolle der Familie wie folgt:

> „Nach dem Familienrecht der ‚roten Hilde'[306] wird die Ehe und Familie völlig den opportunistischen Erwägungen und Zugriffen des Staates unterstellt bzw. ausgeliefert. Planmäßige Zersetzung der Ehrfurcht und des Vertrauens zwischen den Ehegatten und zwischen den Kindern und den Eltern, Bespitzelung der Familienangehörigen ist das, was auch über die institutionelle Regelung dieses neuen Familienrechts sichergestellt werden soll."[307]

Kaum anders war das Bild, das der verteidigungs- und außenpolitische Experte der SPD Fritz Erler zeichnete, als er anlässlich der *Pariser Verträge* eine bittere Bilanz der Regierungspolitik, auch hinsichtlich des Entfremdungsproblems, zog:

> „Jedes Jahr, daß Sie [...] damit vertun, daß Sie alle Energien hier auf die Einschmelzung der Bundesrepublik in den westlichen Militärverband konzentrieren, sieht doch ein weiteres Abwandern der aktivsten Menschen aus der sowjetischen Besatzungszone, die es nicht mehr aushalten können. (Abg. Euler: Das ist ja absurd!) Jedes Jahr sieht ein weiteres Sichabfinden weiter Schichten der Zone mit dem Regime. Jedes Jahr wächst ein neuer Jahrgang junger Menschen heran, den die Kommunisten nach ihrem geistigen Ebenbilde geformt haben."[308]

Von der Annahme, dass die Kommunisten alle unter ihrer Herrschaft lebenden Menschen nach und nach komplett indoktrinieren würden, war es nicht mehr weit zu der Befürchtung, dass diese Menschen irgendwann auch gefährlich werden könnten.

---

306 Mit „roter Hilde" war Hilde Benjamin gemeint, die sich als Vizepräsidentin des Obersten Gerichts der DDR (1949–1953) den Ruf als stalinistische Hardlinerin erwarb. Die Ablehnung des von ihr als Justizministerin (1953–1967) entwickelten Familienrechts (1. Entwurf 1954) entsprang bei manchem westdeutschen Politiker jedoch auch dem „Motiv, die Hausfrauenehe zu erhalten und eine prinzipielle Diskussion über die Rolle der Frau zu verhindern". Ramm 1996, S. 285.
307 Euler, 2. BT, 62/16.12.1954, S. 3245 f.; ebd. das folgende Zitat. Vgl. dazu auch Ders., 2. BT, 69/24.2.1955, S. 3546.
308 Erler, 2. BT, 70/25.2.1955, 3728; vgl. dazu die Kritik von Adenauer, ebd., S. 3736. Auch Ollenhauer meinte, dass die *Pariser Verträge* sich unmittelbar negativ auf die Beziehungen zwischen den Menschen in Ost und West auswirken würden, vgl. 2. BT, 72/27.2.1955, S. 3897.

Die SPD brachte derartige Befürchtungen kaum in Form expliziter Negativzuschreibungen an die DDR-Bürger zum Ausdruck. Sie beschwor zwar durchaus die Gefahr eines „Bruderkrieges"[309] bzw. der „Koreanisierung Deutschlands"[310], die Verantwortung dafür verortete sie jedoch vor allem bei der Bundesregierung und deren Bestreben, die Bundesrepublik in das westliche Militärbündnis zu integrieren. Gerade das Bemühen, dieses Projekt zu legitimieren, führte umgekehrt dazu, dass sich solche Negativzuschreibungen vor allem bei den Regierungsparteien finden. So äußerte Kiesinger im Rahmen der Debatten über den NATO-Beitritt:

> „Wir stehen in Europa zunächst einmal vor dem beängstigenden Faktor, daß östlich von uns ein kommunistischer Block von 800 Millionen Menschen über einen ungeheuren Raum verteilt lebt und daß diese Menschen erfüllt sind – und von Jahr zu Jahr mehr erfüllt werden – von einer fanatischen Ideologie, (Abg. Wehner: 800 Millionen?) der, Herr Wehner, an Kampfkraft und innerer Überzeugungskraft die westliche Welt leider nur wenig entgegenzusetzen hat."[311]

Ein ähnliches Bedrohungsszenario entwarf Richard Jaeger von der CSU, der dabei einen derart tiefen Graben zwischen den Bevölkerungen von Bundesrepublik und DDR zog, dass letztere beinahe schon als komplett abgeschrieben erschien, obwohl Jaeger die Wiedervereinigung doch nach wie vor als wesentliches politisches Ziel herausstrich:

> „Wir leben am Rande des Eisernen Vorhangs, und wir leben darum hier in der Bundesrepublik am Rande des Abgrunds. Deshalb muß das erste und das vordringlichste Ziel für jeden verantwortlichen deutschen Politiker sein, dafür zu sorgen, daß unser Volk in der *Bundesrepublik vom Bolschewismus frei* bleibt und daß die Schrecken, die über den östlichen Teil Deutschlands und über die Völker des Ostens dahingegangen sind, wenigstens diesem westlichen Deutschland erspart bleiben. (Abg. Rasner: Ausgezeichnet!) Dieses erste Ziel der Sicherheit ist auch die Voraussetzung dafür, daß wir das höchste unserer nationalen Ziele, die *Wiedervereinigung*, erreichen."[312]

---

309 Vgl. Erler, 2. BT, 62/16.12.1954, S. 3208; Strobel, 2. BT, 71/26.2.1955, S. 3765; Wienand, ebd., S. 3774, 3776, sowie ähnlich für den GB/BHE Strosche, ebd., S. 3768; Kutschera, ebd., S. 3778.
310 Wehner, 1. BT, 222/10.7.1952, S. 9874.
311 Kiesinger, 2. BT, 61/15.12.1954, S. 3146 (Herv. i. Orig.).
312 Jaeger, 2. BT, 62/16.12.1954, S. 3212 (Herv. i. Orig.).

Das eigentliche Ansinnen der Parteien, den Gedanken an die Einheit der Nation zu wahren, indem man die DDR-Bürger, wie auch Frank Seiboth vom GB/BHE, gegen „das uns fremde System von Pankow"[313] abgrenzte und damit sozusagen qua „Volkszugehörigkeit" von einer kommunistischen Einstellung freisprach, wurde mit solchen Aussagen unter der Hand konterkariert. Die rigide und nahezu sämtliche Lebensbereiche umfassende, bei Franz Josef Strauß zum Beispiel auch auf den Sprachgebrauch ausgedehnte Entgegensetzung von sowjetisch-kommunistischen und „westlich-abendländischen Vorstellungen"[314], teilte letzten Endes nicht nur die politischen Machthaber der Welt in „Gentlemen" und „Banditen" ein.[315] Mit ihnen rückten oftmals auch die jeweiligen Bevölkerungen in ein entsprechendes Licht bzw. Dunkel.[316] Schließlich könne man sich selbst bei Verwandten nie ganz sicher sein, ob es sich um Opfer oder potenzielle Mörder handele, wie Erich Mende für die FDP in seiner Antwort auf die Zwischenfrage des Sozialdemokraten Fritz Baade, ob jemand den Wehrdienst verweigern könne, wenn er Angehörige in der DDR habe, klarstellte:

> „Herr Kollege Baade, über diese Frage läßt sich streiten. Aber Sie sehen drüben die Verwandten allzusehr aus ethisch-humanitärer Sicht. Wenn drüben ein Verwandter ist, der mit Waffengewalt hier einbricht, dann würde ich mich gegen ihn genau so zur Wehr setzen, wie gegen einen Bruder, der morden will. (Beifall bei der FDP. – Rufe von der SPD: Na! Na!) Wir haben doch die traurige Situation, daß man drüben in der Sowjetzone längst bewaffnet ist und Deutsche auf Deutsche am 17. Juni 1953 auch geschossen haben."[317]

Die Ambivalenz sowohl der Regierungsparteien als auch der SPD gegenüber den DDR-Bürgern schlug sich, wie zum Schluss angemerkt sei, auch begrifflich nieder. Einerseits wurde mit der Formel von den „Brüdern und Schwestern" ein Bewusstsein der Zusammengehörigkeit unterstrichen und zumindest auf dieser Ebene an der Einheit der Nation festgehalten. Andererseits drückten sich die Distanz und Entfremdung in der Bezeichnung der DDR als „sogenannte DDR", „SBZ" und „Ostzone" bzw. „Zone" aus. Diese negativ konnotierten Bezeichnungen sollten

---

313 Seiboth, 2. BT, 69/24.2.1955, S. 3556.
314 Strauß, 2. BT, 69/24.2.1955, S. 3574.
315 Jaeger, 2. BT, 70/25.2.1955, 3728.
316 Von einem „Weltkampf der Geister zwischen Licht und Finsternis" hatte anlässlich des Todes des sozialdemokratischen Berliner Bürgermeisters Ernst Reuter die Freie Demokratin Marie Elisabeth Lüders, 2. BT, 1/6.10.1953, S. 1, als Alterspräsidentin des Bundestags gesprochen.
317 Mende, 2. BT, 71/26.2.1955, 3755 f.

zwar das SED-Regime treffen. Sie färbten aber allmählich auch auf das Bild von der Bevölkerung ab, die in der „Zone" lebte[318] und dabei, wie wiederholt zu hören war, massivem kommunistischem Einfluss ausgesetzt war.

Die DDR-Bürger wurden so zwar als Opfer des Weltkommunismus bemitleidet, zuweilen auch, besonders im Kontext des 17. Juni 1953, zu „Märtyrern" der gesamten Nation stilisiert. Sie verblieben dabei jedoch stets am Rand einer um die Bundesrepublik und deren Bewohner herum zentrierten Vorstellung von der deutschen Nation und gerieten überdies – gerade aufgrund der ihnen zugesprochenen Eigenschaft als passive Opfer – zunehmend in den Verdacht, sich immer mehr an ihre Machthaber anzupassen und im Zweifelsfall auch die Waffe gegen ihre westlichen „Brüder" zu erheben.

Am Ende der Ära Adenauer begannen die alten Sichtweisen in der Deutschland- sowie der Ostpolitik, unter denen dieses Bild von den Bürgern der DDR entstanden war, zwar allmählich aufzubrechen. Die einseitige Ausrichtung der Bundesrepublik nach Westen war zu diesem Zeitpunkt jedoch, sowohl ökonomisch und militärisch als auch kulturell, schon weit fortgeschritten – und nicht zuletzt aufgrund ihrer Ausschließlichkeit auch die Entfremdung der Bundesrepublik von der DDR.

3.3 Zwischenfazit: die eine, hierarchisierte Nation

Zeigte sich im Hinblick auf die Saarfrage im Westen insbesondere die CDU schließlich bereit, aus pragmatischen Gründen auf die Durchsetzung der Auffassung von der Kontinuität des Deutschen Reiches zu verzichten, um stattdessen ihr vorrangiges Ziel zu verwirklichen, der Bundesrepublik auf dem Weg der Westintegration Souveränität zu verschaffen, so hielten hinsichtlich der Gebietsfragen im Osten alle Parteien außer der KPD prinzipiell an der Kontinuitätsthese fest. Demgemäß wurde im politischen Diskurs der Adenauerzeit weithin darauf gepocht, dass weder die in Potsdam von den Alliierten gemeinsam beschlossene Eingliederung der Ostgebiete in den polnischen bzw. den sowjetischen Staat und die Umsiedlung der deutschen Bevölkerung aus diesen Gebieten noch die aus dem Beginn des Kalten Krieges resultierende Gründung eines zweiten deutschen Staates,

---

318 Erinnert sei an die wenig freundlich gemeinte Bezeichnung „Zonis", die nach 1989/90 in Westdeutschland Konjunktur hatte und wohl nicht zuletzt aus diesen in der Bundesrepublik permanent präsenten, negativ konnotierten Bezeichnungen der DDR herrührte.

der DDR, dem vermeintlichen Rechtsanspruch auf Wiederherstellung des deutschen Nationalstaats in den „Grenzen von 1937" etwas anhaben könnten.

Um diesen Rechtsanspruch im Fall der DDR zu stützen, beharrten die Parteien durchgängig darauf, dass die staatliche Teilung nichts an der grundlegenden Verbundenheit der deutschen Nation ändere. Allerdings thematisierten die Regierungsparteien ebenso wie die sozialdemokratische Opposition zugleich das Problem einer wachsenden Entfremdung zwischen der ost- und der westdeutschen Gesellschaft und damit auch zwischen beiden Bevölkerungen. Das Ausmaß dieses Problems wurde jeweils unterschiedlich eingeschätzt: Den Aussagen der Regierungsparteien gemäß war die Entfremdung ohnehin schon weit fortgeschritten und somit auch keine allzu große Eile in Sachen Wiedervereinigung geboten. Demgegenüber betrachtete die SPD die Entfremdung mehr als Bedrohung denn als bereits gegebene Realität und bezeichnete die Wiedervereinigung daher als äußerst dringlich, um diese Bedrohung noch rechtzeitig abzuwenden.

Diese Differenzen lösen sich zwar zum Teil taktisch auf, sprich, sie ergaben sich nicht zuletzt aus der Erwartung, dass gesamtdeutsche Wahlen womöglich eine sozialdemokratische Mehrheit bringen, jedenfalls die bestehende politische Machtkonstellation in der Bundesrepublik infrage stellen würden. Jedoch waren es auch die unterschiedlichen Nationenvorstellungen der Parteien, die sich in ihren Positionen zur Wiedervereinigung manifestierten. Im Regierungslager wurde die deutsche Nation eher als eine Art überzeitliche Konstante vorgestellt, d. h. als auch unabhängig von der Einheit des Staates vorhandene Gemeinschaft, die folglich vor allem durch vorstaatliche Kriterien wie Kultur, Geschichte, Herkunft bzw. „Herkommen" (Adenauer) zusammengehalten wurde. Die SPD sah die Einheit der Nation hingegen in wesentlich stärkerem Maße an die Einheit des Staates gebunden. Sie erachtete die deutsche Nation also primär als eine politische Willensgemeinschaft, was jedoch keineswegs hieß, dass nicht auch sie vorstaatliche Kriterien hinzuzog, um den Gedanken an die fortbestehende Einheit der Nation zu untermauern.[319]

In die in allen Parteien aufzufindende und im politischen Diskurs insgesamt vorherrschende Tendenz, die deutsche Nation gegebenenfalls bzw. unter dem Umstand der Teilung als auch losgelöst von der Einheit des Staates kontinuierlich

---

319 In diesem Kontext scheint auch der Begriff *Wieder*vereinigung insofern problematisch, als dass beide Staaten zumindest in dieser Form ja noch nie vereinigt waren, er aber dennoch eine Kontinuität anzeigt. Allerdings ist der Begriff älter als DDR und Bundesrepublik. Hahn 1995, S. 322, weist ihn erstmals für eine studentische Denkschrift von Anfang 1948 nach, wo er sich auf den Zusammenschluss der vier Zonen bezieht, die nach dem im *Potsdamer Abkommen* dargelegten Willen der Alliierten ja eigentlich auch weiterhin eine Einheit bilden sollten.

fortwährende Einheit zu verstehen, mischte sich allerdings ebenfalls die Tendenz, diese eine Nation nicht als Gemeinschaft von gleichen Subjekten, sondern gleichsam als hierarchisch abgestuft oder, besser gesagt, konzentrisch angeordnet darzustellen. Dass der Bundesrepublik dabei eine Vorrangstellung zugedacht wurde, schuldete sich zwar primär der Tatsache, dass die DDR kein demokratischer Staat war. Die massiven Negativzuschreibungen an das SED-Regime ebenso wie an das kommunistische System als Ganzes übertrugen sich jedoch in bestimmtem Maße auch auf die DDR-Bürger. Vornehmlich als passiv, wo nicht als gefährlich beschrieben, rückten sie als zu führende oder gar zu „kolonisierende", zudem eventuell zu fürchtende „Fremde" in westdeutscher Perspektive immer mehr an den Rand der deutschen Nation, als ihr zwar zugehörige, aber offenbar doch nicht ganz gleichrangige Mitglieder.

In gewisser Weise zeigt sich die Tendenz zur Abstufung der Nationenvorstellungen auch in Bezug auf die Vertriebenen, über die vor allem in den Anfangsjahren der Bundesrepublik ebenfalls nicht nur positiv gesprochen wurde. So redete in der ersten Aussprache des Bundestags Hans Ewers von der DP davon, dass die Bundesrepublik bzw. die besonders stark von Vertriebenen bewohnten Bundesländer Schleswig-Holstein, Niedersachsen und Bayern von jenen „heimgesucht"[320] worden seien. Auch andere Politikerinnen und Politiker verwiesen mehr oder minder direkt darauf, dass die Vertriebenen nicht überall erwünscht bzw. „anders" seien, was zu Spannungen mit den „Einheimischen" führe, und schlugen daher z. B. vor, „geschlossene Siedlungen für Flüchtlinge"[321] zu errichten. Da die Vertriebenen jedoch in der Bundesrepublik lebten und sich die Bundespolitik recht stark für ihre Integration einsetzte, wurden in dem Fall zumindest im politischen Diskurs die Negativzuschreibungen relativ schnell abgebaut. Zudem waren diese Negativzuschreibungen schon aufgrund der starken Präsenz von Interessenvertretern der Vertriebenen im Bundestag von vornherein in hohem Maße durch positive Zuschreibungen ergänzt, die, gerade im Kontrast zu teilweise offen Abwertungen der polnischen Bevölkerung, nicht zuletzt dazu dienten, den deutschen Anspruch auf die Ostgebiete zu rechtfertigen.

Wohl auch, weil wenigstens weiten Teilen der Union und der SPD klar war, dass dieser Gebietsanspruch nicht oder jedenfalls kaum in naher Zeit durchzusetzen sein würde, waren die Debatten über die Oder-Neiße-Gebiete von einem

---

320 Ewers, 1. BT, 7/22. 9.1949, S. 49 und S. 50. Ähnlich äußerte sich dazu als Vertreter der dänischen Minderheit in Schleswig-Holstein Hermann Asmuss Clausen (SSW), ebd., S. 85, der zusätzlich zum Lastenausgleich einen „Bevölkerungsausgleich" forderte.
321 Wessel, 1. BT, 7/22. 9.1949, S. 76; zur „Isolierung" der Vertriebenen vgl. auch Zawadil, ebd., S. 111. Zu Abwertungen der Vertriebenen vgl. u. a. auch Beer 2005, S. 114 f.

stärkeren Konsens getragen als die über das Verhältnis zur DDR und das Ziel der Wiedervereinigung mit ihr. Selbst dass kaum noch deutsche Bevölkerung in den betreffenden Gebieten ansässig war, änderte nichts daran, dass der Anspruch auf sie stets hochgehalten wurde und die deutsche Nation in der zeitgenössischen Vorstellung somit die Ostgebiete einschloss. Zwar gab es auch hier vereinzelt, z. B. wiederum beim Kanzler, interne Überlegungen, die Einverleibung der Gebiete in das eigene Staatsterritorium zur Disposition zu stellen. Solche Überlegungen waren zur damaligen Zeit aber ein marginales Phänomen. Entscheidend für die Ausformung der Nationenvorstellungen war hier vielmehr der Bezug auf eine vorstaatlich und vorkonstitutionell gefasste „Volkszugehörigkeit", über die der Vertriebenenstatus definiert und der territoriale Anspruch auf das dem so verstandenen Volk „angestammte" Gebiet legitimiert wurde. Das dazu bemühte „Recht auf die Heimat" besaß noch dazu eine weitere Dimension, sollte es doch nach dem Willen speziell der besonders für die Sache der Vertriebenen engagierten Politiker aus den Reihen des GB/BHE, aber z. B. auch bei von Merkatz als „Menschenrecht" in einem zu modifizierenden Völkerrecht verankert werden. Wurde darüber einerseits zum Teil schlicht der nationalstaatliche Anspruch auf die Ostgebiete verhüllt, so war damit andererseits ein Ansatzpunkt vorhanden, über den sich dieser Anspruch in späteren Jahren in das „volksgruppentheoretische Projekt" überführen ließ, eine vornehmlich „ethnisch" bestimmte Neugliederung des Kontinents unter Aushebelung nationalstaatlicher Strukturen durchzusetzen.[322]

Für die Parteien der Adenauerzeit blieb allerdings charakteristisch, dass sie den Anspruch auf Wiederherstellung des vormaligen deutschen Nationalstaats gegenüber dem Osten besonders strikt verfochten, und zwar auf Basis einer vorstaatlichen und teilweise deutlich ethnisch eingefärbten Vorstellung von der deutschen Nation, die sowohl schon der Kontinuitätsthese inhärent war als auch im deutschen Staatsbürgerschaftsrecht nach der Reform von 1955 fortgeschrieben wurde.

Damit bestand allen voran bei der CDU, in abgemilderter Form aber auch bei den anderen bürgerlichen Parteien und der SPD, ein deutlicher Widerspruch zwischen dem besonders in Richtung Osten artikulierten Anspruch auf Wiederherstellung des deutschen Nationalstaates auf der einen Seite und dem Bekenntnis zum Supranationalismus insbesondere in Richtung Westen auf der anderen Seite. Diese zwei Positionen wurden zwar weitgehend losgelöst voneinander vertreten und konnten daher ebenso in einer Partei wie selbst in ein und derselben

---

322 Vgl. dazu ausführlich Salzborn 2005.

Person Platz finden, wofür der Kanzler das beste Beispiel ist. Demgemäß bewundert Schwarz Adenauers

> „glückliche[s] Naturell, auf die Unvereinbarkeit von Zielen, die er gleichzeitig anstrebt, keine großen Gedanken zu verschwenden, Zielkonflikte wohl aber als Herausforderung an seine nimmermüde Fähigkeit zur Herbeiführung taktischer Kompromisse zu verstehen. So verfolgte er gleichzeitig die Ziele der Wiedergewinnung deutscher Handlungsfreiheit und des Aufbaus einer europäischen Föderation, der Westintegration und der Wiedervereinigung."[323]

Zudem lag die zwiespältige Beurteilung des Nationalstaats nicht zuletzt darin begründet, dass parallel ganz unterschiedliche Adressaten bedient werden mussten: einerseits die westlichen Bündnispartner, andererseits die Bevölkerung in der DDR und der Bundesrepublik inklusive der großen Gruppe der Vertriebenen.

Blickt man nun aber allein auf die potenziellen Effekte dieser zwei konträren Positionen zum Nationalstaat auf die Nationenvorstellungen, so ist festzustellen, dass letzten Endes wohl erst das Zusammenspiel beider Positionen entscheidend ist. Während die Kritik am Nationalstaat als Prinzip eine distanzierte Haltung zur national(sozial)istischen Vergangenheit der deutschen Nation suggerierte und sie insofern von dieser Vergangenheit abzukoppeln und „bei Null" anfangen zu lassen versprach, unternahm es der Anspruch auf den deutschen Nationalstaat auf Basis der Kontinuitätsthese, eine ungebrochene Verbindung zu eben dieser Vergangenheit herzustellen. Damit wurde der im Zuge der Nationalstaatskritik vollzogene Bruch mit der Vergangenheit sogleich wieder relativiert und eine Möglichkeit zum Anknüpfen an die hergebrachten Vorstellungen von der deutschen Nation eröffnet.

Vor diesem Hintergrund erweist sich die Zwiespältigkeit gegenüber dem Nationalstaat in sozialpsychologischer Hinsicht als Ausdruck des konflikthaften Verhältnisses zur Nation nach 1945. Dieser Konflikt manifestierte sich schließlich in Form einer Gratwanderung, in der sich beide Positionen eher ergänzten denn widersprachen. Gerade die Gratwanderung zwischen Distanz und Nähe zum Nationalstaat, mit der die deutsche Nation als neu und alt zugleich präsentiert wurde, war es, die es ermöglichte, die Vorstellung von der weitgehend unbeschadeten Existenz der Nation selbst nach dem Nationalsozialismus – und ohne „realexistierenden" deutschen Nationalstaat – aufrechtzuerhalten.

---

323 Schwarz 1991a, S. 854.

Dabei beförderte die Kombination von Kritik am Nationalstaatsprinzip und Festhalten an der Nation als unabhängig von staatlichen Strukturen fortwährender Gemeinschaft insgesamt eher historisch-kulturell-ethnische denn staatsbezogen-demokratische Nationenvorstellungen. Unter der Hand konnten so auch vermeintlich überwundene, volksgemeinschaftliche Elemente in abgemilderter Form in den Vorstellungen von der deutschen Nation nach 1945 erneut zum Tragen kommen, zumal sich der Bezug auf das deutsche Volk als vorstaatliches und vorkonstitutionelles Kollektiv als besonders geeignet erwies, einen „ewigen" Bestand der Nation trotz Gebietsverlusten, staatlicher Teilung und europäischer Einigung postulieren zu können.

Zudem trug auch die ebenfalls zentral auf der Kontinuitätsthese fußende Integration weiter Teile der Trägerschichten des NS-Staates, die zugleich die Rehabilitierung der ehedem Verfolgten erschwerte, dazu bei, solche für das NS-System konstitutiven Kollektivvorstellungen zu bestätigen.

4 Zur Beständigkeit des „Wir"
Die personelle Kontinuität zum Dritten Reich
in ihren Konsequenzen für die Nationenvorstellungen

Der Nationalsozialismus war ein in allen um die deutsche Nation kreisenden Debatten der Parteien in der Ära Adenauer sowohl auf latenter als auch auf manifester Ebene stets mit verhandeltes Subthema. So reichte es nach 1945 bereits aus, wenn nur das Wort Nation fiel oder implizit auf nationale Belange angespielt wurde, um Assoziationen an den äußerst aggressiven und nun verpönten Nationalismus der Vergangenheit zu wecken. Zudem nahmen die politischen Akteure immer wieder explizit auf die NS-Zeit Bezug, um in Abgrenzung zur nationalen Megalomanie dieser Jahre das sie jenseits der äußersten Rechten und der KPD einende Anliegen zu unterstreichen, der deutschen Nation fortan ein demokratisches und (west-)europäisch ausgerichtetes Gesicht zu verleihen.

Über die nahezu ubiquitäre gedankliche Präsenz des Nationalsozialismus hinaus bildete der Umgang mit ihm und allen voran dem Heer seiner vormaligen Anhängerschaft jedoch auch ein eigenständiges Politikfeld, das Norbert Frei unter dem Begriff Vergangenheitspolitik analysiert hat.[1] Diese Politik umfasste drei zentrale Elemente: erstens die Amnestie von während und kurz nach der NS-Zeit begangenen Straftaten, zweitens die berufliche, soziale und, unter demokratischen Vorzeichen, auch politische Integration der einstigen NS-Anhänger und drittens die normative Abgrenzung gegenüber neonazistischen Bestrebungen.

Im Mittelpunkt steht hier zunächst die integrative Seite der Vergangenheitspolitik, d. h. das Bündel an Entscheidungen, das der Bundestag zugunsten der Amnestie und Integration der ehemaligen Parteigänger des NS-Regimes verabschiedete.[2] Diese Entscheidungen charakterisierten sich vor allem durch die Großzügigkeit, mit der die politischen Akteure nicht allein die sogenannten Mitläufer bedachten. Es wurden auch schwerwiegende Straftaten wie Körperverletzung und Totschlag aus der NS-Zeit amnestiert, die von den Alliierten nach 1945

---

1 Vgl. Frei 1999; für die 1960er-Jahre von Miquel 2004.
2 Mit der Abgrenzung gegen offenen Neonazismus und Antisemitismus sowie der in der zweiten Hälfte der Adenauerzeit einsetzenden Vergangenheitsbewältigung befasst sich Kap. 5.

zunächst entlassenen Beamten des Dritten Reiches überwiegend in ihre alten beruflichen Stellungen zurückversetzt und diverse Anstrengungen für die Freilassung inhaftierter und verurteilter NS- und Kriegsverbrecher unternommen. Diese weitreichenden Integrationsschritte waren kaum dazu geeignet, die in der NS-Zeit etablierten Vorstellungen von Zugehörigkeit und Nichtzugehörigkeit zum nationalen Kollektiv gänzlich aufzubrechen. Vielmehr tendierten sie dazu, diese Vorstellungen in Teilen noch aufs Neue zu affirmieren. Insofern lässt sich, wie Helmut Dubiel besonders im Bezug auf die Behandlung der Kriegsverbrecherfrage als zentralem vergangenheitspolitischem Thema der frühen Bundesrepublik hervorgehoben hat, durchaus von einer „Kontinuität kollektiver Zugehörigkeitsgefühle"[3] zum Dritten Reich ausgehen oder sogar, wie Frei im selben Zusammenhang anmerkt, davon sprechen, dass „die nationalsozialistische Volksgemeinschaft damals ihre sekundäre Bestätigung"[4] erfuhr.

Verstärkt wurde dieser Effekt der integrativen Politik gegenüber früheren NS-Anhängern dadurch, dass die Parteien hierbei im Vergleich zu den hochgradig umstrittenen Projekten der Westintegration und der deutschen Einheit zumindest bis zur Mitte der 1950er-Jahre ein erstaunlich hohes Maß an Einigkeit an den Tag legten. Dennoch blieb auch diese Politik nicht frei von Widersprüchen und Konflikten. Sie sind ebenfalls zu berücksichtigen, wenn im Folgenden der Ausformung der Vorstellungen von der deutschen Nation im Kontext des integrativen Umgangs mit den NS-Anhängern nachgegangen wird.

Analysiert werden zuerst die auf die große Masse der Bevölkerung gerichteten Schritte zur Amnestie und zum Abschluss der Entnazifizierung (4.1). Als Zweites geht es um die politischen Maßnahmen zugunsten zweier spezifischer Berufsgruppen, denen jeweils besondere Fürsorge zuteilwurde: den vormaligen Beamten des NS-Staates und den einstigen Wehrmachtsangehörigen einschließlich Kriegsverbrechern (4.2). Abschließend erörtert wird die mit diesen Entscheidungen erzeugte, starke personelle Kontinuität zum Dritten Reich im Hinblick auf die dadurch affirmierte weitgehende Beständigkeit des aus der NS-Zeit überkommenen „Wir", sprich die Einbindung volksgemeinschaftlicher Elemente in die nachnationalsozialistischen Vorstellungen von der deutschen Nation (4.3).

---

[3] Dubiel 1999, S. 47.
[4] Frei 1999, S. 304. Zum Fortwirken volksgemeinschaftlicher Bindungen vgl. auch ebd., S. 16; Lohl 2010; Pohl 2010a, S. 230–254; Thießen 2009.

4.1 „Schlussstrich" als Grundlage innerer und äußerer „Befriedung": Vergangenheitspolitik zugunsten breiter Bevölkerungsschichten

Von Beginn der parlamentarischen Arbeit an wurde das Streben nach Amnestie, d. h. nach einer auf „das sanktionsfreie ‚Vergessen' von Straftaten"[5] gerichteten Gesetzgebung, ebenso wie nach Abschluss der Entnazifizierung auf allen Seiten des Hauses als vorrangiges Aufgabenfeld angesehen, und entsprechend zügig entfaltete der Gesetzgeber Aktivität: Das *Gesetz über die Gewährung von Straffreiheit* vom 31. Dezember 1949, das auch bestimmte NS-Gewaltverbrechen amnestierte, war eines der ersten Gesetze des westdeutschen Staates überhaupt, und obwohl es schon recht weitgehend war, wurde es keine fünf Jahre später durch eine weitere Amnestie ergänzt.[6] Waren diese Gesetze als Integrationsmittel von unmittelbarer praktischer Relevanz, so blieben die Ende 1950 vom Bundestag beschlossenen Richtlinien zum Abschluss der Entnazifizierung, da diese eigentlich den Ländern oblag, ein symbolischer Akt, dem die integrative Signalwirkung aber gleichwohl nicht abzusprechen ist.

Die zentrale Stellung dieser politischen Entscheidungen erklärt sich insbesondere vor dem Hintergrund des „kollektiven politischen Erwartungshorizonts"[7] in der frühen Bundesrepublik, demgemäß schnellstmöglich mit der Phase der NS-Herrschaft wie vor allem mit der anschließenden Phase alliierter Strafverfolgung und politischer Säuberung abgeschlossen werden sollte. Zwar waren die Entscheidungen im Einzelnen sehr wohl umstritten, zumal die kleinen Parteien rechts der Mitte immer wieder durch besonders weitgehende Forderungen auf Profilierung zielten. Grundsätzlich aber war das Bemühen um einen „Schlussstrich"[8] ein den Parteien gemeinsames Projekt, handelte es sich dabei doch, wie der Sozialdemokrat Fritz Erler zur Beendigung der Entnazifizierung formulierte, um ein „echtes Lebensanliegen der Nation"[9]. Der von ihm sofort nachgeschobene Zusatz „etwa auf wirtschaftspolitischem Gebiet" demonstriert zugleich den Tenor, der in den mit diesem Projekt befassten Debatten dominierte: Sie wurden primär unter wirtschafts-, finanz- und sozialpolitischen Aspekten geführt, während

---

5 Perels 1999b, S. 203.
6 Vgl. Fischer/Lorenz 2009, S. 92 ff.; zur Entnazifizierung ebd., S. 18 f.
7 Frei 1999, S. 29. Vgl. dazu auch ebd., S. 13.
8 Zur Diskussion dieser Akteurskategorie vgl. z. B. Assmann 1999, S. 54: „Schlußstrich bedeutet im juristischen Kontext die Einstellung von Strafverfolgung der Täter und die Abwehr weitergehender Forderungen der Opfer. Im Zusammenhang von Moral und Religion dagegen bedeutet Schlußstrich ein Ende von Schuld, Erlösung und Versöhnung."
9 Fritz Erler (SPD), 1. BT, 40/22.2.1950, S. 1345. Ebd. das folgende Zitat.

die vergangenheitspolitische Dimension wesentlich seltener offen angesprochen wurde. Die prinzipielle Notwendigkeit des Schlussstrichs wurde allerdings keineswegs nur wirtschaftlich begründet, sondern vor allem damit, dass dies die unabdingbare Voraussetzung von „Versöhnung" bzw., wie es ebenfalls häufig hieß, von „Befriedung" sei.[10]

Gemeint war damit an erster Stelle die Versöhnung der deutschen Nation mit sich selbst, die wiederum als Bedingung einer Versöhnung mit anderen Nationen aufgefasst wurde. Im Kern ging es den Parteien also darum, erneuten nationalen Zusammenhalt zu stiften. Die Zerstörung dieses Zusammenhalts wurde jedoch zumeist nicht auf die nationalsozialistische Praxis der Ausgrenzung bis hin zur Ermordung bestimmter Gruppen, sondern auf die dieser Praxis gerade entgegengesetzten Sühnemaßnahmen der Alliierten zurückgeführt. Mithin richtete sich die Schlussstrichpolitik zuvorderst gegen diese Maßnahmen der Alliierten und nahm damit weniger die Perspektive der vom NS-Regime Verfolgten denn die von seinen Anhängern ein.[11] Die Folgen dieser Politik für die Nationenvorstellungen werden nun zunächst anhand der Debatten über die beiden Nachkriegsamnestien (4.1.1) und sodann im Hinblick auf die die Beendigung der Entnazifizierung untersucht (4.1.2).

4.1.1 Amnestien als Integrationsmittel

Das Gesetz über die Gewährung von Straffreiheit vom 31. Dezember 1949

Die Losung, dass es erforderlich sei, die „klassifizierende" Säuberungspolitik umgehend zu beenden und in Teilen sogar wieder zurückzunehmen, um die nationale Einheit wiederherzustellen, gab der Kanzler implizit bereits in seiner ersten Regierungserklärung vom 20. September 1949 aus. Nachdem er zunächst festgestellt hatte, dass „[d]urch die *Denazifizierung* [...] viel Unglück und viel Unheil angerichtet worden"[12] sei, hob er zwar hervor, dass man die „wirklich Schuldigen" hart bestrafen müsse.

---

10 Diese zeitgenössischen Termini werden am Ende dieses Kapitels noch näher erläutert.
11 Vgl. dazu auch Frei 1999, bes. S. 13 ff., sowie als zeitgenössische Kritik daran Dirks 1950; Kogon 1952.
12 Konrad Adenauer (CDU), 1. BT, 5/20.9.1949, S. 27 (Herv. i. Orig.). Ebd. die folgenden Zitate.

"Aber im übrigen dürfen wir nicht mehr zwei Klassen von Menschen in Deutschland unterscheiden: (Zustimmung rechts) die politisch Einwandfreien und die Nichteinwandfreien. Diese Unterscheidung muß baldigst verschwinden. (Erneute Zustimmung) Der Krieg und auch die Wirren der Nachkriegszeit haben eine so harte Prüfung für viele gebracht und solche Versuchungen, daß man für manche Verfehlungen und Vergehen Verständnis aufbringen muß."

Daher werde die Koalition, wie Adenauer unter Bravo-Rufen anschloss, die Frage einer Amnestie ebenso prüfen wie die Möglichkeit, bei der Hohen Kommission auf die Aufhebung der von den alliierten Militärgerichten verhängten Strafen hinzuwirken.

Dass der Kanzler demgegenüber weder Worte für die ermordeten Juden noch für die Widerstandskämpfer fand, brachte in der folgenden Aussprache lediglich der SPD-Vorsitzende Kurt Schumacher zur Sprache.[13] Besonders bei den Regierungsparteien fand Adenauers Statement dagegen viel Anklang. Schließlich sei es, wie der FDP-Vorsitzende Hermann Schäfer mit einer ähnlichen „Ja, aber"-Konstruktion wie der Kanzler darlegte, außer Zweifel, dass man „Verbrecher nicht schützen"[14] wolle.

„Aber daß man Menschen bloß deshalb, weil sie als Opfer erlogener Darstellungen sich geirrt haben, [...] weil sie darum geglaubt haben, eine bestimmte Entwicklung, die über uns gekommen ist, äußerlich mitmachen zu müssen, nun ständig als Staatsbürger zweiter Klasse behandelt, das ist mit dem Grundsatz der Rechtsgleichheit nicht vereinbar."

Noch vehementer gegen „die *Kategorisierung deutscher Menschen*, die von den Besatzungsmächten vorgeschrieben und von einzelnen Deutschen mit, ach wie großer Begeisterung durchgeführt worden ist", wandte sich für die DP Hans Ewers, der dies für „mit wahrhaft demokratischen Einrichtungen vollständig unvereinbar"[15] hielt. Dieses Vorgehen, demokratische Normen und Verfahren gerade zum Schutz für jene zu beanspruchen, die vor 1945 an der Zerstörung der

---

13 Vgl. Kurt Schumacher (SPD), 1. BT, 6/21. 9.1949, S. 36 f.
14 Hermann Schäfer (FDP), 1. BT, 6/21. 9.1949, S. 52. Ebd. folgendes Zitat. Mehr zur Stilisierung der Deutschen als Opfer und den vagen Umschreibungen des Nationalsozialismus siehe unten.
15 Hans Ewers (DP), 1. BT, 7/22. 9.1949, S. 50 (Herv. i. Orig.). Für die Beseitigung der Folgen der Entnazifizierung plädierte für die DP außerdem Margot Kalinke, 1. BT, 7/23.9.1949, S. 117, und auch BP und NR nahmen Adenauers Position positiv auf – letztere ergänzte sie jedoch noch um die den allgemeinen Konsens verlassende Forderung nach „Wiedergutmachung" für die von der

Demokratie mitgewirkt hatten, blieb durchgängig ein zentrales Muster der vergangenheitspolitischen Debatten.

Am Ende der ersten Generalaussprache lagen dem Bundestag bereits vier Anträge vor, die den Abschluss der Entnazifizierung und eine Amnestie zum Gegenstand hatten. Gestellt hatten sie die DP, das Zentrum und die WAV.[16] Die erste Debatte, die sich eigens der Amnestiefrage widmete, fand allerdings erst am 20. Oktober 1949 statt, und zwar auf Basis des *Entwurfs eines Amnestiegesetzes* der Zentrumsfraktion. Derweil arbeitete die Regierung unter Federführung von Justizminister Thomas Dehler zwar selbst schon an einer Vorlage, weshalb die 1. Lesung des Zentrumsantrags, übrigens die erste Gesetzeslesung im Bundestag überhaupt, nach nur kurzer Aussprache ausgesetzt wurde, um in gemeinsamer Beratung mit dem Regierungsentwurf fortgesetzt zu werden. Dennoch lohnt zunächst ein Blick auf jene erste Debatte: Zum einen war sie, wie der Zentrumsantrag selbst, in vielerlei Hinsicht typisch für die Auseinandersetzungen über die Amnestie. Zum anderen besaß besagter Antrag im Vergleich zu den anderen Vorlagen eine Besonderheit, die sich ungewollt als sehr folgenschwer erweisen sollte, nämlich die, dass die Amnestie speziell das Tatmotiv des Widerstandshandelns berücksichtigen solle. Bevor auf diese Besonderheit und ihre Entstellung im verabschiedeten Gesetz eingegangen wird, seien jedoch zuerst die typischen Elemente des Zentrumsantrags diskutiert.

Ganz auf Linie der Anträge von DP und WAV wie auch der Pläne der Bundesregierung lag das Zentrum mit seiner Forderung, solche Taten straffrei zu stellen, die von der „Not und Unsicherheit der Zeit bedingt oder begünstigt waren."[17] Dies ließ, wie Frei treffend bemerkt, außer für die prinzipiell von allen Fraktionen befürwortete Amnestie von Wirtschaftsdelikten „auch für weniger Ansehnliches Raum"[18], so für eine Amnestie jener Personen, die im Zuge der Entnazifizierung nicht als entlastet eingestuft worden waren. Dass dabei in allen Entwürfen keineswegs nur an sogenannte Mitläufer gedacht war, blieb in der Diskussion jedoch weitgehend unerwähnt.

Noch am klarsten sprach dies Bernhard Reismann aus, der, als er den Zentrumsantrag im Bundestag einbrachte, feststellte, dass es sich bei den zu amnes-

---

Entnazifizierung Betroffenen. Vgl. für die BP Gebhard Seelos, 1. BT, 7./22. 9. 1949, S. 58; für die NR Franz Richter alias Fritz Rößler, ebd., S. 81; Heinrich Leuchtgens, 7./23. 9. 1949, S. 132.

16 Vgl. 1. BT-DS, Nr. 13, 8. 9. 1949 (DP); Nr. 17, 15. 9. 1949 (Z); Nr. 26, 20. 9. 1949 u. Nr. 27, 21. 9. 1949 (WAV).
17 1. BT-DS, Nr. 17, 15. 9. 1949.
18 Frei 1999, S. 26.

tierenden Taten „nicht nur um Bagatellen"[19] handeln werde. Damit knüpfte er explizit an die Regierungserklärung an, in der Adenauer ja bereits, obschon recht nebulös, angedeutet hatte, dass im Rahmen der Amnestie ein möglichst großzügiges Verständnis gezeigt werden müsse. Dem zustimmend kam Reismann am Ende seiner Rede erneut auf des Kanzlers Worte zurück, als er die Konzessionsbereitschaft seiner Fraktion in Details betonte, da sie „den wesentlichen Sinn der Dinge" wahren wolle,

> „der darin liegt, einen Strich unter die Vergangenheit zu ziehen und die Vergangenheit nun auch bei denen erledigt sein zu lassen, die durch die Not der Zeit schuldig geworden sind, die aber keine verbrecherischen Neigungen haben und deswegen alle Unterstützung des deutschen Volkes finden müssen, um wieder in geregelte Bahnen zu kommen und den Weg in das ordentliche Leben zurückzufinden, auch wenn sie etwas begangen haben, was bei normaler Betrachtung und in einer gewöhnlichen Situation mißbilligt werden müsste."

Profitieren vom Schlussstrich sollten somit auch jene, die Verbrechen begangen hatten, jedoch über das Konstrukt der ihnen attestierten fehlenden „verbrecherischen Neigungen" wiederum zu ganz „normalen", sprich vermeintlich schuldlosen Deutschen erklärt wurden.[20] Demgemäß schloss Reismann mit dem Appell, dass ein derart generöses „menschliches Verständnis", wie das von Adenauer eingeforderte, jetzt umso mehr notwendig sei, „wo wir diese Ära hinter uns lassen und mit besseren Hoffnungen in eine Zukunft gehen, in welcher wir mit normalen Maßstäben rechnen und normale Situationen für all unsere Volksgenossen erwarten können."[21]

In diesen Passagen aus Reismanns Rede findet sich das Grundarsenal der für die gesamte Amnestiedebatte zentralen Argumentationsmuster fast komplett versammelt. Als Erstes zu nennen ist die von keinem Abgeordneten angezweifelte Notwendigkeit des Schlussstrichs. Für Adolf Arndt von der SPD waren dabei

---

19 Bernhard Reismann (Z), 1. BT, 12/20.10.1949, S. 260. Ebd., S. 261, folgende Zitate.
20 Zur Kritik der auch in der heutigen NS-Täterforschung präsenten „Normalisierung" der NS-Täter vgl. die Beiträge in: Pohl/Perels (Hrsg.) 2011. Dabei geht es nicht darum, NS-Täter zu pathologischen „Monstern" zu erklären, die nichts mit Menschen wie „dir und mir" gemein haben, sondern vor allem darum, die Irrationalität des NS-Systems insgesamt und seine „Normalität", den Massenmord, nicht aus dem Blick zu verlieren.
21 Reismann, 1. BT, 12/20.10.1949, S. 261f.

„der Erlaß des Grundgesetzes und die Konstituierung des ersten Bundestags und der ersten Bundesregierung Grund und Anlass genug [...], um auf diesem Gebiete der *strafrechtlichen Vergehen* einen Strich unter die Vergangenheit zu machen und eine Amnestie zu erlassen"[22],

Hans Ewers verwies für die DP hingegen auf die historische Tradition von Amnestien und erklärte, dass es vor dem Hintergrund quasi selbstverständlich sei,

„daß bei besonderen staatsumstürzenden Anlässen Amnestien, die bei minder wichtigen Straftaten einen Strich unter die Vergangenheit ziehen, um der ganzen Nation ein neues Leben zu ermöglichen, angebracht und historisch von alters her begründet sind."[23]

Jenseits dieser Bemerkung spielten historische Verweise im Unterschied zur Kriegsverbrecherdebatte in der Diskussion über die Amnestie im Inneren allerdings kaum eine Rolle. Vielmehr wurde letztere primär aus der Gegenwart begründet, also damit, wie auch Justizminister Dehler argumentierte, „daß unser Staat einen neuen Start hat und bei diesem Start abschließen soll, was an Wirrnissen hinter uns liegt."[24] Das grundsätzlich von Ewers anvisierte Ziel, mit der Amnestie „der ganzen Nation ein neues Leben zu ermöglichen",[25] teilte aber eine ganze Reihe von Abgeordneten, war der Gedanke an den Schlussstrich doch generell mit der Vorstellung verknüpft, dass er der nationalen Verbundenheit dienen werde. So hoffte im Verlauf der Debatte auch Hermann Kopf für die CDU, dass die Amnestie zur „inneren Befriedung beitragen möge", während ein Erfolg der parallelen Bemühungen der Bundesregierung um Erlass der alliierten Militärge-

---

22 Adolf Arndt (SPD), 1. BT, 12/20.10.1949, S. 263 (Herv. d. Verf.). Verbrechen und Vergehen werden gemäß § 12 StGB nach dem dafür vorgesehenen Strafmaß unterschieden. Taten, die im Mindestmaß mit einer Freiheitsstrafe von 1 Jahr bedroht sind, sind Verbrechen; Taten, die *im Mindestmaß* mit einer Freiheitsstrafe unter 1 Jahr oder einer Geldstrafe bedroht sind, sind Vergehen. Dazu zählen auch Fälle von (nicht schwerer) Körperverletzung oder Diskriminierung.
23 Ewers, 1. BT, 19/2.12.1949, S. 576. Dies entspricht der Auffassung, die Carl Schmitt in der Nachkriegszeit vertrat; vgl. seine Artikel [Schmitt] 1949; [Schmitt] 1950 (beide anonym veröffentlicht); dazu Perels 1999e, bes. S. 113–118; van Laak 2002, S. 71–85, bes. S. 73 ff.
24 Thomas Dehler (FDP), 1. BT, 19/2.12.1949, S. 573. Ein Grund dafür ist vermutlich, dass diese Argumentation ganz dem Mythos von der Staatsgründung als „Stunde Null" entsprach, der sich um einiges leichter in der Bundesrepublik mobilisieren ließ als gegenüber den Alliierten. Daher besaß im Verhältnis zu diesen der Verweis auf völkerrechtliche Traditionen eine größere Bedeutung.
25 Ewers, 1. BT, 19/2.12.1949, S. 576.

richtsstrafen „ein verheißungsvoller und entscheidender Schritt auf dem Wege zur Befriedung der Welt sein"[26] werde.

Der verbreiteten Tendenz, die Amnestie – wie das Ende der Entnazifizierung – als Voraussetzung innerer Befriedung und nationaler Einheit zu deuten, korrespondierte ein zweites Argumentationsmuster, das sich gleichfalls in Reismanns Rede findet und das in der Debatte durchgängig relevant bleiben sollte. Es bestand in der Annahme, dass es sich beim Großteil der Straffälligen ohnehin um unschuldige bzw. „durch die Not der Zeit schuldig"[27] gewordene Personen und nur bei wenigen um „echte" Verbrecher handele. Auch diese Annahme war im Grunde schon in der Regierungserklärung vorhanden und vom Kanzler als Begründung dafür angeführt worden, dass bezüglich der vielen vermeintlich nicht „wirklich Schuldigen"[28] nicht mehr danach unterschieden werden dürfe, wer sich während der NS-Zeit wie verhalten habe. Analog dazu appellierte Reismann sogar an die Solidarität der Bevölkerung mit jenen Tätern ohne „verbrecherische Neigungen", denen „alle Unterstützung des deutschen Volkes"[29] zukommen müsse. Damit wurden diese Täter zwar einerseits als „resozialisierungsbedürftig" und insofern als derzeit abseits der übrigen Bevölkerung stehend dargestellt. Andererseits wurden sie aber im selben Atemzug entschuldigt, indem die Ausnahmesituation ihres Handelns betont wurde, womit sie als „nicht wirklich Schuldige" gleichsam sofort wieder in das insgesamt als unschuldig vorgestellte Kollektiv zurückkehren konnten. Gerade im Hinblick auf die noch zu behandelnde Frage, wie das Motiv des Widerstandshandelns im Rahmen der Amnestie zu würdigen sei, ist hier zudem darauf hinzuweisen, dass demnach bezüglich der NS-Anhänger nach allgemeinem Konsens nicht die Tat allein, sondern vielmehr die ihr zugrunde liegenden Motive bzw. „Neigungen" als ausschlaggebend betrachtet wurden.

Bemerkenswert ist in diesem Zusammenhang drittens das von Reismann wiederum in Anlehnung an Adenauer wiederholt befürwortete „menschliche Verständnis" selbst für Personen, die gravierende Straftaten begangen hatten. Noch am 2. Dezember 1949, als dem Bundestag inzwischen auch der Regierungsentwurf des *Straffreiheitsgesetzes* vorlag, bedankte sich Reismann dafür, dass der Kanzler in der Regierungserklärung für den Zentrumsantrag so „warme Worte gefunden und mit großem menschlichen Verstehen von einer Amnestie gesprochen"[30] habe. In der Tat wurden die von den alliierten Entnazifizierungsmaßnahmen Be-

---

26 Hermann Kopf (CDU), 1. BT, 22/9.12.1949, S. 657.
27 Reismann, 1. BT, 12/20.10.1949, S. 261. Vgl. dazu auch Ders., 1. BT, 19/2.12.1949, S. 575.
28 Adenauer, 1. BT, 5/20.9.1949, S. 27.
29 Reismann, 1. BT, 12/20.10.1949, S. 261.
30 Reismann, 1. BT, 19/2.12.1949, S. 576.

troffenen mit viel Anteilnahme bedacht und ihre unglückliche Lage anschaulich nachgezeichnet. Die Zuschreibung einer Opferrolle an die zu amnestierenden Straftäter stand dabei stellvertretend für die Stilisierung der gesamten Nation als Opfer, und zwar in dreifacher Hinsicht: erst Hitlers, dann des Krieges und schließlich insbesondere der Besatzungspolitik.[31] Deutlich wird dies beim CDU-Abgeordneten Eduard Wahl, 1947/48 Verteidiger im Nürnberger I.G.-Farben-Prozess und 1949 Initiator des um die Freilassung der NS- und Kriegsverbrecher bemühten Heidelberger Juristenkreises,[32] der hervorhob, dass die Staatsgründung und die dadurch gegebene Möglichkeit zum Schlussstrich gerade dann ein besonderer Grund zur Freude sei, „wenn man die Leidensgeschichte des deutschen Volkes von der bedingungslosen Kapitulation bis zum Wiedererstehen des deutschen Staates verfolgt"[33]. In ähnlicher Weise erinnerte sein Parteikollege Hermann Kopf daran, dass in der nunmehr zehnjährigen „Kriegs- und Nachkriegszeit eine Unsumme von Verwirrung, Unglück und Leid über das deutsche Volk gebracht"[34] worden sei, der jetzt endlich ein Ende gemacht werden könne.

Dass der Nationalsozialismus, jedenfalls die Zeit vor Kriegsbeginn 1939, nicht als Teil dieser kollektiven „Leidensgeschichte" thematisiert wurde, war ebenfalls charakteristisch für die gesamte Debatte.[35] Offen ließ ein Großteil der Redner erkennen, dass die Leidensursache in erster Linie in den Besatzungsjahren zu verorten sei.[36] In einigen Beiträgen verschwammen diese Jahre auch scheinbar über-

---

31 Vgl. auch Thießen 2009, S. 167 f.
32 Näheres dazu bei Frei 1999, S. 39, 163–166.
33 Eduard Wahl (CDU), 1. BT, 19/2.12.1949, S. 581.
34 Kopf, 1. BT, 22/9.12.1949, S. 655.
35 Dass „die" Deutschen zugleich als vermeintlich erste Opfer Hitlers stilisiert wurden, steht dazu zwar in gewissem Gegensatz, beide Argumentationsmuster wurden jedoch in verschiedenen Kontexten bemüht: Ging es darum zu begründen, weshalb so viele dem Nationalsozialismus angehangen hatten, wurden „die" Deutschen als „verführte" Opfer Hitlers dargestellt (siehe bes. die Ausführungen Gerstenmaiers in Kap. 4.1.2). Wurde, wie hier, primär eine kollektive „Leidensgeschichte" als Argument für die Notwendigkeit des Schlussstrichs entworfen, so fielen die ersten Jahre der NS-Zeit heraus, wohl auch, weil diese Jahre von den meisten Menschen positiv erinnert wurden. So war in einer Umfrage des Instituts für Demoskopieforschung vom Nov. 1951 die mit 80 Prozent bei Weitem größte Gruppe der Ansicht, dass es Deutschland zwischen 1945 und 1948 „am schlechtesten gegangen" sei (1914–1919: 3 Prozent, 1920–1922: 7 Prozent, 1933–1938: 2 Prozent, 1939–1945: 8 Prozent, ab 1949: 8 Prozent). Umgekehrt meinten im Okt. 1951 40 Prozent, dass es Deutschland zwischen 1933 und 1938 „am besten gegangen" sei, übertroffen wurde dies nur noch vom Kaiserreich mit 45 Prozent (1920–1933: 7 Prozent, 1939–1945: 2 Prozent, nach 1945: 2 Prozent). Noelle/Neumann (Hrsg.) 1956, S. 125 f.
36 Die Aktualität dieser Wahrnehmung zeigt sich u. a. darin, dass auch der Philosoph Peter Sloterdijk in seiner Rede *Regeln für den Menschenpark* auf der Tagung im oberbayerischen Schloss Elmau zum Thema *Jenseits des Seins – Exodus from Being, Philosophie nach Heidegger* vom 16.–20.7.1999 von „den beispiellos verdüsterten Jahren nach 1945" sprach. Diese Formulierung

gangslos mit der Kriegszeit, zumal die betreffenden Schilderungen ebenso vage[37] wie düster blieben: „was an Wirrnissen hinter uns liegt"[38], „unheilvolle Periode der jüngsten Geschichte"[39], „Periode ungeheurer Wirrnis"[40], „den hinter uns liegenden apokalyptischen Jahren"[41], „diese furchtbaren Jahre seit 1945"[42] oder „Jahre der Not, der Rechtsverwirrung und ungeordneter Zustände"[43]. Analog dazu wurde auch der verhandelte Gegenstand mehr um- als beschrieben: Worte wie „Angelegenheiten"[44] oder „durch die Not der Zeit schuldig geworden" klärten kaum darüber auf, welche Taten die Amnestie betreffen sollte. Neben der Sorge, sich vor der internationalen Öffentlichkeit zu diskreditieren, falls allzu offenbar würde, dass zu den Profiteuren der Amnestie vor allem zahlreiche NS-Straftäter zählten,[45] spielte dabei womöglich auch die Befürchtung eine Rolle, dass die innere Befriedung der Nation unter einer deutlichen Darstellung der amnestierten Taten leiden könnte. Denkbar ist zumindest, dass Personen, die als Wirtschaftskriminelle oder als Mitläufer straffrei gestellt wurden, nicht unbedingt mit Tätern, die andere physisch verletzt oder sogar getötet hatten, hätten gleichgesetzt werden wollen, wäre dies klar dargelegt worden. Dies tat jedoch keiner der Redner. Vielmehr wurde die Gleichsetzung unterschiedlichster Straftaten sogar noch zugespitzt durch einen Paragrafen im endgültigen Gesetz, der auf eine ursprünglich ganz anders ausgerichtete Idee aus dem Zentrumsentwurf zurückging.

Die bereits angedeutete Besonderheit der vom Zentrum angedachten Amnestie lag darin, dass sie speziell auch Straftaten erfassen wollte, „die sich", wie Antragsteller Reismann im Bundestag herausstrich, „aus dem *Eifer für die demokratische Idee und* aus der *Gegnerschaft gegen den Nationalsozialismus* ergeben

---

wurde in der anschließenden Diskussion insbesondere vom ebenfalls anwesenden Historiker Saul Friedländer beanstandet. Für das Manuskript der Rede, mit der die sogenannte Sloterdijk-Debatte begann, vgl. Sloterdijk 1999, S. 15, 17–21, Zitat S. 18.
37 Die SPD war, wenigstens in den hier untersuchten Debatten, im Vergleich zu den anderen Parteien präziser in ihren Aussagen, was allerdings ihrer etwa von Erler, 1. BT, 40/23. 2. 1950, S. 1346, zum Abschluss der Entnazifizierung formulierten Ansicht keinen Abbruch tat, „daß ein Schlußstrich unter das ganze Kapitel der politischen Säuberung gezogen werden muß."
38 Dehler, 1. BT, 19/2.12.1949, S. 573.
39 Reismann, 1. BT, 19/2.12.1949, S. 576.
40 August-Martin Euler (FDP), 1. BT, 19/2.12.1949, S. 579 (i. Orig. herv.).
41 Wahl, 1. BT, 19/2.12.1949, S. 581.
42 Alfred Loritz (WAV), 1. BT, 19/2.12.1949, S. 584; ähnlich für die DP Ewers, 1. BT, 22/9.12.1949, S. 659.
43 Robert Leibbrand (KPD) 1. BT, 22/9.12.1949, S. 665.
44 Reismann, 1. BT, 12/20.10.1949, S. 260. Ebd., S. 261, das folgende Zitat.
45 So Frei 1999, S. 38.

haben."⁴⁶ Dies sei besonders deshalb vonnöten, weil die Justiz solche Taten bisher übermäßig eifrig verfolge, wodurch sich die einstigen Parteigenossen schon wieder ermutigt fühlten und sich in manchen Prozessen, etwa gegen Beteiligte an der Reichspogromnacht vom 9./10. November 1938, „geradezu Zusammenrottungen von früheren Nazis ergaben, die sich die Bälle zuwarfen und die Leute in Schwierigkeiten bringen wollten, welche nun gegen sie auszusagen gezwungen waren". Diese Zustandsbeschreibung an sich stellte zwar niemand infrage. Dennoch fand der Vorschlag, das Tatmotiv des Widerstandshandelns als eine der Bedingungen von Straffreiheit einzubeziehen, den vehementen Widerspruch der anderen Fraktionen, da eine Verkopplung von subjektiver Gesinnung und Straffreiheit, wie sowohl Kurt Georg Kiesinger für die CDU als auch Adolf Arndt für die SPD einwandten, an die Methoden der Nationalsozialisten – wenn auch unter umgekehrtem Vorzeichen – gemahne.⁴⁷ Erinnert sei daran, dass solche Argumente nicht vorgebracht wurden, als Reismann dafür eingetreten war, Täter ohne „verbrecherische Neigungen" straffrei zu stellen.

Trotz breiter Ablehnung beharrte das Zentrum jedoch zunächst auf seinem Standpunkt; denn, so abermals Reismann, „[g]erade auf politischem Gebiet [...] ist es notwendig, das, was an strafbarem Tatbestand aus der Nazizeit noch in die Gegenwart hineinragt, durch ein umgekehrtes Vorzeichen auszulöschen und so die Verhältnisse richtigzustellen."⁴⁸ Diese Auffassung entsprach auch der Gesetzgebung der Alliierten nach 1945.⁴⁹ Obwohl die anderen Parteien skeptisch blieben, sollte der Vorschlag des Zentrums am Ende – allerdings in entscheidend veränderter Form – Eingang in das *Straffreiheitsgesetz* finden.

In § 9 Abs. 1 amnestierte es unabhängig von Art und Höhe der Strafe sogenannte „Handlungen auf politischer Grundlage, die nach dem 8. Mai 1945 begangen und auf die besonderen politischen Verhältnisse der letzten Jahre zurückzuführen sind."⁵⁰ Damit aber hatte das Parlament im Bestreben, das Ansinnen des Zentrums auf objektive Voraussetzungen abzustellen, eine Regelung geschaffen, die so dehnbar war, dass sie gleichermaßen Straftaten aus antinazistischer wie aus

---

46 Reismann, 1. BT, 12/20.10.1949, S. 261 (Herv. i. Orig.). Ebd. das folgende Zitat.
47 Vgl. Kurt Georg Kiesinger (CDU), 1. BT, 12/20.10.1949, S. 262; Arndt, ebd., S. 263; für die FDP Dehler, 19/2.12.1949, S. 573 f.; Euler, ebd., S. 579; für die DP Ewers, ebd., S. 577 f.; für die KPD, die stattdessen vorschlug, härter gegen eine tendenziöse Justiz vorzugehen, Leibbrand, ebd., S. 580; eher für die Zentrumsidee dagegen Loritz von der WAV, ebd., S. 584.
48 Reismann, 1. BT, 19/2.12.1949, S. 586.
49 Siehe dazu bes. Kap. 1.1.
50 BGBl. I, 1949, S. 38. Ausgenommen waren nach § 9 Abs. 3 u. a. Delikte wie Mord, Totschlag oder „aus Grausamkeit, aus ehrloser Gesinnung oder aus Gewinnsucht" begangene Straftaten.

nazistischer Gesinnung umfasste.⁵¹ Keinesfalls sollte die Amnestie zwar, wie Kopf für die CDU betonte, „irgendwie [...] zum Schutze des Nationalsozialismus gehandhabt werden."⁵² Dass sich jedoch gerade dieser, auch nach Ansicht Kopfs von „Kautschukbestimmungen" geprägte Paragraf als Lösung durchsetzte, war ebenso bedenklich angesichts der von Reismann durchaus zutreffend geschilderten Situation an manchem Gericht⁵³ wie symptomatisch für die formale Neutralität, die das Parlament in seiner Mehrheit prinzipiell gegenüber den, in Adenauers Worten, „politisch Einwandfreien" und „Nichteinwandfreien"⁵⁴ gewahrt sehen wollte.

Daneben amnestierte das *erste Straffreiheitsgesetz* alle vor dem 15. September 1949 begangenen Taten, die mit Haftstrafen bis zu sechs Monaten bzw. bis zu einem Jahr auf Bewährung oder Geldstrafen bis zu 5 000 DM geahndet werden konnten, was auch Körperverletzungen mit Todesfolge und minderschwere Fälle von Totschlag beinhaltete.⁵⁵ Zudem bemühte es sich, jenen Personen einen Weg zurück in die Legalität zu ebnen, die unter falschem Namen in der Bundesrepublik lebten, um einer Bestrafung zu entgehen: Es erließ Delikte wie Urkundenfälschung, so sich die Betreffenden bis zum 31. März 1950 bei den Behörden meldeten, wovon aber nur 241 „Illegale" Gebrauch machten. Somit brachte das Gesetz zwar nicht das vonseiten der Rechten erstrebte Generalpardon. Es steckte den Rahmen der Amnestie aber dennoch sehr weit und nivellierte dabei gewichtige Unterschiede in den kriminellen Handlungen, so zwischen Wirtschafts- und Gewaltdelikten oder Taten für und wider den Nationalsozialismus, unter dem Leitsatz, die Nation auf diese Weise zu befrieden und zu einen – ein Projekt, das damit allerdings noch keineswegs als abgeschlossen galt.

---

51 Vgl. dazu auch Frei 1999, S. 400 ff., sowie Perels 1999b, S. 203 ff., der einige Beispiele für Amnestien nennt, die, wie die französische Regelung bezüglich der Résistance, spezifischere Bestimmungen schufen und damit zur demokratischen Entwicklung beitrugen.
52 Kopf, 1. BT, 22/9.12.1949, S. 656. Ebd. das folgende Zitat.
53 So hatte sich Reismann u. a. „über den Eifer gewundert, den man gegen Zeugen an den Tag legte, die sich angeblich einer Beleidigung, einer üblen Nachrede oder einer Verleumdung schuldig gemacht haben sollten, wenn es sich um ein Verfahren gegen den Ortsgruppenleiter oder Kreisleiter Soundso handelte, der dafür in Frage kam, daß er in der Kristallnacht [sic] irgendwo mit Rat und Tat mitgewirkt hat." Reismann, 12/20.10.1949, S. 261. Dennoch erklärte er am Ende die Zustimmung seiner Fraktion zum Gesetz, vgl. 1. BT, 22/9.12.1949, S. 664. Zur problematischen Auslegung von § 9 Abs. 1 des Amnestiegesetzes vgl. Frei 1999, S. 49–52.
54 Adenauer, 1. BT, 5/20.9.1949, S. 27.
55 Vgl. Frei 1999, S. 39; zu Folgendem neben ebd., S. 51, auch Freudiger 2002, S. 17 f., sowie Fischer/Lorenz 2009, S. 93.

Das Gesetz über den Erlass von Strafen und Geldbußen und die Niederschlagung von Strafverfahren und Bußgeldverfahren vom 17. Juli 1954

Schon seit 1952 wurden im Justizministerium Überlegungen für eine weitere Amnestie angestellt.[56] Am 26. Februar 1954 brachte Dehlers Nachfolger als Bundesjustizminister, Fritz Neumayer, schließlich einen entsprechenden Gesetzesentwurf ein,[57] obwohl der Bundesrat, wie Neumayer eingestand, den Entwurf am 18. Dezember 1953 schon als „rechtspolitisch bedenklich und kriminalpolitisch gefährlich"[58] abgelehnt hatte. Grund dafür war vor allem, dass er in der Amnestie von NS-Gewalttaten deutlich über das bisherige Gesetz hinausging.

In seiner Begründung, warum es dennoch geboten sei, mit der Vorlage dieses Entwurfs „einen Schlußstrich zu ziehen unter eine *chaotische Zeit*, für die niemand von uns verantwortlich war und die Menschen zu Straftaten oder Gesetzesübertretungen geführt hat, die sie sonst niemals begangen hätten", gelang es Neumayer gleichwohl, nicht ein Mal ausdrücklich auf die NS-Zeit zu sprechen zu kommen.[59] Stattdessen begnügte er sich mit dem Hinweis, dass die erste Amnestie, da sie noch unter dem Besatzungsstatut erfolgt war, „sich notgedrungen mit einem allzu engen Rahmen zufrieden geben mußte und daher die erforderliche Befriedung nicht bringen konnte".[60] Angesichts der anstehenden Wiedergewinnung der Souveränität mit dem *Generalvertrag* böten sich jetzt hingegen ganz neue Möglichkeiten.

Dass Neumayer von einer Amnestie nationalsozialistischer Gewaltverbrechen und damit von einem zentralen Inhalt des geplanten Gesetzes schwieg, war aber-

---

56 Angetrieben wurde dies dadurch, dass einerseits u. a. der Zentralrat der Juden in Deutschland für eine zweite Amnestie plädierte, die auch den straffällig gewordenen Displaced Persons zugutekommen sollte. Andererseits versuchte eine Gruppe um die FDP-Politiker Ernst Achenbach und Werner Best, beide mit einschlägiger Vergangenheit, nun doch noch zu einer Generalamnestie zu kommen. Vgl. dazu wie zu Folgenden Frei 1999, S. 100–131. Achenbach war während der deutschen Besatzung Frankreichs Leiter der Politischen Abteilung der Deutschen Botschaft in Paris und 1947/48 Verteidiger im I.G.-Farben- und Wilhelmstraßen-Prozess. Best war u. a. verantwortlich für Auf- und Ausbau der Gestapo und des RSHA, Stellvertreter Reinhard Heydrichs als Chef der Sicherheitspolizei und des SD und zuletzt Reichsbevollmächtigter in Dänemark. Als Überblick zu Achenbach vgl. Braasch 1992; zu Best Herbert 1996.
57 Vgl. 2. BT-DS, Nr. 215, 25. 1. 1954.
58 Fritz Neumayer (FDP), 2. BT, 17/26. 2. 1954, S. 587; ebd. das folgende Zitat (Herv. i. Orig.).
59 Zur zeitgenössischen Kritik an der darin schon verbal zum Ausdruck kommenden und sodann mit der Verabschiedung des Amnestiegesetzes praktisch umgesetzten „Entwirklichung" von NS-Verbrechen, wie sie u. a. von Martin Niemöller und Hannah Arendt formuliert wurde, vgl. Perels 2001a, hier bes. S. 47–50.
60 Neumayer, 2. BT, 17/26. 2. 1954, S. 587.

mals typisch für die gesamte Debatte. Allerdings zeigten sich nun doch Risse in der vergangenheitspolitischen Allianz von Union und SPD, insbesondere im Hinblick auf den sogenannten „Zusammenbruchs-Paragrafen".[61] Dieser Paragraf, der trotz aller Konflikte als § 6 in das *Gesetz über den Erlass von Strafen und Geldbußen und die Niederschlagung von Strafverfahren und Bußgeldverfahren* vom 17. Juli 1954 einging, amnestierte jetzt sogar Freiheitsstrafen bis zu drei Jahren sowie Geldstrafen für

> „Straftaten, die unter dem Einfluß der außergewöhnlichen Verhältnisse des Zusammenbruchs in der Zeit zwischen dem 1. Oktober 1944 und dem 31. Juli 1945 in der Annahme einer Amts-, Dienst- oder Rechtspflicht, insbesondere auf Grund eines Befehls begangen worden sind, [...] wenn nicht dem Täter nach seiner Stellung oder seiner Einsichtsfähigkeit zuzumuten war, die Straftat zu unterlassen."[62]

Damit aber waren, wie Otto Heinrich Greve von der SPD in der 1. Lesung des Entwurfs aufzeigte, einer Amnestie auch solcher Taten Tür und Tor geöffnet, „die gegen jedes Gesetz, ja gegen jedes Recht begangen worden sind."[63] Als Einziger benannte er in dieser Lesung konkret, was danach alles straffrei bleiben würde: „Tötung und Mißhandlung von Kriegsgefangenen, von Angehörigen der Ostvölker, von Juden, Tötung von Soldaten und von Zivilpersonen, gesetzwidrige Standgerichte usw." Daher war Greve der Ansicht, die ebenso im Bundesrat vorherrschte, nämlich dass es besser sei, einzelne amnestiewürdige Taten auf dem Gnadenweg straffrei zu stellen.

FDP und CDU[64] standen hingegen ihrem Minister bei, und so auch der GB/BHE, dessen Vertreter Fritz Czermak überdies gemahnte: „Durch diese Amnestie sollten wir auch dem *Ausland* ein Beispiel geben."[65] Er meinte hiermit speziell die osteuropäischen Staaten, in denen „sich noch sehr viele Männer und auch Frauen schon mehr als acht Jahre [..] in Haft befinden – verurteilt nicht wegen krimineller Taten, sondern nur, weil sie Deutsche waren".[66] Die deutsche Nation als Vor-

---

61 Vgl. auch Frei 1999, S. 124, 130.
62 BGBl. I, Nr. 21, 17.7.1954, S. 203. Das Gesetz weicht in der Formulierung etwas vom Entwurf ab; insbesondere war dem ursprünglichen Entwurf in den Beratungen des Rechtsausschusses nach der 1. Lesung der letzte, als Einschränkung gedachte Halbsatz angefügt worden.
63 Otto Heinrich Greve (SPD), 2. BT, 17/26.2.1954, S. 593. Ebd. auch das folgende Zitat.
64 Die CSU teilte dagegen die Bedenken der SPD und trat daher mit einem eigenen Entwurf an, aus dem „Zusammenbruchs-Paragraf" gestrichen war. Vgl. 2. BT-DS, Nr. 248, 9.2.1954.
65 Fritz Czermak (GB/BHE), 2. BT, 17/26.2.1954, S. 601 (Herv. i. Orig.). Ebd. folgendes Zitat.
66 Zu den in Osteuropa Verurteilten zählte u.a. der 1947 in Polen zum Tode verurteilte vormalige Lagerkommandant des KZ Auschwitz Rudolf Höß. Wenngleich das Todesurteil gegen ihn bereits

bild in Sachen Amnestie – diese Vorstellung war kein Einzelfall. So bemühte sie auch, und zwar gerade bezüglich des „Zusammenbruchs-Paragrafen", der Christdemokrat Hans Furler. Er tat dies allerdings nicht mit Blick nach Osten, sondern nach Westen; denn man werde

> „auch bei einer die Mentalität dieser Täter ablehnenden Einstellung schon deshalb einen Schritt tun müssen, weil es unser aller Bemühen ist, unsere früheren Kriegsgegner und auch neutrale Staaten dazu zu bewegen, die Deutschen zu begnadigen, die sich – im Zusammenhang mit dem Krieg – noch in ihren Gefängnissen befinden. (Zustimmung in der Mitte.)"[67]

Gegen solche Überlegungen wandte in der 2. und 3. Lesung des derweil im Rechtsausschuss überarbeiteten Entwurfs am 18. Juni 1954 der Sozialdemokrat Hannsheinz Bauer ein, dass erstens die Kriegsverbrecherprozesse inzwischen fast abgeschlossen seien, zweitens die negative Außenwirkung einer so weitgehenden Amnestie nicht unterschätzt werden dürfe und drittens vor allem einzubeziehen sei, wie weit der Entwurf tatsächlich reichte, wenn man sich die äußerst milden Urteile in NS-Verfahren vergegenwärtigte. Hierfür nannte er u. a. das Beispiel eines SS-Sturmbannführers, der Ende 1944 einen aus seinem abgeschossenen Flugzeug mit dem Fallschirm abgesprungenen US-Piloten erschoss und dafür ein Jahr Gefängnis erhielt. Im Übrigen erwähnte Bauer diesen Fall „extra deshalb, um zu zeigen, daß er auch nach dem sozialdemokratischen Änderungsvorschlag noch unter die Amnestie fallen würde."[68] Dieser Änderungsvorschlag bezog sich darauf, dass die SPD die Amnestie für Taten, die aus Befehlsnotstand begangen worden seien, auf ein niedrigeres Strafmaß beschränken wollte, nämlich auf Taten, die mit bis zu 1 Jahr anstatt, wie im Entwurf vorgesehen und später im Gesetz realisiert, mit bis zu 3 Jahren Gefängnis geahndet worden waren. Insofern wurde die milde Rechtsprechung allerdings auch von Bauer als gültiger Maßstab akzeptiert, wobei er angesichts der extensiven Berücksichtigung mildernder Umstände seitens der Gerichte auch zu bedenken gab, „daß im Gebiet des sogenannten Befehlsnotstandes die Qualifikation ‚gemeine Gesinnung' wohl so gut wie nie getrof-

---

vollstreckt war, zeigt sein Beispiel, dass Deutsche keineswegs nur deshalb verurteilt wurden, weil sie Deutsche waren. Zu Höß vgl. die Einleitung von Martin Broszat in den posthum erschienen autobiografischen Notizen: Höß 1994.
67 Hans Furler (CDU), 2. BT, 17/26. 2. 1954, S. 602; etwas vorsichtiger bei Neumayer, ebd., S. 594 f. Unter jenen, die zu dem Zeitpunkt noch in den alliierten Gefängnissen saßen, befand sich z. B. der Einsatzgruppentäter Martin Sandberger. Mehr zu ihm am Ende von Kap. 4.2.2.
68 Hannsheinz Bauer (SPD), 2. BT, 33/18. 6. 1954, S. 1564. Ebd. das folgende Zitat.

fen werden wird". Damit werde, wie Bauer fürchtete, einer der Ausschließungsgründe für Straffreiheit faktisch wirkungslos, und Gleiches gelte für die zweite, dem Regierungsentwurf vom Rechtsausschuss noch hinzugefügte Einschränkung: die „mangelnde Einsichtsfähigkeit" oder untergeordnete Stellung des Täters.

Zeigte die Debatte damit, dass die Grenzen der Integrationsbereitschaft der SPD wenigstens zum Teil erreicht waren, so brachte sie darüber hinaus wenig Neues an Argumenten. Auffällig ist jedoch, dass vor allem bei der CDU nun anstelle von Befriedung, sprachlich zurückgehend auf das mittelhochdeutsche „[be]vriden ‚Schutz verschaffen, umzäunen'"[69], eher von Bereinigung die Rede war.[70] Zum einen entspricht dies der juristischen Terminologie im *zweiten Straffreiheitsgesetz* selbst, das laut § 1 der „Bereinigung der durch Kriegs- und Nachkriegsereignisse geschaffenen außergewöhnlichen Verhältnisse"[71] dienen sollte. Zum anderen kann die Verwendung des Wortes Bereinigung zugleich als Hinweis darauf interpretiert werden, dass der Prozess der Befriedung – gemäß der Vorstellung, dass die Nation nach außen geschützt wie nach innen harmonisiert werde müsse – im Grunde von vielen Abgeordneten auch der Union als bereits weitgehend abgeschlossen erachtet wurde, weshalb die Notwendigkeit einer zweiten Amnestie nunmehr mit der Vorstellung untermauert wurde, dass die Nation auch noch von den letzten Spuren der politischen Säuberung zu „reinigen" sei. Obwohl die Rede von der Bereinigung im Vergleich zu der von Befriedung eigentlich eine schwächere Begründung ist – etwas „Schmutziges" zu „reinigen" ist fraglos meist leichter, als etwas „Entzweites" wieder zusammenzusetzen – bringt das Wort Bereinigung insofern dennoch ein erhöhtes Maß an Aggressivität gegen die Alliierten und ihre Politik zum Ausdruck. Damit korrespondierte der sprachliche Wandel durchaus mit dem Inhalt des *zweiten Straffreiheitsgesetzes,* das am 18. Juni 1954 vom Bundestag angenommen wurde[72] und das in seinem Inhalt wesentlich über die erste Amnestie hinausging.[73]

---

69 Duden 1997, S. 206.
70 Vgl. ebd., S. 1564; für die CDU bes. Furler, 2. BT, 17/26.2.1954, S. 602 (hier sogar „Endbereinigung"), 603; Ders., 33/18.6.1954, S. 1557, 1560; Matthias Hoogen, 41/15.7.1954, S. 1926.
71 BGBl. I, Nr. 21, 17.7.1954, S. 203.
72 Der Bundesrat rief daraufhin den Vermittlungsausschuss an, der eine etwas veränderte Vorlage erarbeitete, jedoch die zentralen vergangenheitspolitischen Bestimmungen bestehen ließ. Diese Vorlage nahm der Bundestag nahezu geschlossen an. Vgl. 2. BT, 41/15.7.1954, S. 1925 ff.
73 Die gedankliche Konstruktion des Gesetzes ging nicht zuletzt zurück auf die „Vorarbeiten" des früheren Nationalsozialisten Werner Best, der zwar eine Generalamnestie angestrebt hatte (siehe Fn. 56 in diesem Kap.), vor allem aber politische „Idealisten" amnestiert sehen wollte. Vgl. Frei 1999, S. 106 f., 108 f., 115 f. (Fn. 46); Herbert 1996, S. 451–455. Das Gesetz enthielt außer dem „Zusammenbruchs-Paragrafen", der gegen die Stimmen der SPD und weniger Abgeordneter der Re-

Wie Norbert Frei festgestellt hat, wirkte dieses Gesetz auf die sich in NS-Verfahren ohnehin schon sehr milde gebende „Justiz wie ein Lähmungsgift."[74] Die Zahl der neu angestrengten Verfahren und Verurteilungen sank in der Folge weiter rapide ab, was sich erst am Ende der 1950er-Jahre wieder ändern sollte. Gleichzeitig setzte das *zweite Straffreiheitsgesetz* einen gewissen Schlusspunkt unter jene von einer breiten Front inner- und außerhalb des Parlaments getragene integrative Vergangenheitspolitik, mit der seit 1949 die innere Befriedung bzw., wie es später hieß, eine Bereinigung der Kriegs- und Nachkriegsverhältnisse erstrebt wurde. Nicht zuletzt in diesen beiden Schlüsselwörtern der hier untersuchten Debatten scheint der Wunsch nach ungebrochener nationaler Integrität auf, die durch Revision der Maßnahmen der – als Störer der vermeintlichen Unversehrtheit der Nation und fremde Eindringlinge apostrophierten – Alliierten wiederhergestellt werden sollte. Noch stärker trat diese Imagination der deutschen Nation in Abgrenzung zu den Alliierten in den Debatten über den Abschluss der Entnazifizierung hervor, die im Folgenden Gegenstand sind.

4.1.2 Symbolische Politik zum Abschluss der Entnazifizierung

Obwohl zum Abschluss der Entnazifizierung ebenfalls bereits im September 1949 diverse Anträge vorlagen,[75] befasste sich das Parlament erst am 23. Februar 1950 mit dem Thema, da, auch noch zu diesem Zeitpunkt, umstritten war, ob der Bund überhaupt dafür zuständig sei. Zudem hatte ein Großteil der Bundesländer ohnehin schon entsprechende Gesetze auf den Weg gebracht, weshalb der Bundestag,

---

gierungsparteien beibehalten wurde und der, wie § 9 klarstellte, auch Totschlag einschloss, in seinen 30 Paragrafen u. a. folgende Bestimmungen zur Amnestie von „Straftaten und Ordnungswidrigkeiten, die vor dem 1. Dezember 1953 begangen sind" (§ 1): Grundsätzlich erlassen wurden Haftstrafen bis zu drei Monaten bzw. Geldbußen (§ 2) sowie „Straftaten aus Not" bei Haftstrafen bis zu einem Jahr (§ 3). § 7 brachte eine erneute Amnestie von Straftaten „zur Verschleierung des Personenstandes aus politischen Gründen", wenn dafür keine Strafe von über drei Jahren Gefängnis verhängt oder zu erwarten war, sowie „[o]hne Rücksicht auf die Höhe der zu erwartenden Strafe", wenn der Täter seine Angaben bis zum 31. Dezember 1954 korrigierte, wobei Totschlag hierbei ein Ausschließungsgrund blieb. Alle Zitate in: BGBl. I, Nr. 21, 17. 7. 1954, S. 203–209. § 20 tilgte überdies Strafregistervermerke für Verurteilungen durch die Spruchgerichte in der britischen Zone, wenn die Strafe nicht über fünf Jahren Haft lag – womit fast nahezu alle Einträge wegen der Zugehörigkeit zu einer der in Nürnberg für verbrecherisch erklärten Organisationen (NSDAP-Führungskorps, Gestapo, SD, SS) gelöscht wurden. Vgl. Frei 1999, S. 126; Freudiger 2002, S. 22 f.

74 Frei 1999, S. 101; hier auch Näheres zur Anzahl der Verfahren und Urteile.
75 Vgl. 1. BT-DS, Nr. 13, 8. 9. 1949 (DP); Nr. 27, 21. 9. 1949 (WAV); Nr. 97, 28. 9. 1949 (FDP).

so Bundesinnenminister Gustav Heinemann, diese Frage im Grunde „gar nicht weiter zu behandeln hätte."[76] Vor allem die FDP, die dicht gefolgt von DRP und DP als erste Partei einen Entwurf für ein Bundesgesetz vorlegte,[77] forcierte jedoch eine Debatte, und außer der WAV signalisierte nun sogar die BP mögliche Zustimmung,[78] denn:

> „Die Beseitigung der Entzweiung und der Verbitterung unseres Volkes, die durch die Entnazifizierung hervorgebracht worden ist, liegt uns so sehr am Herzen, daß wir Föderalisten sans phrase unter Umständen sogar geneigt sein könnten, die Zuständigkeit des Bundes zu bejahen, (lebhafter Beifall und Heiterkeit) nur um eine rasche und befriedigende gemeinsame Ausscheidung dieses politischen Tumors am deutschen Volkskörper beseitigen zu können."[79]

Deutlich wird hier schon, wie sehr besonders in der politischen Rechten die Entnazifizierung als Kränkung oder sogar als böswilliger Angriff auf die deutsche Nation aufgefasst wurde. Dieser Interpretation zufolge hatte die Nation bzw., wie es beim BP-Abgeordneten Hermann Etzel in unmittelbarer Revitalisierung biologistischer NS-Terminologie hieß, „der deutsche Volkskörper" die NS-Zeit unbeschadet überstanden, um nach 1945 von einem „Tumor" befallen zu werden.[80] Die demnach erst von den Alliierten „krank" gemachte bzw. entzweite Nation zu versöhnen und zu befrieden – auch bezüglich der Beendigung der Entnazifizierung waren dies dann die maßgeblichen Stichworte, speziell bei den auf ein christliches Klientel orientierten Parteien.[81]

Die Stilisierung der Nation als Opfer trat nun insgesamt verstärkt hervor, auf der rechten Seite des Hauses in Kombination mit heftigen Attacken gegen die alliierte Politik. Neben der DRP tat sich hier vor allem Hans-Joachim von Merkatz

---

76 Gustav Heinemann (CDU), 1. BT, 40/23. 2. 1950, S. 1338.
77 Vgl. 1. BT-DS, Nr. 482, 31. 1. 1950 (FDP); Nr. 561, 15. 2. 1950 (DRP); Nr. 609, 22. 2. 1950 (DP).
78 Noch im Oktober 1949 hatte die BP dagegen die Kompetenz des Bundes verneint und stattdessen eine übereinstimmende Regelung der Länder gefordert. Vgl. 1. BT-DS, Nr. 99, 14. 10. 1949.
79 Hermann Etzel (BP), 1. BT, 40/23. 2. 1950, S. 1344.
80 Der „politische Tumor am deutschen Volkskörper" war nicht Etzels einzige verbale Entgleisung. Ebd., S. 1341, hatte er auch schon von einer „Drachensaat" gesprochen. Für eine kritische Auseinandersetzung mit der NS-Terminologie vgl. Sternberger/Storz/Süskind 1986.
81 Vgl. für die CDU Eugen Gerstenmaier, 1. BT, 40/23. 2. 1950, S. 1333 („Versöhnung"); Heinrich von Brentano, ebd., S. 1353 („Versöhnungsbereitschaft"); für die DP Hans-Joachim von Merkatz, ebd., 1338 („Befriedung"); für die BP Etzel, ebd., S. 1342 („Befriedung und Versöhnung", i. Orig. herv.). Eine ähnliche Terminologie findet sich bei der SPD zwar nicht; dafür benutzte jedoch Fritz Erler, ebd., S. 1344–1349, hier allein siebenmal das Wort „Schlußstrich".

von der DP hervor. Auf nur einer halben Seite notiert das Protokoll von ihm folgende Worte zur Entnazifizierung:[82] Sie sei eine „moderne Hexentreiberei" gewesen, eine „gefährliche [...] Abschweifung der westlichen Zivilisation in die Gefilde totalitärer Praxis", ja „eine *Mißgeburt aus totalitärem Denken und klassenkämpferischer Zielsetzung*" und eine „heimtückische Waffe" für jene, „die bisher im Konkurrenzkampf der politischen Willensbildung der Parteien sich ihrer zu bedienen wußten". Daher müsse die Politik verhindern, dass „das Gespenst der Entnazifizierung" je auferstehe aus dem „Grab, das ihr die öffentliche Meinung des deutschen Volkes bereitet hat", wobei in keiner Weise an die Ländergesetzgebung zur Entnazifizierung angeknüpft werden dürfe, die diese „Wucherung einer Rechtsentartung" forciert habe. Vielmehr müsse dieser „Fremdkörper in unserem Recht, diese Beleidigung unseres Rechtsgewissens" – an der Stelle verzeichnet das Protokoll Unruhe und Zurufe von links –

> „diese auf bürokratischem Wege geplante kalte Rache und soziale Revolution [...] als totalitäre Verirrung erkannt und nachdem einmal die reinen Siegermaßnahmen, nämlich die Säuberung vollzogen ist und nicht mehr rückgängig gemacht werden kann, in ihrer rechtlichen Verbrämung endgültig und entschieden aus unserem Rechtssystem herausgetrennt werden."

Schließlich endete von Merkatz mit Werbung für seine Partei, deren Ziel es sei,

> „den gehetzten, geängstigten und zu fortgesetzten Entbehrungen und Opfern gepreßten *deutschen Männern und Frauen Sicherheit und Frieden,* Befriedung im wahrsten Sinne des Wortes zu verschaffen, damit sie ruhig, stetig und zielbewußt an den Wiederaufbau gehen [...]".

Derart geballt kamen solche Denunziationen der Entnazifizierung zwar selten vor – allerdings rechneten die anderen Parteien ebenfalls hart mit diesem umfassenden Versuch, die Strukturen der NS-Herrschaft zu überwinden, ab. So hielt auch August-Martin Euler, der den Gesetzesentwurf der FDP einbrachte, sie für ein Ausnahmerecht, „das gegen rechtsstaatliche Prinzipien verstößt und schon längst zu einer Gefahr für den Aufbau eines demokratischen Rechtsstaats in Deutschland geworden ist."[83] Er habe sie daher schon 1946 „als ein uns auferlegtes nationales Unglück" bezeichnet, das noch von inneren Kräften – ein Seiten-

---

82 Alle Zitate bei von Merkatz, 1. BT, 40/22. 2. 1950, S. 1335 f. (alle Herv. i. Orig.).
83 Euler, 1. BT, 40/22. 2. 1950, S. 1330. Ebd. auch die folgenden zwei Zitate (Herv. d. Verf.).

hieb speziell auf die SPD – verstärkt worden sei. Aufschlussreich ist aber vor allem Eulers Begründung seiner Position. Er lehnte die Entnazifizierung nämlich unter anderem deshalb ab, weil durch sie

> „alle Betroffenen und ihre Angehörigen zu einer Art *Schicksalsgemeinschaft* zusammengeschlossen wurden, und alle diejenigen, die nur Mitläufer waren [...] wider ihrer Willen geradezu in eine Front der Abwehr gegen das neue Gesetz [gemeint ist wahrscheinlich das grundlegende *Gesetz zur Befreiung vom Nationalsozialismus und Militarismus* vom 5. März 1946, Anm. d. Verf.][84] mit den eigentlich Hauptschuldigen [...] hineingenötigt wurden."

Die Alliierten hatte die Nation demnach also nicht nur entzweit, indem sie verschiedene Formen der Beteiligung am NS-System unterschieden. Gleichzeitig hätten sie damit alle einstigen NS-Anhänger in eine solidarische Gemeinschaft gezwungen, die es durch den Abschluss der Entnazifizierung aufzulösen gelte. Diese Zielsetzung war aus dem Munde Eulers jedoch wenig glaubwürdig, beabsichtigte die FDP doch, wie auch DRP und DP, sämtliche Entnazifizierungsverfahren einzustellen und damit jede Differenzierung zwischen den Kategorien III, IV und V und den Kategorien I und II, also Minderbelasteten, Mitläufern und Entlasteten einerseits und Hauptschuldigen und Belasteten andererseits, aufzugeben.[85] Dies verschwieg Euler in seiner Rede allerdings. Stattdessen suggerierte er einen Opferstatus aller Entnazifizierten, indem er sie als Schicksalsgemeinschaft betitelte – eine Variante der nach 1945 beliebten Formel von den Deutschen als Notgemeinschaft, die kaum verhohlen an die nationalsozialistische Terminologie von der Volksgemeinschaft anschloss.[86]

Mit Fritz Erler nahm ausgerechnet ein Sprecher der von Euler angegriffenen SPD dessen Aussage auf, dass die Entnazifizierung dazu beigetragen habe, „den früheren Nationalsozialisten ein Maß von Zusammengehörigkeits- und Solidaritätsgefühl einzuflößen, das sie zu einem großen Teil nicht einmal während des

---

84 Für eine positivere Einordnung dieses Gesetzes vgl. Arndt 1946. Hier verteidigte Arndt das Befreiungsgesetz resp. die Entnazifizierung gegen den Vorwurf der evangelischen Kirche, dass damit Unschuldige bestraft würden, da es bei der Entnazifizierung nicht um Strafe gehe, „sondern um politische Folgen einer politischen Verantwortung." Ebd., S. 41.

85 Im weiteren Verlauf der Debatte und in späteren Änderungsanträgen wurde diese Absicht dann mehr als deutlich artikuliert. Vgl. dazu auch Frei 1999, bes. S. 58–63, 67 ff.

86 Zur Transformation der NS-Volksgemeinschaft, die sich bei Kriegsbeginn erst in eine „Kampfgemeinschaft" und bereits gegen Kriegsende in eine „Notgemeinschaft" wandelte, vgl. Frei 2005b, S. 126; Pohl 2010b, S. 4.

Dritten Reiches gehabt haben."[87] Erler urteilte aber insgesamt differenzierter über die politische Säuberung, da er nicht ihr Anliegen an sich, sondern das schwerfällige Verfahren kritisierte. Daher plädierte auch er für ein rasches Ende der Entnazifizierung. Die Haupttäter, also die in die Entnazifizierungskategorien I und II eingestuften Personen, sollten jedoch nicht ungestraft davonkommen. Ein selbst sie einschließendes „Wir" ging den Sozialdemokraten doch zu weit.

In ähnlicher Weise bestand auch die Union darauf, dass ein zwar weitläufiger, aber eben kein allumfassender Schlussstrich gezogen werden müsse. Notwendig sei der Abschluss der Entnazifizierung, so Eugen Gerstenmaier, weil erstens „politische Überzeugung als solche nicht bestraft werden sollte", zweitens „wegen der Problematik des Verfahrens", drittens „eine echte Chance gegeben werden muß für die Verführten, die nach Millionen zählen und auf die wir bei Neuaufbau des deutschen Vaterlandes nicht zu verzichten gewillt sind", und schließlich „unter dem Gesichtspunkt, [...] daß eine echte nationale Solidarität in deutschen Landen zustandekommen muß und daß diese Einigkeit nur durch eine echte Versöhnung zu erzielen ist."[88]

Mit demselben nationalen Pathos, mit dem Gerstenmaier einerseits für Solidarität mit den „Verführten" eintrat, ohne darauf einzugehen, dass eine erfolgreiche Verführung gerade ausmacht, dass die Wünsche der Verführten den Zielen der Verführer entgegenkommen,[89] verwahrte er sich andererseits aber auch dagegen, „aus *Verbrechern oder politischen Dummköpfen* neuerdings Märtyrer oder Helden der Nation zu machen."[90] Der „Begründungszusammenhang, in dem unser nationales Unglück steht", dürfe nicht vergessen werden. Deshalb sei es um der „*Ehre der deutschen Nation*" willen nötig, Neonazismus zu bekämpfen und die NS-Haupttäter weiter zu verfolgen – abgesehen davon könne auch „die außenpolitische Bedeutung der hier zur Debatte stehenden Angelegenheit [...] überhaupt nicht überschätzt werden."[91]

Der Blick nach außen war sicherlich ein weiterer Grund dafür, dass die Beiträge der zwei großen Parteien im Vergleich zu denen der kleinen gemäßigt aus-

---

87 Erler, 1. BT, 40/22.2.1950, S. 1347. Vgl. ebd., S. 1346f., zu Folgendem.
88 Alle Zitate Gerstenmaier, 1. BT, 40/22.2.1950, S. 1333. Mit der Aussage, dass Versöhnung weitgehende Straffreiheit selbst für NS-Anhänger, die Verbrechen begangen hatten, beinhalte, wich Gerstenmaier klar ab von der Position des Kreisauer Kreises, dem er einst angehört hatte. Dieser hatte den Bruch mit dem NS-System vor allem dadurch gefordert, die NS-Verbrechen – rückwirkend – zu betrafen, um einen demokratischen Rechtsstaat errichten zu können. Vgl. zur Kreisauer Position Perels 2008a, S. 56.
89 Instruktive Überlegungen dazu bei Brockhaus 2006.
90 Gerstenmaier, 1. BT, 40/22.2.1950, S. 1334. Ebd. die folgenden Zitate (alle Herv. i. Orig.).
91 Ebd., S. 1335.

fielen. Entscheidend dafür war jedoch, dass SPD und CDU den Grundgedanken der politischen Säuberung für legitim hielten und die Verfahren gegen Hauptschuldige und Belastete folglich nicht unbedingt aussetzen wollten, was verbunden mit der „Illegalen"-Amnestie auch einem Freibrief für untergetauchte NS-Täter gleichgekommen wäre.[92]

Schließlich wurde der FDP-Entwurf federführend an den Verfassungsschutzausschuss überwiesen.[93] Die Ausschussmehrheit sah jedoch keine Kompetenz des Bundes für den Abschluss der Entnazifizierung gegeben, sodass nun lediglich eine Vorlage von Empfehlungen für eine bundeseinheitliche Regelung in den Ländern erarbeitet wurde.[94] Im Plenum präsentiert wurde die Vorlage am 18. Oktober 1950, allerdings nur, um erneut an den Ausschuss verwiesen zu werden, da FDP und DRP diverse Änderungsanträge stellten, um doch noch die Freistellung der Kategorien I und II zu erreichen. Der Ausschuss wies diese Änderungen wiederum im Wesentlichen ab, legte am 14. Dezember 1950 aber eine um einige Punkte erweiterte Vorlage vor.[95]

Auf Betreiben der SPD enthielt die Vorlage nun zusätzlich die Aufforderung, dass die Bundesregierung ein Wiedergutmachungsgesetz[96] für die vom NS-Regime Verfolgten erarbeiten möge, das an die bisherige Ländergesetzgebung anknüpfe.[97] Allerdings hatte, wie Berichterstatter Hermann Brill anmerkte, das Bundesfinanzministerium dem Ausschuss bereits signalisiert, „daß ein solches Gesetz

---

92 Diesen Zusammenhang erwähnte allerdings allein Reismann, 1. BT, 40/22.2.1950, S. 1350.
93 Der DRP-Entwurf wurde dagegen nicht weiter behandelt; vgl. 1. BT, 40/22.2.1950, S. 1354f.
94 Vgl. den Bericht von Walter Menzel (SPD), 1. BT, 92/18.10.1950, bes. S. 3431–3434.
95 Vgl. den Bericht von Hermann Brill (SPD), 1. BT, 107/14.12.1950, S. 4054f.
96 Dass es eine „Wiedergutmachung" im eigentlichen Sinne für die NS-Verbrechen, besonders für den Massenmord an den europäischen Juden, nicht geben kann, hat Hannah Arendt eindrücklich erläutert: „Das ist der eigentliche Schock gewesen. Vorher hat man auch gesagt: Nun ja, man hat halt Feinde. Das ist doch ganz natürlich. Warum soll ein Volk keine Feinde haben? Aber dies ist anders gewesen. Das war wirklich, als ob der Abgrund sich öffnet. Weil man die Vorstellung gehabt hat, alles andere hätte irgendwie noch einmal gutgemacht werden können, wie in der Politik ja alles einmal wieder gutgemacht werden kann. Dies nicht. Dies hätte nie geschehen dürfen. Und damit meine ich nicht die Zahl der Opfer. Ich meine die Fabrikation der Leichen und so weiter – ich brauche mich darauf ja nicht weiter einzulassen. Dieses hätte nicht geschehen dürfen. Da ist irgendetwas passiert, womit wir alle nicht fertig werden." Rundfunk Berlin-Brandenburg rbb (Hrsg.): Interview-Archiv: Zur Person. Günter Gaus im Gespräch mit Hannah Arendt: Was bleibt? Es bleibt die Muttersprache, gesendet im ZDF am 28.10.1964, URL: http://www.rbb-online.de/zurperson/interview_archiv/arendt_hannah.html [Zugriff: 16.12.2012]. Damit ist selbstverständlich nicht gemeint, dass materielle Entschädigungen deshalb obsolet sind, zumal sie auch ein Eingeständnis der Schuld bedeuten.
97 Vgl. dazu auch Frei 1999, S. 63.

vor außerordentlichen Schwierigkeiten stehe."[98] Robert Lehr, seit Oktober neuer Bundesinnenminister, erklärte dazu, dass die Länder derweil beschlossen hätten, die „Wiedergutmachung" allein zu regeln, „so daß es im Augenblick direkt schädlich wäre, wenn vom Bund aus mit einem Wiedergutmachungsgesetz eingegriffen würde."[99] Brill, selbst in der NS-Zeit aktiver Widerstandskämpfer, erläuterte daraufhin abermals, dass es nur um eine Rahmengesetzgebung des Bundes gehe, die etwa den Kreis der Anspruchsberechtigten und Stichtage einheitlich regeln solle, da die Ländergesetzgebung hier überholt sei.[100] Es deutete sich jedoch bereits an, wie steinig der Weg zu einem solchen Gesetz werden würde. Dass es zum demokratischen Neuanfang der deutschen Nation gehöre, sich – wenigstens auch – um die Integration der während der NS-Herrschaft Ausgeschlossen zu bemühen, war keineswegs allgemein selbstverständlich.[101]

Die Entnazifizierungsdebatte eskalierte jedoch an einem anderen Punkt: in einem neuerlichen Konflikt über die von den Alliierten angeblich aufgestellte These einer deutschen Kollektivschuld. Es ist heute strittig, ob diese These jemals so vertreten wurde.[102] Fest steht jedoch, dass sie einen zentralen Bezugspunkt kollektiver Schuldabwehr in der Bundesrepublik bildete und keine Partei in den Verdacht geraten mochte, diese Ansicht zu teilen.[103] Genau das unterstellte aber der Freie Demokrat Fritz Oellers der CDU, als er im Gefolge eines entsprechenden Änderungsantrags der DP forderte, die Spruchgerichtsverfahren in der britischen Zone ebenfalls in die Abschlussempfehlungen aufzunehmen, da man in diesen Verfahren Personen „wegen ihrer Zugehörigkeit zu einer der Organisationen ver-

---

98 Brill, 1. BT, 107/14.12.1950, S. 4055.
99 Robert Lehr (CDU), 1. BT, 108/15.12.1950, S. 4068. Dies unterstrich auch der Staatssekretär im Bundesfinanzministerium Alfred Hartmann, ebd., S. 4068 f.
100 Brill, 1. BT, 108/15.12.1950, S. 4069. Auch Robert Lehr hatte in der NS-Zeit Kontakte zum Widerstand. Zusammen mit dem Braunschweiger Generalstaatsanwalt Fritz Bauer initiierte er den Prozess im März 1952 gegen den SRP-Agitator Otto Ernst Remer, der die Widerstandskämpfer des 20. Juli 1944 wiederholt als „Landesverräter" verunglimpft hatte. Siehe Kap. 5.1.
101 Zum umkämpften Weg zur Wiedergutmachung vgl. bes. Arbeiten von Constantin Goschler, z. B. Goschler 1992; in komparativer Perspektive Frei/Brunner/Goschler (Hrsg.) 2010.
102 Dies bezweifeln Benz 2006, S. 117 f.; Frei 2005c; Dubiel 1999, S. 70 ff. Dass „die Rede von der Kollektivschuld nicht allein ein Rezeptionsphänomen der Deutschen war", konstatieren dagegen Friedmann/Später 2002, S. 89; auf eine reale Erfahrungsgrundlage verweist auch Assmann 1999, S. 112–139. Zur aktuellen Relevanz dieses Topos vgl. Salzborn 2003, S. 17–41.
103 Dass der Kollektivschuldthese angesichts des umfassenden Schuldzusammenhangs, den das NS-System durch Involvierung weiter Teile der Bevölkerung in Form aktiver Beteiligung an Verbrechen, Komplizenschaft, Wegschauen etc. stiftete, ein realer Gehalt nicht ganz abgesprochen werden kann, erläutert Arendt 1948. Die Entnazifizierung (wie die in Nürnberg erfolgte „kollektive" Erklärung von NSDAP-Führung, Gestapo, SD, SS zu verbrecherischen Organisationen), stellte den Versuch dar, dieser „organisierten Schuld" irgendwie gerecht zu werden.

urteilt hat, hinsichtlich deren man in Nürnberg eine Kollektivschuld angenommen hat."[104] Das bedeute, dass selbst „ein irgendwie harmloser – meinetwegen in Anführungszeichen – Mann, der irgendwann zur SS eingezogen worden ist, [...] dort einem Spruchgerichtsverfahren unterlegen [hat]", was der CDU wohl entgangen sei: „Denn wäre es anders, so hätte die CDU für diese Menschen durch ihren Sprecher die Kollektivschuld bejaht." Gemeint war Matthias Mehs, der zuvor nochmals klargestellt hatte, dass man die Haupttäter, gleich in welcher Zone, nicht straffrei lassen könne; ansonsten „würde das tatsächlich bedeuten, daß das Dritte Reich nicht stattgefunden hat."[105] Den Vorwurf, der Kollektivschuldthese anzuhängen, ließ sich die CDU jedoch nicht gefallen. Nach Oellers Rede wurde es unruhig im Plenum und der CDU-Abgeordnete Johann Kunze meldete sich eigens zu Wort, um zu betonen, dass seine Partei „viele Beweise dafür geliefert hat, daß wir die Kollektivschuld ablehnen."[106]

Da die eigentlich schon geschlossene Redeliste für diese Gegenrede erneut geöffnet worden war, erhielt auch Margot Kalinke von der DP noch Gelegenheit, „als deutsche Frau"[107] Stellung zu beziehen und das generelle Ende der Entnazifizierung wiederum damit zu begründen, dass dies unabdingbar für den „inneren" Frieden und damit zugleich Voraussetzung für den, allerdings klar nachgeordneten, „äußeren" Frieden sei. Vor allem könne es, so Kalinke weiter, nicht sein, dass es Gesetze gibt,

„die einer Frau eines deutschen Offiziers oder einer Frau eines Soldaten den Zwang auferlegt haben, den toten Mann entnazifizieren zu lassen, wenn sie einen Anspruch erheben will. [...] Wir *schämen* uns solcher Gesetze, und wir wollen nicht, daß sie bestehen bleiben."

Dass sie von Scham sprach, scheint nicht nur zufällig zu sein. Schon Richard Hammer von der FDP hatte die Entnazifizierung „peinlich" genannt, und zwar

„nicht deshalb peinlich, weil die Dinge auch von zelotischem Fanatismus überschattet waren, [...] sondern deshalb, weil dieser Versuch [in Hammers Worten: jene Nacht

---

104 Fritz Oellers (FDP), 1. BT, 108/15.12.1950, S. 4068. Ebd. folgende Zitate. Die Spruchgerichte in der britischen Zone konnten, anders als die Spruchkammern der amerikanischen Zone, Personen unabhängig von der Entnazifizierung wegen Organisationsverbrechen verurteilen. Vgl. exemplarisch Drecktrah 2007.
105 Matthias Mehs (CDU), 1. BT, 108/15.12.1950, S. 4067.
106 Johann Kunze (CDU), 1. BT, 108/15.12.1950, S. 4069.
107 Kalinke, 1. BT, 108/15.12.1950, S. 4069. Ebd., S. 4070, das folgende Zitat (Herv. d. Verf.).

der langen Messer durch ein gerichtsähnliches Vorgehen zu ersetzen] überhaupt eine Groteske ist."[108]

Irritierend daran ist nicht nur, dass Hammer „eine Revolution mit Mord und Totschlag" als bessere Alternative pries, die nach seinem Dafürhalten den „natürlichen Gefühlsregungen eines gesunden Menschen" nach dem 8. Mai 1945 entsprochen hätte, aber durch „eine in Deutschland einrückende, sagen wir einmal sehr starke Polizeitruppe [...] verboten" worden sei. Bemerkenswert ist zudem, dass er das Eingreifen der Alliierten als „peinlich" bezeichnete, ohne darauf einzugehen, warum denn vor 1945 keine Revolution, sprich eine Befreiung von Innen stattgefunden hatte, was, in seiner Diktion, als ebenso „peinlich" hätte erwähnt werden können. Damit, dass Hammer ausgerechnet das Wort „peinlich" – mit dem Bedeutungsspektrum „unangenehm, beschämend, pedantisch genau, sorgfältig"[109] – wählte, demonstrierte er unfreiwillig erneut, dass die politische Rechte die Entnazifizierung primär als Verletzung der eigenen Scham, mithin der nationalen Integrität oder, sozialpsychologisch gesprochen, des kollektiven Narzissmus empfand. Denn ganz im Einklang mit der häufigen Rede von der Befriedung steht auch bei der Scham das als von außen gefährdet bzw. als vor den Blicken Anderer bloßgestellt empfundene und gegen (potenzielle) Angriffe von außen zu schützende eigene Selbst bzw. Kollektiv im Zentrum.[110] Insofern fand die positive Selbstinszenierung der deutschen Nation als Opfer äußerer Umstände oder gar bösartiger Absichten auch in solchen Vokabeln wie bei Kalinke und Hammer ihren Ausdruck.

Ohnehin stand die Dezember-Debatte ganz im Zeichen symbolischer Politik, da die Entnazifizierung in den Ländern inzwischen fast beendet war.[111] Dennoch nahm das Plenum die vom Verfassungsschutzausschuss vorgelegten Richt-

---

108 Richard Hammer (FDP), 1. BT, 108/15.12.1950, S. 4065; Einschub und folgende Zitate ebd.
109 Duden 1997, S. 519.
110 Nach Assmann 1999, S. 87, steht im Zentrum der Scham „immer der Blick. Scham ist die Umkehrung des imperialen und perspektivischen Blicks; es geht dabei stets darum, daß man sich selbst als Wahrnehmungsobjekt eines anderen Blicks erfährt." In Assmanns Differenzierung zwischen Schamkultur (z. B. Japan) und Schuldkultur (z. B. die USA) geht in erster Linie um moralische Schuld, die nicht zwingend justiziabel sein muss, sondern bei der das eigene Gewissen als urteilende Instanz gefragt ist, Scham wird demgemäß als außengeleitet, Schuld als innengeleitet begriffen. Da es in dieser Studie vor allem um auch juristisch erfassbare Tatbestände geht, z. B. die von den Amnestiegesetzen betroffenen Taten, werden Scham und Schuld hier auf einer etwas anderen Ebene differenziert: nach dem jeweils im Zentrum befindlichen Objekt: ein Anderer (Verbrechen/Schuld) oder ich bzw. wir (Schande/Scham).
111 Dies hatte Brill in seinem Bericht als Erstes angemerkt; vgl. 1. BT, 107/14.12.1950, S. 4054.

linien zum Abschluss der Entnazifizierung unverändert an. Damit hatte die vom DRP-Abgeordneten Adolf von Thadden beklagte „schwarz-rote Koalition"[112] zwar gegen das Ansinnen nicht zuletzt von FDP und DP votiert, sogar schwerbelastete Personen wieder voll zu integrieren. Jedoch war auch die Rehabilitierung der sogenannten Mitläufer nicht derart unproblematisch, wie allseits – mit gewisser Ausnahme des Zentrums[113] – dargestellt. Immerhin wurde darunter eine sehr heterogene, keineswegs nur aus „unpolitischen" Zeitgenossen bestehende Gruppe gefasst, und zudem öffneten die Richtlinien selbst für Personen der Kategorien I und II noch eine Hintertür, da sie unter bestimmten Bedingungen beantragen konnten, in eine andere Kategorie eingestuft zu werden.[114]

Insofern kann die Haltung der Parteien insgesamt als sehr inklusiv gelten. In der Masse wurden die NS-Kollektivvorstellungen jedenfalls nicht explizit infrage gestellt – obgleich die SPD dies durch ein Wiedergutmachungsgesetz relativiert sehen wollte –, sondern nur durch Ausschluss der obersten Spitzen des Regimes revidiert. Dass selbst dieser Ausschluss nicht stringent war, zeigt die integrative Haltung auch gegenüber zentralen Trägerschichten des NS-Systems.

4.2 Eine Frage der nationalen „Ehre": vergangenheitspolitische Maßnahmen im Interesse spezifischer Berufsgruppen

Es waren vor allem zwei Gruppen, denen im Rahmen der Vergangenheitspolitik besondere Aufmerksamkeit geschenkt wurde. Zum einen waren dies die nach 1945 von den Alliierten aus dem öffentlichen Dienst entfernten Beamten, zum anderen die einstigen Angehörigen der Wehrmacht, und zwar einschließlich weiter Teile jener, die unter dem Verdacht standen, NS- bzw. Kriegsverbrecher zu sein oder deshalb schon von alliierten Militärgerichten verurteilt worden waren. Ihre Rehabilitierung, bei den Beamten vornehmlich durch ihre Wiedereinstellung, im Fall der Kriegsverbrecher durch ihre Freilassung aus den alliierten Gefängnissen, wurde im Bundestag nahezu durchgängig und so massiv wie bei keiner anderen Gruppe als Frage der Ehre, also unter dem ebenfalls auf das eigene Selbst bzw.

---

112 Zwischenruf von Adolf von Thadden (DRP), 1. BT, 107/14.12.1950, S. 4055f.
113 So stellte Reismann, 1. BT, 40/23.2.1950, S. 1351, schon frühzeitig kritisch die Frage, ob der Bund mit einer Regelung zum Abschluss der Entnazifizierung nicht das falsche Signal sende: „Sagt sich dann nicht jeder, meine Damen und Herren: es ist schon viel besser mitzulaufen und sich hinterher entnazifizieren zu lassen und einen Strich unter die Sache machen zu lassen?"
114 Vgl. dazu Frei 1999, S. 57, 64.

Kollektiv bezogenen Gegenbegriff zu Scham resp. Schande,[115] diskutiert – und damit im Grunde zugleich als nicht verhandelbar dargestellt. Dieser häufige Bezug auf die Ehre verweist einerseits, und darin an die Debatten über die Amnestien und das Ende der Entnazifizierung anschließend, auf die fortwirkende Relevanz des Wunsches nach nationaler Integrität resp. des kollektiven Narzissmus.[116] Denn obgleich sich das Bemühen, die – vermeintlich erst durch die Besatzungspraxis verlorene – Ehre durch Integrationsleistungen und Ehrenerklärungen wiederherzustellen, primär auf besagte Gruppen zu erstrecken schien, schwang in den diesbezüglichen Äußerungen zumindest implizit, wenn nicht offen ausgesprochen stets auch die Sorge um die Reputation des nationalen Kollektivs als Ganzes mit. Andererseits wird in der Art und Weise, mit der die Parteien ihren Einsatz für die Beamten und selbst für Kriegsverbrecher zu einer Ehrensache aller Deutschen erklärten, auch ein zentraler Effekt deutlich, den der Bezug auf die Nation in der Nachkriegszeit nach wie vor besaß. So waren die integrativen Maßnahmen zugunsten einzelner Gruppen auf den ersten Blick zwar wenig dazu angetan, mit dem Wohl und Wehe der Nation zusammengebracht zu werden – da sie vor allem dazu dienten, die Sonderinteressen von lediglich zwei Berufsständen zu befriedigen, bargen diese Maßnahmen vielmehr die Gefahr, den Unmut weniger bevorzugter Gruppen zu wecken. Indem eben diese Sonderinteressen der Beamten und der Kriegsverbrecher jedoch unter Bezug auf die nationale Ehre verhandelt wurde, ließen sich in der Bevölkerung vorhandene heterogene Interessen überdecken und potenzielle Konflikte vermeiden.

Nicht zuletzt über diese Brücke hinweg konnte die an spezielle Gruppen adressierte Klientelpolitik im Endeffekt sogar eine spezifische Form nationaler Verbundenheit befestigen, in der die in der NS-Zeit durchgesetzten Auffassungen kollektiver Zugehörigkeit in bestimmtem Maße reproduziert wurden. Diese partielle Reproduktion volksgemeinschaftlicher Elemente in den Vorstellungen von der deutschen Nation nach 1945 wird zunächst im Blick auf die weitgehende personelle Kontinuität zwischen der Beamtenschaft der Bundesrepublik und des NS-Staates verfolgt (4.2.1). Im Anschluss daran stehen die Bemühungen um die – schließlich bis auf wenige Ausnahmen realisierte – Freilassung der Kriegsverbrecher im Zentrum (4.2.2).

---

115 Zur Schande als Gegenbegriff der Ehre vgl. Vogt 1997, S. 19; Assmann 1999, S. 87, 89.
116 Zur Erläuterung des kollektiven Narzissmus siehe Abschnitt 3 in der Einleitung dieser Arbeit.

4.2.1 Von der Kontinuität des Staates zur Kontinuität des Staatspersonals

Die Durchsetzung der Kontinuitätsthese als Grundlage
der Integration der Beamten des Dritten Reiches

Entscheidende Voraussetzung dafür, dass ein Großteil der Beamten, die bereits dem NS-System gedient hatten, die Karriere in der Bundesrepublik fortsetzen konnte, war die Etablierung der Kontinuitätsthese am Ende der 1940er-Jahre.[117] Denn die Annahme, dass das Deutsche Reich als Staat die bedingungslose Kapitulation unbeschadet überdauert habe, implizierte auch, dass die Ansprüche des einstigen Staatspersonals an seinen früheren Dienstherrn fortlaufend Geltung besäßen, und begünstigte insofern samt der staatlichen eine personelle Kontinuität. Damit erschließt sich zugleich eine zentrale Ursache für den frühen Erfolg der Kontinuitätsthese: Fragt man danach, wem ihre Durchsetzung den größten Nutzen brachte, so waren dies allen voran die administrativen Funktionsträger des vormaligen Deutschen Reiches.[118]

Gerade für sie hatte die von den Alliierten nach Kriegsende zuerst vertretene Diskontinuitätsthese, also die Annahme, dass der deutsche Staat 1945 untergegangen sei, äußerst weitreichende Konsequenzen beinhaltet, bildete diese Annahme doch die Basis dafür, die Beamten des NS-Staates endgültig zu entlassen und sämtliche ihrer aus dem Beamtenstatus resultierenden Rechte und Ansprüche an den neu zu schaffenden deutschen Staat erlöschen zu lassen.[119] Dies schlug sich in der Besatzungspraxis entsprechend nieder: Gemäß einer Zählung, die die Bundesregierung Anfang 1950 in Auftrag gab, hatten die Alliierten in den drei Westzonen etwa 55 000 Personen aus politischen Gründen aus dem öffentlichen Dienst entfernt, was rund ein Viertel der nach 1945 insgesamt entlassenen Beamten und Berufssoldaten ausmachte.[120]

Die Diskontinuitätsthese zielte somit bewusst auf den Bruch mit dem einstigen Staatsapparat bzw. den ihn tragenden „Eliten", ohne deren verbreitete Willfährigkeit das NS-System nicht hätte existieren können. Gleichzeitig wurde damit den als gesetzmäßige Verwaltungsakte verkleideten Grund- bzw. Menschenrechtsverletzungen im NS-Staat Unrechtscharakter zuerkannt und so auf den in

---

117 Siehe dazu ausführlich Kap. 1.1 in dieser Arbeit.
118 Vgl. dazu grundlegend Perels 1999f, hier bes. S. 76–85, sowie Kirn 1972.
119 Grundlage dafür war *Kontrollratsdirektive Nr. 24* vom 12.1.1946. Vgl. Amtsblatt des Kontrollrats in Deutschland, Nr. 5, 31.3.1946, S. 98–115.
120 Vgl. Frei 1999, S. 70 f.; Reichel 2001, S. 112. Von ca. 53 000 aus politischen Gründen entfernten Beamten sprechen Perels 1999f, S. 76; Niethammer 1984.

dieser Form bisher unbekannten Umstand reagiert, dass im Dritten Reich der Staat selbst zum Verbrecher geworden war.[121] In diesem doppelten Sinne legte die Diskontinuitätsthese mithin einen Grundstein dafür, die nationalen resp. volksgemeinschaftlichen Kollektivvorstellungen der NS-Zeit zu überwinden, da sie sowohl die Auflösung eines Zusammenhalts mit den Tätern und Handlangern des NS-Systems als auch die Anerkennung der daraus ausgestoßenen Opfer und Gegner und des an ihnen begangenen Unrechts umfasste.

Darüber hinaus sollte die politische Säuberung des Beamtenapparats auch eine grundlegende Demokratisierung des hergebrachten deutschen Beamtenrechts einleiten.[122] Bevor auf die personalpolitische Seite des Umgangs mit der Beamtenschaft zurückgekommen wird, sei daher zuerst auf die strukturellen Reformversuche der Alliierten eingegangen – sowie auf ihr Scheitern am Widerstand insbesondere der bürgerlichen Parteien sowie der Beamten selbst, die die Bewahrung des traditionellen Systems des Berufsbeamtentums dabei zu einer Frage des nationalen Prestiges aufluden.

Die alliierten Versuche zur Reform des Beamtenrechts und ihr Scheitern

Wie Wolfgang Benz mit leicht ironischem Unterton formuliert hat, gab es gegenüber dem von den Alliierten konstatierten Strukturproblem des deutschen Beamtenrechts „auf deutscher Seite gewisse Erkenntnisschwierigkeiten."[123] Besonders aus amerikanischer Sicht war das überkommene System, wie es im *Reichsbeamtengesetz* vom 26. Januar 1937 kodifiziert war, jedoch zutiefst undemokratisch. Ihre Kritik bezog sich keineswegs nur auf die genuin nationalsozialistischen Elemente des Gesetzes, die nach 1945 automatisch suspendiert wurden, sondern auch auf seine älteren, vornehmlich aus preußischer Tradition stammenden und in der Weimarer Zeit nur wenig reformierten Bestandteile, insbesondere auf folgende Punkte: 1. die Einschränkung der Gewaltenteilung zwischen Exekutive und Legislative, da es den Beamten gestattet war, sich in Parteien und Parlamenten politisch zu betätigten, ohne zuvor ihr Amt niederzulegen; 2. die Verletzung des Gleichheitsprinzips sowohl a) in der Einstellungspraxis, die mehr nach Klassenzugehörigkeit und formaler Bildung als nach Eignung, Leistung oder Berufserfahrung erfolge, womit zugleich eine Diskriminierung nach Geschlecht, „Rasse", Religion

---

121 So bei der Aufhebung des Verbots rückwirkender Strafverfolgung. Siehe unten Fn. 236.
122 Vgl. dazu auch Frei 1999, S. 69.
123 Benz 1981, S. 17. Zu Folgendem vgl. u. a. auch Niethammer 1984; Garner 1998; Wengst 1988.

und politischer Anschauung verbunden sei, als auch b) durch die strikte Trennung zwischen privilegierten Beamten einerseits und Angestellten und Arbeitern im öffentlichen Dienst andererseits, die die Beamten zu einer eigenen Kaste mache; 3. die Abgeschlossenheit der Bürokratie gegenüber der Öffentlichkeit, bewirkt durch a) das Selbstverständnis der Beamten nicht als Diener des Volkes, sondern des Staates samt der damit einhergehenden autoritären Haltung, b) die Geheimhaltungspflicht und die Strafbarkeit von Beamtenbeleidigung, die Intransparenz fördere und Kritik erschwere, sowie c) die Anstellung auf Lebenszeit, die willkürliches Verhalten begünstige und die Leistungsbereitschaft schwäche.

Daher wurden in der amerikanischen Besatzungszone bereits 1946 erste Reformgesetze erlassen, die die zuständigen deutschen Stellen in Politik und Verwaltung jedoch nur zum Teil konsequent umsetzten. Ähnlich ging es ab 1947 in der Bizone weiter, in der Amerikaner und Briten nunmehr gemeinsam auf eine ihren Kritikpunkten entsprechende Reform des Beamtenrechts drängten, worauf die deutsche Seite, insbesondere auf Betreiben des bürgerlichen Lagers, wiederum mit Verzögerungstaktik reagierte. Als dann trotz wiederholter Warnungen CDU/CSU, FDP, Zentrum und DP die Beratungen darüber im Wirtschaftsrat abermals gegen den Protest der SPD vertagten, nahm die US-Militärregierung es schließlich selbst in die Hand und erließ *Gesetz Nr. 15 (Verwaltungsangehörige der Verwaltung des Vereinigten Wirtschaftsgebietes)*, das die Reform des Beamtenrechts zum 15. März 1949 in Kraft setzte.[124]

Die Stellungnahmen der westdeutschen Parteien fielen gemischt aus: Vehementen Einspruch erhoben Union und FDP, die mehrheitlich dem überkommenen Beamtenrecht anhingen, allerdings primär damit argumentierten, dass das Gesetz in undemokratischer Weise oktroyiert worden sei. Die SPD verhielt sich dagegen zwiespältig. Sie teilte zwar die Kritik am Verfahren und lehnte überdies das Verbot einer politischen Betätigung der Beamten ab, befürwortete aber viele

---

124 Vgl. WiGBl. 1948 Beil. 2, S. 1. *Gesetz Nr. 15* stimmte weitgehend mit dem ersten, recht fortschrittlichen, auf Wunsch der CDU-Mitglieder des zuständigen Ausschusses aber wieder verworfenen deutschen Entwurf vom Herbst 1948 überein. Dazu kamen jedoch einige Neuerungen, so die Aufhebung der Trennung von Beamten und Angestellten durch Abschaffung der Angestelltenkategorie, das Imkompatibilitätsgebot, demgemäß Beamte ihr Amt niederlegen mussten, bevor sie für ein Parlament kandidierten (was jedoch nicht für den Parlamentarischen Rat und den 1. Bundestag galt), die Beseitigung der Disziplinargerichtsbarkeit und eine Erweiterung der Kompetenzen der 1946 neu geschaffenen Institution der Personalämter, die eine ausgewogene Personalpolitik garantieren sollten, sich bisher aber als nicht allzu reformfreudig erwiesen hatten. Vgl. zu den z. T. etwas abweichenden, aber ebenfalls auf die grundlegende Demokratisierung des Beamtensystems zielenden Reformkonzepten deutscher Emigranten (u. a. Arnold Brecht, Franz Neumann) Stoffregen 2002, bes. S. 227–239.

der übrigen Reformansätze und sah das alliierte Eingreifen nicht zuletzt im dilatorischen Verhalten der bürgerlichen Parteien begründet. Diese politische Konstellation blieb auch im Folgenden bestehen – wobei sich keine Partei prinzipiell den Interessenverbänden der Beamten, die lautstark das alte Beamtenrecht verteidigten, entgegenstellen mochte.[125]

Letzteres hatte sich schon abgezeichnet, als ab 1. September 1948 der Parlamentarische Rat zusammentrat, dessen Beratungen diverse Pressure Groups der Beamten durchaus mit einigem Erfolg zu beeinflussen suchten. Dies erstaunt allerdings insofern kaum, als die Mitglieder des Rates selbst zum Großteil aus der Beamtenschaft stammten.[126] Art. 33 GG Abs. 3 verbot dann zwar explizit eine Diskriminierung nach Religion und Weltanschauung[127] – Abs. 4 erhielt jedoch die Trennung von Beamten und Angestellten aufrecht und Abs. 5 sicherte ab, dass vom Gesetzgeber das „Recht des öffentlichen Dienstes [...] unter Berücksichtigung der hergebrachten Grundsätze des Berufsbeamtentums zu regeln [ist]." Obwohl diese Bestimmungen das Beamtenrecht noch nicht in allen Details präjudizierten, waren damit doch bereits entscheidende Weichen für eine Rückkehr zum traditionellen System gestellt.[128]

Speziell die Parteien der ersten Koalition aus CDU/CSU, FDP und DP erklärten das Festhalten am traditionellen Berufsbeamtentum zudem zu einer Sache von größter nationaler Relevanz[129] und stilisierten das Berufsbeamtentum zu einer Art existenziellem Wesensmerkmal der deutschen Nation. Damit ging einerseits eine scharfe Abgrenzung gegenüber den Reformvorstellungen der Alliierten einher, andererseits wurde zugleich aber kaschiert, dass das Beibehalten der Tradition nicht zuletzt der Besitzstandwahrung einer ohnehin schon eine Sonderstellung genießenden Gruppe diente.

In seiner ersten Regierungserklärung vom 20. September 1949 stellte Adenauer zunächst einmal generell klar, dass die Regierung bei der anstehenden Neuordnung des Beamtenrechts „fest und entschlossen auf dem Boden des

---

125 Vgl. ausführlich zu den deutschen Reaktionen Benz 1981, S. 232–235.
126 Vgl. Frei 1999, S. 70, spricht von einem Beamtenanteil im Parlamentarischen Rat von über 50 Prozent; Thränhardt 2007, S. 67, von drei Fünfteln; Benz 1981, S. 235, von 61 Prozent.
127 Vgl. außerdem das generelle Diskriminierungsverbot in Art 3 GG Abs. 3.
128 Noch entscheidender als Art. 33 Abs. 5 war für diesen Prozess allerdings die durch Art. 131 GG eröffnete Möglichkeit zur Sicherung der personellen Kontinuität, die im folgenden Unterabschnitt behandelt wird.
129 Die den Beamten zugesprochene nationale Bedeutung besaß zwar einen gewissen realen Hintergrund darin, dass der Verwaltungsapparat historisch tatsächlich eine zentrale Rolle bei der Nationenbildung, und so auch bei der Gründung des deutschen Nationalstaats, gespielt hatte. Vgl. Bull 2009. Auf diesen historischen Hintergrund bezogen sich die Parteien allerdings nicht.

Berufsbeamtentums"[130] stehe. Dazu bekannte sich grundsätzlich auch Kurt Schumacher für die SPD, obschon unter dem Vorbehalt, dass das „Prinzip des Berufsbeamtentums [...] im Sinne der Leistung und im Sinne der Überwindung des Kastenwesens änderungs- und entwicklungsbedürftig ist"[131]. Bei den Regierungsparteien blieb der Reformwille allerdings weiterhin nur sehr verhalten. Zwar deutete Heinrich von Brentano in ihrem Namen noch recht zaghaft an, dass man „schon neue Grundlagen schaffen"[132] wolle. Von FDP und DP war zu erforderlichen Reformen jedoch gar nichts zu vernehmen.[133]

Den geringen Reformeifer der Koalition zeigte sodann ihr *Entwurf eines Gesetzes zur vorläufigen Regelung der Rechtsverhältnisse der im Dienst des Bundes stehenden Personen.*[134] Dieser enthielt von den alliierten Eingriffen nur noch das Diskriminierungsverbot und die Option zum Quereinstieg für Personen ohne Beamtenlaufbahn, die sogenannten „Außenseiter". Ansonsten lief die Vorlage, so Innenminister Heinemann in der 1. Lesung am 24./25. November 1949, „in ihrem Kernpunkt darauf hinaus, daß das *Beamtenrecht von 1937* für den Bund in Anwendung stehen soll."[135] Während er dies im Wesentlichen formal – und zur Irritation von US-Hochkommissar John McCloy[136] – damit begründete, dass *Gesetz Nr. 15* für die Bundesrepublik ohnehin nicht gelte, da es nur für die Bizone erlassen worden sei, argumentierten insbesondere FDP und DP primär damit, dass die nationale Tradition des Beamtenrechts unbedingt erhalten werden müsse. Dabei erklärten sie nicht nur die alliierten Reformen zu „fremden" Elementen, sondern auch die „Außenseiter", die nach 1945 als unbelastete Personen in den öffentlichen Dienst eingestellt worden waren, aber schon seit 1947/48 wieder zugunsten von entnazifizierten Beamten verdrängt wurden.[137]

So hielt Wilhelm Nowack von der FDP die Zulassung von „Außenseitern" zwar für sinnvoll als „eine Art Bluttransfusion, eine Auffrischung des Blutes in-

---

130 Adenauer, 1. BT, 5/20.9.1949, S. 27.
131 Schumacher, 1. BT, 6/21.9.1949, S. 33.
132 Brentano, 1. BT, 6/21.9.1949, S. 47.
133 Vgl. für die FDP Schäfer, 1. BT, 6/21.9.1949, S. 52; für die DP Kalinke, 7/23.9.1949, S. 117.
134 Vgl. 1. BT-DS, Nr. 175, 11.11.1949; dazu auch Benz 1981, S. 240.
135 Heinemann, 1. BT, 18/24./25.11.1949, S. 450 (Herv. i. Orig.). Vgl. ebd. für Folgendes. Heinemanns Rolle in der Beamtenfrage war zwiespältig, denn im Sommer 1950 versuchte er auch, einen Kabinettsbeschluss zu erreichen, um dem Vordrängen von Beamten aus den alten Reichsministerien in den Staatsapparat der jungen Bundesrepublik Schranken zu setzen. Allerdings war nur Jakob Kaiser bereit, ihn zu unterstützen. Vgl. Frei 1999, S. 84.
136 Vgl. Benz 1981, S. 240 f.
137 Zu Letzterem vgl. Niethammer 1984, S. 52 f.; Frei 1999, S. 87.

nerhalb des gesamten Beamtenkörpers"[138]. Es dürften aber nicht zu viele sein, denn sonst gebe

> „kein echtes Berufsbeamtentum mehr, so wie wir es in deutscher Überlieferung kennen. [...] Man muß mit dieser Inflation von Außenseitern Schluß machen. Außenseiter ja, aber mit Maß! Sie sollen die Ausnahme und nicht die Regel sein. Sonst wirkt diese Bluttransfusion nicht belebend, sondern zersetzend auf den Beamtenkörper (Sehr richtig! bei der FDP.)"

Dass Nowack so abweisend und unverhohlen ebenso an die nazistische „Blut- und Volkskörper"-Terminologie wie an das antisemitische Stereotyp vom „zersetzenden Judentum" anknüpfend über die „Außenseiter" sprach, hing unmittelbar mit seiner Ansicht zusammen, dass sich das Beamtentum in allen Phasen der deutschen Geschichte „intakt und integer gehalten [hat] als eine Dienstkörperschaft für die Gesamtheit des Volkes"[139]. Darin ging er ganz mit Herwart Miessner, Abgeordneter der NR und Vorstandsmitglied des Allgemeinen Beamtenschutzbundes, d'accord, der zudem mit besonders heftigen Attacken gegen die „Außenseiter" auffiel.[140]

Negativ wurde vor diesem Hintergrund auch *Militärregierungsgesetz Nr. 15* beurteilt, mit dem, so Nowack, „uns etwas als letzter Schrei der Demokratie angeboten [wird], was für uns in Wirklichkeit etwas Wesensfremdes ist, was unvereinbar ist mit der Überlieferung und mit den Grundlagen, auf denen wir unser Berufsbeamtentum aufbauen wollen."[141] Analog dazu befand es Ernst August Farke von der DP für entscheidend, „daß diese Übergangsregelung eine Fortsetzung in unserer deutschen Entwicklung bildet. Ich möchte für meine Fraktion erklären, daß wir alles ablehnen, was an Fremdem hineingebracht worden ist, und das betrifft auch Gesetz Nr. 15."[142] Im Vergleich dazu blieben die Beiträge der Union moderat; allerdings fürchtete für die CDU auch Franz-Josef Wuermeling, dass man bei

---

138 Wilhelm Nowack (FDP), 1. BT, 18/24./25.11.1949, S. 462. Ebd., S. 463, folgendes Zitat.
139 Ebd., S. 463.
140 Vgl. Herwart Miessner (NR), 1. BT, 18/24./25.11.1949, S. 467; noch schärfer dann für die FDP zum 131er-Gesetz, 131/6.4.1950, S. 5038 f.; dazu auch Frei 1999, S. 81 f.
141 Nowack, 1. BT, 18/24./25.11.1949, S. 464.
142 Ernst August Farke (DP), 1. BT, 18/24./25.11.1949, S. 465; vgl. 38/15.2.1950, S. 1293. Dies übertraf noch Anton Donhauser (BP), 1. BT, 18/24./25.11.1949, S. 465, der beklagte, dass die Bevölkerung sich verbreitet so verhalte, „als ob man heute, nachdem die Juden und andere es nicht mehr gut sein können, nun die Beamten als Sündenböcke in die Wüste schicken könnte."

einer zu tiefgehenden Reform – wie sie die SPD zum Ziel habe – „balkanischen Zuständen entgegengehen"[143] werde.

In der Tat bewertete die SPD *Gesetz Nr. 15* weniger kritisch als die modifizierte Neuauflage des Beamtengesetzes von 1937. Nicht nur war sie der hier von Walter Menzel formulierten Ansicht, dass „Außenseiter", anders als im Regierungsentwurf vorgesehen, „'bevorzugt', nicht 'auch' einzustellen sind",[144] da sie sich gerade in der Zeit seit 1945 bewährt hätten. Vielmehr bezweifelten die Sozialdemokraten wie auch die KPD prinzipiell, dass vom alten Gesetz so einfach „die Bräunung, die auf dieses Gesetz aufgetragen worden ist, heruntergekratzt"[145] werden könne, wie Heinemann in Aussicht gestellt hatte. So hielt Menzel es für bedenklich, dass die Regierung glaube, das Gesetz „dadurch reformieren zu können, daß man an den meisten Stellen das Wort ‚Nationalsozialismus' einfach mit dem Worte ‚Demokratie' auswechselt."[146] Dies wirke, wie er gegen Ende der Beratungen erneut herausstrich, quasi so, als ob „der neue demokratische Staat weiter nichts wäre als eine redaktionell anders gefasste Ausgabe des Hitler-Reiches."[147] Abgesehen davon seien auch die älteren Bestandteile des Gesetzes, die Menzel vor allem im preußischen Absolutismus und Militarismus verortete, nicht durchweg erhaltenswert, hätten sie doch jenen „Kastengeist der Beamten befördert, unter dem das deutsche Volk seit je so gelitten hat"[148].

Zudem seien von den diskriminierenden Bestimmungen, die die Regierung eigentlich aus dem Gesetz von 1937 habe entfernen wollen, einige in ihrem Entwurf wieder hineingekommen, wie man speziell an der Benachteiligung von Frauen durch die noch aus dem Kaiserreich stammende „Zölibatsklausel" sehen könne.[149] Darüber entspann sich in der 2. Lesung am 15. Februar 1950 und besonders in der 3. Lesung am 2. März 1950 ein heftiger Konflikt zwischen Regie-

---

143 Franz-Josef Wuermeling (CDU), 1. BT, 38/15.2.1950, S. 1293.
144 Walter Menzel (SPD), 1. BT, 18/24./25.11.1949, S. 458; vgl. auch 44/2.3.1950, S. 1477.
145 Heinemann, 1. BT, 18/24./25.11.1949, S. 450; so auch Franz Josef Strauß für die CSU, ebd., S. 452f. Zur Kritik der KPD am Regierungsentwurf, die jedoch ohne positiven Bezug auf *Gesetz Nr. 15* auskam, vgl. Gustav Gundelach, ebd., S. 460f.; 38/15.2.1950, S. 1273f.; 44/2.3.1950, S. 1476f.
146 Menzel, 1. BT, 18/24./25.11.1949, S. 457 (Herv. i. Orig.).
147 Menzel, 1. BT, 44/2.3.1950, S. 1479.
148 Menzel, 1. BT, 18/24./25.11.1949, S. 456. Vgl. ebd., S. 457, für Folgendes.
149 Demnach waren weibliche Beamte zu entlassen, sobald ihre Versorgung anderweitig, d.h. in der Regel durch Heirat gesichert war (im Unterschied zum Kaiserreich und der NS-Zeit war dies nun eine Kann- und keine Soll-Bestimmung mehr). Ähnliches galt für die weiblichen Angestellten im öffentlichen Dienst. Vgl. dazu auch Kuhnhenne 2005, hier bes. S. 86, 196ff. Weitere Benachteiligungen waren u.a., dass Männer schon mit 27, Frauen dagegen erst ab 32 Jahren verbeamtet werden durften, und dass die Frau eines Beamten eine Genehmigung der Behörde ihres Mannes benötige, um einen Gewerbebetrieb eröffnen zu können.

rung und Sozialdemokratie. So meinte der spätere CDU-Bundesfamilienminister Wuermeling, dass sich die Union zwar gemäß Art. 3 GG Abs. 2 zur Gleichberechtigung von Frau und Mann bekenne,

> „aber zu einer organischen Gleichberechtigung, nicht zu einer mechanischen Gleichberechtigung, [...], zu einer Gleichberechtigung, die dem Wesen, der Aufgabe und der Würde der Frau in der sozialen Gemeinschaft Entfaltung sichert, [...] die die Familie als Urzelle der Gemeinschaft nicht gefährdet, [...] die dem höchsten Frauenberuf – dem Mutterberuf – den höchsten Rang unter den Frauenberufen auch dann läßt, wenn er heute vielen versagt bleiben muß."[150]

„Man kann nur fragen, ob denn die Zeit seit 1914 an Herrn Dr. Wuermeling spurlos vorübergegangen ist"[151], parierte daraufhin Menzel. Doch obwohl selbst in der Union kein Konsens über die „Zölibatsklausel" bestand, fanden die diesbezüglichen Änderungsvorschläge keine Mehrheit.[152] Somit wurde die Gleichberechtigung von Frau und Mann gemäß Art. 117 GG Abs. 1, der zur Anpassung des Art. 3 GG entgegenstehenden Rechts eine Übergangszeit bis zum 31. März 1953 einräumte, im *Vorläufigen Bundesbeamtengesetz* suspendiert.[153] Dies geschah laut der Christdemokratin Helene Weber jedoch zum Nutzen der Nation als Ganzes; denn „das allgemeine Wohl kann es zur Zeit nur ertragen, daß wir nach dem Art. 117 vorübergehend die verheiratete Beamtin entlassen. Deutschland ist unsere Parole – Not wollen wir lindern."[154]

Das endgültige *Bundesbeamtengesetz* vom 14. Juli 1953 hob die „Zölibatsklausel" zwar auf,[155] eine grundlegende Neuordnung des Beamtenrechts erfolgte aber auch jetzt nicht, zumal die Alliierten, die das vorläufige Gesetz noch mehrfach blockiert hatten, ihren Einsatz für eine solche seit Anfang 1952 aufgegeben hat-

---

150 Wuermeling, 1. BT, 38/15.2.1950, S. 1290. Ähnlich für die FDP Nowack, ebd., S. 1285 f., u. bes. Euler, 44/2.3.1950, S. 1490 (i. Orig. herv.), der ebenfalls gegen die „formale Gleichberechtigung von Mann und Frau" eintrat, worauf Carlo Schmid für die SPD, ebd., S. 1490 f., kritisierte, dass ihn dies doch sehr stark an die NS-Doktrin einer vermeintlich „organischen Gleichheit" erinnere.
151 Menzel, 1. BT, 44/2.3.1950, S. 1480.
152 Zwar hatte die Mehrheit des Ausschusses für Beamtenrecht die „Zölibatsklausel" zuerst gestrichen, auf Antrag der FDP wurde sie jedoch wieder eingefügt und dann beibehalten. Zum Dissens der Union, die gleichwohl für die Klausel votierte, vgl. Gerd Bucerius, 1. BT, 44/2.3.1950, S. 1483 f.
153 Vgl. BGBl. I, 1950, S. 207 ff.
154 Helene Weber (CDU), 1. BT, 44/2.3.1950, S. 1492.
155 Vgl. BGBl. I, 1953, S. 551–585. Stattdessen sollte nun eine Abfindung die verheiratete Beamtin anreizen, als sog. „Doppelverdienerin" freiwillig auszuscheiden. Vgl. Böke 1996a, S. 227.

ten, was sich vor allem der gestiegenen Bedeutung der Bundesrepublik im Kalten Krieg verdankte.[156]

Die Wiederherstellung der personellen Kontinuität der Beamtenschaft durch die Gesetzgebung zu Art. 131 GG

Analog zur Wiederbelebung des Hergebrachten auf struktureller Ebene wurde in der frühen Bundesrepublik auch in personeller Hinsicht die Kontinuität zum Deutschen Reich weitgehend wiederhergestellt. Beide Entwicklungen waren insofern von vornherein miteinander verschränkt, als die von den Alliierten der Strukturreform vorgeordnete Entnazifizierung, seit dem Winter 1945/46 in deutscher Verantwortung, alsbald zu jener „Mitläuferfabrik"[157] geriet, die auch die Masse der Beamtenschaft rehabilitierte. So waren zahlreiche Beamte schon in die Bürokratie zurückgekehrt und hatten dort die Pläne zur strukturellen Neuordnung blockiert, bevor der Weststaat überhaupt gegründet wurde und sich die Parteien, wiederum im Namen des Ansehens der ganzen Nation, den Belangen der noch nicht wiedereingestellten Staatsdiener widmeten.

Der vom Parlamentarischen Rat in das Grundgesetz aufgenommene Artikel 131 hatte dem Gesetzgeber zwar erst einmal lediglich den Auftrag erteilt, die

„Rechtsverhältnisse von Personen einschließlich der Flüchtlinge und Vertriebenen, die am 8. Mai 1945 im öffentlichen Dienste standen, aus anderen als beamten- oder tarifrechtlichen Gründen ausgeschieden sind und bisher nicht oder nicht ihrer früheren Stellung entsprechend verwendet werden, […] durch ein Bundesgesetz zu regeln. Entsprechendes gilt für Personen einschließlich der Flüchtlinge und Vertriebenen, die am 8. Mai 1945 versorgungsberechtigt waren und aus anderen als beamten- oder tarifrechtlichen Gründen keine oder keine entsprechende Versorgung mehr erhalten."

Die Gesetzgebung zu Art. 131 GG bewirkte jedoch, dass selbst weite Teile jener Beamten, die als erheblich belastet gelten mussten, wieder voll integriert, also entweder in den aktiven Dienst übernommen oder ohne große Abstriche materiell versorgt wurden.[158] Das am 10. April 1951 vom Bundestag bei nur zwei Enthaltun-

---

156 Vgl. dazu auch Benz 1981, S. 244f.
157 Niethammer 1982. Ausführlich zum Zusammenhang des Scheiterns der Neuordnung mit der politischen Säuberung vgl. auch Niethammer 1984.
158 Zwar waren nicht alle der 131er politisch belastet, allerdings war auch ein Drittel der im Zuge der Entnazifizierung entlassenen Beamten Anfang 1950 längst wieder im öffentlichen Dienst tä-

gen verabschiedete *Gesetz zur Regelung der Rechtsverhältnisse der unter Artikel 131 des Grundgesetzes fallenden Personen* war zwar bereits sehr großzügig gefasst, wurde aber gleichwohl vonseiten der Beamtenschaft noch als völlig inakzeptabel kritisiert, da es eine Entlassung aus nichtbeamtenrechtlichen, sprich politischen Gründen im Zuge der Entnazifizierung überhaupt anerkannte.[159] Sodann wurde das 131er-Gesetz viermal novelliert, bis 1967, wie Norbert Frei resümiert, „die vollständige besoldungs- und versorgungsmäßige Gleichstellung der ‚Verdrängten' mit den 1945 im Dienst belassenen oder seitdem neu eingestellten Beamten"[160] erreicht war.

Damit war am Ende eine zentrale Strategie der Interessenverbände der Beamten aufgegangen, die stets darauf gesetzt hatten, jede Differenzierung innerhalb der sogenannten 131er, etwa zwischen vertriebenen und bei der Entnazifizierung entlassenen „einheimischen" Beamten, zu torpedieren und darüber die uneingeschränkte Gleichstellung aller 131er mit den restlichen Beamten zu erreichen. Diese Strategie sollte im Bundestag insbesondere von FDP, DP und DRP aufgegriffen werden, ebenso wie die beständige Drohung mit einer Radikalisierung der Beamten und dem wirtschaftlichen Untergang der Nation, sollten die Ansprüche nicht erfüllt werden.[161]

Dabei ging es keineswegs allein um materielle Versorgungsinteressen; denn, so Frei, „[d]em Gros dieser Entnazifizierungs-Entlassenen war es, neben dem Materiellen, um die Wiederherstellung ihrer – vermeintlich erst nach Kriegsende beschädigten – ‚Ehre' zu tun."[162] Dem Bemühen der Beamtenverbände, Absolution für die kompromittierten Staatsdiener zu erlangen, diente wiederum die rechtliche Konstruktion der Suspensionstheorie. Diese Theorie schloss direkt an die Kontinuitätsthese an und versprach insofern samt der Beamten-Ehre die Ehre der ganzen Nation zu rehabilitieren, fußte die Kontinuitätsthese doch generell auf der Vorstellung, dass ein Prozess demokratischer Neubegründung der deutschen Nation nicht erforderlich sei.

Die grundlegende Argumentation der Suspensionstheorie lautete wie folgt: War der deutsche Staat als oberster Dienstherr der Beamten am 8. Mai 1945 nicht

---

tig. Daher waren die aus politischen Gründen entfernten Beamten, die beim Inkrafttreten des 131er-Gesetzes noch nicht wiedereingestellt waren, mehrheitlich doch sehr belastet. Vgl. dazu wie zu Folgendem Frei 1999, S. 69–100, hier S. 87f. Am Ende profitierten, wie unten näher erläutert, selbst vormalige Beamte der Gestapo von der Gesetzgebung.
159 Vgl. Kirn 1972, hier bes. S. 12f., 125f.
160 Frei 1999, S. 84.
161 Zu diesen Drohungen der Beamtenverbände vgl. ebd., S. 73f.
162 Ebd., S. 71.

untergegangen, da die Alliierten gemäß der Kontinuitätsthese ja nie die deutsche Staatsgewalt innegehabt, sondern nur im Rahmen einer regulären militärischen Besetzung gehandelt hatten, so könnten auch die Beamtenverhältnisse nicht endgültig erloschen sein. Vielmehr müssten die Beamten als lediglich vorübergehend von den Alliierten suspendiert gelten, was im Umkehrschluss bedeute, dass ihre Ansprüche an den mit sich selbst identisch bleibenden deutschen Staat weiterhin Bestand hätten.[163]

Prominenter Vertreter dieser Theorie war der Gießener Beamtenrechtler und Anwalt Carl Ludwig Heyland, laut dem Nachruf eines Anwaltskollegen ein „sachkundiger Streiter für die Institution des Berufsbeamtentums, die in den ersten Jahren nach Kriegsende aus Wertblindheit gegenüber ihrer hohen staatspolitischen Bedeutung lebhaften Angriffen ausgesetzt war."[164] Gegen diese Angriffe, gemeint war die politische Säuberung, verteidigte Heyland die Beamten erstmals in seiner Schrift *Das Berufsbeamtentum im neuen demokratischen Staat* von 1949. Seiner Ansicht nach dienten Beamte grundsätzlich nicht einem durch das jeweilige politische System und seine Verfassung konkret bestimmten Staat, sondern einer darüber stehenden „Staatsidee", der gegenüber die Beamten stets, wie in jeder anderen Staatsform so auch im NS-Staat, ihre Pflicht erfüllt hätten.[165] Diese Argumentation basierte auf dem vorherrschenden (Selbst-)Verständnis der deutschen Beamten als unpolitische Staatsdiener, das mit dem der Kontinuitätsthese zugrunde liegenden, nicht an eine demokratische Verfassung gebundenen Staatsbegriff korrespondierte.[166] Schlussendlich waren demnach weder die Administration des deutschen Staates noch die Verfassung in relevanter Weise vom Nationalsozialismus affiziert worden. Spezifisch nationalsozialistische Eingriffe in das Beamtenrecht wie der auf „den Führer" zu leistende Gefolgschaftseid oder das diskriminierende *Gesetz zur Wiederherstellung des Berufsbeamtentums* vom 7. April 1933 wurden damit zu bloßem Beiwerk bzw. „Zierrat" eines an sich intakt gebliebenen Verfassungslebens erklärt.[167]

Der Fokus der parlamentarischen Debatte über den am 13. September 1950 eingebrachten Regierungsentwurf des 131er-Gesetzes lag allerdings ebenso wenig auf solchen rechtspolitischen Überlegungen wie auf den vergangenheitspolitischen Implikationen des Gesetzes. Im Zentrum standen vielmehr finanzielle, soziale und ökonomische Aspekte, obgleich besonders FDP und DP wie die äußerste

---

163 Vgl. dazu ausführlich Perels 1999f, S. 78–85; Kirn 1972, S. 115–121.
164 Reuß 1952.
165 Vgl. Heyland 1949; daneben auch Heyland 1950.
166 Vgl. auch Kirn 1972, S. 12 f.
167 Mehr zum Begriff der nationalsozialistischen „Zierrate" bei Frei 1999, S. 96 f.

Rechte im Sinne der Suspensionstheorie betonten, dass es sich bei der Wiedereinstellung und Versorgung der 131er primär um eine Rechts- und keine finanzielle Frage, mithin um „[b]indende *Rechtsverpflichtungen*"[168] handele. Dagegen wollte die Regierung ihren Entwurf als Akt der Neuschöpfung verstanden wissen. Gustav Heinemann begründete dies u. a. damit, dass rund die Hälfte der nach 1945 „verdrängten" Beamten ohnehin nicht direkte Reichsbedienstete, sondern etwa Beamte des nicht mehr existenten Landes Preußens oder sonstiger öffentlicher Körperschaften gewesen seien.[169] Unter jene, die nach 1945 keinen Dienstherrn mehr besaßen, fielen auch die Berufssoldaten sowie die Beamten des Reichsarbeitsdienstes und der Gestapo, wobei die beiden letzteren Gruppen ursprünglich ausgeklammert bleiben sollten. Nach der 1. Lesung wurde diese Beschränkung jedoch weitgehend aufgeweicht, wie der Entwurf insgesamt stark erweitert wurde. Dies ging nicht zuletzt auf die Proteste der Beamtenverbände zurück, die die erste Vorlage, wie Heinemann missbilligend wiedergab, „einen Verfassungsbruch [...], ein schändliches Machwerk, ein frivoles Spiel mit der Ehre der Personen aus Art. 131"[170] genannt hatten. Dem entgegnete er, dass die Beamten ihren Groll doch besser gegen Hitler richten sollten: „Wenn einer die deutsche Geschichte geschändet hat, so ist er es gewesen, [...] und wenn einer ein frivoles Spiel mit der Ehre getrieben hat, so ist er es gewesen und nicht die Bundesregierung!"

Immerhin hatte der erste Entwurf auch schon 350 Millionen DM pro Jahr für die 131er veranschlagt und weitere 120 Millionen DM, die durch eine dreiprozentige Gehalts- bzw. Pensionskürzung der Westbeamten aufgebracht werden sollten. Der Kreis der Anspruchsberechtigten sollte u. a. dadurch eingeschränkt werden, dass erstens ein zehnjähriges Beamtenverhältnis Voraussetzung für Versorgungsansprüche sein sollte, wie es auch vor dem Eingriff der Nationalsozialisten in das Beamtenrecht der Fall gewesen war, zweitens aus dem Reichsarbeitsdienst keine Ansprüche resultieren sollten, was zuvor erworbene Ansprüche jedoch nicht berührte, und drittens maximal zwei Beförderungen aus der Zeit zwischen 1933 und 1945 anerkannt werden sollten.

Von der DP und FDP, die sich anschickten, das Sprachrohr der Beamtenverbände zu sein, wurde dies jedoch nicht als generöses Angebot aufgefasst, sondern

---

168 So Farke für die DP, 1. BT, 84/13.9.1950, S. 3150 (Herv. i. Orig.); für die FDP vgl. Nowack, ebd., S. 3157; für die Rechte Richter/Rössler (zu dem Zeitpunkt parteilos), ebd., S. 3146, sowie von Thadden (DRP), ebd., S. 3159; für das Zentrum Otto Pannenbecker, ebd., S. 3151f.
169 Vgl. Heinemann, 1. BT, 84/13.9.1950, S. 3143f.
170 Heinemann, 1. BT, 84/13.9.1950, S. 3142. Ebd. das folgende Zitat.

als „Diffamierung"[171] oder bestenfalls als „Diskriminierung"[172] speziell der ebenfalls unter das 131er-Gesetz fallenden ehemaligen Berufssoldaten. Obwohl diese der Nation so große Opfer gebracht hätten, würden sie von der Regierung, so Hans-Gerd Fröhlich von der WAV, „nach wie vor zu Menschen zweiter Klasse gestempelt". Dagegen scheine es ihm „eine nationale Pflicht aller Deutschen zu sein, gerade im Hinblick auf die gesamtpolitische Lage, vor allem aber eine Pflicht der Bundesregierung und dieses hohen Hauses, die Ehre des deutschen Soldaten und der Weltöffentlichkeit wiederherzustellen."

Den Vorwurf, die Ehre der deutschen Soldaten nicht anzuerkennen, wollte der Kanzler jedoch – zumal angesichts der von ihm so bald als möglich erstrebten Wiederbewaffnung – nicht unwidersprochen stehen lassen. Vielmehr nutzte Adenauer die 2. Lesung des Entwurfs am 5. April 1951, um sie mit einer Ehrenerklärung für die deutsche Wehrmacht zu eröffnen, in der er abermals hervorhob, dass „der Prozentsatz derjenigen, die wirklich schuldig sind, [...] so außerordentlich gering und so außerordentlich klein [ist], (Abg. Renner: Na, na!) daß [...] damit der Ehre der früheren deutschen Wehrmacht kein Abbruch geschieht."[173] Die Alliierten hätten die Soldaten daher

> „ganz zu Unrecht in ihrer Gesamtheit für den Krieg verantwortlich gemacht [...], obwohl sie zumeist nur ihre Pflicht erfüllt haben. [...] Das Kapitel der Kollektivschuld der Militaristen neben den Aktivisten und Nutznießern des nationalsozialistischen Regimes muß ein für allemal beendet sein."

Daraufhin waren ihm am folgenden Tag die Dankesbekundungen der Regierungsparteien sicher, wobei sich diese zugleich gegenseitig zu übertrumpfen suchten, wer denn zuerst für die Ehre der Wehrmacht eingetreten sei.[174] Dies veranlasste Carlo Schmid für die Sozialdemokraten zu der Bemerkung: „Ich glaube nicht, daß man diesem Haus eines Tages diesen Wettlauf um die Ehre, der erste gewesen zu sein, der die Ehre des deutschen Soldaten verteidigt hat, zum Ruhm anrechnen wird."[175]

Dass der Bezug auf die Ehre der Soldaten – und etwas seltener auch der anderen 131er – überhaupt eine so große Rolle spielte, hing, wie Frei herausgestellt

---

171 Richter/Rössler, 1. BT, 84/13.9.1950, S. 3147.
172 Hans-Gerd Fröhlich (WAV), 1. BT, 84/13.9.1950, S. 3156. Ebd. folgende zwei Zitate.
173 Adenauer, 1. BT, 130/5.4.1951, S. 4984. Ebd. das folgende Zitat.
174 Vgl. für die FDP Nowack, S. 5022; für die DP Farke, S. 5024; für die CSU Schäffer, S. 5026; für die CDU Wuermeling, S. 5028, sowie für die WAV Loritz, S. 5029 f. (alle 1. BT, 131/6.4.1951).
175 Schmid, 1. BT, 131/6.4.1951, S. 5031.

hat, sowohl mit der veränderten sicherheitspolitischen Lage seit Ausbruch des Koreakrieges 1950 zusammen als auch mit den „übergreifenden, nahezu alle Bereiche der Politik durchziehenden Bemühungen um eine erträgliche Deutung der Vergangenheit."[176] Insofern zielten die Ehrbekundungen für bestimmte Berufsgruppen auch immer auf die Reputation der ganzen Nation – wie etwa beim Christdemokraten Wuermeling, der freudig verkündete, dass „die Zeit der Kollektivschuld […] nun endlich vorbei"[177] sei.

Wie schon den Amnestien und dem Abschluss der Entnazifizierung, so wurde zudem auch dem 131er-Gesetz, so von CDU-Innenminister Lehr, zugesprochen, dass es der „inneren Befriedung"[178] dienen werde. Ähnlich argumentierte für die BP Hermann Etzel dafür, allerdings in Kritik am nunmehr bereits überarbeiteten Entwurf,

> „daß hier mit einer größeren menschlichen Noblesse verfahren wird, daß man aus Gründen der politischen Befriedung unseres Volkes eine Diskriminierung beseitigt und daß man erkennt, daß es sich hier […] um die Söhne eines und desgleichen Volkes handelt."[179]

Damit plädierte Etzel u. a. dafür, Beförderungen „wegen erwiesener Tapferkeit vor dem Feinde" entgegen der Bestimmung, nur zwei Beförderungen aus der NS-Zeit anzuerkennen, unbegrenzt zu berücksichtigen, und insofern dafür, diese Beförderungen aus ihrem nationalsozialistischen Kontext zu lösen. Damit rannte er allerdings offene Türen ein, da die Regierungsparteien inzwischen selbst schon einen entsprechenden Antrag gestellt hatten, der nun mit großer Mehrheit angenommen wurde.[180]

Darüber hinaus hatte der Ausschuss für Beamtenrecht den ersten Entwurf für das 131er-Gesetz, wie erwähnt, ohnedies schon stark ausgedehnt: Anspruchsberechtigt waren nun auch die hauptamtlichen Mitarbeiter des Reichsarbeitsdienstes und durch eine Ausnahmebestimmung schließlich sogar weite Teile der Gestapo und des von Hermann Göring als Überwachungsdienst gegründeten Forschungsamts des Reichsluftfahrtministeriums.[181] Zwar sollten die zwei letzteren Gruppen nur berücksichtigt werden, soweit es sich um eine Versetzung „von Amts wegen"

---

176 Frei 1999, S. 78.
177 Wuermeling, 1. BT, 131/6. 4. 1951, S. 5028. Zur Kollektivschuldthese siehe Kap. 4.1.2.
178 Lehr, 1. BT, 130/5. 4. 1951, S. 4987; vgl. auch 131/6. 4. 1951, S. 5042.
179 Etzel, 1. BT, 131/6. 4. 1951, S. 5024. Vgl. ebd., S. 5023, zu Folgendem.
180 Vgl. die Abstimmung zu Umdr. Nr. 119, Ziffer 3 in: 1. BT, 131/6. 4. 1951, S. 5032 f.
181 Vgl. dazu auch Frei 1999, S. 79 f.

gehandelt hatte[182] – dies war jedoch entgegen der von der KPD bis zur CSU vertretenen Ansicht, keineswegs damit gleichzusetzen, dass diese Mitarbeiter „völlig schuldlos" bzw. „wider ihren Willen"[183] versetzt worden waren, sondern vielmehr der übliche Weg gewesen.[184]

Nach Angaben von Bundesfinanzminister Fritz Schäffer waren es nun 750 Millionen DM jährlich, die zur Umsetzung des Gesetzes aufgebracht werden mussten.[185] Gleichwohl forderte die FDP noch in der 3. Lesung am 6. April 1950, alle statt maximal zwei Beförderungen aus der NS-Zeit anzuerkennen, was die gänzliche Gleichsetzung von Beamtenkarrieren inner- und außerhalb des NS-Systems bedeutet hätte. Auch wenn diese Forderung mit breiter Mehrheit abgelehnt wurde, fiel das 131er-Gesetz am Ende immerhin so wohlwollend aus, dass Franz-Josef Wuermling im Namen der Union bekannte, „daß es für manchen nicht einfach sein wird, andere Volksschichten von der Richtigkeit des Ergebnisses der Beratungen, wie es Ihnen vorliegt, zu überzeugen".[186] In ähnlichem Sinne befürchtete der Sozialdemokrat Fritz Erler, dass „so mancher [...] von Neid erfüllt sein [mag], wenn er in seiner eigenen bedrängten Lage nun auf die Begünstigten dieses Gesetzes blickt."[187]

Indem die Sache der Beamten allerdings weithin zu einer Sache der Ehre stilisiert worden war, konnte dieser potenzielle Neidfaktor relativiert und das 131er-Gesetz gleichsam in einen Beitrag zum nationalen Zusammenhalt verwandelt werden. Ein Grund dafür, dass dabei die im Dritten Reich etablierten Kollektivvorstellungen partiell reaktualisiert wurden, lag paradoxerweise gerade darin, dass der Gesetzgeber bestrebt war, NS-Verfolgte und -Anhänger formell gleichzubehandeln. Angesichts der „strukturellen Asymmetrie"[188] zwischen beiden Gruppen, d. h. der nicht zuletzt aufgrund der bereits seit 1947/48 fortschreitenden Wiedereinstellung entnazifizierter NS-Beamter ohnehin bestehenden Benachteiligung

---

182 Vgl. den Ausschussbericht von Josef Ferdinand Kleindinst (CSU), 1. BT, 130/5. 4. 1951, S. 4987.
183 Erstes Zitat für die KPD Gundelach, 1. BT, 131/6. 4. 1951, S. 5037; zweites Zitat für die CSU Kleindinst, ebd., S. 5037.
184 Die Verharmlosung der Gestapo zeigt sich auch in der Rechtsprechung. So stellte das Landgericht Lüneburg das Verfahren gegen Manfred Roeder ein, der 1943 die Untersuchung im Verfahren gegen die Widerstandskämpfer Hans v. Dohnanyi und Dietrich Bonhoeffer geführt hatte. Ausschlaggebend dafür war, dass das Gericht die Gestapo für eine „normale" Polizeiorganisation hielt und daher den Vorwurf der Aussageerpressung abwies, zumal es zugleich den Verschwörern des 20. Juli 1944 Landesverrat und Spionage unterstellte. Vgl. Perels 1996, S. 72 f.
185 Vgl. Schäffer, 1. BT, 130/5. 4. 1951, S. 5001, sowie ebd., S. 5001, 5008 f., 5010, für Folgendes.
186 Wuermeling, 1. BT, 10. 4. 1951, S. 5090.
187 Erler, 1. BT, 10. 4. 1951, S. 5091.
188 Frei 1999, S. 85. Vgl. ebd., S. 83–86, auch zu Folgendem.

der NS-Verfolgten, bedeutete das jedoch faktisch, diese Asymmetrie erneut zu reproduzieren. So beschloss der Bundestag zwar wenige Tage vor dem 131er-Gesetz ebenfalls das *Gesetz zur Regelung der Wiedergutmachung nationalsozialistischen Unrechts für Angehörige des öffentlichen Dienstes* (BWGöD), das auch die Opfer und Gegner des NS-Regimes unter den Beamten wieder zu ihrem Recht kommen lassen sollte. Als „symbolischer Akt der politischen Symmetrie"[189] wurde es am 11. Mai 1951 zusammen mit dem 131er-Gesetz verkündet und wie dieses rückwirkend zum 1. April 1951 in Kraft gesetzt. Die Integration der Anspruchsberechtigten nach dem BWGöD verlief in der Praxis jedoch wesentlich reibungsvoller als die der 131er, zumal letztere noch über alte Seilschaften verfügten und ihre rasch erreichte hohe Repräsentanz in Justiz und Ministerien, Verwaltung und Universitäten einer Rückkehr der ehedem Verfolgten oftmals im Wege stand. Somit erwies sich das „Kopplungsgeschäft"[190], mit dem das Parlament die zwei fraglichen Gesetze verband, spätestens bei der Umsetzung als weitgehend wirkungslos, die im NS-System erzeugten Vorstellungen einer zusammengehörigen Wir- und einer daraus ausgeschlossenen Sie-Gruppe aufzulösen.[191]

Verstärkt wurde die Reaktivierung volksgemeinschaftlicher Bindungen nach 1945 noch dadurch, dass parallel zur Sicherstellung der Versorgung der Beamten im öffentlichen Dienst und der „einfachen" Berufssoldaten die Parteien auch emsig daran arbeiteten, die Kriegsverbrecherfrage einer – den westdeutschen Vorstellungen am Ende weitgehend entsprechenden – Lösung entgegen zu bringen.

4.2.2 Die Kriegsverbrecherfrage und die „Ehre" der deutschen Soldaten

Die nationale Dimension der Kriegsverbrecherfrage und ihre Diskussion vor 1949

Von allen vergangenheitspolitischen Themen der frühen Bundesrepublik war die Frage der von den Alliierten verurteilten oder inhaftierten Kriegsverbrecher wohl diejenige, dem die Parteien die größte nationale Bedeutung zusprachen. Nicht nur wurde in keinem anderen Bereich so sehr für die Rehabilitierung überkommener und wiederum nach verbreiteter Ansicht erst nach 1945 verletzter kollektiver Ehrgefühle gestritten. Die „Bereinigung" der Kriegsverbrecherfrage wurde

---

189 Szabó 2000, S. 313. Diese formale Symmetrie wurde auch im Folgenden aufrechterhalten; so wurde etwa die je zweite Novelle zu beiden Gesetzen wiederum zeitgleich im Bundesgesetzblatt verkündet. Vgl. ebd., S. 314; Frei 1999, S. 84.
190 Goschler 1992, S. 235.
191 Vgl. dazu auch Frei 1999, S. 85.

außerdem auch einhellig als elementares, wenn nicht das zentrale Anliegen der deutschen Nation definiert.

Dass diese Frage dermaßen in den Mittelpunkt gestellt wurde, hing nicht zuletzt damit zusammen, dass sie von Beginn an, und verstärkt unter dem Eindruck des sich ab 1950 zuspitzenden Konflikts über die westdeutsche Wiederbewaffnung, mit dem Problem der Reputation aller früheren Wehrmachtsangehörigen vermengt wurde.[192] Unter dem Stichwort Kriegsverbrecher ging es mithin nicht allein um die Ehre derer, die sich außerhalb der Bundesrepublik oder auf westdeutschem Territorium – sprich in Spandau (Verurteilte aus dem 1945/46 von den vier Alliierten gemeinsam durchgeführten Nürnberger Prozess gegen die Hauptkriegsverbrecher), Landsberg (Verurteilte und Angeklagte aus den Verfahren in der amerikanischen Zone, insbesondere aus den Nürnberger Nachfolgeprozessen von 1945 bis 1949 und den Dachauer Prozessen von 1945 bis 1948), Werl (britische Zone) und Wittlich (französische Zone) – in alliiertem Gewahrsam befanden. Zur Debatte stand vielmehr stets auch der Ruf der gesamten deutschen Armee. Dass sämtliche Parteien mit unterschiedlicher Intensität und Reichweite behaupteten, die Inhaftierten seien mehrheitlich zu Unrecht oder zumindest zu hart bestraft worden, stützte insofern das übergeordnete Bild von der „sauberen Wehrmacht", deren Angehörige in einem regulären Krieg nur ihre Pflicht erfüllt hätten.[193] Da zwischen 1939 und 1945 rund 17 Millionen, also 21,5 Prozent der Reichsbevölkerung, als Soldaten gedient hatten,[194] ist anzunehmen, dass die Pflege dieses Bildes von der „sauberen Wehrmacht" einem weitverbreiteten Bedürfnis entgegenkam. Und weil eine weitgehende Freilassung der Kriegsverbrecher den Freispruch der Wehrmacht oder gar der Nation als Ganzes zu unterstützen versprach, erhielt die Kriegsverbrecherfrage ihre hohe nationale Relevanz – abgesehen davon, dass

---

192 Ausführlich mit der bereits seit 1945 seitens der Interessenvertreter der früheren Berufssoldaten betriebenen „„Politik der Ehre"", die für ihre Rehabilitierung vor allem „eine standesgemäße Versorgung, die Beendigung ihrer ‚Diffamierung' durch Prozesse gegen deutsche Soldaten und militärkritische öffentliche Diskurse, sowie die öffentliche Anerkennung ihres Dienstes für die Nation" einforderten, befasst sich die Dissertation von Manig 2004, hier S. 9.

193 Breitenwirksam infrage gestellt wurde dieses Bild im Grunde erst durch die vom Hamburger Institut für Sozialforschung erarbeitete Ausstellung *Verbrechen der Wehrmacht. Dimensionen des Vernichtungskrieges 1941–1944*, die erstmals (noch unter dem Titel *Vernichtungskrieg. Verbrechen der Wehrmacht 1941–1944*) von 1995 bis 1999 in 33 deutschen und österreichischen Städten gezeigt und, nachdem sie insbesondere wegen der falschen Zuordnung einiger Fotografien kritisiert worden war, überarbeitet und von 2001 bis 2004 erneut in 11 Orten in Deutschland, Österreich und Luxemburg präsentiert wurde. Vgl. dazu u. a. Hartmann/Hürter/Jureit (Hrsg.) 2005.

194 Vgl. Nägler 2010, S. 3.

diese Frage unmittelbar das Verhältnis zu den Alliierten berührte und sich daher besonders zur Abgrenzung eignete. Die Vorstellung, dass sich die Wehrmacht bis auf wenige Ausnahmen stets „ehrenvoll" verhalten habe, war allerdings nur um den Preis der Relativierung bis hin zur fast gänzlichen Verleugnung der im Rahmen des deutschen Angriffskriegs begangenen Verbrechen aufrechtzuerhalten. Davon profitierten neben Kriegsverbrechern im eigentlichen Sinne auch genuine NS-Gewalttäter. Denn bereits bevor die Bundesrepublik gegründet wurde, hatte eine völlige Begriffsverwirrung um sich gegriffen, dank derer selbst Angehörige der Einsatzgruppen oder KZ-Schergen, die gezielt Zivilisten verfolgt, gequält und getötet hatten, als „Kriegsverbrecher" firmierten.[195] Zwar wurde in Westdeutschland auch schon ab Ende der 1940er-Jahre Kritik am Terminus der Kriegsverbrecher laut. Sie richtete sich jedoch gerade nicht dagegen, dass sich dieser Terminus im vorherrschenden Verständnis ebenso auf Kriegs- wie NS-Verbrecher erstreckte, sondern negierte vielmehr, dass die meisten der Inhaftierten überhaupt Verbrechen begangen hatten. Insofern war diese Kritik weniger ein Beitrag zur Begriffsklärung als selbst Bestandteil besagter Begriffsverwirrung, infolge derer – wie im Folgenden immer wieder zu sehen sein wird – bereits Anfang der 1950er-Jahre fast nur noch von sogenannten bzw. angeblichen Kriegsverbrechern, „Kriegsverbrechern", Kriegsverurteilten oder völlig undifferenziert von Kriegsgefangenen die Rede war, bis das Wort Kriegsverbrecher schließlich nahezu ganz aus dem westdeutschen Wortschatz inklusive dem der Parteien verschwand.[196]

Die Debatten über die Kriegsverbrecherfrage in den Anfangsjahren der Bundesrepublik

In vollem Umfang setzte eine „Politisierung der Kriegsverbrecherfrage"[197] erst im Zuge der Staatsgründung ein. Im Parlamentarischen Rat wurde diese Frage hingegen noch nicht eigens zum Thema, vor allem seitens der DP wurden das Verbot der Auslieferung von Deutschen „an das Ausland" (Art. 16 Abs. 2 GG) und die Abschaffung der Todesstrafe (Art. 102) jedoch auch hier schon mit den Be-

---

195 Vgl. Frei 1999, S. 134.; ebd., S. 143, Fn. 29, zur Anzahl der Urteile. Angeklagt wurden vor den alliierten Militärgerichten neben Verbrechen und Verstößen gegen das Kriegsrecht auch Verbrechen gegen die Menschlichkeit und gegen den Frieden auf Grundlage der *Moskauer Dreimächteerklärung* vom 30.10.1943 bzw. *Kontrollratsgesetz Nr. 10* vom 20.12.1945. Siehe auch Kap. 1.1, Fn. 23.
196 Zur Entwicklung vor 1949 vgl. Frei 1999, S. 133–163, hier bes. S. 144, 157.
197 Frei 1999, S. 163. Vgl. ebd., S. 163–306, auch zu Folgendem.

langen der Kriegsverbrecher begründet. Damit deutete sich bereits an, was nach der Regierungsbildung einigen Konfliktstoff bieten sollte, nämlich, dass sich die kleinen Koalitionspartner, so neben der DP auch die FDP, kaum davor scheuten, die Kriegsverbrecherfrage offensiv in der Öffentlichkeit anzugehen, während die Union versuchte, die öffentliche Agitation zu mäßigen, da sich der Kanzler am meisten davon versprach, ohne viel Aufsehens persönlich bei den Alliierten vorstellig zu werden.

Demgemäß gab Adenauer in der ersten Regierungserklärung nur zur Kenntnis, dass die Regierung prüfen werde, inwiefern sie bei den Hohen Kommissaren eine Amnestie der alliierten Militärgerichtsstrafen erwirken könne, und stellte zudem in Aussicht, dass sich der neue Weststaat nun auch verstärkt den Kriegsgefangenen in Jugoslawien und der Sowjetunion annehmen könne.[198] Der Dank, den er dabei insbesondere den kirchlichen Organisationen, so dem von Gerstenmaier geleiteten Evangelischen Hilfswerk, für ihren bisherigen Einsatz in dieser Sache aussprach, sollte wohl vor allem implizieren, dass von nun an die Regierung die Führung zu übernehmen gedachte, wurde von Kurt Schumacher aber auch als Affront gegen die SPD aufgefasst. Zwar gestand er dem Kanzler zu, dass Lob für den politischen Gegner unüblich sei,

> „aber daß man beispielsweise über den Kampf der deutschen *Sozialdemokratie* um die deutschen *Kriegsgefangenen* so einfach hinweggegangen ist, (Sehr richtig! bei der SPD) das ist auch nationalpolitisch von uns als nicht besonders erfreulich empfunden worden."[199]

Was Schumacher hier bezüglich der Kriegsgefangenenfrage beklagte, nämlich, dass es dem „nationalpolitischen" Interesse schade, wenn Zweifel an der einheitlichen deutschen Haltung dazu aufkämen, sollte später auch hinsichtlich der Lösung der Kriegsverbrecherfrage eine Rolle spielen. Festzuhalten ist an dieser Stelle zunächst, dass offenbar unbedingte Einheit in beiden Fragen gefordert wurde, wenngleich sich der SPD-Vorsitzende in dieser ersten Aussprache ebenso wenig ausdrücklich zu den Kriegsverbrechern äußerte wie die Vertreter der anderen Fraktionen.[200]

---

198 Vgl. Adenauer, 1. BT, 5/20. 9. 1949, S. 27 f. Zur Problematik der pauschalen Rede von Kriegsgefangenen in Bezug auf die Ostblockstaaten siehe unten.
199 Schumacher, 1. BT, 6/21. 9. 1949, S. 36 (Herv. i. Orig.).
200 Kritische Andeutungen zum alliierten Umgang mit den Kriegsverbrechern aber z. B. bei Leuchtgens für die NR, 7/23. 9. 1949, S. 132, und Schmid für die SPD, 10/29. 9. 1949, S. 181.

Am 29. September 1949, dem letzten Tag der Aussprache, legte die Union allerdings bereits einen *Antrag betr. Maßnahmen für im Ausland zurückgehaltene Deutsche* vor, der die Regierung aufforderte, sich um die baldige Rückkehr der Kriegsgefangenen „im Osten" zu bemühen und den Rechtsschutz für die in einigen alliierten Staaten „unter dem Verdacht oder unter der Anklage an der Beteiligung von Kriegsverbrechen"[201] Inhaftierten zu gewährleisten. Dazu sei dem Bundesjustizministerium eine Zentrale Rechtsschutzstelle (ZRS) anzugliedern, die sich um die Betroffenen und ihre Angehörigen kümmern solle. Die daraufhin vom Ausschuss für das Besatzungsstatut und Auswärtige Angelegenheiten erarbeitete Vorlage beschloss das Plenum am 1. Dezember 1949 einstimmig, da selbst die KPD sich den darin enthaltenen Anliegen nicht verschließen mochte.[202] So konnte die ZRS, geleitet vom früheren Nürnberger Verteidiger Hans Gawlik, ihre Arbeit bereits im März 1950 aufnehmen.[203]

Vorangegangen war dem eine nur kurze Debatte, an der sich aber gleichwohl schon einige zentrale Argumentationsmuster aufzeigen lassen. Den Auftakt machte der Christdemokrat Gerstenmaier, der als Berichterstatter des Ausschusses nicht nur die ungefähre Anzahl der betroffenen Personen abschätzte und dabei die Frage der Kriegsverbrecher mit dem – zu diesem Zeitpunkt in den westlichen Staaten gar nicht mehr existenten – Problem der Kriegsgefangenen durcheinander mischte,[204] sondern auch „die *Fragwürdigkeit des* ganzen *Verfahrens*" betonte, „das auf diese Angeklagten im Auslande bis jetzt angewandt worden ist." So müssten gerade die Strafen aus den ersten Nachkriegsjahren „als durchweg überhöht gelten, ganz abgesehen davon, daß die Verfahrensweise, aber auch die Objektivität der Urteile und Gerichte von uns auf Grund von Unterlagen ernsthaft in Zweifel gezogen werden müssen." Unerwähnt ließ er dabei, dass insbesondere die Amerikaner ihre Prozessführung bereits mehrfach überprüft hatten,[205] wobei zwar Fehler festgestellt worden waren, jedoch keineswegs derart gravierende, wie hier unterstellt. Dennoch war diese Unterstellung auch aus fast allen anderen Fraktionen

---

201 1. BT-DS, Nr. 60, 29.9.1949.
202 Vgl. 1. BT-DS, Nr. 165, 4.11.1949; zur Position der KPD Oskar Müller, 19/1.12.1949, S. 546f.
203 Zur ZRS vgl. Frei 1999, u.a. S. 181, 184, 234, 278.
204 Er sprach von ca. 300 000 bis 500 000 Kriegsgefangenen in der Sowjetunion und ca. 1 200 inhaftierten Deutschen in Frankreich, 200 in Holland, 100 in Belgien, 50 in Luxemburg, 20 in Italien, 55 in Dänemark, 8 in Griechenland, 1 400 in Jugoslawien, 8 000 in Polen, 60 in Norwegen und 30 in Österreich, Ungarn, der Schweiz sowie der Türkei. Vgl. Gerstenmaier, 1. BT, 19/1.12.1949, S. 544; ebd. auch folgende Zitate (Herv. i. Orig.); dazu auch Frei 1999, S. 181 ff.
205 Näheres dazu bei Frei 1999, bes. S. 153 f., 159–162.

zu vernehmen,[206] während Gerstenmaiers anschließende Einschränkung, dass es „nicht unsere Absicht [ist], hier eine Rechnung aufzumachen", offenkundig weniger auf Konsens beruhte. Allen voran FDP und DP taten sich im weiteren Verlauf der Kriegsverbrecherdebatte damit hervor, das Verhalten der Deutschen im Krieg gegen das der Alliierten aufzurechnen.[207]

Nicht explizit aufrechnende, aber gleichwohl äußerst drastische Vorwürfe an die Alliierten kamen daneben wiederholt von FDP-Bundesjustizminister Thomas Dehler, etwa auch im Anschluss an den Eröffnungsbeitrag Gerstenmaiers. Letzterer hatte seine Kritik an den westlichen Staaten – anders als die am Ostblock – noch „durch die Blume", sprich durch ein Zitat „eines prominenten französischen Strafrechtlers, der als Verteidiger gearbeitet hat"[208], formuliert, der die Kriegsverbrecherprozesse als „eine Art legaler Völkermord" bezeichnet hatte. Dehler geißelte daraufhin empört die „Kollektivhaftungen"[209] in den französischen Prozessen. Dort habe man, bei

> „diesen schweren Fällen, deren Tragik wir in keiner Weise leugnen wollen, die im Gegenteil für uns Deutsche eine schwere moralische Belastung darstellen – ich meine die Exekutionen, die an der Zivilbevölkerung in Oradour, in Tulle, in Asque durchgeführt worden sind – [...] unterstellt, daß jeder Angehörige eines Truppenteils der SS oder des SD oder der Feldgendarmerie schuldig ist, es sei denn, er weise nach, daß er zu dieser Organisation gezwungen worden und an der fraglichen Tat nicht beteiligt gewesen ist, eine Beweisführung, die in Praxis gar nicht möglich ist."

Dies habe bewirkt, dass „der Dolmetscher des Truppenteils, der Schreiber, der Kraftfahrer, der Koch" Höchststrafen bis hin zur Todesstrafe erhalten hätten, was er bloß erwähne, um „zu zeigen, wie notwendig es ist, daß hier von uns aus den Angeklagten geholfen wird, daß die Möglichkeit eines hinreichenden Rechtsschutzes gegeben ist."

Ersichtlich wird hier, wie Dehler, indem er lediglich unverdächtige Berufsgruppen nannte, den Eindruck hervorrief, dass als Kriegsverbrecher größtenteils

---

206 Eine gewisse Ausnahme bildete die KPD, die zwar, wie etwa in ihrer Kritik am *Marshallplan* in Kap. 2.1.1 gesehen, nicht mit Kritik an den Westmächten sparte, jedoch in den hier untersuchten Debatten weder die Grundlagen noch die Durchführung der alliierten Verfahren direkt angriff.
207 Vgl. für die FDP bes. Erich Mende, 1. BT, 230/17.9.1952, S. 10502; für die DP Ewers, ebd., S. 10506. Aber auch Rudolf Kohl, ebd., S. 10507, von der KPD machte eine Rechnung auf, als er in Verteidigung der sowjetischen Kriegsführung an Dresden sowie Hiroshima gemahnte.
208 Gerstenmaier, 19/1.12.1949, S. 544. Ebd. das folgende Zitat.
209 Dehler, 1. BT, 19/1.12.1949, S. 545. Ebd. S. 545 f., folgende Zitate.

doch nur unschuldige Zeitgenossen – wie z. B. der von ihm erwähnte Koch – verurteilt worden seien. Diese verharmlosende Darstellung war fraglos eher dazu angetan, Verständnis und Sympathie für die Verurteilten zu wecken als für ihre Opfer oder Ankläger. Da Dehler obendrein nicht einen einzigen zu Recht Beschuldigten erwähnte oder in irgendeiner Form innerhalb der Gruppe der Verurteilten differenzierte, lud er, wenngleich vermutlich nicht absichtlich, die deutsche Bevölkerung geradezu ein, sich pauschal mit „den" Kriegsverbrechern verbunden zu fühlen.

In ähnlicher Weise erzeugte Dehler diesen Effekt auch an späterer Stelle, als er zum Fall Oradour, jenem französischen Dorf, in dem die 2. SS-Panzer-Division *Das Reich* im Sommer 1944 in einem als „Vergeltungsschlag" gegen die Résistance gerechtfertigten Massaker 642 Männer, Frauen und Kinder ermordet hatte, anmerkte,

> „daß hier – nach dem fürchterlichen Gesetz, daß Unrecht immer wieder neues Unrecht erzeugt – Dinge geschehen sind, die über das menschlich Erträgliche hinausgehen. Der Fall Oradour! Wo sind die Schuldigen? Soweit Feststellungen getroffen worden sind, sind sie tot oder verschollen, übrig geblieben sind 5 *kleine Leute,* fünf *junge Menschen,* die zum größten Teil bei den Vorgängen noch minderjährig waren, die durch einen Befehl in ein Kommando hineingestellt worden sind, denen man – abgesehen von einem – gar nicht nachweisen kann, daß sie gehandelt haben; und der eine, der beschuldigt wird, ist ein Elsässer."[210]

Wie Dehlers Rede von den „kleinen Leuten" – ein Ausdruck, den der Freie Demokrat gleich darauf in Bezug auf eine Rede Kurt Schumachers zurückwies[211] – dazu tendierte, eine solidarische Haltung mit den Inhaftierten zu befördern, tat dies

---

210 Dehler, 1. BT, 26/11.1.1950, S. 782 (Herv. d. Verf.). Der Oradour-Prozess fand erst 1953 in Bordeaux statt. Von den vermutlich über 200 an dem Massaker Beteiligten konnten nur 21 vor Gericht gebracht werden, 44 weitere befanden sich in der Bundesrepublik. Gegen die Anwesenden wurde in 2 Fällen die Todesstrafe verhängt, die übrigen erhielten Haftstrafen, 14 der Verurteilten waren Elsässer. Diese wurden vom französischen Staat zwar amnestiert, allerdings erkannte auch die Bundesrepublik die Urteile gegen die Deutschen gemäß Art. 16 Abs. 2 GG nicht an. Zum Oradour-Prozess vgl. Moisel 2004, S. 148–158.

211 Dehler bezog sich dabei auf Schumachers Rede in der ersten außenpolitischen Bundestagsdebatte, in dieser ausgeführt hatte, dass die Urteile der französischen Militärgerichte von „der Psychose der Vergeltung" bestimmt worden seien, um daraufhin zu konstatieren: „Betroffen worden sind fast nur die *kleinen Leute,* die Mannschaften. Es ist unter den Verurteilten, die heute noch sitzen, nur ein einziger Oberst und kein einziger General." 1. BT, 17/15.11.1949, S. 403 (Herv. d. Verf.). Das konnte Dehler für die Gesamtheit der französischen Prozesse aber nicht bestätigen.

auch die These des Christdemokraten Eduard Wahl, die besagte, dass im Prinzip jeder auf der Anklagebank hätte landen können. Eine Folge der alliierten Prozesse, in denen die Angeklagten oft nur aus „Zufall"[212] oder „Willkür" ausgewählt worden seien, sei daher das

> „weitverbreitete *Mitgefühl* mit dem Kameraden, der aus eigenem Antrieb nie ein Verbrechen begangen hätte, dem aber durch das System die Verantwortung dafür aufgezwungen worden ist, wobei der Gedanke mitschwingt, *daß einem selbst das Gleiche hätte widerfahren können.*"

Doch nicht nur solche relativ offenen Identifikationsangebote waren geeignet, ein Wir-Gefühl mit den Kriegsverbrechern zu evozieren. In eine ähnliche Richtung wies das immer wieder für sie bekundete Bedauern, mit dem auch Dehler im Zuge seiner Ausführungen zum Fall Oradour feststellte, dass man „mit den Angeklagten, die in eine solche Zwangslage gekommen sind, nur Mitleid haben"[213] könne – womit er zugleich die von den Angeklagten verübte Gewalt zur Zwangslage stilisierte.

Diese Bemerkungen Dehlers waren im Übrigen Teil seiner Antwort auf die am 11. Januar 1950 im Bundestag debattierte Interpellation der SPD *betr. Hilfe für in Frankreich verurteilte deutsche Kriegsgefangene* [sic!],[214] mit der die Sozialdemokratie demonstrierte, dass sie bei der Fürsorge für die Verurteilten keinesfalls hintanstehen wollte. Wie hier, so konzentrierte sie ihre Kritik besonders auf Frankreich.[215] Demgegenüber griffen die Regierungsparteien, um den potenziellen französischen Bündnispartner nicht zu verschrecken, öffentlich vor allem die Ostblockstaaten an, wobei diese von Adenauer favorisierte Linie, wie Dehlers Aussagen zeigen, nicht von allen konsequent mitgetragen wurde. Mit der Antwort des Bundesjustizministers auf die Interpellation war der SPD-Abgeordnete Willi Eichler gleichwohl nicht ganz zufrieden und drängte, dass es zuvorderst darum gehen müsse,

> „hier Wiederaufnahmeverfahren in Gang zu bringen. Erst wenn wir alle diese Möglichkeiten erschöpft haben, muß man versuchen, den *Opfern,* soweit sie unschuldig ver-

---

212 Wahl, 1. BT, 330/17.9.1952, S. 10497. Ebd. folgende Zitate (Herv. d. Verf.).
213 Dehler, 1. BT, 26/11.1.1950, S. 782.
214 Vgl. 1. BT-DS, Nr. 303, 9.12.1949.
215 Siehe dazu u. a. auch die *Interpellation der Fraktion der SPD betr. Kriegsgefangene Deutsche im Westen,* 1. BT-DS, Nr. 2187, 25.4.1951.

urteilt worden sind, auf dem Wege des Gnadenerlasses Gerechtigkeit widerfahren zu lassen."[216]

Der Lapsus, der Eichler hier unterlief, als er erst alle Verurteilten zu „Opfern" erklärte, um dann zu ergänzen, dass nicht alle davon unschuldig – aber wohl trotzdem „Opfer" – seien, ist bezeichnend dafür, wie oberflächlich das ohnehin geringe Bemühen um Differenzierung zumeist blieb. Gerade in Kombination mit bestimmten anderen Formulierungen zeigt die den Kriegsverbrechern zugeeignete Opferrolle zudem an, dass sich die Prozesskritik weniger aus verletztem Rechtsgefühl denn aus verletztem Nationalgefühl speiste. So war es für Eichler

> „[a]m *kränkendsten* […], daß wir gerade an der einzigen Stelle, an der Empörung nicht in die Entscheidung eingreifen sollte, nämlich in der Funktion ordentlicher Gerichte, merken, daß offenbar mehr die Empörung als der strenge Sinn für Gerechtigkeit die Feder und die Stimme des Herzens gelenkt hat."

Dass man mit diesen Vorwürfen speziell gegen Frankreich „nicht irgendeinen Nationalismus nähren"[217] wolle, versicherte sodann für die CDU Heinrich Höfler, zugleich Direktor der Caritas, deren „Kriegsgefangenenhilfe" er seit 1945 mit aufgebaut hatte.[218] Gleich darauf deutete er allerdings an, bei wem er das Problem eigentlich sah, obschon er sich „nicht über die Hintergründe verbreiten [mochte, Anm. d. Verf.], die zu gewissen nationalistischen Ausartungen auf der französischen Seite geführt haben" – immerhin sei das gemeinsame Ziel die „Befreiung von diesem Unfug"[219].

Den Gedanken, mit dem Höfler seine Rede beschloss, nämlich, „daß die Völker daran denken sollten, nun endlich einmal das große Verzeihen und das große Vergessen zum Gegenstand und zum Ausgangspunkt ihrer gegenseitigen Beziehungen zu machen", hatte kurz zuvor auch schon Dehler artikuliert, als er das im *Westfälischen Frieden* von 1648 vereinbarte „ewige Vergessen" als Zukunftsmodell pries.[220] Solche historische Analogien, die implizierten, dass es am besten

---

216 Willi Eichler (SPD), 1. BT, 26/11.1.1950, S. 783. Ebd. folgendes Zitat (alle Herv. d. Verf.). Demnach sollte zuerst versucht werden, über erneute Verfahren Freisprüche zu erreichen; denn eine Begnadigung erfolgt ja gerade auf der Basis einer festgestellten Schuld und ändert nichts an ihr.
217 Heinrich Höfler (CDU), 1. BT, 26/11.1.1950, S. 784.
218 Vgl. Frei 1999, S. 203.
219 Höfler, 1. BT, 26/11.1.1950, S. 784. Ebd. das folgende Zitat.
220 Vgl. Dehler, 1. BT, 26/11.1.1950, S. 783. Die Gleichsetzung der von den Nationalsozialisten systematisch verübten Massenverbrechen mit einem Bürgerkrieg (der *Westfälische Frieden* beendete

wäre, in Sachen Kriegsverbrechen schlicht Tabula rasa zu machen, waren außer bei der FDP vor allem bei der DP beliebt, obschon sich beide Koalitionsparteien letzten Endes damit abfinden mussten, dass derartige Friedensschlüsse nicht mehr durchsetzbar waren.[221]

Noch im Januar 1950, keine drei Wochen, nachdem über die Interpellation der SPD diskutiert worden war, befasste sich der Bundestag auf Basis eines Antrags der DP und zweier Interpellationen der Union ausführlich mit den Kriegsgefangenen in der Sowjetunion und in Jugoslawien.[222] Mehr noch als mit den Häftlingen in westlichem Gewahrsam, die allesamt zumindest unter dem Verdacht standen, Verbrechen verübt zu haben, wurden hierbei Einheit und Solidarität mit den Betroffenen beschworen. Dass sich auch unter ihnen keineswegs nur unschuldige Personen befanden,[223] schmälerte weder Adenauers großen Triumph, als es ihm im Herbst 1955 schließlich gelang, die Rückkehr der letzten Kriegsgefangenen aus der Sowjetunion gegen die Aufnahme diplomatischer Beziehungen einzutauschen, noch das nationale Pathos, mit dem dieses Problem zuvor diskutiert wurde. So eröffnete Ernst August Farke für die DP die Debatte am 27. Januar 1950 mit den Worten:

> „Millionen, die noch auf Väter und Söhne warten, sind in Schmerz erstarrt. Das ganze deutsche Volk steht fassungslos diesem neuen *Verbrechen gegen die Menschlichkeit* gegenüber. [...] Es ist selbstverständlich, daß die Vertretung des deutschen Volkes hier im Bundestage sich zu seinem Sprecher machen muß. [...] Möge er [der Antrag der DP, Anm. d. Verf.] die ganze Weltöffentlichkeit aufrütteln, möge er Wege öffnen, die für die Hundertausende [sic] *unserer Brüder* in die Freiheit, in das Leben hineinführen!"[224]

---

den Dreißigjährigen Krieg) zur Legitimation der Amnestie von NS-Tätern stammt ebenfalls von Carl Schmitt. Vgl. Perels 1999e, hier S. 117 f. Siehe dazu auch Fn. 23 in Kap. 4.1.1.

221 Vgl. etwa für die DP von Merkatz, 1. BT, 230/17.9.1952, S. 10493; für die FDP Mende, ebd., S. 10502; aber auch für die SPD Hans Merten, ebd., S. 10500, der in seiner Analogiebildung ausgerechnet den – insbesondere von den antirepublikanischen Kräften der Weimarer Zeit als Rechtfertigung für den Zweiten Weltkrieg angeführten – *Versailler Vertrag* als bisher einzige Abweichung vom Tabula-rasa-Prinzip nannte.

222 Vgl. 1. BT-DS, Nr. 378, 11.1.1950 (DP); Nr. 411, 18.1.1950 ; Nr. 432, 20.1.1950 (CDU/CSU).

223 Unter jenen, die 1955 aus der Sowjetunion „heimkehrten", befanden sich etwa auch die ehemaligen SS-Wachen aus dem KZ Sachsenhausen Gustav Sorge und Wilhelm Schubert. Vgl. Brochhagen 1994, S. 250; dazu, dass Adenauer durchaus bewusst war, dass sich unter den Kriegsgefangenen in der Sowjetunion auch Verbrecher befanden, bes. ebd. S. 246.

224 Farke, 1. BT, 32/27.1.1950, S. 1011 (erste Herv. i. Orig., zweite Herv. d. Verf.). Auch die Verdrehung, dass Verbrechen gegen die Menschlichkeit nicht zwischen 1933 und 1945 von Deutschen, sondern nach 1945 von den Alliierten an Deutschen verübt worden seien, findet sich schon bei

Doch nicht nur Farke betitelte die Kriegsgefangenen allumfassend als „unsere Brüder". Nachdem erst noch Heinrich Höfler für die Union klargestellt hatte, dass diese Angelegenheit „wahrhaftig kein Agitationsbedürfnis, sondern [...] eine der tiefen Herzensnöte des deutschen Volkes"[225] sei, benutzte auch der Kanzler diese Formulierung, als er in seinem an die Angehörigen sowie an die Weltöffentlichkeit adressierten Schlusswort die nationale Relevanz des Kriegsgefangenenproblems unterstrich:

> „Ich glaube, alle Deutschen sind sich darin einig, daß wir den Schmerz dieser Anverwandten teilen, und das gesamte deutsche Volk ist sich mit uns darin einig, daß wir alles tun müssen, damit die Leiden dieser *unserer deutschen Brüder* und dieser *unserer deutschen Schwestern* baldmöglichst abgekürzt werden. [...] Hier handelt es sich um solche *Vergehen und Verbrechen gegen die Menschlichkeit,* daß die gesamte Öffentlichkeit auf der ganzen Welt sich dagegen empören muß. (Lebhafter Beifall bei der SPD, in der Mitte und rechts.)"[226]

Daraufhin ließ Bundestagspräsident Erich Köhler die Sitzung für zehn Minuten unterbrechen, „um nach den Erklärungen des Herrn Bundeskanzlers der Bedeutung und der Tragweite des hier zur Beratung stehenden Gegenstandes" gerecht zu werden.[227]

Nach der Pause sprach Heinz Renner von der KPD noch einen für die Union eher unangenehmen Punkt an, als er daran erinnerte, dass anfangs sogar vier Anträge zur Debatte vorgelegen hatten. Die CDU/CSU hatte nämlich zuerst auch beantragt, den 5. März 1950 zum Gedenktag für die Kriegsgefangenen zu erklären, dies aber auf Rat des Ältestenrates des Bundestags wieder verworfen, da bereits das NS-Regime im März einen „Heldengedenktag" begangen hatte.[228]

Schmitt. Vgl. Perels 1999e, bes. S. 113 f. Zur damaligen Zeit war diese Verdrehung allerdings Communis Opinio, wie z. B. das gleich folgende Zitat von Adenauer zeigt.
225 Höfler, 1. BT, 32/27.1.1950, S. 1011.
226 Adenauer, 1. BT, 32/27.1.1950, S. 1013 (die ersten beiden Herv. d. Verf., dritte Herv. i. Orig.).
227 Erich Köhler (CDU), 1. BT, 32/27.1.1950, S. 1013.
228 Vgl. Heinz Renner (KPD), 1. BT, 32/27.1.1950, S. 1016. Renner sprach hier davon, dass der NS-Gedenktag genau am 5. März gewesen sei. Gemeint ist aber vermutlich der schon in der Weimarer Republik eingeführte Volkstrauertag für die Gefallenen des 1. Weltkrieges, der 1934 von den Nazis in Heldengedenktag umbenannt und 1939 vom 27.2. auf den 16.3. bzw. den Sonntag davor verlegt wurde. Zur wechselvollen Geschichte dieses Tages vgl. Kaiser 2010. Beschlossen wurde die Debatte daraufhin mit einer gemeinsamen Erklärung von Union, SPD, FDP, DP, BP, WAV und Zentrum (sowie nachträglich der NR), in der sich die Parteien zum einen vom prosowjetischen Blick der KPD auf die Kriegsgefangenenfrage distanzierten und zum anderen die Regierung zu weiterem Engagement aufriefen. Vgl. Kurt Pohle (SPD), 1. BT, 32/27.1.1950, S. 1017.

Der „Gedenktag für die deutschen Kriegsgefangenen" wurde schließlich auf den 26. Oktober 1950 gelegt und vom Bundestag mit einer besonderen Sitzung begangen, die allein aus einer Erklärung der Bundesregierung bestand. Darin beschwor der Kanzler abermals die einheitliche Haltung der Bevölkerung, die sich an diesem Tage im gesamten Bundesgebiet versammele, um der „Verbundenheit mit diesen unseren Landsleuten und mit ihren Angehörigen in Deutschland Ausdruck"[229] zu verleihen. Und nicht allein die Westdeutschen, sondern, so Adenauer am Ende seiner Rede,

> „das ganze deutsche Volk diesseits und jenseits des Eisernen Vorhangs ist sich in der Verurteilung dieser Grausamkeit einig, (Zustimmung.) ist sich einig darin, daß wir mit ganzer Kraft uns dafür einsetzen müssen, daß die Rückkehr bald ermöglicht wird, ist sich auch einig darin, daß die ganze zivilisierte Welt uns in diesem Bestreben unterstützen muß."

Dass die Kriegsgefangenen in der Sowjetunion, wie vom Kanzler betont, unter äußerst schlechten Bedingungen leben mussten, ist gewiss nicht zu bestreiten. Die Art und Weise, in der er diese Lage allein als aus „Rachegefühl" bzw. „Rache" vorsätzlich herbeigeführte „Maßnahme kalter Grausamkeit" beschrieb, verweist jedoch darauf, dass in der Diskussion dieses Themas auch Mechanismen der Schuldumkehr und der Projektion[230] zuvor von deutscher Seite begangener Verbrechen auf den vormaligen Kriegsgegner wirksam waren, wie die folgende Aussage Adenauers verdeutlicht:

> „Ich weiß nicht, meine Damen und Herren, ob in der Geschichte jemals mit einer solchen kalten Herzlosigkeit ein Verdikt des Elends und des Unglücks über Millionen von Menschen gefällt worden ist. Die Geschichte wird auch darüber einst zu richten haben."[231]

Zudem scheint sich in der Gesamtschau der Debatten der bittere Satz zu bestätigen, mit dem Christian Gerlach einen Text zum Umgang der Wehrmacht mit so-

---

229 Adenauer, 94/26.10.1950, S. 3495. Ebd. folgende Zitate.
230 In der Psychoanalyse bezeichnet Projektion die „Operation, durch die das Subjekt Qualitäten, Gefühle, Wünsche, sogar ‚Objekte', die es verkennt oder in sich ablehnt, aus sich ausschließt und in dem Anderen, Personen oder Sache, lokalisiert. Es handelt sich hier um eine Abwehr sehr archaischen Ursprungs, die man besonders bei der Paranoia am Werk findet, aber auch in ‚normalen' Denkformen wie dem Aberglauben." Laplanche/Pontalis 1996, S. 400.
231 Adenauer, 94/26.10.1950, S. 3495f.

wjetischen Soldaten einleitet: „Sowjetische Kriegsgefangene interessieren eigentlich keinen Menschen."[232] So wurde im Bundestag nicht darauf reflektiert, dass vor 1945 auch zahllose sowjetische Kriegsgefangene in deutscher Gewalt gestorben waren, und zwar nicht allein aufgrund von Versorgungsproblemen, sondern durch eine bewusste Politik des Verhungernlassens, selektive Tötungen und Massenerschießungen.[233] Stattdessen wurde das Leid derer, die in der eigenen Nation verortet wurden, ganz ins Zentrum gestellt, das Leid derer, die sich außerhalb dieses Kollektivs und dann auch noch im gegnerischen politischen Lager befanden, dagegen ignoriert.

Darüber hinaus wurden Einheit und Solidarität keineswegs nur mit den Kriegsgefangenen, sondern zum Teil auch ausdrücklich mit den Verurteilten in den Gefängnissen der Westalliierten eingefordert, allen voran von Hans-Joachim von Merkatz, der für die DP in der ersten außenpolitischen Grundsatzdebatte des Bundestags am 8. November 1950 ausführte: „Männer wie Manstein, wie Kesselring und andere, die in Landsberg und Werl einsitzen, diese Männer und wir, wir sind doch eines. Wir haben doch das mitzutragen, was man ihnen, stellvertretend für uns, auferlegt."[234] Bevor er die als Kriegsverbrecher verurteilten Häftlinge derart zu nationalen Märtyrern verklärte, hatte er außerdem noch klargestellt, was jenen Häftlingen wie allen früheren Angehörigen der Wehrmacht – und damit auch „uns" – unter keinen Umständen zu nehmen sei: „Die Ehre des deutschen Soldaten ist für uns unantastbar und steht fest."

Zwei Tage später legten SPD, FDP, DP, BP, WAV und Zentrum gemeinsam eine Interpellation *betr. Auslieferung und Hinrichtung von Deutschen* vor, mit der sie zum einen gegen die Auslieferung deutscher Staatsbürger durch die Westmächte an Ostblockstaaten, zum anderen gegen vergangene und zukünftige Hinrichtungen von verurteilten Kriegsverbrechern protestierten.[235] Denn, so die Begründung, „todeswürdige Verbrechen" müssten zwar gesühnt werden, es sei aber

---

232 Gerlach 2005, S. 40. Vgl. außerdem zu diesem Thema die Pionierarbeit von Streit 1978.
233 Von 5,7 Millionen sowjetischen Kriegsgefangenen der Wehrmacht starben etwa 2,5 bis 3,3 Millionen; die Zahl der toten deutschen Kriegsgefangenen in der Sowjetunion ist sehr strittig, sie wird auf 375 000 bis 900 000 von 2,5 Millionen geschätzt. Vgl. Gerlach 2005, S. 41, 45.
234 Von Merkatz, 1. BT, 98/8. 11. 1950, S. 3614. Ebd. das folgende Zitat. Generalfeldmarschall Erich von Manstein wurde 1949 von einem britischen Militärgericht wegen Verletzungen des Kriegsrechts zu 18 Jahren Haft verurteilt, aber bereits 1953 vorzeitig entlassen. Generalfeldmarschall Albert Kesselring, von den Briten 1947 zum Tode verurteilt, weil er italienische Geiseln hatte erschießen lassen, kam schon Ende 1952 wieder frei und war dann bis 1960 „Bundesführer" des Stahlhelms. Vgl. von Wrochem 2006; von Lingen 2004.
235 Vgl. 1. BT-DS, Nr. 1599, 10. 11. 1950. Ebd. die folgenden Zitate.

zweifelhaft, dass nur unter diesen Umständen Hinrichtungen erfolgten. Vielmehr bestünde

> „die Sorge darüber, daß die wegen Kriegsverbrechen verurteilten Personen nach wie vor Sondergesetzen unterstehen und die ihnen zur Last gelegten Tatbestände in der Regel nicht ausreichen würden, um eine Verurteilung nach gewöhnlichem Recht zu begründen."

Die hier wie sooft im Zusammenhang mit der Kriegsverbrecherfrage geäußerte Anschuldigung, dass die Urteile nur auf Sondergesetzen basierten, beinhaltete vor allem den Vorwurf, dass die Alliierten ein rückwirkendes Strafrecht angewandt hätten, was rechtsstaatlichen Prinzipien und so auch Art. 103 Abs. 2 GG widerspräche. Außer Acht ließ diese Argumentation jedoch, dass das Rückwirkungsverbot grundsätzlich rechtsstaatliche Verhältnisse voraussetzt[236] – und dass Verbrechen wie Mord auch in der NS-Zeit nach anerkannten Völkerrechtsnormen strafbar waren, die Alliierten also keineswegs völlig unbekannte Tatbestände verfolgt hatten. Hinzu kam vonseiten der Kritiker der vermeintlichen Sondergesetzgebung der Einwand, dass die meisten Täter nur auf Befehl gehandelt hätten, was ihre Schuld mindere, wenn nicht gar ganz aufhebe. Diese ausgedehnte Konstruktion eines „Befehlsnotstands" sprach dem Großteil der Täter somit jede Entscheidungsmöglichkeit bei der Ausführung eines Befehls ab und wollte lediglich sogenannte „Exzesstaten" bestraft sehen.[237]

Diesem Tenor entsprechend konstatierte Heinrich Höfler, der die Debatte am 14. November 1950 eröffnete, dass es den Parteien nicht etwa darum gehe, Schuldige zu befreien, sondern allein „um das Recht."[238] Aufschlussreich an dieser Debatte ist aber vor allem, wie speziell FDP und DP die Haltung der deutschen Seite als besonders zivilisiert und demgegenüber das Verhalten der Alliierten als unzivilisiert charakterisierten. Dies deutete sich bereits an, als Thomas Dehler im

---

236 Das NS-Regime hatte das Rückwirkungsverbot mit dem *Gesetz über Verhängung und Vollzug der Todesstrafe (Lex van der Lubbe)* vom 29. 3. 1933 gleich mit als Erstes aufgehoben. Das Gesetz wurde nach dem Reichstagsbrand vom 27./28. 2. 1933 in Kraft gesetzt, um den als Täter verhafteten Marinus van der Lubbe zum Tode zu verurteilen. Dazu machte das Gesetz § 5 der *Verordnung zum Schutz von Volk und Staat (Reichstagsbrandverordnung)* vom 28. 2. 1933, der die Todesstrafe u. a. für Brandstiftung und Hochverrat vorsah, rückwirkend geltend auch für Straftaten, die zwischen dem 31.1. und 27.2.1933 begangen worden waren. Insofern wurde hier quasi den Alliierten das vorgeworfen, was der deutsche Staat zuvor selbst getan hatte.
237 Vgl. Hinrichsen 1972; in Bezug auf das *zweite Straffreiheitsgesetz* von 1954 außerdem Perels 1999b, S. 207.
238 Höfler, 1. BT, 101/14. 11. 1950, S. 3690.

Anschluss an Höfler den Protest gegen die Auslieferungen damit begründete, dass die Alliierten „zum Schmerz aller guten Demokraten"[239] Art. 16 Abs. 2 GG nicht anerkannten, und wurde vollends ersichtlich, als er die Gründe aufzählte, die gegen weitere Hinrichtungen sprächen. Sie seien nämlich auch deshalb abzulehnen, weil gerade bei den Insassen in Landsberg inzwischen zu viel Zeit zwischen Urteil und Vollstreckung vergangen sei. Schließlich sei es, so Dehler ohne weiter darauf einzugehen, dass die Verzögerungen nicht zuletzt auf dem massiven westdeutschen Einsatz für die Verurteilten beruhten,

> „[i]n allen *Kulturstaaten* [...] üblich, daß die Hinrichtungen in einer angemessen Frist auf die Verurteilungen folgen müssen. Die jahrelang dauernde Ungewißheit über das endgültige Schicksal wird als *unmenschlich* angesehen und zum mindesten als eine der Vollstreckung der Todesstrafe entsprechende Sühne betrachtet."

Ähnlich findet sich diese implizite Gegenüberstellung von angeblich kulturell überlegenen Deutschen und „unmenschlich" agierenden Alliierten bei von Merkatz, der am 17. September 1952 eine weitere Große Anfrage der DP *betr. Lösung der „Kriegsverbrecher"-Frage*[240] einbrachte. Dabei stellte er zunächst fest: „Nach diesen beiden furchtbaren Kriegen, nach dem Einbruch totalitären Rechtsdenkens in die *Kulturgemeinschaft* bedarf es des wahrhaften Aufbaus derjenigen Rechtsprinzipien, auf denen unsere Gemeinschaft beruhen soll."[241] Sodann ergänzte er, wer dazu bestimmt sei, zuvorderst an dieser Aufgabe mitzuwirken, nämlich die Deutschen, nicht etwa bloß seine Partei, die nur beabsichtige, mit allen anderen „zusammen die *deutsche Energie* darauf zu lenken, daß gerechte Prinzipien zur Geltung gebracht werden". Das „große Ziel" der Bemühungen müsse sein, „die uns in Europa und in der freien Welt vereinigenden Ideen der Demokratie, der Menschlichkeit und der Ritterlichkeit, die aus unserer abendländischen Tradition hervorgehen, zum Ausdruck zu bringen." Komplementär zur Inszenierung der deutschen Nation als eine Art Underdog, der die Welt aus seiner schwachen Position heraus zu verbessern und dabei eine Vorreiterrolle in Sachen Moral und Kultur zu übernehmen berufen sei, zeichnete von Merkatz die andere, alliierte Seite überaus negativ. So ging es seines Erachtens vor allem darum, die Ge-

---

239 Dehler, 1. BT, 101/14.11.1950, S. 3691. Ebd., S. 3692, das folgende Zitat (alle Herv. d. Verf.).
240 Vgl. 1. BT-DS, Nr. 3477, 21.6.1952. Siehe dazu auch schon die Anfrage von FDP, Union und DP betr. *Freilassung Deutscher in fremdem Gewahrsam*, 1. BT-DS, Nr. 2845, 19.11.1951, sowie kurz darauf den ähnlich lautenden Antrag derselben Parteien, 1. BT-DS, Nr. 3078, 8.2.1952.
241 Von Merkatz, 1. BT, 230/17.9.1952, S. 10493 (Herv. d. Verf.). Ebd. folgende Zitate (Herv. i. Orig.).

fahren zu überwinden, die aus „Haß, Rachsucht, Willkür und der Säkularisierung der Idee der Gerechtigkeit hervorzugehen drohen." Diese Aussage war zwar primär auf den „Totalitarismus", also auf die Sowjetunion gemünzt, aber derart unpräzise gefasst, dass sie die Westalliierten unausgesprochen mit einschloss, zumal vor dem Hintergrund der auch ihnen immer wieder unterstellten Rachegelüste. In dieselbe Kerbe schlug für die DP Ewers in einer erneuten Klage über die Anwendung von „Sondergesetzen, die sowohl prozessual- wie materialrechtlich mit abendländischen Grundsätzen nichts gemein haben"[242]. Zuvor hatte er sich noch dazu erbeten, besser nur noch von „Kriegsverurteilten" zu reden und „das Wort ‚Kriegsverbrecher' allgemein zu vermeiden; es sind ja im wesentlichen keine Verbrecher, sondern unschuldig Verurteilte". Wiederum wurde hier also die große Masse der Täter zu vermeintlich Unschuldigen erklärt, während nur ein äußerst geringer Teil als „wirklich schuldig" galt. Ewers' Bitte war angesichts dessen, dass das Wort Kriegsverbrecher ohne Anführungszeichen kaum mehr vorkam, allerdings im Grunde überflüssig.[243]

Darüber hinaus schienen allerdings sowohl die Große Anfrage der DP als auch die abermalige Debatte über die Kriegsverbrecherfrage überhaupt redundant zu sein, konnte Adenauer doch in seinem Beitrag verkünden, dass in den letzten zweieinhalb Jahren schon drei Viertel aller der durch nicht-deutsche Gerichte Verurteilten und Angeklagten freigekommen waren.[244] Zudem müsse man, so der Kanzler, auch Folgendes berücksichtigen: „*Nicht alle* im Gewahrsam befindlichen Personen sind *eines Gnadenerweises würdig.*"[245] Vielmehr sei gerade in der Öffentlichkeit einzugestehen, dass sich „ein wenn auch kleiner Prozentsatz von absolut asozialen Elementen unter den in Gewahrsam gehaltenen Personen befindet." Mit dieser Formulierung von den wenigen „asozialen Elementen" ließen sich die selbst durch Rückwirkungsverbot und Befehlsnotstand nicht mehr zu entschuldigenden Täter noch klarer als durch die bisher vom Kanzler favorisierte Bezeichnung als „wirkliche Verbrecher"[246] vom Rest des nationalen Kollektivs abgrenzen, die vielen vermeintlich Unschuldigen hingegen umso nachdrücklicher in dieses integrieren. Aufgegriffen wurde diese Formulierung vom Freien Demokraten Erich Mende. Bevor er sich von Personen distanzierte, die sich als „asoziale

---

242 Ewers, 1. BT, 230/17. 9. 1952, S. 10506. Ebd., S. 10505, folgendes Zitat (Herv. i. Orig.).
243 So sprach etwa auch Dehler, 1. BT, 101/14. 11. 1950, S. 3691, inzwischen durchgängig nur noch von „angebliche[n] Kriegsverbrechen".
244 Vgl. Adenauer, 1. BT, 230/17. 9. 1952, S. 10494.
245 Adenauer, 1. BT, 230/17. 9. 1952, S. 10495 (Herv. i. Orig.). Ebd. das folgende Zitat.
246 Zum Wandel der Bezeichnungen vgl. auch Frei 1999, S. 278.

Elemente betätigt und den Namen ihres Volkes mit Schande befleckt haben",[247] gab er überdies noch ein bemerkenswertes Statement dazu ab, wem denn unbedingt beizustehen sei:

„Wenn wir von den *unter dem Vorwurf des Kriegsverbrechens festgehaltenen Deutschen* sprechen, so meinen wir all jene, die als Angehörige der Wehrmacht, der Waffen-SS, der Polizei, ja im totalen Krieg vielleicht auch als Angehörige der Zivilverwaltung aus den besonderen Verhältnissen des Krieges in Schuld verstrickt wurden und hier schuldig oder teilschuldig geworden sind oder die vielleicht sogar unschuldig Opfer von Siegerwillkür, von Besatzungsjustiz aus der Morgenthau-Psychose, von Mißverständnissen, vielleicht von Verfahrensmängeln mit Berufszeugen und Geständniserpressungen geworden sind."

Bei so viel „Verstrickung" blieb zwar kaum noch ein „asoziales Element" übrig, obwohl gerade die Truppen der Waffen-SS maßgeblich den Massenmord an den osteuropäischen Juden begangen und „systematisiert" hatten.[248] Jedoch war Mende, wie derweil auch der DP, die zwischendurch noch die gegenteilige Ansicht bekundet hatte, klar, dass eine Generalamnestie keine realistische Option darstellte.[249]

Dies hatte für die CDU auch Eduard Wahl erneut unterstrichen, „weil wir keine Veranlassung haben, für Leute einzutreten, die *gemeine Verbrechen* begangen haben; und wer möchte leugnen, daß es bei den furchtbaren Untaten, mit denen der deutsche Name befleckt wurde, auch [sic] solche Deutsche gegeben hat."[250] Der nach dem deutschen Angriff auf die Sowjetunion am 22. Juni 1941 von Josef Stalin gegen die Wehrmacht ausgerufene Partisanenkrieg diente ihm allerdings wenige Absätze später dazu, die deutsche Schuld mit einer der üblichen „Ja, aber"-Konstruktionen zu relativieren und dem Kriegsgegner eine gehörige Portion Mitschuld zuzuweisen.[251] Auch ein weiteres bekanntes Argumentationsmuster wurde von Wahl bemüht, um die Prozessführung gegen die Kriegsverbrecher zu diskreditieren, nämlich die Annahme, dass hierbei völlig divergierende natio-

---

247 Mende, 1. BT, 230/17.9.1952, S. 10502. Ebd. das folgende Zitat (Herv. i. Orig.); zur im Folgenden erwähnten „Schuld-Verstrickung des Soldaten" vgl. auch ebd., S. 10504, sowie 2. BT, 62/16.12.1954, wo Mende Ähnliches in den Beratungen der *Pariser Verträge* wiederholte.
248 Vgl. Cüppers 2005. „Systematisiert" bedeutet in diesem Zusammenhang Ausweitung des Terrors und Mordens auf die Zivilbevölkerung.
249 Zum kurzzeitigen und Adenauer durchaus genehmen Konflikt zwischen der DP und Mende wegen der verschiedenen Positionen zur Generalamnestie vgl. Frei 1999, S. 272.
250 Wahl, 1. BT, 230/17.9.1952, S. 10496 (Herv. i. Orig.). Vgl. ebd., S. 10497f., für Folgendes.
251 Dies wiederholte auch Mende, 1. BT, 230/17.9.1952, S. 10503.

nale Rechtsauffassungen aufeinandergeprallt und zum Nachteil der Deutschen nicht genügend abgestimmt worden seien. Umso mehr sah er sich veranlasst, dem Kanzler sowohl im Namen seiner Partei als auch des von ihm mitbegründeten und unermüdlich für die Sache der NS- und Kriegsverbrecher streitenden Heidelberger Juristenkreises[252] dafür zu danken, dass dieser mit seinen „stillen" Bemühungen bei den Alliierten bereits so viel erreicht habe.

Die „Bereinigung" der Kriegsverbrecherfrage im Kontext der Westverträge

Dass das Thema Kriegsverbrecher trotz der bisher zu verbuchenden Erfolge überhaupt noch derart präsent war, lag daran, dass die Wiederbewaffnung mit dem Ende Mai 1952 unterzeichneten *EVG-* und dem daran geknüpften *Generalvertrag* nunmehr in greifbare Nähe gerückt war. Ein Ja zu einer neuen deutschen Armee aber war nicht nur vonseiten der kleinen Koalitionspartner, sondern auch von weiten Teilen der Militärs schon frühzeitig, etwa in der *Himmeroder Denkschrift* vom Oktober 1950,[253] mit der Forderung verbunden worden, dass vorher möglichst viele der Kriegsverbrecher freizulassen seien. Außerdem hätten sowohl die Alliierten als auch die Bundesregierung und der Bundestag Ehrenerklärungen für die deutschen Soldaten bzw. die Wehrmacht abzugeben. Adenauer, darum bemüht, alle Widerstände gegen das von ihm allem anderen vorgeordnete Ziel baldiger Souveränität zu beseitigen, hatte dies für seinen Teil schon am 5. April 1951 erledigt und erneuerte seine Ehrenerklärung noch einmal im Rahmen der 2. Lesung der Westverträge am 3. Dezember 1952.[254] In der 3. Lesung der Verträge am 19. März 1953 konnte Heinrich von Brentano für die Union dann bereits verkünden, dass die Alliierten inzwischen nicht nur der Einrichtung gemischter Gnadenausschüsse unter deutscher Beteiligung zugestimmt hatten, sondern überdies

---

252 Siehe dazu Fn. 32 in Kap. 4.1.1.
253 Die *Denkschrift über die Aufstellung eines Deutschen Kontingents im Rahmen einer übernationalen Streitmacht zur Verteidigung Westeuropas* wurde im Auftrag der Bundesregierung von einem im Wesentlichen aus vormaligen Generälen der Wehrmacht bestehenden Expertenausschuss vom 5. bis 9.10.1950 im Kloster Himmerod in Nähe der französischen Haftanstalt Wittlich erarbeitet. Vgl. Rautenberg/Wiggershaus 1977, S. 135–206. Mit ähnlicher Stoßrichtung argumentiert hatte auch schon eine unter der Ägide von Generalleutnant a. D. Hans Speidel, später Vorsitzender des Himmeroder Expertenausschusses, erstellte und dem Kanzler am 7.8.1950 vorgelegte Denkschrift, deren *Gedanken zur äußeren Sicherheit der Bundesrepublik* Adenauer offenbar stark beeindruckten. Vgl. dazu ebd., S. 144 f., sowie Frei 1999, S. 196, und aus Beteiligtenperspektive Speidel 1977, bes. S. 267–272.
254 Vgl. Adenauer, 1. BT, 240/3.12.1952, S. 11141; zu seiner ersten Ehrenerklärung Kap. 4.2.1.

planten, schon vor der Ratifikation in größerem Umfang Urteile zu überprüfen und gegebenenfalls Begnadigungen auszusprechen – eine Zusage, die Adenauer in immer wieder neuen Rücksprachen mit den Bündnispartnern erreicht hatte.[255] Daraufhin erklärten sich nun auch jene FDP-Abgeordneten, darunter Erich Mende, die bisher gedroht hatten, den Westverträgen ihre Zustimmung zu versagen, sollte keine in ihrem Sinne befriedigende Lösung der Kriegsverbrecherfrage erreicht sein, zu einem Ja bereit,[256] sodass die Verträge mit großer Mehrheit beschlossen werden konnten.

Dies geschah vor allem zum Leidwesen der SPD, die sich als Gegnerin der westdeutschen Wiederbewaffnung im Rahmen der EVG nicht nur gegen das Junktim von *EVG-* und *Generalvertrag*, sondern auch gegen das zwischen Wiederbewaffnung und Kriegsverbrecherfrage gewandt hatte. Denn für sie sei, wie Hans Merten noch vor der 2. Lesung der Westverträge anlässlich der Aussprache über die Große Anfrage der DP am 17. September 1952 erläutert hatte, „die Bereinigung dieser Herzensangelegenheit des ganzen deutschen Volkes keine Sache, die man ohne Not und ohne zwingende Notwendigkeit mit irgendwelchen anderen politischen Fragen koppeln kann oder koppeln sollte"[257]. Ihm schien dabei „noch das Allerunangenehmste zu sein", dass durch die Verbindung dieser Fragen „eine Zersplitterung in die bis dahin vollkommen einheitliche Front der deutschen Haltung gebracht wird" – ein Zustand, den, wie eingangs erwähnt, Kurt Schumacher schon nach der ersten Regierungserklärung als nationalpolitisch bedenklich bezeichnet hatte. Nun sahen sich die Sozialdemokraten gewissermaßen um die Früchte ihres Einsatzes für die Kriegsverbrecher betrogen,[258] obwohl sie sich mit scharfer Kritik gerade an den Westmächten keineswegs zurückgehalten hatten. Immerhin war laut Merten sogar für einen „juristischen Laien klar, daß die Prozesse, deren Opfer diese Männer wurden, nicht dem Vollzug der Gerechtigkeit gedient haben,

---

255 Vgl. von Brentano, 1. BT, 255/19.3.1953, S. 12316. Erfolgreich verhandelt hatte der Kanzler zudem in einem weiteren Punkt; denn sowohl die Koalitionsparteien wie die SPD hatten vehement darauf beharrt, dass die Bundesrepublik entgegen den ersten Vertragsentwürfen auch als souveräner Staat die alliierten Urteile nicht anerkennen müsse. Der *Generalvertrag* sah daher einen entsprechenden Souveränitätsvorbehalt vor, der allerdings nicht wie die anderen Vorbehalte in Art. 2 genannt, sondern in Art. 8 über die Zusatzverträge „an unauffälliger Stelle versteckt" war. Genaueres zu den Verhandlungen bei Frei 1999, S. 234–266, Zitat S. 265.
256 Vgl. dazu bes. Margarete Hütter (FDP), 1. BT, 255/19.3.1953, S. 12333.
257 Hans Merten, 1. BT, 230/17.9.1952, S. 10498. Ebd., S. 10499, folgende Zitate (Herv. i. Orig.).
258 So beklagte Merten hier ebenfalls, dass die Anfrage der DP auf die Tagesordnung gesetzt worden war, während die *Interpellation der SPD betr. Kriegsgefangene* [sic!] *Deutsche im Westen*, 1. BT-DS, Nr. 2187, 25.4.1951, weiterhin auf ihre Erledigung wartete, da sie vom Bundestag in einen Antrag umgewandelt und an den Ausschuss für auswärtige Angelegenheiten verwiesen worden war.

sondern daß sie *politische Prozesse* mit einem ad hoc geschaffenen Recht gewesen sind." Daher seien es letzten Endes die Alliierten selbst und nicht etwa die deutschen Reaktionen auf die Prozesse gewesen, die aus den Kriegsverbrechern Märtyrer gemacht hätten:

> „Man glaubte, mit Hilfe der Macht aus Unschuldigen Schuldige machen zu können und was ist erreicht worden […]? Nichts anderes, als daß man aus Schuldigen Unschuldige gemacht hat, die heute bereits mit dem Glorienschein des *nationalen Märtyrers* auch dann umgeben sind, wenn sie tatsächlich schwerste Verbrechen begangen haben. (Zustimmung bei der SPD.)"[259]

Dafür war ihm im Übrigen nicht nur die Zustimmung seiner eigenen Partei, sondern auch die des derzeit fraktionslosen Rechtsextremisten Adolf von Thadden sicher, der noch zu ergänzen wusste, dass die Westmächte ihre Prozesse aus den ersten Nachkriegsjahren nun auch deshalb kritischer sehen könnten, da sie „sich nicht mehr so vor den auch bei ihnen vorhandenen Chauvinisten in acht zu nehmen"[260] brauchten.

Als 1954/55 die *Pariser Verträge* im Bundestag verhandelt wurden, war die Kriegsverbrecherfrage nur noch von nebensächlicher Bedeutung. Unterdessen waren auch schon neun Zehntel aller Inhaftierten freigelassen worden.[261]

Erich Mende kam allerdings nicht umhin, namens der FDP abermals eine Ehrenerklärung für die Wehrmacht abzugeben. Darin konstatierte er, dass es unter „ethischen" Gesichtspunkten völlig irrelevant sei, welches politische System die deutschen Soldaten repräsentiert hätten, weshalb ein positiver Bezug auf das nationale „Wir" über alle Phasen der deutschen Geschichte hinweg vorbehaltlos möglich sei:

> „Ich bin der Meinung, daß der deutsche Soldat im ersten Weltkrieg nicht für den Kaiser und im zweiten Weltkrieg nicht für Hitler gekämpft hat, sondern genau so für sein deutsches Vaterland – und es tun mußte aufgrund der Gesetze – wie der Franzose für Frankreich, der Engländer für England, ja sogar der Rotarmist für die Sowjetunion. Das ethische Opfer des deutschen Soldaten im ersten wie im zweiten Weltkrieg ist über

---

259 Merten, 1. BT, 230/17.9.1952, S. 10500 (Herv. d. Verf.).
260 Von Thadden, 1. BT, 230/17.9.1952, S. 10508.
261 Vgl. dazu die Antwort des Staatssekretärs des Auswärtigen Amtes Walter Hallstein auf eine im Folgenden noch näher erläuterte Anfrage von DP und GB/BHE, 2. BT, 66/17.2.1955, S. 3383.

jede Diskussion erhaben. [...] Ethische Leistungen werden nicht gemindert durch das politische System, unter dem sie erbracht wurden".[262]

Daher sei, so Mendes Anliegen, nun auch noch für das letzte Zehntel der Kriegsverbrecher eine Regelung zu finden, die zwar nicht denen zugutekommen solle, die „ohne die Not des Krieges zu Sadisten geworden sind"[263], aber jenen die Freiheit bringen solle, „die durch die Not und durch die besonderen Ereignisse des Krieges in Handlungen verstrickt wurden, für die sie mindestens jetzt, 10 Jahre danach, eine mildere Beurteilung verdienen als vielleicht im Jahr ihrer damaligen Verurteilung."[264]

Für Herbert Schneider von der DP, die „im Rahmen der Ratifizierung der Pariser Verträge die Freiheit für *unsere Kriegsverurteilten*"[265] forderte, griff dies allerdings noch zu kurz, und auch der GB/BHE hielt jetzt die Zeit reif für eine, so Johannes-Helmut Strosche, „Schlußstrich-Generalamnestie"[266]. Beide Parteien hatten dieses Ansinnen im Vorfeld der Beratungen über das Vertragspaket auch erneut in eine Große Anfrage *betr. Deutsche Kriegsverurteilte in fremdem Gewahrsam* gekleidet, die Eva Gräfin Finck von Finckenstein vom GB/BHE dem Plenum am 17. Februar 1955 erläuterte.[267] Dabei konnte sie verkünden, dass „das Wort ‚Kriegsverbrecher'[...] aus dem deutschen Sprachgebrauch der letzten Jahre gottlob fast ganz verschwunden [ist]."[268] Ihre Forderung, durch eine Generalamnestie nun auch in der Sache „endlich tabula rasa, endlich reinen Tisch zu machen", wurde zwar sowohl von der Union als auch von der SPD abgelehnt. Faktisch kam das Erreichte dem allerdings quasi gleich, obschon die Interessenverbände der Soldaten deren Ehre ohne das von ihnen gewünschte Generalpardon nicht ganz wiederhergestellt sahen.[269]

Im Sommer 1957 wurden die letzten Kriegsverbrecher aus Werl und Wittlich freigelassen. Ein Jahr danach kamen auch die letzten vier verbliebenen Inhaftierten aus der Haftanstalt Landsberg frei, darunter Martin Sandberger, der unter anderem als Einsatzgruppenführer direkt für die Massenerschießungen von Juden

---

262 Mende, 2. BT, 62/16.12.1954, S. 3221.
263 Mende, 2. BT, 71/26.2.1955, S. 3757. Ebd. folgendes Zitat.
264 Dazu gehörte für Mende auch, das „Kollektivurteil" gegen die Waffen-SS zu überprüfen, da einzelne ihrer früheren Angehörigen auch in der neuen Armee, die er gern weiter als Wehrmacht bezeichnet gewusst hätte, nützlich sein könnten. Vgl. 2. BT, 71/26.2.1955, S. 3767 f.
265 Schneider, 2. BT, 71/26.2.1955, S. 3764 (Herv. d. Verf.).
266 Johannes-Helmut Strosche (GB/BHE), 2. BT, 71/26.2.1955, S. 3770.
267 Vgl. 2. BT-DS, Nr. 979, 12.11.1954.
268 Eva Gräfin Finck von Finckenstein (GB/BHE), 66/17.2.1955, S. 3383. Ebd. das folgende Zitat.
269 Vgl. Frei 1999, S. 280. Vgl. ebd., S. 297–302, auch zu Folgendem.

und Kommunisten in Estland verantwortlich war. Für ihn hatte sich in der Nachkriegszeit insbesondere der Sozialdemokrat Carlo Schmid bei den Alliierten verwandt, dem der Jurist Sandberger noch aus dessen Referendarzeit bekannt war.[270] Auch ohne komplette Tabula-rasa-Amnestie hatte der massive Einsatz der Parteien für die Verurteilten somit selbst Tätern wie Sandberger den Weg in die Freiheit wieder eröffnet. Nur im Kriegsverbrechergefängnis Spandau – dessen ab 1966 einziger Häftling Rudolf Heß, von 1933 bis 1941 Reichsminister ohne Geschäftsbereich und Stellvertreter Hitlers, 1987 starb[271] – saßen nun noch einige Kriegsverbrecher ein sowie ein paar weitere, insgesamt allerdings weniger als dreißig, in Frankreich, Belgien, Holland und Italien.

Obwohl die Kriegsverbrecherfrage somit im letzten Drittel der Ära Adenauer praktisch nicht mehr relevant war und schon seit Ende 1952 zunehmend nur noch am rechten Rand Bedeutung besaß, waren die Diskussionen über sie in ihren Auswirkungen auf die Nationenvorstellungen im Sinne der Wiederbelebung eines volksgemeinschaftlich konnotierten Wir-Gefühls von besonders entscheidender Bedeutung. Dass von fast allen Seiten des parteipolitischen Spektrums – mit Abstrichen bei der KPD, speziell was die Beurteilung des Umgangs der Ostblockstaaten mit den deutschen Kriegsgefangenen und -verbrechern angeht – unbedingte Solidarität mit den Inhaftierten eingefordert und die Verbundenheit aller Deutschen mit ihnen propagiert wurde, trug in höchstem Maße dazu bei, die überkommenen Kollektivvorstellungen über die NS-Zeit hinaus zu verlängern. Dies gilt zumal angesichts der vehementen Abgrenzung gegenüber den Alliierten, die auch darin zum Ausdruck kam, dass in den hier untersuchten Debatten nicht ein einziger Abgeordneter die alliierte Prozessführung im Wesentlichen als rechtmäßig und ihre Urteile als angemessen bezeichnete. Stattdessen schien der vorherrschenden Darstellung zufolge gleichsam die deutsche Nation insgesamt mit den Kriegsverbrechern auf der Anklagebank zu sitzen, deren „Ehre" die Parteien, nicht zuletzt in Anpassung an die emsig agitierenden rechtsextremen Kräfte und soldatischen Interessenverbände wie an die Stimmung in der Bevölkerung,[272] um nahezu jeden Preis zu retten bestrebt waren.

---

270 Vgl. dazu auch Weber 1996b, bes. S. 476 f., die Schmids Verhalten vor allem darauf zurückführt, dass dieser einst von Sandberger vor dem Zugriff der Gestapo geschützt worden war.
271 Zu Spandau und seinen Insassen mit besonderem Augenmerk auf die diesbezüglichen Auseinandersetzungen im Kontext des Ost-West-Konflikts vgl. Goda 2009.
272 Vgl. die Ergebnisse der Fragen zum Thema Kriegsverbrecher in: Noelle/Neumann (Hrsg.) 1956, S. 202; zur sinkenden Zustimmung schon zum Nürnberger Prozess Frei 1999, S. 136.

4.3 Zwischenfazit: Volksgemeinschaft in der Nation

Anfang der 1960er-Jahre zog Max Horkheimer in einer zunächst unveröffentlicht gebliebenen Notiz eine bittere Bilanz über den bisher in der Bundesrepublik praktizierten Umgang mit dem Nationalsozialismus. In den Mittelpunkt seiner Überlegungen rückte er das Problem der Kontinuität zwischen Vergangenheit und Gegenwart:

> „Immer wieder zu formulieren: das Schuldbekenntnis der Deutschen nach der Niederlage des Nationalsozialismus 1945 war ein famoses Verfahren, das völkische Gemeinschaftsempfinden in die Nachkriegsperiode hinüberzuretten. Das Wir zu bewahren war die Hauptsache. Aber man erklärte nicht einmal, ‚wir' hätten uns empören, wenigstens mit jenen verbinden sollen, die nicht mitmachten, die den Verfolgten halfen, aber wir hatten verständlicherweise Angst. […] Selbst noch das ‚Ich' stand für das ‚Wir'. Ich war kein Nazi, im Grunde waren wir's alle nicht. Das Wir ist die Brücke, das Schlechte, das den Nazismus möglich machte."[273]

Als zentrales Moment der Kontinuität erkannte er mithin das Einebnen der Differenz von Individuum und Kollektiv in einem pauschalen „Wir", das aus der NS- in die Nachkriegszeit hineinragte. Daran hatten die im Rahmen der Vergangenheitspolitik getroffenen Entscheidungen erheblichen Anteil. So waren die äußerst weitherzigen Amnestien und Integrationsleistungen dazu angelegt, den Großteil der vormaligen NS-Anhänger, von „Mitläufern" bis zu hochrangigen NS- und Kriegsverbrechern, als vermeintlich „Unschuldige", bloß „Verführte" bzw. nicht „wirklich Schuldige" (Adenauer) untereinander gleichzumachen und damit die Frage nach dem jeweils individuellen Schuldanteil auszublenden. Überdies wurden die früheren Nationalsozialisten auch mit Wirtschaftskriminellen und zum Teil sogar mit Widerstandskämpfern in einen Topf geworfen. Erinnert sei an die undifferenzierte Amnestie von Straftaten „auf politischer Grundlage" in § 9 Abs. 1 des *ersten Straffreiheitsgesetzes* von 1949, aber auch an die sukzessive Gleichstellung der nach

---

[273] Horkheimer 1974c, S. 200 f. Dass Horkheimer hier von Schuld*bekenntnis* statt von Schuldabwehr o. Ä. sprach, hat vermutlich seinen Grund darin, dass es ihm auch darum ging, aufzuzeigen, dass selbst dort, wo wenigstens implizit ein Schuldeingeständnis erfolgte, dieses oberflächlich und instrumentell blieb: „Welch unendliche Kühle und Fremdheit haben die armseligen 20. Juli-Feiern gekennzeichnet. Das Schuldbekenntnis hieß vielmehr, ‚wir' und die Nazis gehören zusammen, der Krieg ist verloren, ‚wir' müssen Abbitte tun, sonst kommen wir nicht rasch genug wieder hoch." Ebd., S. 201. Zudem bezog sich das Schuldbekenntnis, wie noch erläutert, primär auf „wirkliche Verbrecher".

1945 von den Alliierten aus politischen Gründen aus dem Staatsdienst entfernten Beamten mit jenen, die in der NS-Zeit politisch unbelastet geblieben waren. Die von Horkheimer angesprochene Kontinuität des „Wir" fußte somit entscheidend auf der Einebnung individueller Schuld und Unschuld. Dabei diente, wie im Zusammenhang mit der Debatte über den Abschluss der Entnazifizierung erläutert, die Abwehr der angeblich von den Alliierten vertretenen Kollektivschuldthese dazu, im Gegenzug eine kollektive Unschuld „der" Deutschen zu konstruieren und nicht zuletzt über dieses Konstrukt die Entscheidungen auf dem Gebiet der Vergangenheitspolitik zu legitimieren.

Im Kern richtete sich diese Politik den Aussagen aus allen politischen Spektren zufolge darauf, den als zerrissen oder zumindest als stark gefährdet beschriebenen nationalen Zusammenhalt wiederherzustellen, mithin, in den Worten Helmut Dubiels, auf die „Versöhnung der Deutschen mit sich selber".[274] Als Verursacher der nationalen Zerrissenheit benannt wurden allen voran die Alliierten. Diese erschienen im politischen Diskurs zumeist weniger als Verbündete bei der Überwindung des Nazismus denn als „fremde Eindringlinge" und ihre Säuberungs- und Sühnepolitik war Hauptangriffspunkt der ersten vergangenheitspolitischen Schritte.

Doch nicht nur gegen die Alliierten wurde die Nation imaginiert. Indem die Parteien daran appellierten, alles Trennende aus der NS-Zeit zu „vergessen" und sich stattdessen des gemeinsamen Leids der Besatzungszeit zu „erinnern", was per Gesetz zumindest partiell auch in die Praxis umgesetzt wurde, trugen sie nolens volens zur Bildung einer Kollektivvorstellung bei, in der für die schon aus der NS-Volksgemeinschaft Ausgestoßenen abermals kaum Platz blieb. So konnten sich diese in der „Erinnerung" einer erst 1945 bzw. frühestens 1939 einsetzenden Leidensgeschichte schwerlich wiederfinden. Vor allem aber erschwerte die starke personelle Kontinuität zum Dritten Reich auch an zentralen Schaltstellen der Bundesrepublik, in Verwaltung, Justiz, Schulen etc., eine auch nur halbwegs gleichberechtigte Integration der ehedem Verfolgten. Symptomatisch für den Ausschluss von NS-Gegnern war der im Kontext der Restauration des traditionellen Beamtenrechts erwähnte Umgang mit den „Außenseitern", die nach 1945 anstelle der von den Alliierten entlassenen Beamten des NS-Staates in den öffentlichen Dienst eingestellt worden waren, aber schon gegen Ende der 1940er-Jahre und dann insbesondere infolge der 131er-Gesetzgebung wieder verdrängt wurden. Eine Entsprechung dazu gab es im Übrigen auch hinsichtlich der früheren Wehrmacht: Während zahlreiche Ehrenerklärungen für jene abgegeben wur-

---

274 Dubiel 1999, S. 85.

den, die in ihr bis zum Ende gekämpft hatten, unterblieb lange Jahre eine Rehabilitierung der Wehrmachtsdeserteure. Offiziell erfolgte diese Rehabilitierung erst im Rahmen des *Gesetzes zur Aufhebung nationalsozialistischer Unrechtsurteile in der Strafrechtspflege* (NS-AufhG) vom 25. August 1998.[275]

Besonders bis Mitte der 1950er-Jahre waren die integrativen Schritte der Vergangenheitspolitik von einem weitgehenden Konsens getragen. Es zeigen sich zwar von Beginn an auch Differenzen zwischen den Parteien, vor allem bezüglich der Frage, wo die Grenzen der Integrationsbereitschaft gegenüber den früheren NS-Anhängern – und damit auch die Grenzen des nationalen „Wir" – verlaufen sollten. So blockierten, wie gesehen, Union und SPD gemeinsam die Vorstöße von FDP und DP, selbst noch die Entnazifizierungskategorien I und II (Hauptschuldige, Belastete) ungestraft davonkommen zu lassen. Gerade was die beiden großen Parteien angeht, lassen sich im Kontext der integrativen Vergangenheitspolitik allerdings keine ähnlich gravierenden Differenzen zwischen eher staatsbezogenen und vorstaatlichen Vorstellungen von der deutschen Nation ausmachen wie hinsichtlich der Westintegration oder der Gebietsfragen „im Osten". Dass volksgemeinschaftliche, d.h. vorstaatliche und vorkonstitutionelle Bande in der Bevölkerung auf emotional-mentaler Ebene fortwirkten,[276] wurde vielmehr offenbar weiterhin schlicht als Faktum akzeptiert. Was Horkheimer speziell mit Blick auf die – in weiten Teilen ja zum Widerstand gegen das NS-Regime zählenden – Sozialdemokraten schrieb, ist daher auch für die Union oder wenigstens die einstigen Widerstandskämpfer in ihren Reihen gewiss nicht falsch:

> „In der Politik der fünfziger Jahre ist es jetzt so wie in der motion picture industry. Man steht nicht zu einer Sache und sucht, das Publikum für sie empfänglich zu machen, sondern man will sich für das Publikum empfänglich machen und dann zu ihm stehen. Solcher Verlust der einen Seite, nämlich der Sache, muß notwendig die hypostasierte andere Seite, nämlich das Publikum, schließlich [im Kontext dieser Arbeit: als Demos, Anm. d. Verf.] zunichte machen"[277].

Die großzügige Politik gegenüber vormaligen Parteigängern des Nationalsozialismus, die die demokratischen Parteien in Anpassung an ihr „Publikum" betrieben,

---

275 Vgl. BGBl. I, Nr. 58, 31.8.1998, S. 2501–2504; dazu Metzler 2007; zur danach weiter (bis zum 2. *Änderungsgesetz des NS-AufhG* vom 24.9.2009, in: BGBl. I, Nr. 63, 29.9.2009, S. 3150) anhaltenden Diskriminierung sogenannter „Kriegsverräter" Korte/Heilig (Hrsg.) 2011; zur vorhergehenden Diskussion auch Wette (Hrsg.) 1995.
276 Vgl. z.B. Dubiel 1999, 46 f.
277 Horkheimer 1974b, S. 22.

hatte zur Folge, dass das volksgemeinschaftlich aufgeladene Gemeinschaftsgefühl der NS-Zeit in bestimmtem Maße in den nachnationalsozialistischen Vorstellungen von der deutschen Nation reproduziert wurde. Das heißt, weiterhin besaßen viele von jenen, die vor 1945 als Teil der NS-Volksgemeinschaft gegolten (oder diese sogar maßgeblich definiert und realisiert) hatten, einen privilegierten Zugang zur nationalen Gemeinschaft, ersichtlich darin, dass ein Großteil von ihnen ihre Karriere in der Bundesrepublik fortsetzen konnte, während viele derer, die schon aus der Volksgemeinschaft ausgestoßen waren, nun erneut Ausschluss erfuhren. Besonders eklatant zeigte sich dies am Einsatz der Parteien für NS- und Kriegsverbrecher, der diesen ebenso Recht zu geben schien wie er deren überlebende Opfer und die von ihnen zum Tode Verurteilten abermals ins Unrecht setzte. Vergegenwärtigt man sich, was die NS-Volksgemeinschaft bedeutete, nämlich eine „rassisch" bestimmte und radikal exklusive Gemeinschaft, so ist die Relevanz ihrer auch nur partiellen nachträglichen Affirmation im Hinblick auf die hier leitende Frage, wie sich eine vorstaatliche und ethnisch konnotierte Nationenvorstellung nach 1945 erneut als vorherrschende Vorstellung durchsetzen konnte, kaum zu überschätzen. Speziell im Rahmen der – noch dazu im Vergleich zu anderen Politikfeldern zwischen den beiden großen Parteien weniger konfliktreichen – integrativen Schritte der Vergangenheitspolitik wurde eine solche Nationenvorstellung (re-)konstruiert.

Allerdings ist zu betonen, dass die volksgemeinschaftlichen Elemente nach 1945 in einem grundsätzlich anderen Kontext standen als zuvor. So waren die Vorstellungen von der deutschen Nation, wenn man von manchen Bemerkungen vom rechten Rand des politischen Spektrums absieht, nicht mehr rassistisch-biologistisch und imperialistisch aufgeladen. Elemente wie Herkunft/Abstammung waren darin stets durch prinzipiell offenere Kriterien wie Geschichte, Kultur etc. ergänzt. Insbesondere aber wurden die revitalisierten volksgemeinschaftlichen Elemente durch den demokratischen Normenkatalog des Grundgesetzes und die ihm garantierten Grundrechte stark entschärft, allen voran in ihren praktischen Folgen für als außerhalb oder am Rand der nationalen Gemeinschaft stehend definierte Personen. Zudem setzten die Parteien der Adenauerzeit ihrem großzügigen Integrationswillen gegenüber den vormaligen NS-Anhängern auch von vornherein Schranken. Zwar war der auf „wirkliche Verbrecher" bzw. „asoziale Elemente" (Adenauer) beschränkte Ausschluss teilweise auch ein Mittel, den großen Rest der NS-Anhänger von Schuld freizusprechen – und diente unter diesem Aspekt betrachtet ebenfalls der Ehrenrettung der übrigen vormaligen „Volksgenossen" (Reismann). Auf diesen Effekt lässt sich die Grenzziehung gegenüber Haupttätern und Belasteten jedoch nicht reduzieren. An erster Stelle bildete sie (wie zuerst die alliierte Gesetzgebung) die Basis für eine justizielle Ahndung von NS-Verbrechen und besaß damit auch eine eminent wichtige Funktion zur Wiedererrichtung eines demokratischen Rechtsstaates.

Zudem waren Parteien, jedenfalls jenseits der Rechten, nicht zuletzt auf Basis des demokratischen Normenkatalogs des Grundgesetzes bestrebt, sich deutlich von der NS-Weltanschauung und -Praxis zu distanzieren. So wurden offener Neonazismus und Antisemitismus aus dem akzeptierten Meinungsspektrum ausgrenzt. Obschon die Bekämpfung derartiger Tendenzen im Einzelnen widersprüchlich blieb, bereitete diese Normsetzung gegen rechts auch die später einsetzende Phase einer umfassenderen Vergangenheitsbewältigung mit vor.

5 Zwischen Abgrenzung und Integration
Zur Erneuerung des nationalen Narrativs
im Kontext der Aufarbeitung des NS-Zeit

Bei aller Großzügigkeit besaß die Integrationsbereitschaft gegenüber den einstigen Befürwortern des NS-Systems auch von Anfang an ihre Grenzen, an erster Stelle gegenüber all jenen Personen, die versuchten, den Nazismus noch nach 1945 wiederzubeleben. Die Abgrenzung gegenüber solchen Versuchen, die Norbert Frei als weiteres Element, genauer gesagt als „Legitimation und Korrektiv einer im übrigen durch Amnestie und Integration bestimmten Vergangenheitspolitik"[1], analysiert hat, kann als der Bereich gelten, in dem sich relativ früh Ansätze für eine kritische Aufarbeitung der NS-Zeit abzeichneten. Daher war dieser Bereich auch zentraler Ausgangspunkt der intensivierten Auseinandersetzung mit dem Nationalsozialismus und der wachsenden Kritik am bisherigen Umgang mit ihm, die unter dem Stichwort der Vergangenheitsbewältigung[2] in der zweiten Hälfte der Ära Adenauer an Boden zu gewinnen begann.

Diese Ansätze zur Aufarbeitung der NS-Zeit besaßen auch für die Kontinuität der Nationenvorstellungen, wie sie durch die integrative Seite der Vergangenheitspolitik erzeugt wurde, eine – im Sinne Freis – sowohl korrigierende als auch legitimierende Wirkung. Einerseits schufen die frühen Initiativen gegen Rechtsextremismus[3], sprich offenen Neonazismus und Antisemitismus, und ebenso die spätere Vergangenheitsbewältigung die Grundlagen dafür, besagte Kontinuität infrage zu stellen. Anderseits schien die Beständigkeit des „Wir" jedoch auf diese Weise zum Teil auch geradezu gerechtfertigt, gewissermaßen nach dem Motto: Die personelle Kontinuität zum Nationalsozialismus ist halb so schlimm, wir haben ja trotzdem daraus gelernt.

Bei der Normsetzung gegen rechts zeigten sich zudem von Beginn an die größten Differenzen auf dem Gebiet der Vergangenheitspolitik. So erachteten zwar alle

---

1 Frei 1999, S. 307.
2 Vgl. stellvertretend für die große Menge an Literatur zu diesem Themenkomplex die lexikalischen Werke von Fischer/Lorenz 2009; Eitz/Stötzel 2007–2009.
3 Zur Diskussion der Begriffs vgl. u. a. Dudek/Jaschke 1984, S. 21–31.

Parteien außer der Rechten selbst diese Normsetzung als wichtigen Bestandteil der generellen Bemühungen zur Ehrenrettung der Nation. Die Regierungsparteien neigten jedoch dazu, das Problem dadurch zu lösen, rechtsextreme Tendenzen herunterzuspielen oder möglichst ganz zu beschweigen, zumal sich allen voran der Kanzler primär um das deutsche Ansehen sorgte.[4] Daher war ihr Handeln gegen rechts stark an den tatsächlichen oder befürchteten Reaktionen der Westalliierten orientiert und vorwiegend defensiv, situativ und punktuell. Die SPD war dagegen eher dazu bereit, Rechtsextremismus offen zu thematisieren und setzte sich an einigen Punkten durchaus für ein konsequenteres Vorgehen gegen ihn ein. Sie scheiterte damit jedoch immer wieder sowohl an der Blockadehaltung besonders der kleinen Koalitionsparteien als auch an ihrem eigenen Willen zur Anpassung an den hegemonialen Schlussstrich-Zeitgeist.

Diese Differenzen der Parteien, die sich im Rahmen der Vergangenheitsbewältigung fortsetzten, weisen auch auf grundlegende Unterschiede in ihren Nationenvorstellungen hin. So war es vor allem der SPD – nicht zuletzt aufgrund der biografischen Ferne weiter Teile ihrer Parteiführung und Mitgliederschaft zum NS-Regime – ein Anliegen, die im Dritten Reich Verfolgten gleichwertig in das nationale Kollektiv einzubeziehen. Das umfasste zum Mindesten, deren erneuter Verunglimpfung, wie sie von rechter Seite betrieben wurde, energisch entgegenzutreten. Dagegen erstreckte sich bei DP und FDP das nationale „Wir" klar in erster Linie auf die einstigen NS-Anhänger, im Zweifelsfall auch auf Kosten jener, die unter diesen gelitten oder sie bekämpft hatten. Auch in den Nationenvorstellungen von CDU/CSU besaß die Inklusion vormaliger NS-Anhänger tendenziell Vorrang. Allerdings erwies sich die Union bei der Grenzziehung nach rechts oftmals als gespalten und agierte folglich uneindeutig, hin und her gerissen zwischen den Ansprüchen ihrer Koalitionspartner und eigenen Klientel, der Westalliierten sowie der von einigen Unionspolitikern empfundenen Verpflichtung gegenüber dem Erbe des bürgerlichen Widerstands.

Im Folgenden werden die Ansätze zur Aufarbeitung der NS-Zeit im Hinblick auf ihre modifizierenden Effekte für die Nationenvorstellungen analysiert. Dies geschieht zunächst anhand der frühen Normsetzung gegen Rechtsextremismus (5.1) und folgend im Hinblick auf die spätere Vergangenheitsbewältigung, die vor allem am Beispiel der sogenannten Schmierwelle im Winter 1959/60 analysiert wird (5.2). Abschließend wird speziell die Frage beleuchtet, wie sich das nationale Narrativ, sprich die Erzählung einer deutschen Nationalgeschichte, unter dem Eindruck dieser Modifikationen ausformte (5.3).

---

4 Vgl. dazu auch Frei 1999, S. 307–396, hier bes. S. 307, 393f.

5.1 Grenzen des „Wir": frühe Initiativen gegen Neonazismus und Antisemitismus

Differente Strategien im gemeinsamen Anliegen der Normsetzung gegen rechts

Dass die unionsgeführte Regierung und die sozialdemokratische Opposition in der Normsetzung gegen rechts verschiedene Strategien bevorzugten, deutete sich schon in der ersten Generalaussprache im September 1949 an. Zu dem Zeitpunkt war seit einer Weile wieder ein Anwachsen judenfeindlicher Übergriffe in Westdeutschland zu beobachten.[5] Zudem waren derweil neben diversen rechtsextremen Gruppen nach Aufhebung des Lizenzzwangs auch einige Parteien entstanden, deren demokratische Haltung, so etwa bei der immerhin mit fünf Abgeordneten im ersten Bundestag vertretenen DKP-DRP, äußerst fragwürdig war.[6] Dies traf allerdings ebenfalls für manche Vertreter von DP, FDP, WAV und BP zu.[7]

In Reaktion darauf hatten auch schon die Westalliierten Bedenken geäußert.[8] Nicht zuletzt an sie gerichtet versicherte der Kanzler nach seinem Amtsantritt, dass die Regierung bei aller Bereitschaft zum Schlussstrich entschlossen sei, „aus der Vergangenheit die nötigen Lehren gegenüber allen denjenigen zu ziehen, die an der Existenz unseres Staates rütteln"[9]. Dass er dabei ebenso sehr an eine Ausgrenzung von rechtsextremen wie von kommunistischen Kräften dachte,[10] verdeutlichte er, indem er in antitotalitärer Haltung sogleich ergänzte, „mögen sie nun zum *Rechtsradikalismus* oder zum *Linksradikalismus* zu rechnen sein." Des Weiteren wird hier bereits ersichtlich, dass die Regierung die Ehre der deutschen Nation offenbar am besten dadurch gewahrt sah, den Rechtsextremismus als unbedeutendes Randphänomen darzustellen. So erklärte Adenauer im nächsten Atemzug: „Die Befürchtungen, [...] die namentlich in der ausländischen Presse

---

5 Vgl. u. a. Brenner 1995, S. 78–87; Stern 1991, z. B. S. 300–310.
6 Beispielsweise beherbergte sie den nach 1945 unter dem falschen Namen Franz Richter lebenden und 1952 enttarnten früheren Nationalsozialisten Fritz Rößler, der im 1. BT wiederholt durch rechtsextreme Äußerungen auffiel. So bezeichnete er den Bonner Staat als „Demokratur" und konstatierte, unter Beifall von rechts und in der Mitte, dass „das allergrößte Verbrechen, das jemals gegen die Menschlichkeit begangen worden ist, [...] die viehische Vertreibung von Millionen Deutscher aus den urdeutschen *Ostgebieten*" sei. Richter/Rößler, 1. BT, 7/22. 9. 1949, S. 80, 82 (Herv. i. Orig.). Vgl. zu ihm auch Fischer 2010, S. 108 f.
7 Zum Rechtsextremismus in der frühen Bundesrepublik vgl. die zeitgenössische Studie von Jenke 1961; zu den rechten Parteien auch Frei 1999, S. 307 f.
8 Zu den Reaktionen insbesondere in den USA vgl. Brochhagen 1994, bes. S. 182–190.
9 Konrad Adenauer (CDU), 1. BT, 5/20. 9. 1949, S. 27. Ebd. alle folgenden Zitate (Herv. i. Orig.).
10 Zur anti-kommunistischen Normsetzung vgl. von Brünneck 1978; Major 1997; Körner 2003; Korte 2009; Kössler 2005.

über rechtsradikale Umtriebe in Deutschland laut geworden sind, sind ganz bestimmt übertrieben." Ähnlich euphemistisch blieben seine Worte zu den „hier und da anscheinend hervorgetretenen *antisemitischen Bestrebungen*". Zwar verurteilte der Kanzler „diese Bestrebungen auf das schärfste", zugleich hielt er es jedoch „für unwürdig und für an sich unglaublich, daß nach all dem, was sich in der nationalsozialistischen Zeit begeben hat, in Deutschland noch Leute sein sollten, die Juden deswegen verfolgen oder verachten, weil sie Juden sind."

Diese Erklärung war Kurt Schumacher eindeutig zu mild ausgefallen. Mit der für ihn besonders spezifischen, prinzipiell aber für die SPD insgesamt typischen Mischung aus einerseits einem grundsätzlich positiven, meist Patriotismus genannten Bezug auf die deutsche Nation und andererseits der Ablehnung von Nationalismus als Synonym für neonazistische Gesinnungen ging der SPD-Vorsitzende in seiner Replik auf Adenauer zunächst darauf ein, dass es „die Pflicht jedes deutschen Patrioten [ist], das Geschick der deutschen und der europäischen Juden in den Vordergrund zu stellen und die Hilfe zu bieten, die dort notwendig ist"[11]. Sodann stellte er fest:

> „Die Hitlerbarbarei hat das deutsche Volk durch Ausrottung von sechs Millionen jüdischer Menschen entehrt. An den Folgen dieser Entehrung werden wir unabsehbare Zeiten zu tragen haben. [...] In Deutschland sollte keine politische Richtung vergessen, daß jeder Nationalismus antisemitisch wirkt und jeder *Antisemitismus* nationalistisch wirkt. Das bedeutet nämlich die freiwillige Selbstisolierung Deutschlands in der Welt."[12]

Schumacher sprach damit zwar die Ermordung der Juden an. Er tat dies jedoch lediglich mit der schon im Kontext der Amnestie- und Kriegsverbrecherdebatten wiederholt auftauchenden, auf die Verletzung des eigenen Selbst bezogenen und moralisch konnotierten Kategorie der Entehrung (gleichbedeutend mit Schande, dem Gegenbegriff zur Ehre) anstelle von Schuld, die sich auf die Verletzung anderer Menschen bezieht und rechtlich erfassbar ist.[13] Damit suggerierte auch er, dass die deutsche Nation das eigentliche Opfer der NS-Verbrechen gewesen sei, als wären das Entscheidende daran nicht die sechs Millionen Toten.[14]

---

11 Kurt Schumacher (SPD), 1. BT, 6/21. 9. 1949, S. 36.
12 Schumacher, 1. BT, 6/21. 9. 1949, S. 36. (Herv. i. Orig.).
13 Zur Differenzierung von Scham und Schuld siehe auch Fn. 110 in Kap. 4.1.2.
14 Dass Schumacher die Ermordung der Juden gerade als „Entehrung" des deutschen Volkes darstellte, hält auch Frei 1999, S. 28, im besten Fall für „[m]erkwürdig".

Zudem war Schumachers Verurteilung des Antisemitismus ebenfalls stark nach außen orientiert. Sie richtete sich jedoch gleichermaßen nach innen, eben auf das Ziel, die eigene nationale Ehre durch entschiedene Bekämpfung antisemitischer Tendenzen wiederzugewinnen. Daher betonte er im Anschluss, obschon nicht ohne eine gute Portion Philosemitismus, dass es auch in Deutschland ein genuines Interesse daran gäbe, dem Antisemitismus – verstanden als „das Nichtwissen von den großen Beiträgen der deutschen Juden zur deutschen Wirtschaft, zum deutschen Geistesleben und zur deutschen Kultur und bei der Erkämpfung der deutschen Freiheit und der deutschen Demokratie"[15] – entgegenzutreten, stände doch „das deutsche Volk heute besser da, wenn es diese Kräfte des jüdischen Geistes und der jüdischen Wirtschaftspotenz bei dem Aufbau eines neuen Deutschlands in seinen Reihen haben würde."

Den von ihm angedeuteten Zusammenhang von Antisemitismus und Nationalismus führte Schumacher hier nicht weiter aus. Dies hing primär mit seinem engen Begriff von Nationalismus als Neonazismus – dem er, wiederum mit einer Mischung von Außen- und Innenorientierung, vor allem vorwarf, „daß er in seinen Auswirkungen schlecht für Deutschland ist"[16] – zusammen, wo die Verbindung gleichsam auf der Hand zu liegen schien. Eine tiefer greifende Beschäftigung mit diesem Zusammenhang hätte allerdings womöglich auch zutage befördert, dass die in allen Parteien inklusive der SPD vorhandene und insbesondere in der Diskussion über die Kriegsverbrecherfrage hervortretende Tendenz, die deutsche Nation vorwiegend als Opfer anderer darzustellen, antisemitischen Haltungen wenig entgegenzusetzen hatte, hinterließ dieser „Opferdiskurs" doch den Eindruck eines: „Etwas muss daran gewesen sein...". Gehandelt wurde überdies zumeist erst, wenn judenfeindliche Bekundungen in die Öffentlichkeit drangen. Gerade seitens der Regierungsparteien geschah dies zum Teil auch nur zögerlich, wie ihr Verhalten im Skandal um Wolfgang Hedler zeigt.

Der Skandal um Wolfgang Hedler

Auslöser des Skandals um den DP-Bundestagsabgeordneten Hedler war eine Rede, die dieser am 26. November 1949 auf einer Veranstaltung in Einfeld bei Neumünster gehalten hatte. Nach der Mitschrift eines anwesenden Sozialdemokraten verneinte er darin u. a. die deutsche Kriegsschuld, bezichtigte die Wider-

---

15 Schumacher, 1. BT, 6/21.9.1949, S. 37. Ebd. das folgende Zitat.
16 Schumacher, 1. BT, 6/21.9.1949, S. 33.

standskämpfer des Landesverrats und griff Schumacher für die Äußerung an, dass es Deutschland besser ginge, wenn es noch mehr Juden gäbe. Während sich Hedler zu diesen Aussagen stets bekannte, so bestritt er im Nachhinein allerdings, obendrein das Folgende gesagt zu haben:

> „Ob das Mittel, die Juden zu vergasen, das gegebene gewesen ist, darüber kann man geteilter Meinung sein. Vielleicht hätte es auch andere Wege gegeben, sich ihrer zu entledigen. […] Ich persönlich bezweifle, daß Vergasung das Richtige war', Lachen in der Versammlung "[17].

Diese Rede löste insbesondere im Kreis der direkt Angegriffenen, bei der SPD, dem Zentralrat der Juden in Deutschland (ZJD) und den Angehörigen der Widerstandskämpfer, große Empörung aus. In dem daraufhin gegen Hedler angestrengten Prozess wurde jener jedoch am 15. Februar 1950 in erster Instanz freigesprochen. Im Anklagepunkt der Beleidigung der Juden erfolgte der Freispruch aus Mangel an Beweisen.[18] Laut Norbert Frei lag dies vor allem daran, dass sich die Richter in den Zeugenvernehmungen auf die Frage konzentriert hatten, ob Hedler das Vorgehen der Nationalsozialisten, also die Ermordung der Juden, gutgeheißen habe. „Diese Fokussierung war", so Frei, „mehr als problematisch, denn niemand hatte behauptet, Hedler habe sich offen zu den Vergasungen bekannt."[19] Folglich konnte auch kein Zeuge bestätigen, dass Hedler die Ermordung der Juden ausdrücklich gebilligt hatte. Die Erfüllung des Tatbestands der *Anreizung zum Klassenkampf* gemäß StGB § 130 sah das Gericht zwar als gegeben an, da die Rede des Angeklagten die jüdische Bevölkerung durchaus beunruhigt habe. Es ließ jedoch für Hedler sprechen, dass er weder zur Gewalt aufgerufen noch mit Vorsatz gehandelt habe. In allen anderen Anklagepunkten wurde er aufgrund erwiesener Unschuld freigesprochen, so auch im Punkt der Verunglimpfung des Andenkens der Widerstandskämpfer, da das Gericht seine Aussagen als politische Meinung qualifizierte, die unter das Recht auf Meinungsfreiheit falle. Als Hedler das Gericht verließ, jubelte ihm eine Menschenmenge zu.[20]

---

17 Zitiert nach: Bergmann 1997, S. 119, Fn. 128. Zum Fall Hedler vgl. zudem Frei 1999, S. 309–325; Jenke 1961, S. 124–128; Korte 1995.
18 Die folgende Darstellung nach Frei 1999, S. 310 ff.
19 Ebd., S. 311.
20 Vgl. ebd., S. 311 f. Derartige Reaktionen aus der Bevölkerung waren damals keineswegs ungewöhnlich: In den Prozessen gegen *Jud Süß*-Regisseur Veit Harlan von 1949/50 wurde dem freigesprochenen Beklagten ebenfalls Beifall zuteil, und bei einer Demonstration für die Begnadigung der Kriegsverbrecher am 7. Januar 1951 in Landsberg erschollen „Juden raus"-Rufe, als eine Grup-

Für die SPD war dieser Freispruch, wie Erich Ollenhauer am folgenden Tag im Bundestag ganz im Sinne des sozialdemokratischen Ehrverständnisses erklärte, „eine erneute schwere Schädigung und Entehrung des deutschen Volkes"[21]. Dieser Erklärung wie auch dem Vorwurf der Rechtsbeugung, den die SPD den drei Richtern im Hedler-Prozess machte – zwei von ihnen waren wie der Angeklagte ehemalige Pg. – mochten sich die Regierungsparteien allerdings nicht bzw., wie Kurt Georg Kiesinger für die CDU meinte, nicht vorschnell anschließen.[22] Vom Inhalt der Rede Hedlers distanzierte man sich zwar auch im Regierungslager, insbesondere bei der Union, aber auch bei der DP, die ihren Abgeordneten aus der Partei ausschloss und sich von einigen Hedler-nahen Kreisverbänden trennte.[23] Jenseits dessen sahen die Regierungsparteien aber offenbar keinen akuten politischen Handlungsbedarf gegeben, während die SPD darauf bestand, am Fall Hedler ein Exempel zu statuieren.

Wie ernst es der SPD war, zeigt die Tatsache, dass sie noch am Tag des Urteils zwei Gesetzesentwürfe vorlegte, mit denen ähnlichen Fällen künftig besser beigekommen werden sollte. Zum einen war dies der *Entwurf eines Gesetzes gegen die Feinde der Demokratie*, der empfindliche Strafen u.a. für die Verletzung der Würde einer „durch ihre Rasse, ihren Glauben oder ihre Weltanschauung gebildete[n] Gruppe"[24], die Leugnung der „Verwerflichkeit des Völkermords oder der Rassenverfolgung", die Planung eines Angriffskrieges sowie eines Angriffs auf den demokratisch verfassten Zustand der Bundesrepublik oder eines ihrer Länder vorsah. Zum anderen wollte die SPD mit dem *Entwurf eines Gesetzes zur Wiedergutmachung nationalsozialistischen Unrechts in der Strafrechtspflege* die Nicht-Rechtswidrigkeit des Widerstands gegen das NS-Regime sowie den Unrechtscharakter, mithin die Nichtigkeit aller auf diskriminierenden NS-Gesetzen beruhenden Urteile festgestellt wissen.[25]

Beiden Entwürfen war jedoch kein Erfolg beschieden. Der zweite Entwurf versank nach der 1. Lesung am 16. März 1950 im Rechtsausschuss, da die Regierung, wie FDP-Justizminister Dehler verkündete, die Notwendigkeit eines solchen Ge-

---

pe von Gegendemonstranten mutmaßlicher Displaced Persons erschien. Zu Letzterem vgl. ebd., S. 210 f.; zum Fall Harlan Bergmann 1997, S. 86–117.
21 Erich Ollenhauer (SPD), 1. BT, 39/16. 2. 1950, S. 1302. Vgl. ebd. für Folgendes.
22 Vgl. Kurt Georg Kiesinger (CDU), 1. BT, 39/16. 2. 1950, S. 1302 f., sowie August-Martin Euler (FDP), ebd., S. 1303; Hans-Joachim von Merkatz (DP), ebd., S. 1303 f. Am 20. Juli 1951 wurde Hedler in zweiter Instanz zu neun Monaten Haft verurteilt. Vgl. Frei 1999, S. 324.
23 Vgl. Frei 1999, S. 312.
24 1. BT-DS, Nr. 563, 15. 2. 1950. Ebd. das folgende Zitat.
25 Vgl. 1. BT-DS, Nr. 564, 15. 2. 1950.

setzes zur Rehabilitierung des Widerstands nicht erkennen konnte, sondern dadurch – also gerade durch die Aufhebung nationalsozialistischen Unrechts – vielmehr das „ganze Gefüge unserer Rechtsordnung"[26] gefährdet sah. Der *Entwurf eines Gesetzes gegen die Feinde der Demokratie* wurde dagegen im von der Regierung erarbeiteten *Ersten Strafrechtsänderungsgesetz* vom 30. August 1951 aufgehoben. Dessen Bestimmungen waren jedoch primär im Hinblick auf die Abwehr von Kommunisten formuliert, und zudem wurde in ihm primär der Staatsapparat geschützt und nicht mehr, wie im SPD-Entwurf, das Individuum bzw. die Demokratie.[27]

Die Bekämpfung der Sozialistischen Reichspartei (SRP) und ihre Überlagerung durch den Antikommunismus

Wie sehr der Antikommunismus den Einsatz der Bundesregierung gegen rechts überlagerte, zeigt auch ihr Umgang mit der SRP. Sie schloss von allen rechtsextremen Parteien der frühen Bundesrepublik am offensichtlichsten an die NSDAP an, und zwar ebenso personell wie in ihrem martialischen Auftreten und, die Grenzen der Legalität immer wieder austestend, ihren Inhalten.[28] Der erste Schritt des Kabinetts gegen die SRP bestand im *Beschluss zur Verfassungstreue der öffentlich Bediensteten in der Bundesrepublik Deutschland* vom 19. September 1950, der die Mitgliedschaft in bestimmten politischen Organisationen mit der Tätigkeit im öffentlichen Dienst für unvereinbar erklärte. Dieser Beschluss war jedoch wiederum an erster Stelle auf Kommunisten gemünzt, wie die Liste der betroffenen Organisationen zeigt. Außer der SRP war nur noch eine andere rechtsextreme Gruppe darauf vertreten, aber neun als linksextrem eingestufte Organisationen, davon ganz oben die KPD.[29] In seiner Botschaft für die Vorstellungen nationaler Zugehörigkeit und Nichtzugehörigkeit war der Beschluss somit kaum missverständlich: Wer keinesfalls zu „uns" gehörte, waren – abermals – die Kommunisten bzw. als linksextrem geltende Personen, Rechtsextreme mussten hingegen schon sehr weit gehen, um formelle Ausgrenzung zu erfahren.

---

26 Thomas Dehler (FDP), 1. BT, 47/16.3.1950, S. 1612.
27 Vgl. BGBl. I, Nr. 43, 31.8.1951, S. 739–747; dazu auch Frei 1999, S. 320–323; von Brünneck 1978, S. 71–79. Dehlers Einwand erinnert an die in Kap. 4.1.1 erwähnte Argumentation von CDU und SPD zum ersten Amnestiegesetz, dass das Motiv des Widerstands nicht gesondert erfasst werden könne, weil dies den Methoden des NS-Regimes entspreche.
28 Vgl. zusammenfassend Frei 1999, S. 326–360; Jenke 1961, bes. S. 73–87, sowie Hansen 2007.
29 Vgl. von Brünneck 1978, S. 54 ff.

Weiteren Erfolgen der SRP war auf diese Weise ohnehin kaum beizukommen. Nachdem sie bei den niedersächsischen Landtagswahlen am 6. Mai 1951 mit 11 Prozent der Stimmen viertstärkste Partei geworden war und sich nun auch die Westalliierten zunehmend alarmiert zeigten, kündigte der Kanzler schließlich an, ein Verbotsverfahren gegen die SRP vor dem BVerfG anstrengen zu wollen. Da dies jedoch bei FDP und DP zuerst auf wenig Zustimmung stieß, einigte sich das Kabinett letzten Endes darauf, zugleich ein Verbot der KPD zu beantragen.[30] So war das BVerfG nunmehr gleich mit zwei Verbotsanträgen, dem gegen die SRP vom 19. November und dem gegen die KPD vom 22. November 1951 konfrontiert, die im Grunde beide mehr auf politisch-taktische denn auf verfassungsrechtliche Motive zurückgingen.

Wie schwer dem Gericht daher vor allem das Verbot der KPD fiel, kann ein kurzer Vergleich andeuten: Während bis zum SRP-Urteil 11 Monate verstrichen, dauerte es bis zum KPD-Urteil über 57 Monate. Beide Verfahren endeten mit dem gleichen Ergebnis: Am 13. Oktober 1952 erklärte der Erste Senat des BVerfG die SRP und am 17. August 1956 die KPD gemäß Art. 21 Abs. 2 GG für verfassungswidrig, ihre Mandate wurden ersatzlos gestrichen, die Parteivermögen eingezogen und die Bildung von Ersatzorganisationen untersagt. Benötigte des BVerfG 79 Seiten, um dies für die SRP zu begründen,[31] so umfasst das KPD-Urteil 308 Seiten, auf denen sich das Gericht bis ins Detail mit dem Marxismus-Leninismus (ML) auseinandersetzte.[32] Dabei beschränkte es sich allerdings nicht auf die stalinistische Lesart der KPD, sondern traf entgegen der eigenen Absicht auch generelle Aussagen über die Verfassungswidrigkeit des ML, indem es etwa nachzuweisen suchte, dass bereits dessen Klassentheorie gegen die Menschenwürde verstoße, weil sie zu deterministisch sei.[33] Folglich war die Urteilsbegründung dazu geeignet, neben der KPD auch all jenen, die anderen Varianten des Sozialismus anhingen, das Stigma von Verfassungsfeinden anzuheften – und damit die Tendenz zu befördern, sie als solche auszugrenzen.[34] Im Fall der SRP ging das Gericht zwar im Prinzip ähnlich vor. Die von ihr vertretene NS-Ideologie stand mit den für sie konstitutiven diskriminierenden Elementen jedoch auch unverkennbar gegen

---

30 Dabei wurden auch die Bedenken der SPD übergangen, dass ein Verbot der KPD der Verwirklichung des Ziels der deutschen Einheit entgegenstehe. Vgl. Frei 1999, S. 345.
31 Vgl. BVerfGE 2, 1.
32 Vgl. BVerfGE 5, 85.
33 Zur Erklärung des BVerfG, dass es nicht darum gehe, den ML „als eine ‚einheitliche Wissenschaft' für verfassungswidrig zu erklären", vgl. ebd., S. 145 f., Zitat S. 145; demgegenüber zur Klassentheorie des ML als Verstoß gegen die Menschenwürde ebd., S. 195–207, bes. S. 204 ff.
34 Vgl. von Brünneck 1978, S. 117–140, S. 123 f.; Abendroth 1972, S. 148–155; Posser 1956.

eine demokratische Rechtsordnung und, wie Wolfgang Abendroth betonte, gegen das *Potsdamer Abkommen,* das u. a. vorsah, einer Wiederbelebung der NSDAP sowie nazistischer Betätigung und Propaganda vorzubeugen.[35]

Rechtsextremismusbekämpfung unter äußerem Druck: der Fall Werner Naumann

Dass das politische Handeln gegen rechts im Regierungslager zudem unter bestimmten Umständen überhaupt erst von den Alliierten in Gang gesetzt wurde, demonstriert der Fall Werner Naumann.[36] Naumann, vormals Staatssekretär in Goebbels Propagandaministerium und nach 1945 weiterhin überzeugter Nationalsozialist, hatte mit einer Gruppe Gleichgesinnter erfolgreich die FDP zu unterwandern gesucht, bis die Briten schließlich intervenierten und die Gruppe in der Nacht zum 15. Januar 1953 verhafteten. Zuvor hatte die Besatzungsmacht in dieser Sache schon mehrfach Warnungen gegenüber diversen deutschen Stellen ausgesprochen, war damit jedoch überwiegend auf taube Ohren gestoßen. Adenauer allerdings hatte schon vor der Aktion prinzipielle Zustimmung signalisiert, verfolgte er – zumal angesichts der nahenden Bundestagswahl – die Entwicklung der FDP und vor allem das Ansinnen ihres rechten Parteiflügels, eine nationale Sammlungsbewegung rechts der Union zu begründen,[37] doch selbst mit Skepsis. Aus der Besorgnis heraus, dass diese Sammlungsbestrebungen gelingen oder gar die sich häufenden Skandale in der FDP das endgültige Zustandekommen der Westverträge gefährden könnten, erwies sich der Kanzler auch nach der Aktion als größte Stütze der Briten, sowohl im Kabinett als auch öffentlich.[38] Dennoch blieben auch seine Äußerungen nicht ganz frei von Widersprüchen. Zum Beispiel erklärte er in einer Rundfunkrede vom 19. Januar 1953 nicht nur die vor allem in den USA zunehmenden Befürchtungen vor einer Stärkung des westdeutschen Rechtsextremismus für völlig übertrieben, sondern ließ gleichzeitig anklingen,

---

35 Vgl. Abendroth 1972, S. 146; zur Problematik der SRP-Urteils ebd., S. 142, 147 f., 160 f. Das BVerfG begründete das Verbot der SRP vor allem damit, dass sie in mehrfacher Hinsicht bewusst an die NSDAP anknüpfe: personell, indem sie speziell „unbelehrbare" Nationalsozialisten aufnehme, organisatorisch durch das Fehlen innerparteilicher Demokratie und programmatisch, u. a. durch Drohungen gegen politische Gegner und Antisemitismus. Vgl. BVerfGE 2, 1, S. 23–40 (Personal), 40–47 (Organisation), 47–68 (Programm).
36 Vgl. zu diesem Fall auch Frei 1999, S. 361–396.
37 Vgl. Buchna 2010; Dittberner 2005, S. 40 f., 326–350.
38 Dagegen stellte sich Justizminister Dehler zunächst geradezu vor Naumann und schwenkte erst nach einigen Wochen auf Adenauers Kurs um. Vgl. Frei 1999, bes. S. 381–388.

dass derartige Befürchtungen wie auch die Aufregung um Naumann nur den Gegnern einer europäischen Einigung in die Hände arbeiten würden.[39]

Nichtsdestotrotz missbilligte Adenauer die Entscheidung des Sechsten Strafsenats des BGH, dem der Fall übergeben worden war und der Naumann bei einem Haftprüfungstermin am 28. Juli 1953 ohne weitere Auflagen freiließ, u. a. weil er es nicht als ausreichend erwiesen ansah, dass Naumann den NS-Staat wiederbeleben wolle.[40] Obwohl dies auch in außenpolitischer Hinsicht für die Bundesregierung alles andere als ein erfreuliches Ergebnis darstellte, beurteilt Norbert Frei die Naumann-Affäre in ihren Auswirkungen auf die Normsetzung gegen rechts grundsätzlich positiv, markierte sie doch aufgrund der nachhaltigen Stigmatisierung solcher Aktivitäten durch das konsequente Eingreifen der Briten sowie deren Unterstützung insbesondere durch den Kanzler „das endgültige Aus für alle Hoffnungen auf eine große Sammlungspartei rechts von der Union."[41]

Gleichwohl war das Signal, das von der Naumann-Affäre ausging, letztendlich ein doppeltes. Sie zeigte nicht nur die Bereitschaft der Regierung, gegebenenfalls gemeinsam mit den Alliierten gegen Rechtsextremisten vorzugehen, sondern zugleich, wie außengeleitet und instrumentell der Umgang mit diesem Problem weiterhin war – erinnert sei an die widersprüchlichen Aussagen Adenauers, der einerseits die britische Aktion verteidigte, ihr aber andererseits gewissermaßen die Grundlagen entzog, wenn er stets die Bedeutungslosigkeit des Rechtsextremismus betonte.[42]

Das ambivalente Verhältnis zum Widerstand: der Remer-Prozess 1952 und die John-Debatte 1954

Dass das Regierungslager darüber hinaus von einer zwiespältigen Haltung gegenüber den früheren Gegnern des NS-Regimes geprägt war, demonstriert der Um-

---

39 Vgl. Bulletin, Nr. 13, 21.1.1953, S. 97. Ähnlich äußerte Adenauer sich zwei Tage später im Bundestag, vgl. 2. BT, 245/21.1.1953, S. 11673 f.
40 Vgl. Frei 1999, S. 391 f. Ebd. auch Weiteres zur Begründung des BGH.
41 Ebd., S. 393.
42 Die Ambivalenz der Union zeigt sich auch darin, dass sie auf Landes- und Kommunalebene durchaus mit rechtsextremen Kräften kooperierte. Vgl. z. B. im Hinblick auf die DRP Dudek/Jaschke 1984, S. 263–266, sowie Buschke 2003. S. 278–311, zum Fall des FDP-Abgeordneten Leonard Schlüter, der trotz seiner rechtsextremen Umtriebe nach der Landtagswahl am 6.5.1951 zum niedersächsischen Kultusminister des „Bürgerblocks" aus CDU, DP, FDP und GB/BHE unter Ministerpräsident Heinrich Hellwege (DP) ernannt wurde und erst auf Druck vor allem der Hochschulöffentlichkeit zurücktrat.

stand, dass erst im Sommer 1952 zum ersten Mal eine offizielle Würdigung des Widerstands erfolgte.[43] Dies geschah in einer Sonderausgabe der Wochenzeitung *Das Parlament* zum achten Jahrestag des 20. Juli 1944, die später als Broschüre von der am 25. November 1952 gegründeten Bundeszentrale für Heimatdienst, ab 1963 Bundeszentrale für politische Bildung, herausgeben wurde.[44]

Zustande kam diese Würdigung anlässlich des Braunschweiger Prozesses gegen den bekanntesten Agitator der SRP, Otto Ernst Remer, der am letzten Tag des niedersächsischen Wahlkampfs zum wiederholten Male die Widerstandskämpfer als Hoch- und Landesverräter denunziert hatte.[45] Dafür wurde er von Bundesinnenminister Robert Lehr, selbst einst Teil des Widerstands gegen Hitler, im Sommer 1951 angezeigt. Der Prozess vor dem Braunschweiger Landgericht begann am 7. März 1952 und endete gut eine Woche später, am 15. März, damit, dass Remer wegen „übler Nachrede" gemäß § 186 StGB zu drei Monaten Haft verurteilt wurde. Dieses Ergebnis verdankte sich speziell dem Einsatz von Fritz Bauer, damals Generalstaatsanwalt in Braunschweig, der den Fall mit dem Ziel an sich gezogen hatte, den Widerstand des 20. Juli 1944 endlich zu rehabilitieren. Entscheidend war vor diesem Hintergrund, dass sich das Braunschweiger LG in seiner Urteilsbegründung dem Kerngedanken Bauers anschloss, dass das Dritte Reich ein Unrechtsstaat war, wenngleich es dabei anders als Bauer nicht ausdrücklich die Legitimität des Widerstands anerkannte.[46]

Den Gedanken an den „Unrechtsstaat Hitlers"[47] griff auch Lehr in seinem Geleitwort zu besagter Sonderausgabe von *Das Parlament* auf. Darin plädierte er dafür, den Widerstand „ein Beispiel und eine Mahnung sein zu lassen, über alle parteipolitischen Gegensätze hinweg in den Grundfragen der Freiheit und des Rechtes auch heute zusammenzustehen." Dies verband er allerdings mit dem, ebenfalls schon von Bauer als „Brücke" für die vielen nicht am Widerstand Beteiligten gedachten, Hinweis, dass dennoch „keine neuen Grenzen aufgerichtet werden [sollen] zwischen den Männern des 20. Juli und denen, die damals ihren Weg nicht mitgehen konnten. Wohl aber", so Lehr,

---

43 Vgl. dazu wie auch zum Entstehungshintergrund Frei 1999, bes. S. 347–351.
44 Vgl. Bundeszentrale für Heimatdienst (Hrsg.) 1953; im Folgenden zitiert wird die stark erw. Neuausg. von Zimmermann/Jacobsen (Bearb.) 1960.
45 Remer selbst hatte auf Befehl Hitlers aktiv an der Niederschlagung des Umsturzversuches vom 20. Juli 1944 mitgewirkt. Dafür war er mit der Beförderung zum Generalmajor belohnt worden. Vgl. Fröhlich 2006, hier S. 31 f.; kurz auch Buschke 2003, S. 187 f.
46 Zum Remer-Prozess unter Berücksichtigung der Rolle Bauers vgl. Wojak 2009, S. 265–283; Fröhlich 2006, S. 31–128; Bauers Plädoyer im Remer-Prozess ist unter dem Titel *Eine Grenze hat Tyrannenmacht* abgedr. in: Bauer 1998, S. 169–179, hier bes. S. 177.
47 Zimmermann/Jacobsen (Bearb.) 1960, S. 4. Ebd. folgende Zitate. Vgl. auch Frei 1999, S. 351.

„soll das furchtbare Wirken des in der Richterrobe wirkenden Henkers Freisler und seiner Helfershelfer, die im NS-Staat das Recht mit Füßen traten, in uns den letzten Willen stärken, jedem Feinde der inneren und äußeren Freiheit unseres Volkes mit all unserem Sein und Wollen entgegenzutreten."

In der Tat hatte es Lehr als Mitglied der Bundesregierung im Verbund mit Bauer im Fall Remer erfolgreich in Angriff genommen, rechtlich gegen den Rechtsextremisten und seine ständigen Verunglimpfungen des Widerstands vorzugehen. Andersherum gab es allerdings auch den Fall, dass die Gegner des NS-Regimes aus Reihen des Regierungslagers selbst, so vor allem von DP und FDP, angegriffen wurden oder ihnen zumindest, so von Vertretern der Union, mit starken Vorbehalten begegnet wurde.

Symptomatisch dafür ist die Bundestagsdebatte vom 16. und 17. September 1954 über den Skandal um den ersten Präsidenten des Bundesamts für Verfassungsschutz Otto John und den CDU-Bundestagsabgeordneten Karlfranz Schmidt-Wittmack. Beide waren im Sommer 1954 kurz nacheinander in die DDR übergesiedelt, wobei im Fall John die genauen Umstände, Flucht oder Entführung, ungeklärt blieben.[48] Da John zu den Verschwörern des Attentats auf Hitler vom 20. Juli 1944 gehört und nach dessen Scheitern für den britischen Geheimdienst gearbeitet hatte sowie nach 1945 in einigen NS- und Kriegsverbrecherprozessen Zeuge der Anklage gewesen war, entwickelte sich diese Debatte auch zu einer Diskussion über den Widerstand und die Emigration. Wie die diesbezüglichen politischen Auseinandersetzungen generell, so stand auch diese Debatte grundsätzlich unter der Prämisse, zugunsten des nationalen Zusammenhalts in der Gegenwart keine Differenzierungen mehr hinsichtlich des Verhaltens in der NS-Zeit zu machen, soweit sich die Betreffenden jetzt nicht mehr lauthals zum Nazismus bekannten. Dennoch taten sich grundlegende Unterschiede zwischen den Parteien auf, wobei eine zentrale Konfliktlinie entlang der Frage verlief, wer als „Verräter" an der Nation zu gelten habe: die Nazis, wie die SPD argumentierte, oder die Emigranten, wie speziell bei FDP und DP anklang.

So hielt Adolf Arndt für die Sozialdemokraten fest, dass „Verrat am Volke [...] auch im Staatsinnern begangen werden [konnte], und das deutsche Volk hat niemals einen ärgeren Feind gehabt als den Nationalsozialismus"[49]; daher sei der Wi-

---

48 Während Stöver 1999 nach damaliger Aktenlage annimmt, dass John vermutlich geflohen ist, geht Schaefer 2009, bes. S. 193–261, auf Basis weiterer Quellen davon aus, dass er entführt wurde; vgl. zur John-Debatte ausführlich auch Dubiel 1999, S. 61–67.
49 Vgl. Adolf Arndt (SPD), 2. BT, 43/17.9.1954, S. 2015.

derstand gegen ihn aus dem In- und Ausland gleichermaßen berechtigt gewesen. Dagegen wollte Hubertus Friedrich Prinz zu Löwenstein von der FDP streng zwischen jenen trennen, „die als deutsche Patrioten Hitler bekämpften, und jenen, die sich ausländischen Mächten zur Verfügung stellten"[50]. Hans-Joachim von Merkatz gestand in Bezug auf John für die DP zwar formal zu, dass wohl nicht jeder sein eigenes Diktum teilen möge: „Ein Mann, der mit dem Feind zusammengearbeitet hat, ist für jedes öffentliche Amt disqualifiziert"[51]. Gleich darauf postulierte er allerdings als unstrittig: „Wer Verrat an seinem Volke betrieben hat – Verrat an seinem Volke! –, ist – und das sollte die Richtschnur sein – für ein öffentliches Amt disqualifiziert."

Demgegenüber war die CDU bemüht, eine Art Zwischenposition einzunehmen, wobei auch dieses Bemühen eine Schieflage zulasten der Emigration aufwies. So erklärte Kurt Georg Kiesinger nach einer eingehend negativen Beurteilung der Person Otto Johns: „Aber so sicher es großartige Persönlichkeiten gegeben hat, die in die Emigration gegangen sind […], so sicher hat es auch fragwürdige Persönlichkeiten gegeben."[52] In diesem Kontext stellte er auch klar, dass für ihn die sogenannte „innerdeutsche Integration" Priorität besaß. Vorangegangen war dem ein Beitrag von Walter Menzel, der den Regierungsparteien vorgeworfen hatte, sich nicht eindeutig genug vom Nationalsozialismus abzugrenzen, und angemahnt hatte, dass es gerade die Aufgabe des Parlaments sei, „den Finger auf diese offene Wunde zu legen, um die Ordnung wiederherzustellen, die erschüttert scheint."[53] Daraufhin führte Kiesinger aus:

---

50 Hubertus Friedrich Prinz zu Löwenstein (FDP), 2. BT, 43/17.9.1954, S. 2029.
51 Von Merkatz, 2. BT, 42/16.9.1954, S. 1985. Ebd. das folgende Zitat. Ähnlich wie zu Löwenstein wollte von Merkatz dabei Johns „Verrat", sprich dessen Zusammenarbeit mit den Alliierten, vom „Tatbestand des Widerstandes" und vom „Tatbestand der Emigration" an sich (ebd., S. 1985 f., Herv. i. Orig.) abgegrenzt wissen. Alle Emigranten, die die alliierten Kriegsgegner des nationalsozialistischen Deutschlands aktiv unterstützt hatten, wurden damit als für öffentlich Ämter untragbare „Hochverräter" diskreditiert. Dieses Negativbild, das sich schlussendlich auch auf das Bild von der (der „Kollaboration" stets verdächtigen) Emigration insgesamt erstreckte, entsprach auch der Stimmung in der Bevölkerung. In einer Umfrage vom Okt. 1954 waren 39 Prozent dafür, dass Emigranten „kein hohes Regierungsamt haben" sollten. Noelle/Neumann (Hrsg.) 1956, S. 139.
52 Kiesinger, 2. BT, 42/16.9.1954, S. 1961. Sein negatives Urteil über John, ebd., S. 1960, stützte sich außer auf dessen Vergangenheit als Emigrant und Zeuge der Anklage in NS- und Kriegsverbrecherprozessen auf die Gerüchte, dass John „überdies ein Trunkenbold und ein Homosexueller und im ganzen eine ungemein zweifelhafte und problematische Persönlichkeit" sei.
53 Walter Menzel (SPD), 2. BT, 42/16.9.1954, S. 1952.

„Aber eine wichtige *Aufgabe dieses Parlaments* ist es auch, diese *Wunden mit heilen zu helfen* […] und nicht bei jedem Anlaß die kaum vernarbten Wunden wieder aufzureißen. […] Wir haben in den letzten Jahren viel über die europäische Integration gesprochen, und sie ist wahrhaft nötig, wenn wir mit dem Leben davonkommen wollen. Aber es gibt auch eine *innerdeutsche Integration*. Wir dienen Europa nicht und wir dienen diesem Volke nicht, wenn wir nicht alles daransetzen, diesen Integrationsprozeß voranzutreiben und aus diesem immer noch gespaltenen und blutenden, unsicheren und verwirrten Volk endlich wieder ein gesundes Volk zu machen, das zu sich selbst und seinem zukünftigen Schicksal Zutrauen hat."[54]

Ersichtlich wird an dieser Debatte, wie sehr sich vor allem die Union bei der Bewertung der Gegner des NS-Regimes in einem Konflikt befand. Einerseits nahm sie den Widerstand, wenigstens in seiner bürgerlichen Ausprägung, gern als positiven Traditionsbestand für die nun unter den Augen der Westalliierten zu stabilisierende westdeutsche Demokratie in Anspruch. Bei einigen Abgeordneten – zwar nicht bei Kiesinger, jedoch etwa bei Lehr oder Gerstenmaier[55] – stand dies auch mit der eigenen Biografie im Einklang. Andererseits hatte die Union, und darin stimmte sie mit der FDP und DP überein, jederzeit auch die Masse jener im Blick, die eben keinen Widerstand geleistet hatten und diesem teilweise feindselig gegenüberstanden. Ein klares Bekenntnis zur Legitimität des Widerstands in Deutschland oder gar aus der Emigration kam vor diesem Hintergrund auf der Regierungsseite nicht zustande. Vielmehr sahen sich jene, die dem NS-System einst widerstanden hatten, erneut ins Abseits der vorgestellten nationalen Gemeinschaft gestellt oder aus Reihen der kleinen Koalitionsparteien sogar, wie John durch von Merkatz, offen als „Verräter" denunziert. Die SPD, ihrem Selbstverständnis nach gleichsam die Verkörperung des „anderen Deutschlands", versuchte zwar eine positive Deutung des Widerstands als Ehrenretter der Nation zu etablieren und ihn damit – sowie sich selbst – vom Odium des „nationalen Verrats" zu befreien. Dass sich diese Deutung lange Zeit nicht durchsetzen konnte, lag allerdings nicht zuletzt daran, dass auch die SPD stets die früheren NS-Anhänger mit im Blick behielt. Sie trat daher sowohl dafür ein, diese großzügig zu integrieren und zu amnestieren, als auch dafür, die NS-Gegner zu rehabilitieren, was sich,

---

54 Kiesinger, 2. BT, 42/16.9.1954, S. 1961 (alle Herv. i. Orig.). Damit sprach der frühere Nationalsozialist (siehe Fn. 42 in Kap. 2.1.1.) nicht zuletzt in eigener Sache, und seine Karriere in der Bundesrepublik war auch ein gutes Beispiel dafür, was „innerdeutsche Integration" hieß.
55 Siehe z. B. Gerstenmaiers Gedenkrede zum 20.7.1956, vgl. dazu Perels 2008a, S. 56.

da letztere von vornherein in einer schwächeren Ausgangsposition waren, faktisch meist zum Nachteil der NS-Gegner auswirkte. Trotzdem ist festzuhalten, dass unter den Parteien der frühen Bundesrepublik alles andere als Einigkeit darüber bestand, wo genau die Trennlinie verlaufen sollte, mit der definiert wurde, wer zum eigenen Kollektiv dazugehören und wer außen vor bleiben sollte. Diese Grenzmarkierung sollte bis zum Ende der Ära Adenauer Konfliktstoff bergen, und zwar keineswegs nur zwischen Regierungsparteien und sozialdemokratischer Opposition, sondern ebenfalls und gerade innerhalb der Koalition. Dies gilt in bestimmtem Maße auch für die Phase der „Windstille" von 1953 bis 1957, in der jedoch ansonsten – nachdem die grundlegenden Weichen der Vergangenheitspolitik nunmehr gestellt waren – das Beschweigen der NS-Vergangenheit wie auch der rechtsextremen Umtriebe der Gegenwart dominierte.[56] Erst gegen Ende des Jahrzehnts rückten der Nationalsozialismus und seine Folgewirkungen wieder verstärkt ins Licht öffentlicher Diskussion, dieses Mal unter dem Stichwort ihrer „Bewältigung". Damit begann eine neue Phase im Umgang mit der Geschichte der deutschen Nation, in der nun auch erstmals das ungeheure Ausmaß der NS-Verbrechen, insbesondere die Ermordung der europäischen Juden, in den Blick trat.

5.2 Die Schmierwelle als Katalysator des Wandels im Umgang mit der NS-Vergangenheit

Ansätze zur „Bewältigung" der NS-Vergangenheit bis zum Ende der 1950er-Jahre

Vereinzelt war schon früh zu hören, dass die Deutschen die NS-Vergangenheit „bewältigen" müssten, um in der Gegenwart bestehen zu können. Einer der ersten, die im Parlament ausdrücklich von Bewältigung sprachen, war der Christdemokrat Eugen Gerstenmaier in der Debatte über den Abschluss der Entnazifizierung Ende Februar 1950. Anlass dafür war ihm die Rede, die US-Hochkommissar John McCloy am 6. Februar 1950 bei der Eröffnung des Amerikahauses in Stuttgart gehalten und in der er die Eindrücke seiner letzten USA-Reise geschildert hatte, auf der er von diversen amerikanischen Stellen mit der Sorge vor dem Wiederaufleben des Nazismus bzw. des deutschen Nationalismus konfrontiert worden war.[57] Gerstenmaier dankte McCloy zunächst für seine aufrichtigen wie eindringlich

---

56 Siehe dazu Bergmann 1997, S. 187–190; ähnlich bei Frei 1999, S. 15.
57 Die Rede McCloys ist abgedr. in: Fischer/Fischer (Hrsg.) 1986, S. 59–69.

mahnenden Worte, die er in seiner Rede an die Deutschen gerichtet habe, betonte allerdings im Anschluss daran:

> „Trotz ihrer hohen politischen, insbesondere außenpolitischen Bedeutung glauben wir jedoch, daß wir diese Grundfragen unseres nationalen Daseins aufgrund der Geschichte, die wir an uns selber erlebt haben, mit eigener Kraft bewältigen und vor unseren eigenen sittlichen, rechtlichen und politischen Wertmaßstäben verantworten müssen."[58]

Eine solche „Angelegenheit" könne, wie Gerstenmaier fortfuhr, aus dem Blickwinkel „einer vielleicht noch so wohlmeinenden Re-education" und anderer von außen kommender Erziehungsmaßnahmen gar nicht genügend begriffen werden. Daher erbat er

> „vom Ausland das Verständnis dafür, daß das *deutsche Volk* allmählich in eine Bewußtseinsepoche eintritt, in der es die *Auseinandersetzung mit seiner eigenen Geschichte* und die Bewältigung dieser Geschichte überhaupt erst in sich selber frei vollziehen muß."

Insofern wünsche er sich, dass dieser Prozess „möglichst ohne daß uns ausländische Wertmaßstäbe auferlegt werden, vollzogen werden könnte." Im Unklaren ließ er dabei allerdings, wie so viele andere derer, die ein „deutsches" gegen ein „fremdes" Recht setzten,[59] worin sich diese „ausländischen" Wertmaßstäbe eigentlich genau von den „eigenen" Maßstäben unterscheiden sollten.

Ersichtlich wird hier, wie Gerstenmaier die Notwendigkeit, die NS-Vergangenheit zu bewältigen, in doppelter Weise, nämlich sowohl nach innen als auch nach außen gewandt argumentierte. Einerseits verwies er darauf, dass es schon aus moralischen Gründen geboten sei, dass sich die Deutschen selbst mit dem Nationalsozialismus, seinen Ursachen und Folgen befassten anstatt ihn einfach schweigend zu übergehen oder seine Aufarbeitung allein den Alliierten zu überantworten. Andererseits begründete er den Anspruch auf eigenständige Vergangenheitsbewältigung über die strikte Ablehnung einer alliierten Einflussnahme auf diesen Prozess, mobilisierte also gleichzeitig ein Abgrenzungsbedürfnis ge-

---

58 Gerstenmaier, 1. BT, 40/23. 2. 1950, S. 1335. Ebd. die folgenden Zitate (alle Herv. i. Orig.).
59 Siehe dazu die vorhergehenden Unterkapitel von Kap. 4. Zum diesbezüglichen Widerspruch Gerstenmaiers zu den Positionen des Kreisauer Kreises, der in puncto Verfolgung von NS-Verbrechen eine ähnliche Auffassung wie die Alliierten vertrat, bes. Fn. 88 in Kap. 4.1.2.

genüber „äußerer Einmischung". Mithin umfassten seine Ausführungen nicht nur den Appell, sich gleichsam aus intrinsischen Motiven mit der NS-Vergangenheit auseinanderzusetzen. Ebenso enthielten sie die Tendenz, diese Vergangenheit ganz als die der eigenen Nation zu vereinnahmen, d. h. zu bestreiten, dass die Alliierten als Außenstehende, die nicht „dabei" gewesen waren, angemessen über den Nationalsozialismus urteilen könnten, sondern an erster Stelle den Deutschen die Deutungshoheit darüber zuzugestehen hätten.

Quantitativ spielten solche Überlegungen zu Beginn der 1950er-Jahre zwar nur eine marginale Rolle. Qualitativ zeichneten sie jedoch in gewisser Weise schon den zweigleisigen Weg vor, den die Vergangenheitsbewältigung im Verlauf der Ära Adenauer einschlagen sollte. So beförderte sie zum einen eine (selbst-)kritische Vergegenwärtigung des Nationalsozialismus, zum anderen aber auch die Neigung, die NS-Vergangenheit als „unsere" (und daher von „uns" zu deutende) Vergangenheit zu nationalisieren[60] und sie dabei als Etappe eines letztendlich erfolgreichen demokratischen Lernprozesses in die Geschichte der deutschen Nation einzuordnen. Im Rahmen dieser Deutung der NS-Zeit als Ausgangspunkt einer Erfolgsgeschichte ließ sich das positive nationale Selbstbild schließlich nicht mehr nur durch Beschweigen der Vergangenheit bewahren, sondern nunmehr quasi durch ihre Thematisierung hindurch erneuern.

Ausgangspunkte des Wandels im Umgang mit der NS-Vergangenheit im letzten Drittel des Jahrzehnts[61] waren zwei scheinbar gegensätzliche, jedoch eng ineinander verwobene Entwicklungen. Auf der einen Seite trugen die am Ende der 1950er-Jahre wieder vermehrt stattfindenden NS- und Kriegsverbrecherprozesse[62] dazu bei, dass die NS-Verbrechen zum öffentlich präsenten Thema wurden. In diesem Kontext wuchs auch, allen voran in der SPD, die Kritik an der bisherigen Integrationspolitik gegenüber früheren NS-Anhängern, speziell an ihrer Rückkehr in Schlüsselpositionen sowohl in der Justiz[63] als auch in Wirtschaft, Verwaltung sowie in der Politik selbst. Insofern geriet mit der verstärkten Thematisierung des Nationalsozialismus zugleich das positive (Selbst-)Bild der Deutschen als einer Nation Unschuldiger ins Wanken, und es entstand Platz für eine differenzierte

---

60 Zur Rationalisierung vor allem des Massenmords an den europäischen Juden durch seine Nationalisierung, die sich sowohl in Deutschland als auch, jedoch auf andere Art und Weise, in Israel und den USA vollzog, vgl. Claussen 1994a, bes. S. 15–27.
61 Zu den verschiedenen Ansätzen der Periodisierung vgl. Brochhagen 1994, S. 223, m. w. N.
62 Ursächlich dafür war zum einen, dass einige Täter erst 1955 aus der Sowjetunion „heimgekehrt" waren, zum anderen der wachsende Druck der Westalliierten wie von Teilen der westdeutschen Presse und von Organisationen wie dem ZJD. Vgl. Brochhagen 1994, S. 240–258.
63 Vgl. z. B. ihre *Große Anfrage betr. Fragen der Justizpolitik*, 3. BT-DS, Nr. 569, 16.10.1958.

Wahrnehmung der Rolle, die Einzelne in den verschiedenen Verbrechenskomplexen gespielt hatten. Auf der anderen Seite blieb aber der Wunsch nach einem Schlussstrich weiterhin vorherrschend: 1958 votierte über die Hälfte der Westdeutschen dafür, mit der Verfolgung von NS-Verbrechen aufzuhören.[64] Dass sich die Vergangenheit, die viele längst hinter sich gehofft hatten, nun aber als höchst lebendig erwies, provozierte folglich auch Abwehrreaktionen, so insbesondere ein seit 1957/58 erneut zu beobachtendes Anwachsen von offenem Antisemitismus.[65] Im Zuge dieser beiden Entwicklungen veränderte sich auch der Umgang der Parteien sowohl mit der nationalsozialistischen Vergangenheit als auch mit den neonazistischen und antisemitischen Umtrieben der Gegenwart. Zugespitzt zeigen sich diese Veränderungen in den Reaktionen auf die sogenannte Schmierwelle, die als ein entscheidender Katalysator des Wandels gelten kann und daher im Mittelpunkt der folgenden Betrachtungen steht.

Die Schmierwelle im Winter 1959/60: Ereignisse und erste Reaktionen

Im Winter 1959/60 kam es zur bis dahin größten antisemitischen Welle – da es sich primär um Hakenkreuzschmierereien handelte, meist Schmierwelle genannt – seit 1945. Ihren Anfang nahm sie in Köln, wo in der Nacht vom 24. auf den 25. Dezember 1959 zwei junge Männer Hakenkreuze und „Juden raus"-Parolen an die Synagoge schmierten und ein Mahnmal für die Opfer des Nationalsozialismus verunstalteten. In den nächsten zwei Monaten fanden diese beiden Täter weltweit unzählige Nachahmer, allein in der Bundesrepublik wurden 833 Taten zwischen dem 25. Dezember 1959 und dem 15. Februar 1960 erfasst.[66] Dabei handelte es sich außer um Schmierereien antisemitischer und neonazistischer Parolen vor allem um das Verteilen nazistischer Flugblätter, antisemitische Äußerungen in der Öffentlichkeit sowie um Beschimpfungen von Juden, direkt oder in Drohbriefen, in denen die wiederkehrende Bemerkung hervorsticht, dass noch nicht genug Juden getötet worden seien.[67]

---

64 Ebenso in Umfragen von 1963 und 1965. Vgl. Noelle/Neumann (Hrsg.) 1981, S. 315.
65 Vgl. dazu Bergmann 1997, S. 190–234.
66 Vgl. Bundesinnenminister Gerhard Schröder (CDU), 3. BT, 103/18. 2. 1960, S. 5575. Nach der Bundesrepublik am häufigsten betroffen waren die USA. Vgl. dazu Caplovitz/Rogers 1961.
67 Ausführlich zur Schmierwelle wie zu den im Folgenden zusammengefassten Argumentationsmustern vgl. Kiani 2008, m. w. N.; eingehend zu den Reaktionen u. a. auch Schildt 2005; Buschke 2003, S. 312–357; Bergmann 1997, S. 235–277; Brochhagen 1994, S. 276–316; Schwibbert 1993; Bergmann 1990, S. 253–275.

Mit Blick darauf, dass rund drei Viertel der bis zum 28. Januar 1960 ermittelten 234 Täter jünger als dreißig Jahre alt waren,[68] prägte Peter Schönbach vom Frankfurter Institut für Sozialforschung den Begriff des Sekundärantisemitismus, „einer Trotzreaktion, die die traditionellen antisemitischen Vorstellungen, seien es die eigenen oder die der Eltern, um ihrer Rechtfertigung willen am Leben erhält."[69] Demnach dient der Antisemitismus nach 1945 speziell im deutschen Kontext im Wesentlichen dazu, den vorangegangen Antisemitismus und damit auch die in der NS-Zeit an den Juden verübten Verbrechen nachträglich zu legitimieren. Dabei speist er sich nicht zuletzt aus verletztem Nationalgefühl resp. kollektivem Narzissmus, d. h. aus dem Wunsch, nicht allein sich selbst oder die eigenen Eltern, sondern das ganze eigene Kollektiv von aller Schuld freizusprechen und so ein durchweg positives Selbstbild der deutschen Nation auch nach dem Nationalsozialismus festzuhalten.

Deutlich wird dies an der Aussage eines der zwei Kölner Täter, der angab, dass er sich mit der Tat vor allem gegen die Demokratie sowie die „Selbstbesudelung des deutschen Volkes" habe wenden wollen, wie sie die Inschrift des Mahnmals *Hier ruhen sieben Opfer der Gestapo. Dieses Mal erinnert an Deutschlands schmachvollste Zeit 1933 bis 1945* ausdrücke; denn damit würden die „vielen positiven Seiten" des Nationalsozialismus ignoriert.[70] Der andere hingegen meinte, dass sich sein Protest primär dagegen richte, „daß Juden in verantwortlichen Stellen sitzen", da er sich „davon nichts Gutes für das deutsche Volk versprechen" könne – ein Verweis darauf, wie sehr auch die verbliebenen Juden als gleichsam lebende Erinnerung an den Massenmord von einigen als Störfaktor eines positiven Nationalbezugs empfunden wurden.

Doch nicht nur bei den Täter war der Wunsch, sich unbefangen auf die deutsche Nation und ihre Geschichte beziehen zu können, eine zentrale Triebkraft ihres Handelns. In anderer Form zeigen auch die Reaktionen der Parteien, speziell die der seit 1957 allein von Union und DP gestellten Bundesregierung, dass das Bestreben, gerade gegenüber „dem Ausland" ein positives Bild der deutschen Nation zu wahren, eine maßgebliche Rolle spielte.[71] Die Regierung versuchte daher, die Bedeutung der Taten zu relativieren und vor allem jede Verbindung der Bevöl-

---

68 Vgl. Bundesregierung (Hrsg.) 1960, S. 37.
69 Schönbach 1961, S. 80.
70 Beide Zitate in: Bundesregierung (Hrsg.) 1960, S. 33. Ebd., S. 31, die folgenden Zitate des anderen Kölner Täters.
71 Laut Dubiel 1999, S. 82, war der Umgang mit der Schmierwelle daher geprägt „von hektischen innenpolitischen Auseinandersetzungen, erregten öffentlichen Diskussionen sowie außenpolitischen Initiativen zur Schadensbegrenzung". Vgl. auch Brochhagen 1994, S. 276–316.

kerung zu ihnen wie zum Antisemitismus überhaupt zu negieren. Demgemäß betonte der nordrhein-westfälische Innenminister Josef Hermann Dufhues von der CDU, der am 26. Dezember 1959 die erste Erklärung zur Kölner Tat abgab: „Es gibt keinen Antisemitismus, hier in Nordrhein-Westfalen ebenso wenig wie in der übrigen Bevölkerung der Bundesrepublik."[72]

Die Fokussierung auf das positive Selbstbild war zwar an sich nicht neu. Allerdings konnte es unter den gewandelten Rahmenbedingungen am Ende der 1950er-Jahre nicht mehr nach denselben Spielregeln gesichert werden wie zuvor. Daher entwickelten sich im politischen Diskurs neue Argumentationsmuster, die in anderer Weise darauf zielten, den Ansehensverlust möglichst gering zu halten.

So kulminierten die sich seit 1957/58 in der Bundesrepublik mehrenden antisemitischen Vorfälle in einem Moment, an dem die internationale Lage gerade aus westdeutscher Sicht ohnehin höchst angespannt war: inmitten der zweiten Berlinkrise, in der die Bundesregierung gegenüber ihren Bündnispartnern wegen ihrem strikten Nichtanerkennungskurs gegenüber der DDR immer mehr in die Isolation geraten war.[73] Die zu Beginn der Ära Adenauer vorherrschende Strategie, Fälle von Antisemitismus tendenziell zu beschweigen,[74] war in dieser prekären Lage, zumal angesichts des Ausmaßes der Welle und der zuvorderst auf die Bundesrepublik gerichteten internationalen Aufmerksamkeit, kaum mehr anwendbar. An einer Diskussion über die fortdauernde Relevanz antisemitischer bzw. rechtsextremer Haltungen war der Regierung allerdings auch wenig gelegen, obgleich es kurzzeitig so aussah, als würde die DRP, der die zwei Kölner Täter seit 1958 angehört hatten, ins Zentrum des Interesses geraten.[75] Am Ende blieb es von den Parteien aber weitgehend der SPD überlassen, eine Diskussion über dieses Thema und eine härtere Gangart gegen rechts anzumahnen.[76]

Einige Mitglieder der Bundesregierung, allen voran Verteidigungsminister Franz Josef Strauß, gingen hingegen daran, die Verantwortung für die Schmierwelle auf „kommunistische Drahtzieher" aus der DDR abzuschieben.[77] Diese Stra-

---

72 Zitiert nach: [o. V.] Vergessener Farbtopf verriet Kölner Schmierfinken, Augsburger Allgemeine, 28.12.1959.
73 Näheres dazu in Kap. 3.2.1 in dieser Arbeit.
74 Siehe in Kap. 5.1 etwa ihr zögerliches Verhalten im Fall Hedler.
75 Vgl. dazu ebenfalls die Erklärung von Dufhues (Fn. 72), der immerhin auf den rechtsextremen Hintergrund der Täter hingewiesen hatte, woraufhin sich die DRP jedoch empört distanzierte.
76 Eine Ausnahme war der Christdemokrat Franz Böhm, der schon lange vor und auch während der Schmierwelle die Verleugnung der Existenz von Antisemitismus seitens der politischen Repräsentanten der Bundesrepublik kritisierte. Vgl. bes. den Wiederabdruck seines 1950 in der *Gegenwart* erschienenen Artikels *Die Deutschen und der Antisemitismus*: Böhm 1960.
77 Vgl. dazu z. B. Bulletin, Nr. 20, 30.1.1960, S. 189.

tegie war ebenfalls nicht mehr ganz neu, sondern z. B. schon im Fall der im Januar 1959 geschändeten Düsseldorfer Synagoge angewandt worden.[78] Doch auch sie verlor nun als zu offensichtliches Ablenkungsmanöver zusehends an Plausibilität[79] und war inzwischen selbst in der Union umstritten.[80] Der Kanzler verhielt sich in dieser Frage zwar eine Weile schwankend. In seiner ersten offiziellen Erklärung zu den Vorfällen vom 16. Januar 1960 lieferte er jedoch die bekannteste Variante jener Erklärung, die schließlich zum vorherrschenden Argumentationsmuster werden sollte, nämlich dass die Schmierwelle größtenteils auf das Konto unpolitischer Rowdies ginge. So bezeichnete Adenauer alle Taten bis auf den Kölner Fall als „Flegeleien ohne politische Grundlage"[81], gegen die es am besten helfe, dem Täter sogleich „eine Tracht Prügel" zu verpassen. Überdies postulierte er, dass Antisemitismus und Nazismus in der deutschen Bevölkerung ohnehin „keine Wurzel" hätten. Damit stimmte besonders Bundesinnenminister Gerhard Schröder überein, aber auch in der Presse war nun zunehmend von „Dummejungenstreichen" u. Ä. zu lesen, und in einer Umfrage des Allensbacher Institut für Demoskopieforschung votierte mit 40 Prozent der größte Anteil der Befragten dafür, dass die Taten „nur Umtriebe von Halbstarken"[82] seien.

---

78 Vgl. Zieher 2005, S. 278 f.
79 Es ist nicht ganz auszuschließen, dass sich westdeutsche Anhänger und „Provokateure" der DDR an den Taten beteiligten. Auf einen entsprechenden Beschluss des ZK der SED vom Januar 1959 verwies die Bundesregierung (Hrsg.) 1960, S. 54 f.; dieser Beschluss war auch einer der zentralen Beweise von Strauß. Ebd. hielt das *Weißbuch* aber auch fest, dass bislang keinem Täter nachgewiesen werden konnte, im Rahmen eines SED-Aktionskommandos gehandelt zu haben. Eine nur vereinzelte Beteiligung bestätigen auch Auswertungen der Stasi-Akten. Eine umfassende Kampagne gegen die Bundesrepublik inklusive antisemitischer Aktionen begann die DDR erst 1961. Vgl. bes. Mertens 1994; dazu Lemke 1993, S. 160 ff.; Buschke 2003, S. 318, Fn. 34. Zudem fand die Klassifizierung von Tätern als „kommunistisch" damals recht inflationär Verwendung. Dies zeigt jener Fall, nach dem das Kabinett erstmals öffentlich DDR-Agenten beschuldigte: Am 18.1.1960 wurden in Lehrte bei Hannover drei Täter beim Schmieren von Hakenkreuzen gefasst. Einer davon hatte 1951 an den Weltjugendfestspielen im Ostberlin teilgenommen, ein zweiter war vormals Mitglied der Wander- und Sportgruppe Sperber, einer Nachfolgeorganisation der verbotenen FDJ. Die Kabinettserklärung bezeichnete das als „konkrete Anhaltspunkte […] für eine kommunistische Aktivität". Bulletin, Nr. 14, 22.1.1960, S. 122; zum Hintergrund der Täter vgl. HAZ, 20.1.1960, S. 1; kritisch zu diesem Fall auch: Otkun 1994, S. 28. Die Annahme einer Lenkung der Schmierwelle durch die DDR hat dennoch bis heute Befürworter. Sie basiert noch immer wesentlich auf den damaligen Dokumenten von Strauß. Vgl. bes. Wolffsohn 1995, S. 17–27.
80 Bezweifelt wurde eine „kommunistische" Lenkung etwa von Innenminister Schröder. Zum infolgedessen entstandenen „Hauskrieg" zwischen ihm und Strauß vgl. FAZ, 20.1.1960, S. 4.
81 Bulletin, Nr. 11, 19.1.1960, S. 89. Ebd. die folgenden Zitate.
82 Dagegen hielten 32 Prozent die Taten für von „den Kommunisten im Osten organisiert" und nur 12 Prozent sahen darin ein „Wiederaufleben des Nationalsozialismus". Noelle/Neumann (Hrsg.) 1965, S. 219.

Zu den prominentesten Kritikern dieser Ansicht und der mit ihr verbundenen Verharmlosung der Schmierwelle zählte der Sozialdemokrat Carlo Schmid. In der Erklärung, die der am 20. Januar 1960 als Vizepräsident des Bundestages im Namen aller Fraktionen zu den Vorfällen abgab, beanstandete er vor allem das Verhalten der Bundesregierung, den Blick vornehmlich auf die Beschwichtigung „des Auslands" anstatt auf die inneren Ursachen der Schmierwelle zu richten. Damit verlieh er der nunmehr in der SPD insgesamt vorherrschenden Auffassung Ausdruck, dass die zentrale Ursache der Schmierwelle in der mangelnden Aufarbeitung der NS-Zeit zu suchen sei und es nur eine eingehende Auseinandersetzung mit ihr ermöglichen werde, den Antisemitismus zu überwinden und damit die Ehre der deutschen Nation wiederherzustellen. So bekannte Schmid in seiner Erklärung zunächst:

> „Daß dies in unserem Lande geschehen konnte, ist eine Schande [...], die dadurch nicht geringer wird, daß auch in anderen Ländern Wände mit Hakenkreuzen und mit Schmähungen des jüdischen Volkes befleckt wurden. [...] Anderswo sind unter dem Hakenkreuz zwar Rüpeleien erfolgt, bei uns aber sind in seinem Zeichen sechs Millionen Juden ermordet worden."[83]

Daher sah er weder in der Jugend der Täter noch darin, dass sich auch seiner Ansicht nach in einigen Fällen „Halbstarkentum breitgemacht" habe, Anlass zur Beruhigung. Dass Jugendliche gerade diese Art „Streiche" verübten, zeige vielmehr, „daß es bei vielen unter der Schwelle des Bewußtseins noch unausgeräumte Unratsecken gibt." Sich damit zu befassen sei „für uns alle eine Aufgabe und wenn wir mit dieser Aufgabe nicht fertig werden, wird unser Volk nicht gesunden." Erfüllt werden könne sie jedoch nicht, „solange wir das, was an den Synagogen getan worden ist, in erster Linie nicht unter dem Aspekt der Moral, sondern unter dem Gesichtswinkel des möglichen Schadens betrachten, den die Bundesrepublik politisch erlitten haben mag." Daher hielt er die Publizität der Vorfälle im Gegensatz zu der vor allem in FDP und DP vertretenen Meinung, dass diese nur weitere Taten anrege und das deutsche Ansehen beschädige, für gut, selbst wenn dadurch einige Täter mehr animiert worden seien:

> „[E]s gibt Lagen, in denen man die schlafenden Höllenhunde wecken muß, um an ihrem Gebell gewahr zu werden, wie nah wir der Hölle noch sind. Nur indem wir jenes

---

83 Schmid, 3. BT, 95/20.1.1960, S. 5231. Ebd. die folgenden Zitate.

Finstere, das da und dort in unserem Volke noch sein Unwesen treibt, auflösen, werden wir es bannen."

Ähnlich äußerte sich Schmid in der Bundestagsdebatte, die sich am 18. Februar 1960 der Schmierwelle widmete[84] und in der die Deutung der Taten als „Rowdy-Streiche" nach wie vor das dominante Argumentationsmuster in der Union bildete. Auch im vom Innenministerium erarbeiteten *Weißbuch der Bundesregierung über die antisemitischen und nazistischen Vorfälle in der Zeit vom 25. Dezember 1959 bis zum 28. Januar 1960*, das den Abgeordneten am Tag vor der Debatte zur Vorbereitung vorgelegt wurde, spielte diese Deutung der Taten als „Streiche" eine zentrale Rolle. Fest machte dies das *Weißbuch* einerseits daran, dass ein Großteil der gefassten Täter in der Tat nicht politisch organisiert war, andererseits an den Selbstbeschreibungen der Täter, von denen die meisten angaben, dass ihre Tat bloß ein „Streich" etc. gewesen sei. Daher sah das *Weißbuch* nur bei einem geringen Teil der Taten politische Motive gegeben: 8 Prozent davon fielen in die nicht weiter aufgeschlüsselte Kategorie „Rechts- oder linksextreme Gesinnung" und 24 Prozent in die Kategorie „Affekt- und Rauschtaten aus unterschwellig antisemitischen, nazistischen und antidemokratischen Motiven".[85] Mit 48 Prozent die bei Weitem größte Gruppe bildeten hingegen „Unpolitische Rowdy- und Rauschtaten", der Rest verteilte sich auf die Kategorien „Pathologische Motive" (5 Prozent) sowie „Kinderkritzeleien" (15 Prozent).

Die Bundestagsdebatte über die Schmierwelle am 18. Februar 1960

Dem *Weißbuch* entsprechend fiel der die Bundestagsdebatte einleitende Beitrag von Innenminister Schröder aus, der sich, wie auch die anderen Sprecher der Union, explizit sowohl an das In- wie das Ausland richtete. Zur Beteiligung von „sowjetzonalen Drahtziehern"[86] an der Schmierwelle äußerte er sich als einer derer, die dies als alleinige Erklärung schon früh bezweifelt hatten, nur kurz. Etwas ausführlicher widmete er sich hingegen der propagandistischen Ausnutzung der Vorfälle durch die DDR zum Zweck der Diffamierung der Bundesrepublik. Auch dies nahm jedoch relativ wenig Raum ein, wiewohl immer noch mehr als die von ihm

---

84 Dass diese Debatte stattfand, ging vor allem auf den Einsatz der SPD zurück, da FDP und DP dagegen waren und auch die Union erst zögerte, jedoch nachgab, als die SPD u. a. eine Große Anfrage zu den Vorfällen stellte. Vgl. 3. BT-DS, Nr. 1604, 10. 2. 1960.
85 Diese wie die folgenden Angaben in Bundesregierung (Hrsg.) 1960, S. 46–49.
86 Schröder, 3. BT, 103/18. 2. 1960, S. 5575. Vgl. dazu wie zu Folgendem auch ebd., S. 5581.

erst gegen Ende erwähnte Notwendigkeit, den Rechtsextremismus zu bekämpfen – „eines des wirksamsten Mittel hier ist sicherlich das Totschweigen."[87] Stattdessen legte Schröder seinen Fokus ebenfalls auf den unpolitischen Charakter der Vorfälle und konzentrierte sich demgemäß auf die Defizite und Erfolge politischer und schulischer Bildung, wobei er ausgiebig auf die bisherigen Anstrengungen des Bundes auf diesem Gebiet einging. Einen nennenswerten Antisemitismus in der Bundesrepublik konnte er nicht erkennen, was er mit dem Hinweis auf die breite „Abscheu und Empörung" gegenüber den Taten unterstrich. Mit dieser in der Diskussion über die Schmierwelle stereotyp wiederkehrenden Formulierung[88] ließ sich, wie der zeitgenössische Publizist Gerhard Schoenberner kritisierte, sogar noch der offene Ausbruch von Antisemitismus „in einen Triumph des demokratischen good will"[89] verkehren. Zwar war die öffentliche Ablehnung der Taten in der Tat so groß wie nie zuvor.[90] Es ist aber davon auszugehen, dass der Regierung bekannt war, dass diese Ablehnung nicht mit einer Abwesenheit von Antisemitismus gleichzusetzen war.[91]

In dem Zusammenhang betonte Schröder auch die Ernsthaftigkeit, mit der die Bevölkerung die Schmierwelle wahrnehme, die sich in seinen Worten primär als Angriff auf den mühsam wiederhergestellten Ruf der Deutschen darstellte:

> „Die deutsche Öffentlichkeit sieht in den Sudeleien nicht nur üble Ausschreitungen einzelner unbelehrbarer Fanatiker und zum weitaus größten Teil eine Gassenjungengesinnung, die etwa allein die Polizei und den Strafrichter angingen. Vielmehr empfin-

---

87 Schröder, 3. BT, 103/18. 2. 1960, S. 5581. Ebd., S. 5575, das folgende Zitat.
88 Mit „Welle der Empörung" titelte z. B. schon am 27.12.1959 die Bild am Sonntag.
89 Schoenberner 1960, S. 197. Auch Hans Wilhelmi (CDU), 3. BT, 103/18. 2. 1960, S. 5587, nahm die ablehnenden Reaktionen der Bevölkerung auf die Schmierwelle als Beweis, dass der Antisemitismus längst überwunden sei: „das war das Gute daran."
90 Die Jüdische Gemeinde in Köln erhielt so viele Entrüstung ausdrückende Telegramme, dass sie eine Anzeige schaltete, um sich zu bedanken. Vgl. Bulletin, Nr. 2, 6.1.1960, S. 24. Erinnert sei im Gegensatz dazu an den Beifall für Hedler nach seinem Freispruch, siehe Kap. 5.1.
91 Dies legt u. a. die Aufzeichnung eines Mitarbeiters der Bundeszentrale für Heimatdienst nahe, der warnte, tiefer nachzuforschen, da Umfragen ein viel größeres Potenzial an antisemitischen Einstellungen auswiesen. Vgl. Brochhagen 1994, S. 284. So meinten in einer Umfrage im Jan. 1960 jeweils über ein Drittel der Befragten, es sei „etwas Wahres dran", dass Juden „oft Ausbeuter", arbeitsscheu und berechnend seien. Noelle/Neumann (Hrsg.) 1965, S. 216. Ein unterschwelliges Fortwirken des Antisemitismus zeigte auch das *Gruppenexperiment*. Vgl. Pollock (Bearb.) 1955, S. 163–171, im Kontext der Schuldabwehr, S. 278–428. Franz Böhm sprach angesichts der ihn schockierenden Ergebnisse dieser Studie in seinem Geleitwort, S. IX–XVII, hier S. XI (Herv. i. Orig.), davon, dass es auch „eine *nicht-öffentliche Meinung* gibt, deren Inhalt vom Inhalt der eigentlichen öffentlichen Meinung sehr erheblich abweichen kann."

det sie die Schmierereien als einen bösen Verstoß gegen ihren durch Taten bewiesenen Willen zur Wiedergutmachung, zur Versöhnung und zur Toleranz."[92]

Dies hielt Schröder allerdings nicht davon ab, die Masse der Taten wenige Sätze später erneut zu „Rüpeleien" und die meisten Täter zu „Rowdies" zu erklären. Worin aber bestand die hohe Attraktivität dieser Erklärung, etwa im Vergleich zur Beschuldigung „kommunistischer Drahtzieher"? Erst einmal hatten beide Auffassungen durchaus einiges gemein: Sie zogen jeweils eine klare Grenze zwischen Tätern und Bevölkerung und ließen letztere, der Darstellung der deutschen Nation in Bezug auf die NS- und Besatzungszeit korrespondierend, als eigentliche Opfer der Täter erscheinen. Die Annahme einer „kommunistischen Steuerung" tat dies, indem sie die Täter schlicht aus der eigenen Gesellschaft in die des außenpolitischen Konkurrenten verlagerte. Auf diese Weise wurde die deutsche Bevölkerung insgesamt, sowohl der in der Bundesrepublik wie der in der DDR lebende und der SED-Führung in diesem Kontext deutlich gegenübergestellte Teil, von jeder Mitverantwortung für die Taten entlastet und stattdessen zum Objekt einer Diffamierungskampagne erklärt. Analog dazu suggerierte die Bezeichnung der Täter als „Rowdies" Distanz zwischen ihnen und der Bevölkerung, vor allem der im Fokus des internationalen Interesses stehenden deutschen Jugend. Denn nach den „Halbstarkenkrawallen" von Ende 1955 bis 1958 waren Worte wie „Rowdies", „Gassenjungen" etc. im damaligen Sprachverständnis mit ganz bestimmten Jugendlichen assoziiert, nämlich eher mit Kriminellen als mit „normalen", sprich unauffälligen Jugendlichen.[93] „Die" deutsche Jugend wie die gesamte Bevölkerung erschienen damit ebenfalls als Opfer der Täter, waren ihre Taten doch, wie der DP-Abgeordnete Herbert Schneider besonders zugespitzt, in der Konzentration auf den deutschen Ansehensverlust aber nicht weit von der Union entfernt betonte, „nicht nur geeignet [...], das Ansehen Deutschlands und der Deutschen zu schädigen, sondern darüber hinaus [...] einen falschen Eindruck im Ausland über die *Gesinnung im deutschen Volke* hervorzurufen".[94]

Zwar war die Distanz, die die Rowdy-Erklärung zwischen Bevölkerung und Tätern herstellte, relativ gering, da sie diese nicht völlig als „fremde" Kommu-

---

92 Schröder, 3. BT, 103/18. 2. 1960, S. 5575. Ebd., S. 5576, folgende zwei Zitate.
93 Vgl. Grotum 1994, bes. S. 110, 130 ff., sowie Maase 1992, S. 149.
94 Schneider, 3. BT, 103/18. 2. 1960, S. 5590 (Herv. i. Orig.). Dass „das Ausland" auch der primäre Adressat der CDU war, machte Ferdinand Friedensburg, 3. BT, 103/18. 2. 1960, S. 5602, deutlich: „Wir kommen heute hier doch vor allem auch deshalb zusammen, weil die Welt von uns, von der Vertretung des deutschen Volkes, ein Wort zu diesen Dingen erwartet, ein Wort der Empörung, der Ablehnung, des Abscheus gegen das, was sich hier wieder offenbart hat."

nisten ausschloss, sondern sie immerhin als Teil des eigenen Kollektivs ansah.[95] Dies ging jedoch gerade nicht mit einem kritischeren Blick auf dieses Kollektiv einher, sondern trug vielmehr dazu bei, es in neuer Weise von einem antisemitischen Potenzial freizusprechen. So wurde lediglich eine kleine Minderheit der Täter als antisemitisch bzw. rechtsextrem stigmatisiert und damit nicht nur von der Bevölkerung, sondern auch von der Masse der unpolitischen „Rowdies" abgespalten. Unter Ausschluss dieser Minderheit konnten die meisten Täter sodann als nicht-antisemitische Rowdies wieder in das eigene, vermeintlich ebenfalls von Antisemitismus völlig freie Kollektiv zurückkehren. Damit wirkte hier ein ähnlicher Mechanismus zur Selbstentlastung der deutschen Nation wie bei der Trennung der wenigen „wirklichen Verbrecher" von den vielen vermeintlich unschuldig Gestraften im Rahmen der Amnestie- und Kriegsverbrecherdebatten.[96] Folglich diente die Rowdy-Erklärung anders als die Beschuldigung „kommunistischer Drahtzieher" nicht nur der Abgrenzung der Täter von der Bevölkerung, sondern zugleich ihrer Re-Integration. Die Relativierung des Handelns der Täter untermauerte in gewisser Weise sogar noch den Freispruch des Kollektivs – denn wenn demnach nicht einmal die Mehrheit der Täter antisemitisch war, so konnte es die restliche Bevölkerung wohl kaum sein. Insofern eignete sich diese Erklärung letzten Endes am besten dazu, nach innen wie vor allem nach außen weiterhin ein möglichst positives Bild der deutschen Nation zu präsentieren.

Der Christdemokrat Hans Wilhelmi sah dabei sogar eine Vorbildfunktion der Deutschen gegeben, da aus dem Dritten Reich die Konsequenz zu ziehen sei, „daß wir, die wir fürchterlichste Verbrechen an unseren jüdischen Mitbürgern und an vielen Juden außerhalb unseres Landes erlebt [sic] haben, Vorkämpfer gegen den Antisemitismus werden."[97] Jedoch hielt er es auch für erforderlich, dass die Politik nun jeden Einzelnen anweise, sich und sein Verhältnis zur Vergangenheit zu ändern, denn:

> „Man kann die Vergangenheit nicht dadurch bewältigen, daß man sie hinter sich wirft und sagt: das ist vorbei. Man kann sie aber dadurch bewältigen, daß man sich für unseren Staat, für unseren demokratischen Staat, aktiv einsetzt und vor allem – das gilt nur für uns Ältere – dafür Sorge trägt, daß die Jugend durch Beispiele, Aufklärungen und Erläuterungen in der richtigen politischen Richtung erzogen wird."

---

95 Verstärkt wurde dies, zumal angesichts der Jugend der Täter, dadurch, dass das „Rowdytum" im Gegensatz zum Kommunismus eher als eine nur vorübergehende Phase angesehen wurde.
96 Siehe dazu Kap. 4.
97 Wilhelmi, 3. BT, 103/18. 2. 1960, S. 5586. Ebd., S. 5587, das folgende Zitat. Erinnert sei daran, dass diese Vorbildrolle auch im Kontext der Westintegration postuliert wurde.

Wie die Rede von Wilhelmi durchzog das Thema Vergangenheitsbewältigung die gesamte Debatte, so auch die Beiträge der Union. Im Vergleich zu Wilhelmis Position[98] fielen andere Stellungnahmen allerdings un(selbst)kritischer aus. So hatte zwar auch Innenminister Schröder die von ihm betonte Bedeutung pädagogischer Maßnahmen in den Kontext der Vergangenheitsbewältigung gestellt. Er machte die Beschäftigung mit der NS-Zeit dabei jedoch dem Zweck positiver nationaler Selbstvergewisserung dienbar. Das größte Problem der schulischen Bildung erblickte er im „Fehlen eines „allgemeingültigen deutschen Geschichtsbildes".[99] Ein solches Bild zu entwickeln, sei insbesondere Aufgabe der Geschichtswissenschaft, die viel „zur Wiederherstellung eines ausgewogenen nationalen Selbstbewußtseins durch die unbestechliche, aber maßvoll behutsame Klärung des geschichtlichen Selbstverständnisses der Deutschen" beitragen könne. Ebenso müssten alle anderen, die Eltern und auch die Politik, ihren Teil dazu zu leisten, „daß wir nun endlich ein ausgeglicheneres *Verhältnis zur Vergangenheit* gewinnen."[100] Das Schröder damit kaum etwas anderes meinte, als das, was zuvor unter der Maßgabe, einen Schlussstrich zu ziehen, diskutiert worden war, demonstrieren seine anschließenden Erläuterungen zu den seiner Ansicht nach notwendigen Konsequenzen – geboten sei nämlich, die Vergangenheit endgültig ruhen zu lassen und nicht mehr nach dem Verhalten Einzelner in der NS-Zeit zu fragen: „Wir brauchen *Versöhnung* und *Toleranz* nicht nur im Verhältnis zu unseren jüdischen Mitbürgern, sondern innerhalb des gesamten Volkes." Anders als Wilhelmi sah Schröder somit weiterhin nicht im Reden, sondern im Schweigen den angemessenen Umgang mit dem Nationalsozialismus, ganz im Einklang mit seiner erwähnten Strategie, den gegenwärtigen Rechtsextremismus durch „Totschweigen"[101] bekämpfen zu wollen.

Eine Art zweite Entnazifizierung wurde in diesem Zusammenhang auf allen Seiten, so außer von CDU und DP auch von der SPD, ausdrücklich abgelehnt.[102] Abseits davon machten die Sozialdemokraten jedoch deutlich, dass sie unter Ver-

---

98 Wilhelmi gehörte zusammen mit Ernst Benda, Franz Böhm und Hans Katzer zu der Gruppe von CDU-Abgeordneten, die im Bundestag im März 1965 mit einer Resolution dafür eintraten, entgegen dem Willen des Bundesjustizministers Ewald Bucher (FDP) die Verjährungsfrist für Mord zu verlängern, um NS-Verbrechen weiter sühnen zu können. Benda verknüpfte dies in seiner Begründung dieses Ansinnens am 30.6.1965 mit dem bemerkenswerten Hinweis, wie es mit der Gerechtigkeit stehe „in einem Staat, in dem für Jugendstreiche jemand ins Gefängnis kommt und Leute, die Morde begangen haben, ungestraft herumspazieren." Zitiert nach: Miquel 2004, S. 297.
99 Schröder, 3. BT, 103/18.2.1960, S. 5578. Ebd., S. 5579, folgendes Zitat.
100 Schröder, 3. BT, 103/18.2.1960, S. 5581. Ebd., S. 5582, folgendes Zitat (alle Herv. i. Orig.).
101 Schröder, 3. BT, 103/18.2.1960, S. 5581.
102 Vgl. Wilhelmi, S. 5591; Schneider, S. 5595; Schmid, S. 5585 (alle 3. BT, 103/18.2.1960).

gangenheitsbewältigung etwas anderes als Schröder verstanden. Wie sich schon in Schmids Rede vom Januar angekündigt hatte, erblickten sie die zentrale Ursache der Schmierwelle darin, dass es bisher an einer selbstkritischen Aufarbeitung der NS-Zeit gefehlt habe. Dazu hatte nach Ansicht der Opposition vor allem das Verhalten der Bundesregierung beigetragen, an sich zudem nach wie nichts geändert habe. So beklagte Adolf Arndt, dass in dieser Debatte wiederum „zu viel Selbstlob zu hören war"[103], mit dem die Bevölkerung pauschal vom Antisemitismus und einem Fortwirken der NS-Vergangenheit freigesprochen werde, obwohl gerade nach dieser Vergangenheit alle dazu aufgefordert seien, „daß wir beim leisesten Anlaß mißtrauisch werden [...] gegen uns selbst".

Dasselbe hatte zuvor bereits Carlo Schmid angemahnt, der im Zuge dessen dafür plädierte, die Grenzen des „Wir" fortan enger zu ziehen bzw. konsequenter am Maßstab demokratischer Inhalte auszurichten. Abermals forderte er ein, die Schmierwelle ernst, d. h. zum Anlass zu nehmen, künftig weniger nach außen als

> „nach innen zu denken, uns selber vorzunehmen und uns zu fragen, ob durch diese Schmierereien, Rüpeleien nicht schlicht etwas ans Tageslicht gekommen ist, das wir, mit gutem Gewissen vielleicht, ausgelöscht glaubten und doch nur unter den Teppich gekehrt worden ist."[104]

So hätten die Täter Schmid zufolge kaum in dieser Weise gehandelt, wenn sie nicht geglaubt hätten, „im deutschen Volk eine gewisse Resonanz erwarten zu dürfen." Ihr Verhalten sei letzten Endes einem gesellschaftlichen Klima geschuldet, das sich durch die unzureichende Verinnerlichung demokratischer Werte – Freiheit und Gleichheit aller Menschen jenseits von individuellen oder gruppenspezifischen Unterschieden – kennzeichne. Dieses Klima habe nicht zuletzt die zweideutige Haltung der Regierung mit produziert, die sich etwa darin zeige, dass sie den Antisemitismus zwar verurteile, ihn aber mit der Formel, man werde die Juden „schützen", von einer Sache aller Demokraten quasi zum Sonderproblem der Juden mache.[105] Auch der Verzicht auf die Aufnahme diplomatischer Beziehungen zu Israel und die von Schmid, allerdings nur sehr moderat, kritisierte Präsenz früherer NS-Funktionäre in der Regierung hätten eine Situation geschaffen, in der die „Feinde der Demokratie, auch die Antisemiten, sich

---

103 Arndt, 3. BT, 103/18. 2. 1960, S. 5605. Ebd. folgendes Zitat.
104 Schmid, 3. BT, 103/18. 2. 1960, S. 5582. Ebd. folgende Zitate.
105 Zur zweideutigen Haltung von Schmid selbst, ersichtlich in seinem Einsatz für die Freilassung des NS-Verbrechers Martin Sandberger, siehe Kap. 4.2.2.

gerechtfertigt fühlen könnten."[106] Daraus schloss er keineswegs, dass man einstige NS-Funktionäre, jedenfalls jene unterer Ebenen, fortan ganz auszuschließen habe, obschon exponierte Positionen in der Politik nicht der richtige Ort für sie seien. Grundsätzlich aber sollten sie nach einem Bekenntnis zur Demokratie weiterhin integriert werden: „Wer sich in dieser Weise gewandelt, der gehört zu uns, auch wenn er vor Jahrzehnten auf den anderen Seite gestanden hat, es sei denn er habe Verbrechen begangen." Dieses Bekenntnis müsse jedoch, und darin unterschieden sich Schmids Worte von früheren, zurückhaltenderen Stellungnahmen auch seiner Partei, inhaltlich statt nur formal ausfallen und öffentlich statt nur im „stillen Kämmerlein" erfolgen.

Während Schmid mit dieser Rede bei der Union nicht auf Kritik stieß, erging es zwei seiner Genossen, die unvorsichtiger formulierten, gänzlich anders. Den ersten Skandal löste Gustav Heinemann aus, als er in seinem Beitrag auf die Erklärung zu sprechen kam, die Adenauer bei seinem Papstbesuch am 22. Januar 1960 abgegeben und in der er gesagt hatte, er glaube, „daß Gott dem deutschen Volk in den jetzigen stürmischen Zeiten eine besondere Aufgabe gegeben hat, Hüter zu sein für den Westen gegen jene mächtigen Einflüsse, die von Osten her auf uns einwirken."[107] Nachdem Heinemann sich über das darin neu aufscheinende deutsche „Sendungsbewußtsein" beunruhigt gezeigt hatte, brach bei der Union große Entrüstung aus und ihre nächsten Redner befassten sich mehr mit der Fürsprache für den Kanzler als mit den antisemitischen Taten.[108]

Als sich die Lage gerade beruhigt hatte, löste Gerhard Jahn den zweiten Skandal aus, da er bei seiner Kritik am milden Umgang der Regierung mit früheren Nationalsozialisten in den eigenen Reihen anders als Schmid auch Namen nannte.[109] Vor allem, dass er den NS-belasteten Bundesvertriebenenminister Theodor Oberländer[110], vom GB/BHE 1956 zur CDU gewechselt, erwähnte, provozierte Unruhe. Die Debatte entfernte sich nun zusehends vom Thema Antisemitismus, um zu einer Debatte über den angemessen Umgang mit einzelnen NS-belasteten Per-

---

106 Schmid, 3. BT, 103/18.2.1960, S. 5584. Ebd., S. 5585, das folgende Zitat.
107 Gustav Heinemann (jetzt SPD), 3. BT, 103/18.2.1960, S. 5598. Ebd. das folgende Zitat.
108 Vgl. Heinrich Krone, 3. BT, 103/18.2.1960, S. 5598 f.; Schröder, ebd., S. 599; Friedensburg, ebd., S. 5601 f.; dazu die Replik von Arndt, ebd., S. 5604 ff.; daraufhin wiederum Wilhelm Gontrum (CDU), ebd., S. 5607.
109 Vgl. zu Folgendem den Beitrag von Gerhard Jahn (SPD), 3. BT, 103/18.2.1960, S. 5606–5611.
110 Die Kritik an Oberländer entzündete sich an der Frage, ob er 1941 als Offizier der Einheit *Nachtigall* an der Erschießung von Polen und Juden in der Sowjetunion beteiligt gewesen war. Dies konnte ihm zwar nicht nachgewiesen werden, da jedoch auch in der CDU der Druck auf ihn wuchs, trat er im Mai 1960 zurück. Vgl. Zentner/Bedürftig (Hrsg.) 1985, S. 462.

sonen, so auch über den Staatssekretär Adenauers und einstigen Kommentator der *Nürnberger Rassegesetze* Hans Globke[111], zu werden. Bei aller Kritik, die die SPD damit jetzt nicht nur am ambivalenten Verhalten der Regierung, sondern auch an der zu laxen und integrationsbereiten Politik gegenüber früheren NS-Anhängern überhaupt äußerte, enthielt sie sich allerdings jeglicher Selbstkritik, obwohl sie nunmehr doch eine Politik infrage stellte und sogar als Ursache der Schmierwelle benannte, die sie zum großen Teil mitgetragen hatte. So hatten die Sozialdemokraten zwar keinen Einfluss auf die Zusammensetzung der Bundesregierung – die Vergangenheitspolitik war von ihnen jedoch, wie gesehen, in großer Übereinstimmung mit den anderen Parteien mitgestaltet worden. Ihre jetzige Kritik daran entbehrte somit selbst nicht einer gewissen Zweideutigkeit. Umso mehr gilt dies für die FDP, die sich mit Äußerungen zur Schmierwelle zwar sehr bedeckt hielt, nun aber ebenfalls die Beteiligung ehemaliger Nationalsozialisten an der Regierung bemängelte,[112] obgleich sie bis 1956 selbst Regierungspartei gewesen war und an der Vergangenheitspolitik geradezu überengagiert mitgewirkt hatte.

Praktische Folgen der Schmierwelle und Ausblick

Ohnehin trug die am Ende der 1950er-Jahre einsetzende Problematisierung der NS-Vergangenheit eher intellektuellen Charakter, da für den politischen Umgang mit ihr zentrale Entscheidungen bereits gefallen waren.[113] Diese Entscheidungen sollten auch aktuell keineswegs grundlegend revidiert werden, wie z. B. die breite Ablehnung einer „zweiten Entnazifizierung" zeigt. Auch die praktischen Folgen der Schmierwelle waren eher gering. Die Bekämpfung des Rechtsextremismus blieb nach wie vor defensiv, kurzfristig orientiert und je nach Bundesland verschieden, wobei sich das SPD-regierte Westberlin unter Willy Brandt hier am stärksten, so durch diverse Organisationsverbote, hervortat.[114] Die Regierung legte ihren Schwerpunkt hingegen zum einen auf symbolische Aktionen: Am

---

111 Zu Globke vgl. ebd., S. 217 f.
112 Vgl. dazu den Beitrag Marie Elisabeth Lüders (FDP), 3. BT, 103/18. 2. 1960, S. 5588 ff.
113 Vgl. Frei 1999, S. 24.
114 Zu den verbotenen Gruppen gehörte u. a. der Bund Nationaler Studenten (BNS), eine der zu dieser Zeit offensivsten rechtsextremen Jugendgruppen. Er wurde am 12. 1. 1960, zusammen mit der Nationaljugend Deutschlands, in Berlin verboten. Diesem Beispiel folgten nach und nach weitere Bundesländer, bis der BNS mit dem Verbot in Schleswig-Holstein im März 1961 bundesweit aufgelöst war. Vgl. Jenke 1961, S. 332 ff.; Dudek/Jaschke 1984, S. 424–433.

2. Februar 1960 besuchte der Kanzler mit Bergen-Belsen erstmals in seiner Amtszeit ein Konzentrationslager. Im März 1960 traf er mit Israels Ministerpräsidenten David Ben Gurion in New York zusammen, wo jenes berühmte Foto entstand, auf dem beide Staatschefs einträchtig nebeneinander sitzen.[115] Zum anderen drängte die Regierung verstärkt darauf, den von ihr schon Anfang 1959 vorgelegten *Entwurf eines Gesetzes gegen Volksverhetzung* zu verabschieden, mit dem sie fast zehn Jahre, nachdem der SPD-Entwurf eines *Gesetzes gegen die Feinde der Demokratie* an der damaligen Regierungsmehrheit gescheitert war, jetzt selbst eine Neufassung des § 130 StGB *(Anreizung zum Klassenkampf)* vornehmen wollte. Gemäß der realisierten Neufassung wurde fortan mit mindestens drei Monaten Gefängnis, gegebenenfalls zuzüglich einer Geldstrafe bedroht,

„[w]er in einer Weise, die geeignet ist, den öffentlichen Frieden zu stören, die Menschenwürde anderer dadurch angreift, daß er 1. zum Haß gegen Teile der Bevölkerung aufstachelt, 2. zu Gewalt- oder Willkürmaßnahmen gegen sie auffordert oder 3. sie beschimpft, böswillig verächtlich macht oder verleumdet."[116]

Sowohl SPD als auch FDP lehnten den Plan der Regierung zu dieser Neufassung jedoch ab, und zwar vor allem mit zwei Argumenten: Erstens reichten ihrer Ansicht nach die bestehenden Gesetze – konsequent angewandt – zur Bekämpfung des Antisemitismus weitgehend aus. Zu verändern sei lediglich, dass die Verfolgung von Beleidigung (§ 194 StGB) nicht mehr nur auf Antrag, sondern von Amts wegen eintrete, da ein Angriff auf Juden als Gruppe nicht sie als Einzelne, sondern das öffentliche Interesse verletze. Zweitens wurde befürchtet, dass Juden damit unter eine Art „Sonderschutz" gestellt würden, was negativ auf sie zurückschlagen könne und außerdem dem Gleichheitsgrundsatz widerspreche.[117] Als sich in der 3. Lesung am 3. Dezember 1959 schließlich auch der Christdemokrat Franz Böhm gegen den inzwischen bereits überarbeiteten Entwurf aussprach, da es sich um ein „Schönwettergesetz"[118] handele, das die Verantwortung der Gesellschaft auf Polizei und Justiz verlagere, wurde die Verabschiedung erneut vertagt. Eine

---

115 Das Foto ist u. a. abgedruckt in Brochhagen 1994, S. 287.
116 So dann der Wortlaut der Neufassung des § 130 gemäß Art. 1 Abs. 2 des 6. *Strafrechtsänderungsgesetzes* vom 30.6.1960, in: BGBl. I, Nr. 33, 4.7.1960, S. 478. Für den etwas anders formulierten Regierungsentwurf vgl. 3. BT-DS, Nr. 918, 5.3.1959, Anlage 1, Art. 1.
117 Auch die DP war gegen den Entwurf, jedoch mit dem Argument, dass man Toleranz nicht per Gesetz erzwingen könne. Vgl. ausführlich die Beiträge besagter drei Fraktionen in der 1. und 2./3. Lesung des Entwurfs, 3. BT, 68/8.4.1949, S. 3623–3625; 92/3.12.1959, S. 5080–5089.
118 Franz Böhm (CDU), 3. BT, 92/3.12.1959, S. 5088.

Neufassung des § 130 StGB kam schließlich erst mit dem 6. *Strafrechtsänderungsgesetz* vom 30. Juni 1960 zustande, anstatt, wie von der Regierung erhofft, direkt im Gefolge der Schmierwelle. Deren größte Auswirkungen ergaben sich am Ende, wie mit der Erklärung der Taten als „Rowdytum" quasi schon vorgegeben, im Bildungsbereich, wobei die Schmierwelle auch hier mehr als Katalysator bereits angelaufener denn als Anstoß neuer Reformen wirkte.[119]

Dennoch markieren die Ereignisse vom Winter 1959/60 einen einschneidenden Wandel. Vor allem das Thema Vergangenheitsbewältigung war fortan nicht mehr aus dem politischen Diskurs wegzudenken. Zudem bestand in den folgenden Jahren weiterhin genug Anlass, sich damit zu befassen – so beim Adolf Eichmann-Prozess in Israel 1961 oder dem ersten Auschwitz-Prozess in Frankfurt am Main von 1963 bis 1965, aber auch anlässlich der 1960 eintretenden Verjährungsfrist für in der NS-Zeit begangenen Totschlag, die entgegen dem Antrag der SPD, die Frist zu verschieben, auf Wunsch der Bundestagsmehrheit eingehalten wurde.[120] Durch diese sich zunehmend ausweitende Auseinandersetzung mit der NS-Vergangenheit wurde das speziell von der Vergangenheitspolitik der ersten Jahre genährte positive nationale Selbstbild einerseits fundamental verunsichert und nicht zuletzt vermittels einer differenzierten Erforschung der Ursachen und Folgewirkungen des Nationalsozialismus und des Antisemitismus durchbrochen. Andererseits zeigen sich jedoch auch starke Tendenzen dazu, die Vergangenheitsbewältigung in Formen der Ritualisierung zu verselbstständigen und sie dabei gleichsam selbst wieder als Bestandteil eines nunmehr gerade ihretwegen positiv gewendeten nationalen Selbstbildes zu absorbieren. Beide Tendenzen stehen bis heute miteinander im Widerstreit.

5.3 Zwischenfazit: durch Vergangenheitsbewältigung zurück zur Nationalgeschichte?

Neben den Bemühungen zur Ehrenrettung der Nation durch das „Vergessen" der NS-Vergangenheit, wie u. a. in den Amnestiegesetzen von 1950 und 1954 oder der Gesetzgebung zu Art. 131 manifestiert, gab es somit auch eine „andere Seite" der Ehre: Parallel zur Amnestie und Integration der NS-Anhänger gingen die Parteien in den ersten Jahren der Bundesrepublik daran, Versuchen zur Wiederbelebung des Nationalsozialismus entgegenzuwirken. Vor allem diese frühen Schritte

---

119 Vgl. Bergmann 1997, S. 261–266; für die Entwicklung in Hessen Zilien 1997, S. 293–371.
120 Vgl., auch zu den späteren Verjährungsdebatten, Sambale 2002.

einer Normsetzung gegen rechts waren es, die den Grundstein für einen demokratischen Neuanfang der deutschen Nation legten und auch die Voraussetzungen für die intensivierte Beschäftigung mit der NS-Vergangenheit im letzten Drittel der 1950er-Jahre schufen.

Grundsätzlich handelte es sich bei dem Bestreben, sich vom Nationalsozialismus in Wort und Tat abzugrenzen, um ein den im Bundestag vertretenen Parteien gemeinsames Anliegen, allerdings „mit zu den Rändern hin abnehmender Überzeugungskraft"[121]. Abgesehen von den rechtsextremen Parteien selbst fielen besonders DP und FDP dadurch auf, dass sie sich zum Teil nur äußerst verhalten an der Bekämpfung von Rechtsextremismus beteiligten: sei es, dass sie sich wie im Fall der SRP nur durch ein paralleles Vorgehen gegen Kommunisten zum Handeln animieren ließen, sei es, dass gerade Politiker aus ihren Reihen rechtsextreme Parolen verbreiteten, wie Hedler von der DP, oder versuchten, die Nationalsozialisten zu reorganisieren, wie Naumann unter dem Dach der FDP. Doch auch die Union agierte in der Abwehr rechtsextremer Bestrebungen zwiespältig, hielt sie es doch zumeist für das beste Mittel, die Existenz solcher Bestrebungen zu beschweigen und nur im (außenpolitischen) Notfall auf sie reagieren. Ein offensiveres Vorgehen gegen rechts forderte vor allem die SPD ein; dass diese Tendenzen aber gerade in jenem Klima gediehen, das die von ihr mitgestaltete integrative Seite der Vergangenheitspolitik prägte, wurde dabei ausgeblendet.

Nichtsdestotrotz eröffnet sich ein Spannungsfeld zwischen einerseits der Bereitschaft der Parteien, auf personeller Ebene weitgehende Zugeständnisse zu machen und damit zur Beständigkeit des im Dritten Reich etablierten „Wir" beizutragen, und andererseits ihrem Bemühen, eine strikte Abkehr vom Nationalsozialismus zu vollziehen. Die Rekonstruktion der Vorstellungen von der deutschen Nation vollzog sich in diesem Spannungsfeld, d. h., sie bestimmte sich ebenso durch die Integration vormaliger Nationalsozialisten wie durch die Abgrenzung vom Nationalsozialismus.

Wie bereits angedeutet, war allerdings auch diese Abgrenzung in sich ambivalent. So umfassten die Ansätze zur Aufarbeitung der NS-Zeit sowohl die Tendenz, die Vergangenheit kritisch aufzuarbeiten, wie sie auch von Versuchen geprägt waren, den Nationalsozialismus in einer Weise zu deuten, die die Geschichte der deutschen Nation als eine positive erzählbar machen würde. Zum Abschluss wird daher ein Ausblick auf die Schwankungen der Thematisierung der NS-Vergangenheit hinsichtlich ihrer Folgen für die Konstruktion einer deutschen Nationalgeschichte resp. eines nationalen Narrativs geworfen.

---

121 Frei 1999, S. 307.

Zu Beginn der Ära Adenauer wurde die NS-Zeit von allen Parteien weitgehend mit Schweigen bedeckt. Weitgehend war dieses Schweigen deshalb, weil es in den Beratungen über die einzelnen vergangenheitspolitischen Schritte zwar durchaus ein „Reden" über die Vergangenheit gab. Dieses Reden blieb jedoch insgesamt vage und verzerrt, da lediglich aus Perspektive der „deutschen Opfer" (jedoch unter Ausschluss der deutschen Juden, Kommunisten etc.) gesprochen wurde. Die NS-Verbrechen wurden hingegen fast vollständig ausgeblendet, um die weitreichende Integrationspolitik legitimierbar zu machen. Insofern lässt sich mit Moishe Postone davon sprechen, dass in der frühen Bundesrepublik eine Art gespaltene historische Realität existierte, in der der Nationalsozialismus als Ganzes, insbesondere aber die Ermordung der Juden, zugunsten einer oberflächlichen Zukunftsorientierung gleichsam aus der deutschen Geschichte abgespalten wurde, um unterschwellig unverarbeitet fortzuwirken.[122] So erschien die deutsche Nation im politischen Diskurs zunächst in bestimmter Hinsicht als „Nation ohne Geschichte". Zumindest eignete sich diese Geschichte nicht dazu, ein kontinuierliches positives nationales Narrativ zu entwickeln, in das sich auch die NS-Verbrechen ohne Weiteres einbinden ließen. Ein solches positives Narrativ war vielmehr nur zum Preis ihrer Ausklammerung zu haben. Zum Ausdruck brachte dies etwa der Gedanke, dass 1945 die „Stunde Null" eingetreten sei, auf den sich das positive Selbstbild der deutschen Nation in den ersten Jahren maßgeblich stützte und der besonders in den Amnestiegesetzen materialisiert wurde.

Erst nachdem die Vergangenheitspolitik in ihren Grundzügen abgeschlossen war und sich für einige Jahre ein hermetisches Schweigen[123] über die NS-Zeit gebreitet hatte, setzte im letzten Drittel der 1950er-Jahre wieder eine Phase des Redens über die Vergangenheit ein, in der nun auch die NS-Verbrechen zum Thema wurden. Dieser Thematisierungsschub ging einerseits mit wachsender Kritik an der Vergangenheitspolitik und dem dadurch beförderten positiven nationalen Selbstbild einher. Unter der nunmehr fast überall erhobenen Forderung nach Aufarbeitung konnte sich andererseits allerdings auch weiterhin nur die schlichte Rechtfertigung der vorherigen Schlussstrich-Praxis versammeln. Charakteristisch dafür waren die Ausführungen von Bundesinnenminister Gerhard Schröder zur Schmierwelle, in denen er die Verantwortung primär dem Bildungssystem zuschob und ansonsten für das „Vergessen" aller vergangenen Differenzen zuguns-

---

122 Vgl. Postone 2003, bes. S. 98. Müller-Härlin 2008, S. 209, der auch für die Debatten über die EGKS und die EVG ein „Reden" über die NS-Zeit feststellt, plädiert daher dafür, von einem „Beschweigen der Schuld" statt von einem Beschweigen der NS-Vergangenheit zu sprechen.
123 Vgl. Dubiel 1999, S. 14.

ten eines ausgeglichen nationalen Geschichtsbewusstseins plädierte. Treffend analysierte diese Haltung schon Adorno im Einstieg zu seinem Vortrag *Was bedeutet: Aufarbeitung der Vergangenheit* von 1959:

> „Die Frage ‚Was bedeutet: Aufarbeitung der Vergangenheit' muß erläutert werden. Sie geht von einer Formulierung aus, die sich während der letzten Jahre als Schlagwort höchst verdächtig gemacht hat. Mit Aufarbeitung der Vergangenheit ist in jenem Sprachgebrauch nicht gemeint, daß man das Vergangene im Ernst verarbeite, seinen Bann breche durch helles Bewußtsein. Sondern man will einen Schlußstrich darunter ziehen und womöglich es selbst aus der Erinnerung wegwischen. Der Gestus, es solle alles vergessen und vergeben sein, der demjenigen anstünde, dem Unrecht widerfuhr, wird von den Parteigängern derer praktiziert, die es begingen."[124]

Doch nicht nur bei der Union, sondern auch darüber hinaus schien mit dem Stichwort der Vergangenheitsbewältigung eine Art Heils- oder Erlösungserwartung verbunden zu sein, so wenn Carlo Schmid ebenfalls im Kontext der Schmierwelle davon sprach, dass sie Voraussetzung dafür sei, dass die deutsche Nation endlich „gesunden"[125] könne. Der Aufruf zur kritischen Auseinandersetzung mit der NS-Vergangenheit blieb damit auch bei Schmid eingebettet in den nationalen Kontext eines: „Wir" müssen „uns" erinnern.

Dennoch markiert das Aufkommen des Stichworts der Vergangenheitsbewältigung einen Wandel im Umgang mit dem Nationalsozialismus in der Bundesrepublik. Im Unterschied zu vorher, wo er weitgehend aus der Geschichte der deutschen Nation ausgeblendet worden war, wurde er jetzt in wachsendem Maße als Teil dieser Geschichte aufgefasst und diskutiert. Diese Einbettung des Nationalsozialismus in die eigene Geschichte war zweifellos notwendig, war er doch aus der deutschen Gesellschaft hervorgegangen und musste dementsprechend auch aus deren Analyse heraus erklärt werden. Seither etablierte sich in der Bundesrepublik allerdings auch die bis heute anhaltende Tendenz, den Nationalsozialismus auf eine Weise historisch einzuordnen, in der er primär nur noch als Auftakt eines umfassenden Lernprozesses in der Bundesrepublik erscheint.[126] Dadurch gleich-

---

124 Adorno 1998c, S. 555.
125 Schmid, 3. BT, 95/20.1.1960, S. 5231.
126 Diese Deutung findet sich auch im aktuellen wissenschaftlichen Diskurs, wo Darstellungen der Geschichte der Bundesrepublik als Erfolgsgeschichte bzw. gelungener Lernprozess seit einer Weile Konjunktur haben. Vgl. als Gesamtdarstellungen z. B. Wolfrum 2006; Winkler 2005; bezüglich des Umgangs mit Antisemitismus Bergmann 1997. Kritischer dagegen Schildt 1999; zur Kritik an dieser Deutung vgl. auch die Beiträge in: Glienke/Paulmann/Perels (Hrsg.) 2008.

sam mit „tieferem Sinn" für die demokratische Entwicklung der deutschen Nation ausgestattet, konnte der Nationalsozialismus in das nationale Geschichtsbild integriert und nunmehr quasi durch ihn hindurch eine „rundum" positive deutsche Nationalgeschichte erneut erzählbar gemacht werden, zugespitzt gesagt nach der Devise: Ende gut, alles gut.

Darin zeigt sich nicht zuletzt auch die anhaltende Wirksamkeit des von Benedict Anderson analysierten, grundsätzlichen Mechanismus der Nationalisierung von Geschichte: Demnach wird das Narrativ einer kontinuierlichen nationalen Identität stets in rückwärtsgewandter Perspektive vom Standpunkt der Gegenwart aus produziert. Dabei erhält dieses Narrativ seine Sinnstruktur gerade durch gewaltvolle Exzesse und Tode, die in bestimmter Weise zugleich (als die Angehörigen der Nation trennende Erfahrungen) vergessen und (als vermeintlich gemeinsame bzw. Einheit stiftende Erfahrungen) erinnert werden. Auf diese Weise erzeugt sodann scheinbar „[d]er Zweite Weltkrieg [...] den Ersten; aus Sedan geht Austerlitz hervor; der Vorfahre des Warschauer Ghettoaufstandes ist der Staat Israel"[127] – und, wie gemäß der Deutung des Nationalsozialismus als Teil einer Erfolgsgeschichte anzufügen wäre, die Stabilisierung der westdeutschen Demokratie erzeugt und erklärt Auschwitz. Jedoch ließ sich die Geschichte des Nationalsozialismus bisher auch nicht völlig unter diese Deutung vereinnahmen, zum einen, weil sie außerhalb der Bundesrepublik, gerade in den einst von Hitler-Deutschland überfallenen Staaten, weniger Akzeptanz findet, zum anderen, weil sie auch in der Bundesrepublik weiterhin umstritten ist.

---

127 Anderson 1996, S. 207.

Schlussbetrachtung

Die zentrale Fragestellung dieser Arbeit war die nach dem Mischungsverhältnis verschiedener Nationenvorstellungen im Spannungsfeld von Demos und Ethnos, wie es sich in grundlegenden parteipolitischen Kontroversen der westdeutschen Nachkriegsgesellschaft insbesondere in der Zeit von 1949 bis 1963 ausformte.[1]

Als Voraussetzung zur Diskussion dieser Frage ist zunächst festzuhalten, dass sich die politischen Akteure der Ära Adenauer weiterhin häufig nationaler Termini bedienten, und zwar in allen hier untersuchten Politikfeldern – von der Westintegration über die östlichen Territorialfragen bis hin zum Umgang mit der NS-Zeit. Insofern kann für die Ebene des politischen Diskurses nicht die Rede davon sein, dass der Bezug auf die Kollektivvorstellung der Nation zugunsten postnationaler Gemeinschaftsvorstellungen überwunden wurde oder kaum noch politische Relevanz besaß. Vielmehr erweist sich diese politische Relevanz gerade darin, dass der Bezug auf nationale Belange selbst dort eine Rolle spielte, wo es darum ging, Nationalstaaten stärker miteinander zu verflechten: So legitimierte Regierung Adenauer die Westintegration stets auch damit, dass sie die Wiedervereinigung der deutschen Nation in einem gemeinsamen Nationalstaat bringen werde.

Ebenso ersichtlich wird die fortgesetzte Relevanz der Nation in der institutionellen politischen Praxis. Für die Anfänge der europäischen Integration, im Zuge derer speziell die Regierungskoalition die Überwindung nationalstaatlicher Strukturen als Ziel proklamierte, ist auf die nach wie vor maßgebliche Bedeutung nationaler Interessenpolitik zu verweisen.[2] Dementsprechend wurden die ersten europäischen Institutionen in Form einer Mischung aus supranationalen und – letztendlich vorrangigen[3] – intergouvernementalen Elementen ausgestaltet.

---

1 Hier wird lediglich auf die für diese Diskussion wichtigsten Ergebnisse eingegangen und keine umfassende Zusammenfassung angestrebt. Dafür sei auf die Zwischenfazits verwiesen.
2 Vgl. zu der in Kap. 2.1.1, Fn. 36, erwähnten Diagnose von Abelshauser 2004 z. B. die Aufsätze in: Sandkühler (Hrsg.) 2002; ähnlich konstatiert für die Europapolitiker der ersten Generation Trunk 2007, S. 330: „Europäische Integration war [...] in erster Linie aus Motiven angetrieben, die sich auf die eigene Nation bezogen, und sie sollte diese Nation keinesfalls durch Europa ersetzen, sondern wieder stärken."
3 Siehe z. B. die starke Stellung des (Minister-)Rats in den drei europäischen Gemeinschaften.

Nicht zuletzt, weil demokratische Wahlen weiterhin auf nationaler Ebene stattfanden, blieb der Bezug auf die Nation für die Parteien auch immer noch ein Instrument zur Integration der Bevölkerung. Speziell deutlich wird diese Funktion in den Debatten über die Oder-Neiße-Gebiete. Denn obwohl viel dafür spricht, dass sich die politischen Akteure zumindest bei Union und SPD über den permanenten Verlust dieser Gebiete für den deutschen Staat bewusst waren, ließen sie nicht davon ab, Anspruch auf sie zu erheben. Dies ist auch darauf zurückzuführen, dass keine Partei riskieren wollte, die Stimmen der Vertriebenen zu verlieren.

Unterhalb der Ebene der generellen politischen Relevanz der Nation lässt sich beobachten, dass im Parteienspektrum der frühen Bundesrepublik verschiedene Nationenvorstellungen im Widerstreit miteinander standen. Es erscheint jedoch fragwürdig, diese Vorstellungen nach der gängigen Trennung von „extremem" Nationalismus und „gesundem" Nationalgefühl zu differenzieren, zumindest fällt es für die Debatten der Adenauerzeit schwer, auszumachen, wo genau die Grenze zwischen beidem lag.[4] Ist Nationalismus gemäß der schon damals vorherrschenden Ansicht als aggressive Selbstüberhöhung der eigenen Nation gegenüber anderen Nationen zu verstehen, so wären etwa im Rahmen der mit deutlich aggressivem Ton geführten Debatten über die Kriegsverbrecherfrage im Grunde alle Parteien als nationalistisch zu bezeichnen, es sei denn, man setzt den Maßstab diesbezüglich derart herauf, dass erst handgreifliche Aggression als nationalistisch gilt.

Bezüglich der Kriegsverbrecherfrage wie auch der Amnestie und Integration von NS-Anhängern insgesamt waren zwar die Unterschiede wenigstens zwischen Union und SPD in der Tat nicht sehr groß, das macht eine Differenzierung ihrer Nationenvorstellungen aber nicht grundsätzlich obsolet. Als Kriterium dafür bietet sich weniger die (eher quantitative) Unterscheidung von extremem Nationalismus und weniger extremem Nationalgefühl an als die qualitative Unterscheidung danach, wie die der Nation prinzipiell inhärenten Inklusions- und Exklusionsmechanismen konkret bestimmt sind, sprich, ob sie eher als vom Willen der Subjekte konstituierte politische Gemeinschaft verstanden wird oder ob sie durch vermeintlich objektive „Merkmale" wie Abstammung, Sprache, Kultur etc. definiert ist. Je nachdem fällt das Verhältnis der Nation zum Staat resp. zur Demokratie anders aus: Die Nation als politische Willensgemeinschaft ist dem demokratischen Staat eng verbunden, da es, zumindest idealerweise, seine Verfassung und die ihr gemäß gestalteten Institutionen und Verfahrensweisen sind, in denen sich

---

4   Zur Kritik an dieser Trennung siehe die bereits in der Einleitung (Fn. 30) zitierte Passage von Adorno 1998b, S. 578.

dieser Wille manifestiert. Die Nation als Geschichts-, Kultur- und Abstammungsgemeinschaft ist dagegen auch ohne demokratischen Staat denkbar, da sie als ihm vorausgehende, überhistorische Wesenheit gilt.

Auch in der Ära Adenauer konkurrierten solche staatlichen und vorstaatlichen Vorstellungen von der deutschen Nation miteinander. Der Tendenz nach waren vorstaatliche Nationenvorstellungen stärker im bürgerlichen Lager, staatsbezogene Nationenvorstellungen eher im sozialdemokratischen Lager vertreten. In beiden Fällen handelte es sich aber um Mischformen, die in sich hochgradig widersprüchlich blieben und daher nicht völlig stringent bestimmten politischen Lagern oder Parteien zugeordnet werden können. Beispiel dafür sind die Debatten über das Ziel der Wiedervereinigung mit der DDR, in der von allen Parteien sowohl vorstaatlich-vorkonstitutionelle Elemente (gemeinsame Kultur, Geschichte, Herkunft) als auch demokratische Elemente (Wille, Unterdrückung der DDR-Bürger) genannt wurden, um den Gedanken an die Einheit der deutschen Nation festzuhalten. Letzten Endes konnte sich hier allerdings ebenso wie in den anderen analysierten Debatten die Vorstellung von der deutschen Nation als vorstaatliche Gemeinschaft als vorherrschende Auffassung etablieren.

Dabei ist ebenfalls zwischen den zentralen Elementen dieser Vorstellung – Geschichte, Kultur, Herkunft – zu differenzieren. Während das Element Herkunft oder, zurückhaltender formuliert, „Herkommen" (Adenauer) deutlich „ethnisch" exklusiv ist, sind Elemente wie Kultur oder Geschichte vieldeutiger. Es kommt darauf an, ob diese Elemente als etwas verstanden werden, das sich im Prinzip jedes Individuum aneignen kann, in diesem Sinne also subjektiv ist, oder ob sie als quasi mit der „Muttermilch" inkorporierte, objektive Merkmale gelten, die damit ebenso wie die Herkunft an ethnische Bande geknüpft sind.[5] Im politischen Diskurs der Ära Adenauer ist der Bedeutungsgehalt dieser Elemente nicht immer eindeutig festzustellen. Allerdings lässt sich eine starke Tendenz zu einem Verständnis von Kultur und Geschichte im letzteren Sinn ausmachen, allen voran was die Rede von den kulturell, historisch und gefühlsmäßig oder sogar göttlich „angestammten" Ostgebieten angeht, aber z. B. auch in den Bezeichnungen des SED-Regimes und des kommunistischen Systems als den Deutschen „wesensfremd" (von Merkatz) statt lediglich als undemokratisch.

---

5 In ähnlicher Weise gilt dies auch für die Sprache, die als Bezugspunkt in den hier untersuchten Debatten jedoch (anders als in heutigen Integrationsdebatten) keine große Rolle spielte, vielleicht, weil die gemeinsame Sprache selbstverständlich vorausgesetzt wurde, womöglich aber auch, weil dieser Bezug, zumal so kurz nach der „Trennung" von Österreich, außerhalb der Bundesrepublik als erneutes Großmachtstreben hätte ausgelegt werden können.

Eine entscheidende Bedingung für die Etablierung derartiger Sichtweisen war die Verdrängung der Diskontinuitätsthese zugunsten der Kontinuitätsthese am Ende der 1940er-Jahre, der eine solche vorstaatliche Nationen- bzw. Volksvorstellung zugrunde lag, um auf ihrer Basis die Fortexistenz des Deutschen Reiches in den „Grenzen von 1937" über die Übernahme der Obersten Regierungsgewalt durch die Alliierten im Jahr 1945 hinweg konstatieren zu können. Das beinhaltet allerdings auch, dass die ethnisch getönte Ausprägung der Vorstellungen von der deutschen Nation nicht einfach eine kontinuierliche Fortführung der traditionell starken Stellung des Ethnos war, sondern dass es sich tatsächlich um eine *Rekonstruktion* handelte. Denn zumindest zeitweise waren die überkommenen Traditionen auf struktureller Ebene insbesondere durch die an der Diskontinuitätsthese orientierte Politik der Alliierten, wie sie sich im Nürnberger Prozess und in der Entlassung der Beamten des Dritten Reiches zeigte, in den ersten Besatzungsjahren unterbrochen. Insofern lässt sich in diesem spezifischen Sinn auch für die vorgestellte Gemeinschaft der deutschen Nation nach 1945 von einer Ethnisierung sprechen, an der die Debatten und Entscheidungen der politischen Parteien in der Ära Adenauer maßgeblichen Anteil hatten.

Die so verstandene Ethnisierung wurde zudem durch die spezifische Situation der frühen Bundesrepublik geprägt: Ihre besondere Ausformung erfuhr sie vor allem durch das Fortwirken volksgemeinschaftlicher Elemente, die die politischen Akteure mit den integrativen Maßnahmen für vormalige NS-Anhänger in Teilen erneut bestätigten, wobei diese Elemente nun allerdings, insbesondere durch das Grundgesetz, demokratisch gebrochen waren. Die weithin nicht akzeptierten Gebietsverluste des einstigen Reiches und die deutsch-deutsche Teilung bzw. die Art und Weise der politischen Auseinandersetzung damit bildeten weitere zentrale Faktoren, auf denen die besondere Ausformung der Vorstellungen von der deutschen Nation im Sinne einer überwiegend durch vorstaatliche Elemente zusammengehaltenen Gemeinschaft beruhte. Schließlich wurden diese Elemente auch im Rahmen der Anfänge der westeuropäischen Integration bestätigt, da hier lediglich nationalstaatliche und damit auch demokratische Strukturen in bestimmtem Maße relativiert wurden, während die Nation nicht zur Disposition stand. Ersichtlich wird dies am zeitweise in der CDU vertretenen Gedanken, dass das Saargebiet europäisiert werden könne, ohne seine Zugehörigkeit zur deutschen Nation zu verlieren. Darin deutet sich an, wie denationalisierende und renationalisierende Dynamiken im konkreten Fall zusammenfließen und eine Verschiebung des Mischungsverhältnisses von Demos und Ethnos zugunsten von Letzterem bewirken können, wie dies in anderer Weise auch der Umgang mit dem äußeren Denationalisierungszwang der staatlichen Teilung demonstriert.

Gleichwohl war diese Verschiebung weder eindeutig noch unumkehrbar, wie in den zahlreichen Widersprüchen und Ambivalenzen der Nationenvorstellungen der Parteien der Adenauerzeit augenfällig wird. Die vorgestellte Gemeinschaft der deutschen Nation blieb damit nicht zuletzt eines: ein Ausdruck für die umkämpften Positionen zur Ausgestaltung von Demokratie – innerhalb und jenseits des Nationalstaats.

Quellen- und Literaturverzeichnis

Abelshauser, Werner, 2004: Deutsche Wirtschaftsgeschichte seit 1945, München
Abendroth, Wolfgang, 2008a: Gesammelte Schriften, Bd. 2: 1949–1955, hrsg. u. eingel. v. Michael Buckmiller, Joachim Perels u. Uli Schöler, Hannover
Abendroth, Wolfgang, 2008b: Der deutsche Staat im Jahre 1945 und seither (1955), in: Ders. 2008a, S. 513–516
Abendroth, Wolfgang, 2008c: Die gegenwärtige völkerrechtliche Bedeutung des Potsdamer Abkommens vom 2. August 1945 (1952), in: Ders. 2008a, S. 178–200
Abendroth, Wolfgang, 2008d: Die völkerrechtliche Situation Deutschlands. Ein Beitrag zur Diskussion über die Deutschlandnote der UdSSR (1953), in: Ders. 2008a, S. 319–329
Abendroth, Wolfgang, 2008e: Zwiespältiges Verfassungsrecht in Deutschland. Die Verfassung der „Deutschen Demokratischen Republik" im Vergleich zum Bonner Grundgesetz (1950), in: Ders. 2008a, S. 86–104
Abendroth, Wolfgang, 1972: Das KPD-Verbotsurteil des Bundesverfassungsgerichts – Ein Beitrag zum Problem der richterlichen Interpretation von Rechtsgrundsätzen der Verfassung im demokratischen Staat, in: Ders., Antagonistische Gesellschaft und politische Demokratie. Aufsätze zur politischen Soziologie, Neuwied/Berlin, S. 139–174
Ackermann, Volker, 1995: Der „echte" Flüchtling. Deutsche Vertriebene und Flüchtlinge aus der DDR 1945–1961, Osnabrück
Adenauer, Konrad, 1968: Erinnerungen, Bd. 2: 1953–1955 (zuerst: Stuttgart 1966), Frankfurt a. M./Hamburg
Adenauer, Konrad, 1967: Erinnerungen, Bd. 1: 1945–1953 (zuerst: Stuttgart 1965), Frankfurt a. M./Hamburg
Adorno, Theodor W., 1998a: Gesammelte Schriften, Bd. 10.2: Kulturkritik und Gesellschaft II (zuerst: Frankfurt a. M. 1977), Darmstadt
Adorno, Theodor W., 1998b: Meinung Wahn Gesellschaft, in: Ders. 1998a, S. 573–594
Adorno, Theodor W., 1998c: Was bedeutet: Aufarbeitung der Vergangenheit, in: Ders. 1998a, S. 555–572
Adorno, Theodor W., 1998d: Theorie der Halbbildung (1959), in: Ders., Gesammelte Schriften, Bd. 8: Soziologische Schriften I (zuerst: Frankfurt a. M. 1972), Darmstadt, S. 93–121
Alter, Peter, 1992: Der eilige Abschied von der Nation. Zur Bewusstseinslage der Deutschen nach 1945, in: Harm Klueting (Hrsg.), Nation, Nationalismus, Postnation. Beiträge zur Identitätsfindung der Deutschen im 19. und 20. Jahrhundert, Köln/Weimar, S. 188–202
Alter, Peter, 1985: Nationalismus, Frankfurt a. M.

Altgeld, Wolfgang, 2006: Moltke und der Kreisauer Kreis, in: Rolf-Ulrich Kunze (Hrsg.), Distanz zum Unrecht. Methoden und Probleme der deutschen Widerstandsforschung, Konstanz, S. 159–174

Amtsblatt des Kontrollrats in Deutschland, 1945–1948, hrsg. v. Alliierten Sekretariat, Berlin

Amtsblatt des Saarlandes, 1945–, hrsg. v. Chef der Staatskanzlei, Saarbrücken

Anders, Reinhard (Hrsg.), 1955: Die Pariser Verträge. Das gesamte Pariser Vertragswerk vom 23. Oktober 1954, nebst dem NATO-Vertrag, dem Brüsseler Vertrag, dem Abkommen über das Statut der Saar und allen ergänzenden Verträgen, Protokollen und Noten einschließlich der in Bezug genommenen „Bonner Verträge" vom 26. Mai 1952. Dt. Textausg. m. Verweisen (zuerst: 1954), 2. Aufl., Karlsruhe

Anderson, Benedict, 2002: Long-Distance Nationalism, in: Ders., The Spectre of Comparisons. Nationalism, Southeast Asia an the World (zuerst: 1998), London/New York, S. 58–74

Anderson, Benedict, 2000: Nationalismus, Identität und die Welt im Umbruch. Über die Logik der Serialität, in: Claussen/Negt/Werz (Hrsg.) 2000, S. 42–64

Anderson, Benedict, 1996: Die Erfindung der Nation. Zur Karriere eines folgenreichen Konzeptes (zuerst: London 1983), erw. Neuausg., Frankfurt a. M./New York

Anderson, Benedict, 1983: Imagined communities. Reflections on the origin and spread of nationalism, London

Arendt, Hannah, 1996: Elemente und Ursprünge totaler Herrschaft. Antisemitismus, Imperialismus, totale Herrschaft (zuerst: New York 1951), 5. Aufl., ungek. Taschenbuchausg., München/Zürich

Arendt, Hannah, 1948, Organisierte Schuld, in: Dies., Sechs Essays, Heidelberg, S. 33–47

Arndt, Adolf, 1960: Der deutsche Staat als Rechtsproblem (Vortrag gehalten v. d. Berliner Juristischen Gesellschaft am 18.12.1959), Berlin

Arndt, Adolf, 1946: Die evangelische Kirche in Deutschland und das Befreiungsgesetz, in: Frankfurter Hefte, 2. Jg., H. 1, S. 35–46

Arnold, Rainer, 1998: Die europäischen Verfassungsgerichte und ihre Integrationskonzepte in vergleichender Sicht, in: Heinz Schäffer/Walter Berka/Harald Stolzlechner/Josef Werndl (Hrsg.), Staat – Verfassung – Verwaltung. Festschrift anläßlich des 65. Geburtstages von Friedrich Koja, Wien, S. 3–22

Assmann, Aleida, 1999: Teil I, in: Dies./Ute Frevert, Geschichtsvergessenheit – Geschichtsversessenheit. Vom Umgang mit deutschen Vergangenheiten nach 1945, Stuttgart, S. 17–147

Auswärtiges Amt (Hrsg.), 1966: Die Bemühungen der deutschen Regierung und ihrer Verbündeten um die Einheit Deutschlands 1955–1966, Bonn

Bauer, Fritz, 1998: Die Humanität der Rechtsordnung. Ausgewählte Schriften, hrsg. v. Joachim Perels u. Irmtrud Wojak, Frankfurt a. M./New York

Beer, Mathias, 2005: Flüchtlinge und Vertriebene in den Westzonen und der Bundesrepublik Deutschland, in: Stiftung Haus der Geschichte der Bundesrepublik Deutschland (Hrsg.), Flucht, Vertreibung, Integration (Begleitbuch zur Ausstellung), Bonn/Bielefeld, S. 109–124

Beer, Mathias, 1997: Flüchtlinge – Ausgewiesene – Heimatvertriebene. Flüchtlingspolitik und Flüchtlingsintegration in Deutschland nach 1945, begriffsgeschichtlich betrachtet, in: Ders./Martin Kitzinger/Marita Kraus (Hrsg.), Migration und Integration. Aufnahme und Eingliederung im historischen Wandel, Stuttgart, S. 145–167

Beichelt, Timm, 2009: Deutschland und Europa. Die Europäisierung des politischen Systems, Wiesbaden

Benz, Wolfgang, 2002: Kollektivschuld, in: Ders. (Hrsg.), Legenden, Lügen, Vorurteile. Ein Wörterbuch zur Zeitgeschichte, München (zuerst: 1990), 12. Aufl., S. 117 ff.

Benz, Wolfgang, 1989: Opposition gegen Adenauers Deutschlandpolitik, in: Weber (Hrsg.) 1989, S. 47–70

Benz, Wolfgang, 1981: Versuche zur Reform des öffentlichen Dienstes in Deutschland 1945–1952, in: VfZ, 29. Jg., H. 2, S. 216–245

Berger, Stefan, 2004: Germany, London

Berger, Stefan, 1997: The search for normality. National identity and historical consciousness in Germany since 1800, Providence

Bergmann, Werner, 1997: Antisemitismus in öffentlichen Konflikten. Kollektives Lernen in der politischen Kultur der Bundesrepublik 1949–1989, Frankfurt a. M.

Bergmann, Werner, 1990: Antisemitismus als politisches Ereignis. Die antisemitische Welle im Winter 1959/1960, in: Ders./Rainer Erb (Hrsg.), Antisemitismus in der politischen Kultur nach 1945, Opladen, S. 253–275

Bielefeld, Ulrich, 2003: Nation und Gesellschaft. Selbstthematisierungen in Frankreich und Deutschland, Hamburg

Bierling, Stephan, 2005: Die Außenpolitik der Bundesrepublik Deutschland. Normen, Akteure, Entscheidungen (zuerst: 1999), 2. Aufl., München

Bingen, Dieter/Borodziej, Wlodzimier/Troebst Stefan (Hrsg.), 2003: Vertreibungen europäisch erinnern? Historische Erfahrungen, Vergangenheitspolitik, Zukunftskonzeptionen, Wiesbaden

Birk, Eberhard, 1999: Der Funktionswandel der Westeuropäischen Union (WEU) im europäischen Integrationsprozeß, Würzburg

Blumenwitz, Dieter, 1993: Oder-Neiße-Linie, in: Weidenfeld/Korte (Hrsg.) 1993, S. 503–511

Böhm, Franz, 1960: Die Deutschen und der Antisemitismus (1950), in: Süddeutsche Zeitung, 23./24. 1. 1960, S. 4

Böke, Karin, 1996a: Das *Doppel*-Leben der Frau: natürlich anders und rechtlich gleich. Frauenpolitische Leitvokabeln, in: Dies./Liedtke/Wengeler 1996, S. 211–277

Böke, Karin, 1996b: *Flüchtlinge* und *Vertriebene* zwischen dem *Recht auf die Heimat* und der *Eingliederung in die neue Heimat*, in: Dies./Liedtke/Wengeler 1996, S. 131–210

Böke, Karin/Liedtke, Frank/Wengeler, Martin, 1996: Politische Leitvokabeln in der Adenauer-Ära, mit einem Beitr. von Dorothee Dengel, Berlin/New York

Booz, Rüdiger Marco, 1995: „Hallsteinzeit". Deutsche Außenpolitik 1955–1972, Bonn

Botsch, Gideon, 2012: Die extreme Rechte in der Bundesrepublik Deutschland. 1949 bis heute, Darmstadt

Braasch, Sönke, 1992: Ernst Achenbach, in: Der rechte Rand, 3. Jg., H. 15, S. 14 f.

Bracher, Karl Dietrich, 1976: Die deutsche Diktatur. Entstehung, Struktur, Folgen des Nationalsozialismus (zuerst: Köln 1969), 5. Aufl., Lizenzausg., Frankfurt a. M./Wien/Zürich

Brandt, Peter, 1996: Demokratischer Sozialismus – Deutsche Einheit – Europäische Friedensordnung. Kurt Schumacher in der Nachkriegspolitik (1945–1952), in: Dowe (Hrsg.) 1996, S. 35–55
Brandt, Peter/Ammon, Herbert (Hrsg.), 1981: Die Linke und die nationale Frage. Dokumente zur deutschen Einheit seit 1945, Reinbek
Brenner, Michael, 1995: Nach dem Holocaust. Juden in Deutschland 1945–1950, München
Breuer, Stefan, 2005: Nationalismus und Faschismus. Frankreich, Italien und Deutschland im Vergleich, Darmstadt
Breuilly, John, 1999: Nationalismus und moderner Staat. Deutschland und Europa (zuerst: Manchester 1982), Köln
Breuilly, John (Hrsg.), 1993: The state of Germany. The national idea in the making, unmaking and remaking of a modern nation-state, London
Brochhagen, Ulrich, 1994: Nach Nürnberg. Vergangenheitsbewältigung und Westintegration in der Ära Adenauer, Hamburg
Brockhaus, Gudrun, 2006: Sozialpsychologie der Akzeptanz des Nationalsozialismus. Kritische Anmerkungen zu „Rausch und Diktatur", in: Árpád von Klimó/Malte Rolf (Hrsg.), Rausch und Diktatur. Inszenierung, Mobilisierung und Kontrolle in totalitären Systemen, Frankfurt a. M./New York, S. 153–176
Brubaker, Rogers, 1994: Staats-Bürger. Deutschland und Frankreich im historischen Vergleich. Mit einer Einf. v. Ulrich Bielefeld, Hamburg
Brückner, Peter, 1984: Versuch, uns und anderen die Bundesrepublik zu erklären (zuerst: 1972), Berlin
Brummer, Klaus, 2008: Der Europarat. Eine Einführung, Wiesbaden
Bucher, Peter (Bearb.), 1981: Der Parlamentarische Rat 1948–1949. Akten und Protokolle, hrsg. v. Deutschen Bundestag und v. Bundesarchiv unter Leitung v. Kurt Georg Wernicke u. Hans Booms, Bd. 2: Der Verfassungskonvent auf Herrenchiemsee, Boppard am Rhein
Buchna, Kristian, 2010: Nationale Sammlung an Rhein und Ruhr. Friedrich Middelhauve und die nordrhein-westfälische FDP 1945–1953, München
Buckmiller, Michael/Perels, Joachim/Schöler, Uli, 2008: Einleitung der Herausgeber, in: Abendroth 2008a, S. 11–52
Bührer, Werner, 1997: Westdeutschland in der OEEC. Eingliederung, Krise, Bewährung 1947–1961, München
Bull, Hans Peter, 2009: Über den Beitrag der öffentlichen Verwaltung zur Nationenbildung. Das Beispiel Deutschland, in: DÖV, 62. Jg., H. 19, S. 786–793
Bulletin des Presse- und Informationsamtes der Bundesregierung, 1951–1990, Bonn [Bulletin]
Bund der Vertriebenen – Vereinigte Landsmannschaften und Landesverbände (Hrsg.), 1990: 40 Jahre Charta der deutschen Heimatvertriebenen 1950–1990, verf. v. Herbert Czaja, Karl Mocker, Clemens J. Neumann, Hartmut Koschyk, Bonn
Bundesgesetzblatt, 1949– , hrsg. v. Bundesminister der Justiz, Köln/Bonn [BGBl.]
Bundesministerium des Innern, Abt. Vertriebene, Flüchtlinge und Kriegsgeschädigte (Hrsg.), 1971: Dokumente Deutscher Kriegsschäden. Evakuierte, Kriegsgeschädigte, Währungsgeschädigte. Die geschichtliche und rechtliche Entwicklung, Bd. IV/3: Helgoland – westliche Grenzprobleme, Kehl, Bonn

[Bundesregierung], 1950: Denkschrift der Bundesregierung zur Saarfrage, Bonn
Bundesregierung (Hrsg.), 1960: Die antisemitischen und nazistischen Vorfälle. Weißbuch der Bundesregierung über die antisemitischen und nazistischen Vorfälle in der Zeit vom 25. Dezember 1959 bis zum 28. Januar 1960 und Erklärung der Bundesregierung, Bonn
Bundeszentrale für Heimatdienst (Hrsg.), 1953: 20. Juli 1944, bearb. v. Hans Royce, Bonn (überarb. Sonderdruck von: Das Parlament, Sonderausg. v. 20.7.1952: Die Wahrheit über den 20. Juli 1944 – den hellsten und schwärzesten Tag der neueren deutschen Geschichte), Bonn
Buschke, Heiko, 2003: Deutsche Presse, Rechtsextremismus und nationalsozialistische Vergangenheit in der Ära Adenauer, Frankfurt a. M./New York
Caplovitz, David/Rogers, Candace, 1961: Swastika 1960. The Epidemic of anti-Semitic Vandalism in America, New York
Caspari, Lisa, 2011: Parteipolitik mit Euro-Thesen, in: Die Zeit, 12.9.2011
Cavalli-Sforza, Luca und Francesco, 1994: Verschieden und doch gleich. Ein Genetiker entzieht dem Rassismus die Grundlage, München
Christlich Demokratische Union Deutschlands, Bundesgeschäftsstelle (Hrsg.), o. J.: 37. Bundesparteitag der Christlich Demokratischen Union Deutschlands, Niederschrift, Bremen, 11.–13. September 1989, Bonn
Claussen, Detlev, 2000: Das Verschwinden des Sozialismus. Zur ethnonationalistischen Auflösung des Sowjetsystems, in: Ders./Negt/Werz (Hrsg.) 2000, S. 16–41
Claussen, Detlev, 1994a: Grenzen der Aufklärung. Die gesellschaftliche Genese des modernen Antisemitismus (zuerst: 1987), erw. Neuausg., Frankfurt a. M.
Claussen, Detlev, 1994b: Was heißt Rassismus?, Darmstadt
Claussen, Detlev/Negt, Oskar/Werz, Michael (Hrsg.), 2000: Kritik des Ethnonationalismus, Hannoversche Schriften 2, Frankfurt a. M.
Conze, Eckart, 2009: Die Suche nach Sicherheit. Eine Geschichte der Bundesrepublik Deutschland von 1949 bis in die Gegenwart, München
Conze, Vanessa, 2005: Das Europa der Deutschen. Ideen von Europa in Deutschland zwischen Reichstradition und Westorientierung (1920–1970), München
Cornelißen, Christoph, 2011: Die Nationalität von Erinnerungskulturen als ein gesamteuropäisches Phänomen, in: GWU, 62. Jg., H. 1/2, S. 5–16
Creuzberger, Stefan, 2008: Kampf für die Einheit. Das gesamtdeutsche Ministerium und die politische Kultur des Kalten Krieges 1949–1969, Düsseldorf
Cüppers, Martin, 2005: Wegbereiter der Shoah. Die Waffen-SS, der Kommandostab Reichsführer-SS und die Judenvernichtung 1939–1945, Darmstadt
[Dahrendorf, Gustav (Hrsg.)], 1952: Ein Mann geht seinen Weg. Schriften, Reden und Briefe von Julius Leber, hrsg. v. seinen Freunden [= Gustav Dahrendorf], Berlin/Frankfurt a. M.
Danyel, Jürgen/Klessmann, Christoph, 2003: Unterwegs wie die Flüchtlinge und Vertriebenen. Zur Debatte über ein europäisches Zentrum gegen Vertreibungen, in: ZfG, 51. Jg., H. 1, S. 31–35
Das Gupta, Oliver, 2011: Schwarz-Gelb zankt über Griechenland, in: Süddeutsche Zeitung, 12.9.2011
de Zayas, Alfred-Maurice, 1993: Vertriebene, in: Weidenfeld/Korte (Hrsg.) 1993, S. 682–690

Defrance, Corine/Pfeil, Ulrich (Hrsg.), 2005a: Der Elysée-Vertrag und die deutsch-französischen Beziehungen, 1945 – 1963 – 2003, München

Defrance, Corine/Pfeil, Ulrich, 2005b: Der Elysée-Vertrag und die deutsch-französischen Beziehungen: eine Einleitung, in: Dies. (Hrsg.) 2005a, S. 9–46

Deitelhoff, Nicole/Steffek, Jens (Hrsg.), 2009: Was bleibt vom Staat? Demokratie, Recht und Verfassung im globalen Zeitalter, Frankfurt a. M./New York

Detjen, Joachim, 2009a: Die Werteordnung des Grundgesetzes, Wiesbaden

Detjen, Joachim, 2009b: Verfassungswerte. Welche Werte bestimmen das Grundgesetz?, Bonn

Deutsch, Karl W., 1972: Nationenbildung, Nationalstaat, Integration (zuerst: New York 1953), Düsseldorf

Die Genfer Rotkreuz-Abkommen vom 12. August 1949 und die beiden Zusatzprotokolle vom 8. Juni 1977 sowie das Abkommen betreffend die Gesetze und Gebräuche des Landkrieges vom 18. Oktober 1907 und Anlage (Haager Landkriegsordnung), mit einer Einf. v. Anton Schlögel, Schriften des Deutschen Roten Kreuzes, 8. Aufl., Bonn 1988

Diestelkamp, Bernhard, 1980/1981: Rechts- und verfassungsgeschichtliche Probleme zur Frühgeschichte der Bundesrepublik Deutschland, in: Juristische Schulung, 1. Teil: 20. Jg. 1980, H. 6, S. 401–405; H. 7, S. 481–485; 2. Teil: 20. Jg. 1980, H. 11, S. 790–796; 21. Jg. 1981, H. 2, S. 96–102; 3. Teil: 21. Jg. 1981, H. 6, S. 409–413; H. 7, S. 488–494

Dirks, Walter, 1950: Der restaurative Charakter der Epoche, in: Frankfurter Hefte, 5. Jg., H. 9, S. 942–954

Dittberner, Jürgen, 2005: Die FDP. Geschichte, Personen, Organisation, Perspektiven. Eine Einführung, Wiesbaden

Doering-Manteuffel, Anselm, 1989: Konrad Adenauer – Jakob Kaiser – Gustav Heinemann. Deutschlandpolitische Positionen in der CDU, in: Weber (Hrsg.) 1989, S. 18–46

Dowe, Dieter (Hrsg.), 1996: Kurt Schumacher und der „Neubau" der deutschen Sozialdemokratie nach 1945. Kolloquium des Gesprächskreises Geschichte der Friedrich-Ebert-Stiftung in Bonn am 12./13.10.1995, Bonn

Downs, Roger M./Stea, David, 1982: Kognitive Karten. Die Welt in unseren Köpfen (zuerst: 1977), hrsg. v. Robert Geipel, New York

Drecktrah, Volker Friedrich, 2007: Von Nürnberg in die Provinz. Das Spruchgericht Stade 1946–1948; in: Leipzig – Nürnberg – Den Haag. Neue Fragestellungen und Forschungen zum Verhältnis von Menschenrechtsverbrechen, justizieller Säuberung und Völkerstrafrecht, hrsg. vom Justizministerium des Landes NRW in Zusammenarbeit mit der Villa ten Hompel, Düsseldorf, S. 117–129

Dubiel, Helmut, 1999: Niemand ist frei von der Geschichte. Die nationalsozialistische Herrschaft in den Debatten des Deutschen Bundestages, München/Wien

Dudek, Peter/Jaschke, Hans-Gerd, 1984: Entstehung und Entwicklung des Rechtsextremismus in der Bundesrepublik, Bd. 1, Opladen

Duden, 1997: Bd. 7: Etymologie. Herkunftswörterbuch der deutschen Sprache (zuerst: 1989), 2. Aufl., überarb. Nachdr., Mannheim/Leipzig/Wien/Zürich

Duisburger Institut für Sprach- und Sozialforschung (Hrsg.): Online-Bibliothek, URL: http://www.diss-duisburg.de/online-bibliothek/ [Stand: 2012; Zugriff: 16.12.2012]

Edathy, Sebastian, 2000: „Wo auch immer unsere Wiege gestanden hat". Parlamentarische Debatten über die deutsche Staatsbürgerschaft 1870–1999, Frankfurt a. M.

Edelman, Murray, 1976: Politik als Ritual. Die symbolische Funktion staatlicher Institutionen und politischen Handelns, Frankfurt a. M./New York

Edinger, Lewis J., 1960: Sozialdemokratie und Nationalsozialismus. Der Parteivorstand der SPD im Exil von 1933–1945 (zuerst: Berkeley/L. A. 1956), Hannover/Frankfurt a. M.

Ehlert, Hans, 1993: Innenpolitische Auseinandersetzungen um die Pariser Verträge und die Wehrverfassung 1954 bis 1956, in: Militärgeschichtliches Forschungsamt (Hrsg.), Anfänge westdeutscher Sicherheitspolitik. 1945–1956, Bd. 3: Die NATO-Option, bearb. v. Hans Ehlert, Christian Greiner. Georg Meyer und Bruno Thoß, München, S. 235–560

Eibl, Franz, 2001: Politik der Bewegung. Gerhard Schröder als Außenminister 1961–1966, München

Eitz, Thorsten/Stötzel, Georg, 2007–2009: Wörterbuch der „Vergangenheitsbewältigung". Die NS-Vergangenheit im öffentlichen Sprachgebrauch, 2 Bde., Hildesheim

Elvert, Jürgen, 2006: Die europäische Integration, Darmstadt

Elzer, Herbert, 2007: Die deutsche Wiedervereinigung an der Saar. Das Bundesministerium für gesamtdeutsche Fragen und das Netzwerk der prodeutschen Opposition 1949 bis 1955, St. Ingbert

Enders, Ulrich, 1990: Der Konflikt um den Beitritt der Bundesrepublik und des Saargebiets zum Europarat, in: Ludolf Herbst/Werner Bührer/Hanno Sowade (Hrsg.), Vom Marshallplan zur EWG. Die Eingliederung der Bundesrepublik Deutschland in die westliche Welt, München, S. 19–46

Engelmann, Roger/Kowalczuk, Ilko-Sascha (Hrsg.), 2005: Volkserhebung gegen den SED-Staat. Eine Bestandsaufnahme zum 17. Juni 1953, Göttingen

Entscheidungen des Bundesverfassungsgerichts, 1952–, hrsg. v. den Mitgliedern des Bundesverfassungsgerichts, Tübingen [BVerfGE]

Erhard, Volker, 2003: Adenauers deutschlandpolitische Geheimkonzepte während der zweiten Berlin-Krise, 1958–1962. Eine Studie aus den Akten der westlichen Diplomatie, Hamburg

Eschenburg, Theodor, 1985: Deutschland in der Politik der Alliierten, in: Josef Foschepoth (Hrsg.), Kalter Krieg und Deutsche Frage. Deutschland im Widerstreit der Mächte 1945–1952, Göttingen/Zürich, S. 35–49

EuG, 1984: Europagesetze I. Europarat. Konvention zum Schutz der Menschenrechte und Grundfreiheiten. Schuman-Plan (Montan-Union). Europäische Wirtschaftsgemeinschaft. Euratom und andere, Einf. v. Dieter Kakies, München

Europäische Union, Amt für amtliche Veröffentlichungen der Europäischen Gemeinschaften (Hrsg.): EUR-Lex. Der Zugang zum EU-Recht: Gründungsverträge, URL: http://eur-lex.europa.eu/de/treaties/index.htm#founding [Stand: 3.8.3012; Zugriff: 16.12.2012]

FB Sozialwissenschaften, AG Friedens- und Konfliktforschung, HU Berlin (Hrsg.), 1993: Nationalstaat – Nationalismus – Frieden. Ist der Nationalstaat am Ende?, Frankfurt a. M.

Fehrenbach, Heide, 1995: Cinema in democratizing Germany. Reconstructing national identity after Hitler, Chapel Hill

Feldkamp, Michael F., 2008: Der Parlamentarische Rat 1948–1949. Die Entstehung des Grundgesetzes (zuerst: 1998), überarb. Neuausg., Göttingen

Fichter, Tilman, 1993: Die SPD und die Nation. Vier sozialdemokratische Generationen zwischen nationaler Selbstbestimmung und Zweistaatlichkeit, Berlin/Frankfurt a. M.

Fischer, Erika J./Fischer, Heinz-Dietrich (Hrsg.), 1986: John J. McCloys Reden zu Deutschland- und Berlinfragen. Publizistische Aktivitäten und Ansprachen des amerikanischen Hochkommissars für Deutschland. 1949–1952, Berlin

Fischer, Torben/Lorenz, Matthias N. (Hrsg.), 2009: Lexikon der „Vergangenheitsbewältigung" in Deutschland. Debatten- und Diskursgeschichte des Nationalsozialismus nach 1945 (zuerst: 2007), 2. Aufl., Bielefeld

Fischer, Wolfgang, 2010: Heimat-Politiker? Selbstverständnis und politisches Handeln von Vertriebenen als Abgeordnete im Deutschen Bundestag 1949 bis 1974, Düsseldorf

Foschepoth, Josef (Hrsg.), 1988a: Adenauer und die Deutsche Frage, Göttingen

Foschepoth, Josef, 1988b: Dreigeteilt? Ja, bitte (zuerst in: Deutsches Allgemeines Sonntagsblatt, 16. 3. 1986, S. 22), in: Ders. (Hrsg.) 1988a, S. 289 f.

Foschepoth, Josef, 1988c: Einleitung, in: Ders. (Hrsg.) 1988a, S. 7–28

Foschepoth, Josef, 1988d: Westintegration statt Wiedervereinigung: Adenauers Deutschlandpolitik 1949–1955, in: Ders. (Hrsg.) 1988a, S. 29–60

Fraenkel, Ernst, 2007: Die repräsentative und die plebiszitäre Komponente im demokratischen Verfassungsstaat (1958), in: Ders., Gesammelte Schriften, Bd. 5: Demokratie und Pluralismus, hrsg. v. Alexander von Brünneck, Baden-Baden, S. 165–207

Fraenkel, Ernst, 2001: Der Doppelstaat (zuerst: New York 1941), 2., durchges. Aufl., hrsg. und eingel. von Alexander v. Brünneck, Hamburg

Frei, Norbert, 2005a: 1945 und wir. Das Dritte Reich im Bewußtsein der Deutschen, München

Frei, Norbert, 2005b: „Volksgemeinschaft". Erfahrungsgeschichte und Lebenswirklichkeit der Hitler-Zeit, in: Ders. 2005a, S. 107–128

Frei, Norbert, 2005c: Von deutscher Erfindungskraft. Oder: Die Kollektivschuldthese in der Nachkriegszeit, in: Ders. 2005a, S. 145–155

Frei, Norbert, 1999: Vergangenheitspolitik. Die Anfänge der Bundesrepublik und die NS-Vergangenheit (zuerst: 1996), München

Frei, Norbert/Brunner, José/Goschler, Constantin (Hrsg.), 2010: Die Praxis der Wiedergutmachung. Geschichte, Erfahrung und Wirkung in Deutschland und Israel (zuerst: Göttingen 2009), Bonn

Frenzel, Eike, 2008: Vom Block der Heimatvertriebenen und Entrechteten zur Gesamtdeutschen Partei. Aufstieg und Niedergang einer Interessenpartei in Niedersachsen 1950–1963, Hamburg

Freud, Sigmund, 2000: Massenpsychologie und Ich-Analyse/Die Zukunft einer Illusion (zuerst: Leipzig/Wien/Zürich 1921/1927), 5. Aufl., Frankfurt a. M.

Freudiger, Kerstin, 2002: Die juristische Aufarbeitung von NS-Verbrechen, Tübingen

Friedmann, Jan/Später, Jörg, 2002: Britische und deutsche Kollektivschulddebatte, in: Ulrich Herbert (Hrsg.), Wandlungsprozesse in Westdeutschland. Belastung, Integration, Liberalisierung. 1945–1980, Göttingen, S. 53–90

Fries, Elisabeth, 1993: Helene Wessel (1898–1969). Von der Zentrumspartei zur Sozialdemokratie, Essen
Fröhlich, Claudia, 2006: "Wider die Tabuisierung des Ungehorsams". Fritz Bauers Widerstandsbegriff und die Aufarbeitung von NS-Verbrechen, Frankfurt a. M./New York
Fulbrook, Mary, 2005: A concise history of Germany (zuerst: 1991), 2. Aufl., Cambridge
Fulbrook, Mary, 2002: History of Germany 1918–2000. The divided nation (zuerst: 1992), 2. Aufl., Oxford
Fulbrook, Mary, 1999: German national identity after the Holocaust, Cambridge
Fulbrook, Mary/Breuilly, John (Hrsg.), 1997: German history since 1800, London
Fulbrook, Mary/Swales, Martin (Hrsg.), 2000: Representing the German nation. History and identity in twentieth-century Germany, Manchester
Gabbe, Jörg, 1976: Parteien und Nation. Zur Rolle des Nationalbewußtseins für die politischen Grundorientierungen der Parteien in der Anfangsphase der Bundesrepublik, Meisenheim am Glan
Garbe, Detlef, 1998: Äußerliche Abkehr, Erinnerungsverweigerung und "Vergangenheitsbewältigung": Der Umgang mit dem Nationalsozialismus in der frühen Bundesrepublik, in: Schild/Sywottek (Hrsg.) 1998, S. 693–716
Garner, Curt, 1998: Der öffentliche Dienst in den 50er Jahren: Politische Weichenstellungen und ihre sozialgeschichtlichen Folgen, in: Schild/Sywottek (Hrsg.) 1998, S. 759–790
Geden, Oliver, 2006: Diskursstrategien im Rechtspopulismus. Freiheitliche Partei Österreichs und Schweizerische Volkspartei zwischen Opposition und Regierungsbeteiligung, Wiesbaden
Gehler, Michael, 1992: Westintegration und Wiedervereinigung. Adenauers Démarche bei Kirkpatrick am 15. Dezember 1955 ein Mißverständnis?, in: GWU, 43. Jg., H. 8, S. 477–488
Geiger, Tim, 2008: Atlantiker gegen Gaullisten. Außenpolitischer Konflikt und innerparteilicher Machtkampf in der CDU/CSU 1958–1969, München
Gellner, Ernest, 1991: Nationalismus und Moderne (Oxford 1983), Berlin
Gellner, Ernest, 1983: Nations and nationalism, Oxford
Gerlach, Christian, 2005: Die Verantwortung der Wehrmachtführung. Vergleichende Betrachtungen am Beispiel der sowjetischen Kriegsgefangenen, in: Hartmann/Hürter/Jureit (Hrsg.) 2005, S. 40–49
Gesetz- und Verordnungsblatt des Wirtschaftsrates des Vereinigten Wirtschaftsgebietes 1947–1949, Frankfurt a. M. [WiGBl.]
Gladis, Christian Malte, 1990: Alliierte Wiedervereinigungsmodelle für das geteilte Deutschland, Frankfurt a. M.
Glienke, Stephan A./Paulmann, Volker/Perels Joachim (Hrsg.), 2008: Erfolgsgeschichte Bundesrepublik? Die Nachkriegsgesellschaft im langen Schatten des Nationalsozialismus, Göttingen
Gniss, Daniela, 2005: Der Politiker Eugen Gerstenmaier 1906–1986. Eine Biographie, Düsseldorf
Goda, Norman J. W., 2009: Kalter Krieg um Speer und Heß. Die Geschichte der Gefangenen von Spandau, Frankfurt a. M./New York
Goschler, Constantin, 1992: Wiedergutmachung. Westdeutschland und die Verfolgten des Nationalsozialismus (1945–1954), München

Gosewinkel, Dieter, 2001: Einbürgern und Ausschließen. Die Nationalisierung der Staatsangehörigkeit vom Deutschen Bund bis zur Bundesrepublik Deutschland, Göttingen

Gould, Peter/White, Rodney, 1993: Mental Maps (zuerst: 1974), 2. Aufl., London u. a.

Graf von Moltke, Helmuth James, 2000: Über die Grundlagen der Staatslehre, in: Gerhard Ringshausen/Rüdiger von Voss (Hrsg.): Die Ordnung des Staates und die Freiheit des Menschen. Deutschlandpläne in Widerstand und Exil, Bonn, S. 135–143

Graf von Moltke, Helmuth James, 1986: Die kleinen Gemeinschaften (1939), in: Ger van Roon (Hrsg.), Helmuth James Graf von Moltke. Völkerrecht im Dienste am Menschen, Berlin, S. 154–158

Graml, Hermann, 1994: Die außenpolitischen Vorstellungen des deutschen Widerstandes, in: Ders. (Hrsg.), Widerstand im Dritten Reich. Probleme, Ereignisse, Gestalten, Frankfurt a. M., S. 92–139

Graml, Hermann, 1988: Die Märznote von 1952. Legende und Wirklichkeit, Melle

Grebing, Helga, 1995: Politischer Radikalismus und Parteiensystem. Die Flüchtlinge in der niedersächsischen Nachkriegspolitik, in: Doris von der Brelie-Lewien/Dietmar Storch (Hrsg.), Niedersachsen nach 1945. Gesellschaftliche Umbrüche, Reorganisationsprozesse, sozialer und ökonomischer Strukturwandel, Hannover, S. 152–158

Grewe, Wilhelm, 1948: Ein Besatzungsstatut für Deutschland. Die Rechtsformen der Besetzung, Stuttgart

Grigoleit, Klaus Joachim, 2004: Bundesverfassungsgericht und deutsche Frage. Eine dogmatische und historische Untersuchung zum judikativen Anteil an der Staatsleitung, Tübingen

Groh, Dieter/Brandt, Peter, 1992: „Vaterlandslose Gesellen". Sozialdemokratie und Nation 1860–1990, München

Groh, Kathrin, 2010: Demokratische Staatsrechtslehrer in der Weimarer Republik. Von der konstitutionellen Staatslehre zur Theorie des modernen demokratischen Verfassungsstaats, Tübingen

Grotum, Thomas, 1994: Die Halbstarken. Zur Geschichte einer Jugendkultur der 50er Jahre, Frankfurt a. M.

Grundgesetz für die Bundesrepublik Deutschland. Textausgabe. Stand: August 1989, Bonn 1989 [GG (a. F.)] sowie Stand: Januar 2007, Berlin 2007

Habermas, Jürgen, 1998: Die postnationale Konstellation und die Zukunft der Demokratie, in: Ders., Die postnationale Konstellation. Politische Essays, Frankfurt a. M., S. 91–169

Hahn, Silke, 1995: Vom *zerrissenen Deutschland* zur *vereinigten Republik*. Zur Sprachgeschichte der „deutschen Frage", in: Stötzel/Wengeler (Hrsg.) 1995, S. 285–353

Hansen, Henning, 2007: Die Sozialistische Reichspartei (SRP). Aufstieg und Scheitern einer rechtsextremen Partei, Düsseldorf

Hartmann, Christian/Hürter, Johannes/Jureit, Ulrike (Hrsg.), 2005: Verbrechen der Wehrmacht. Bilanz einer Debatte, München

Heinen, Armin, 1996: Saarjahre. Politik und Wirtschaft im Saarland 1945–1955, Stuttgart

Henle, Günter, 1968: Weggenosse des Jahrhunderts. Als Diplomat, Industrieller, Politiker und Freund der Musik, Stuttgart

Hentges, Gudrun/Lösch, Bettina (Hrsg.), 2011: Die Vermessung der sozialen Welt. Neoliberalismus – extreme Rechte – Migration im Fokus der Debatte, Wiesbaden

Herbert, Ulrich, 1996: Best. Biographische Studien über Radikalismus, Weltanschauung und Vernunft 1903–1989, Bonn

Heyland, Carl, 1950: Die Rechtsstellung der entfernten, erfolgreich entnazifizierten Beamten, in: DÖV, 3. Jg., H. 10, S. 289–364

Heyland, Carl, 1949: Das Berufsbeamtentum in neuen demokratischen Staat, Berlin

Hildebrand, Klaus, 1990: „Atlantiker" versus „Gaullisten". Zur Außenpolitik der Bundesrepublik Deutschland während der sechziger Jahre, in: Revue d'Allemagne, 22. Jg., H. 4, S. 583–592

Hobsbawm, Eric J., 2005: Nationen und Nationalismus. Mythos und Realität seit 1780 (zuerst: Cambridge 1990), 3. Aufl., Frankfurt a. M.

Hobsbawm, Eric/Ranger, Terence (Hrsg.), 1983: The Invention of Tradition, Cambridge

Höß, Rudolf 1994: Kommandant in Auschwitz. Autobiographische Aufzeichnungen, hrsg. v. Martin Broszat (zuerst: Stuttgart 1958), 14. Aufl., München

Hoffmann, Gerhard, 1969: Die deutsche Teilung. Staats- und völkerrechtliche Aspekte, Pfullingen

Hoffmann, Johannes, 1963: Das Ziel war Europa. Der Weg der Saar 1945–1955, München

Hoffmann, Lutz, 1994: Das deutsche Volk und seine Feinde. Die völkische Droge. Aktualität und Entstehungsgeschichte, Köln

Horkheimer, Max, 1974a: Notizen 1950 bis 1969 und Dämmerung. Notizen in Deutschland, hrsg. v. Werner Brede, Einl. v. Alfred Schmidt, Frankfurt a. M.

Horkheimer, Max, 1974b: Politik und Publikum (1950–1955), in: Ders. 1974a, S. 22 ff.

Horkheimer, Max, 1974c: Wir Nazis (1961/62), in: Ders. 1974a, S. 200 f.

Hudemann, Rainer/Jelloneck, Burkhard/Rauls, Bernd (Hrsg.), 1997: Grenz-Fall. Das Saarland zwischen Frankreich und Deutschland. 1945–1960, St. Ingbert

Hudemann, Rainer/Heinen, Armin, 2007: Das Saarland zwischen Frankreich, Deutschland und Europa 1945–1957. Ein Quellen- und Arbeitsbuch, Saarbrücken

Hupka, Herbert (Zs.gest.) 1964: 17. Juni. Reden zum Tag der Deutschen Einheit (zuerst: 1964), 2. Aufl., Bonn

Hurrelmann, Achim/Leibfried, Stephan/Martens, Kerstin/Mayer, Peter (Hrsg.), 2008a: Zerfasert der Nationalstaat? Die Internationalisierung politischer Verantwortung, Frankfurt a. M/New York

Hurrelmann, Achim/Leibfried, Stephan/Martens, Kerstin/Mayer, Peter, 2008b: Die Zerfaserung des Nationalstaats: Ein analytischer Rahmen, in: Dies. (Hrsg.) 2008a, S. 21–52

Institut für Sozialforschung, 1991: Soziologische Exkurse. Nach Vorträgen und Diskussionen (zuerst: Frankfurt a. M. 1956), Hamburg

Jäckel, Eberhard (Bearb.), 1959: Die Schleswig-Frage seit 1945, Frankfurt a. M./Berlin

Jäger, Siegfried, 1993: Text- und Diskursanalyse. Eine Anleitung zur Analyse politischer Texte (zuerst: 1988), 4. Aufl., Duisburg

Jarausch, Konrad H., 2004: Die Umkehr. Deutsche Wandlungen 1945–1995, Bonn

Jarausch, Konrad H., 1995: Die postnationale Nation, Zum Identitätswandel der Deutschen 1945–1995, in: Historicum 14, Frühjahr, S. 30–35

Jarausch, Konrad H./Geyer, Michael, 2005: Zerbrochener Spiegel. Deutsche Geschichten im 20. Jahrhundert (zuerst: Princeton 2003), München

Jenke, Manfred, 1967: Die nationale Rechte. Parteien, Politiker, Publizisten, Berlin

Jenke, Manfred, 1961: Verschwörung von rechts? Ein Bericht über den Rechtsradikalismus in Deutschland nach 1945, Berlin

Jureit, Ulrike (Hrsg.), 2001a: Politische Kollektive. Die Konstruktion nationaler, rassischer und ethnischer Gemeinschaften, Münster

Jureit, Ulrike, 2001b: Imagination und Kollektiv. Die „Erfindung" politischer Gemeinschaften, in: Dies. (Hrsg) 2001a, S. 7–20

Kämper, Heidrun, 2005: Der Schulddiskurs in der frühen Nachkriegszeit. Ein Beitrag zur Geschichte des sprachlichen Umbruchs nach 1945, Berlin

Kaiser, Alexandra, 2010: Von Helden und Opfern – Eine Geschichte des Volkstrauertags, Frankfurt a. M.

Kaiser, Jakob, 1988a: Jakob Kaiser. Gewerkschafter und Patriot. Eine Werkauswahl, hrsg. u. eingel. v. Tilman Mayer, Köln

Kaiser, Jakob, 1988b: Wir haben Brücke zu sein. Reden, Äußerungen und Aufsätze zur Deutschlandpolitik, hrsg. v. Christian Hacke, Köln

Kaufmann, Erich, 1948: Deutschlands Rechtslage unter der Besatzung, Stuttgart

Kelsen, Hans, 1945: The Legal Status of Germany according to the Declaration of Berlin, in: The American Journal of International Law (AJIL), Bd. 39, S. 518–526

Kelsen, Hans, 1944: The International Legal Status of Germany to be established immediately upon Termination of the War, in: AJIL, Bd. 38, S. 689–694

Kelsen, Hans, 1920: Vom Wesen und Wert der Demokratie, Tübingen

Kerchner, Brigitte/Schneider, Silke (Hrsg.), 2006: Foucault: Diskursanalyse der Politik. Eine Einführung, Wiesbaden

Kersten, Jens, 2000: Georg Jellinek und die allgemeine Staatslehre, Tübingen

Khan, Daniel-Erasmus, 2004: Die deutschen Staatsgrenzen. Rechtshistorische Grundlagen und offene Rechtsfragen, Tübingen

Kiani, Shida, 2008: Zum politischen Umgang mit Antisemitismus in der Bundesrepublik. Die Schmierwelle im Winter 1959/1960, in: Glienke/Paulmann/Perels (Hrsg.) 2008, S. 115–145

Kiefer, Markus, 1993: Auf der Suche nach nationaler Identität und Wegen zur deutschen Einheit. Die deutsche Frage in der überregionalen Tages- und Wochenpresse der Bundesrepublik 1949–1955 (zuerst: 1992), 2. Aufl., Frankfurt a. M.

Kiesinger, Kurt Georg, 1989: Dunkle und helle Jahre. Erinnerungen 1904–1958, Stuttgart

[Kiesinger, Kurt Georg], 1984: Kurt Georg Kiesinger: Fügung und Verantwortung. Festgabe d. Landtags v. Baden-Württemberg f. Bundeskanzler a. D. u. Ministerpräsident a. D. Dr. h. c. Kurt Georg Kiesinger, Stuttgart

Kilian, Werner, 2001: Die Hallstein-Doktrin. Der diplomatische Krieg zwischen der BRD und der DDR 1955–1973. Aus den Akten der beiden deutschen Außenministerien, Berlin

Kirn, Michael, 1972: Verfassungsumsturz oder Rechtskontinuität? Die Stellung der Jurisprudenz nach 1945 zum Dritten Reich, insbesondere die Konflikte um die Kontinuität der Beamtenrechte und Art. 131 Grundgesetz, Berlin

Kittel, Manfred, 2007: Vertreibung der Vertriebenen? Der historische deutsche Osten in der Erinnerungskultur der Bundesrepublik (1961–1982), München

Klein, Eckart, 1985: Wiedervereinigung und Völkerrecht, in: Göttinger Arbeitskreis (Hrsg.), Deutschlandvertrag, westliches Bündnis und Wiedervereinigung, Berlin, S. 61–64

Klein, Michael, 2006: Gerstenmaier – Der „Chefideologe" der Union, in: Günter Buchstab (Hrsg.), Eugen Gerstenmaier (1906–1986). Kirche – Widerstand – Politik. Eine Veröffentlichung der Konrad-Adenauer-Stiftung e. V., Sankt Augustin, S. 61–72

Kleßmann, Christoph, 1996: Wiedervereinigung und deutsche Nation – der Kern der Politik Kurt Schumachers, in: Dowe (Hrsg.) 1996, S. 113–132

Kleßmann, Christoph, 1991: Die doppelte Staatsgründung. Deutsche Geschichte 1945–1955 (zuerst: 1982), 5. Aufl., Bonn

Klingl, Friedrich, 1987: „Das ganze Deutschland soll es sein!" – Thomas Dehler und die außenpolitische Weichenstellungen der fünfziger Jahre. Eine Analyse der außenpolitischen Konzeption und die außenpolitischen Verhaltens Thomas Dehlers, München

Koch, Roland (Hrsg.), 2004: Heinrich von Brentano. Ein Wegbereiter der europäischen Integration, Redaktion: Frank-Lothar Kroll, München

Körner, Klaus, 2003: „Die rote Gefahr". Antikommunistische Propaganda in der Bundesrepublik 1950–2000, Hamburg

Kössler, Till, 2005: Abschied von der Revolution. Kommunisten und Gesellschaft in Westdeutschland 1945–1968, Düsseldorf

Kogon, Eugen, 1970: Die Funktion des Antikommunismus in der Bundesrepublik Deutschland, in: Frankfurter Hefte, 24. Jg., H. 2, S. 81–90

Kogon, Eugen, 1952: Die Aussichten der Restauration. Über die gesellschaftlichen Grundlagen der Zeit in: Frankfurter Hefte, 7. Jg., H. 3, S. 165–177

Konrad Adenauer Stiftung (Hrsg.): Globke-Plan (1959), URL: http://www.konrad-adenauer.de/index.php?msg=4709 [Zugriff: 16.12.2012]

Korte, Detlef, 1995: Der Hedler-Skandal 1949–1953, in: Demokratische Geschichte. Jahrbuch zur Arbeitsbewegung und Demokratie in Schleswig-Holstein, Nr. 9, S. 275–292

Korte, Jan, 2009: Instrument Antikommunismus. Der Sonderfall Bundesrepublik, Berlin

Korte, Jan/Heilig, Dominic (Hrsg.), 2011: Kriegsverrat. Vergangenheitspolitik in Deutschland. Analysen, Kommentare und Dokumente einer Debatte, Berlin

Kreutzberger, Wolfgang, 2001: Vorwort, in: Salzborn 2001, S. 7–9

Kreuz, Leo, 1980: Das Kuratorium Unteilbares Deutschland. Aufbau, Programmatik, Wirkung, Opladen

Küchenhoff, Erich, 1970: Die Verfassungsmäßigkeit des Warschauer Vertrages, in: Bulletin, Nr. 171, 8.2.1970, S. 1822–1825

Küppers, Heinrich, 2008: Johannes Hoffmann (1890–1967). Biographie eines Deutschen, Düsseldorf

Küsters, Hanns Jürgen, 2000: Der Integrationsfriede. Vier-Mächte-Verhandlungen über die Friedensregelung mit Deutschland 1945–1990, München

Küsters, Hanns Jürgen (Bearb.), 1986: Adenauer. Teegespräche 1955–1958, Berlin

Kuhnhenne, Michaela, 2005: Frauenleitbilder und Bildung in der westdeutschen Nachkriegszeit. Analyse am Beispiel der Region Bremen, Wiesbaden

Kuhr, Holger, 2000: „Geist, Volkstum und Heimatrecht". 50 Jahre „Charta der deutschen Heimatvertriebenen" und die eth(n)isch orientierte deutsche Außenpolitik, Hamburg
Kunze, Rolf-Ulrich, 2005: Nation und Nationalismus, Darmstadt
Lademacher, Horst/Mühlhausen, Walter (Hrsg.), 1985: Sicherheit – Kontrolle – Souveränität. Das Petersberger Abkommen vom 22. November 1949. Eine Dokumentation, Melsungen
Landesvorstand der SPD Bayern mit Genehmigung der Militärregierung (Hrsg.), 1946: Was wird aus Deutschland? Dr. Schumacher antwortet auf dem Parteitag der SPD. Hannover
Landsmannschaft Schlesien (Hrsg.), 1979: 30 Jahre Landsmannschaft Schlesien. Eine Dokumentation, Bonn
Landwehr, Achim, 2004: Geschichte des Sagbaren. Einführung in die historische Diskursanalyse (zuerst: 2001), 2. Aufl., Tübingen
Langewiesche, Dieter, 2000: Nation, Nationalismus, Nationalstaat in Deutschland und Europa, München
Langewiesche, Dieter, 1994: Nationalismus im 19. und 20. Jahrhundert: zwischen Partizipation und Aggression. Vortrag v. d. Gesprächskreis Geschichte d. Friedrich-Ebert-Stiftung, Bonn
Laplanche, J./Pontalis, J. B. (Hrsg.), 1996: Das Vokabular der Psychoanalyse (zuerst: Paris 1967), 13. Aufl., Frankfurt a. M.
Lappenküper, Ulrich, 2008: Die Außenpolitik der Bundesrepublik Deutschland 1949 bis 1960, München
Lappenküper, Ulrich, 2001: Die deutsch-französischen Beziehungen 1949–1963. Von der „Erbfeindschaft" zur „Entente élémentaire", Bd. I: 1949–1958, München
Leggewie, Claus, 2011: Der Kampf um die europäische Erinnerung. Ein Schlachtfeld wird besichtigt, zus. mit Anne Lang, München
Leggewie, Claus, 2009: Schlachtfeld Europa. Transnationale Erinnerung und europäische Identität, in: Blätter für deutsche und internationale Politik, 64. Jg., H. 2, S. 81–93
Lehmann, Axel, 2000: Der Marshall-Plan und das neue Deutschland. Die Folgen amerikanischer Besatzungspolitik in den Westzonen, Münster/New York/München/Berlin
Leibfried, Stephan/Zürn, Michael (Hrsg.), 2006: Transformationen des Staates?, Frankfurt a. M.
Leiße, Olaf, 2009: Europa zwischen Nationalstaat und Integration, Wiesbaden
Lemberg, Eugen, 1973: Deutsche und Tschechen im postnationalen Zeitalter, Frankfurt a. M.
Lemberg, Hans, 2003: Das Jahrhundert der Vertreibungen, in: Bingen/Borodziej/Troebst (Hrsg.) 2003, S. 44–53
Lemke, Michael, 1996: Eine deutsche Chance? Die innerdeutsche Diskussion um den Grotewohl-Brief vom November 1950 auf der Entscheidungsebene, 44. Jg., H. 1, S. 25–40
Lemke, Michael, 1993: Kampagnen gegen Bonn. Die Systemkrise der DDR und die Westpropaganda der SED 1960–1963, in: VfZ, 41. Jg., H. 2, S. 153–174
Leonhard, Wolfgang, 2006: Die Vereinigung von KPD und SPD zur SED, Berlin

Lerg, Winfried B./Steininger, Rolf (Hrsg.), 1975: Rundfunk und Politik 1923 bis 1973. Beiträge zur Rundfunkforschung, Berlin

Liebhart, Ernst H., 1971: Nationalismus in der Tagespresse 1949-1966. Studien zur Anwendung quantifizierender Inhaltsanalyse, Meisenheim am Glan

Lipowicz, Irena, 2006: Das „Zentrum" führt auf einen Irrweg. Das Berliner „Zentrum gegen Vertreibungen" ist in seiner bisher geplanten Form für das deutsch-polnische Verhältnis nicht sehr hilfreich, in: Internationale Politik IP, 61. Jg., H. 2, S. 120-126

Löwenthal, Leo, 1982: Falsche Propheten. Studien zur faschistischen Agitation, in: Ders., Schriften, Bd. 3: Falsche Propheten. Studien zum Autoritarismus, hrsg. v. Helmut Dubiel (zuerst: New York 1949), Frankfurt a. M., S. 11-159

Löwke, Udo F. 1969: Für den Fall, daß ... Die Haltung der SPD zur Wehrfrage 1949-1955. Mit dokumentarischem Anhang u. dem letzten Interview Fritz Erlers, Hannover

Lohl, Jan, 2010: Gefühlserbschaft und Rechtsextremismus. Eine sozialpsychologische Studie zur Generationengeschichte des Nationalsozialismus, Gießen

Loth, Wilfried, 2009: Saarland, in: Uwe Andersen/Wichard Woyke (Hrsg.): Handwörterbuch des politischen Systems der Bundesrepublik Deutschland, 6. Aufl., Opladen, S. 352-358

Lotz, Christian, 2007: Die Deutung des Verlusts. Erinnerungspolitische Kontroversen im geteilten Deutschland um Flucht, Vertreibung und die Ostgebiete (1948-1972), Köln/Weimar/Wien

Lüdtke, Alf, 1993: Eigen-Sinn. Fabrikalltag, Arbeitererfahrungen und Politik vom Kaiserreich bis in den Faschismus, Hamburg

Maase, Kaspar, 1992: BRAVO Amerika. Erkundungen zur Jugendkultur der Bundesrepublik in den fünfziger Jahren, Hamburg

Major, Patrick, 1997: The death of the KPD. Communism and anti-communism in West Germany, 1945-1956, Oxford

Malzahn, Claus Christian, 2005: Deutschland, Deutschland. Kurze Geschichte einer geteilten Nation, Bonn

Manig, Bert-Oliver, 2004: Die Politik der Ehre. Die Rehabilitierung der Berufssoldaten in der frühen Bundesrepublik, Göttingen

Marx, Karl/Engels, Friedrich, 1990: Die deutsche Ideologie (1845/46), in: MEW, Bd. 3 (zuerst: Moskau 1932), Berlin

Massing, Paul W., 1959: Vorgeschichte des politischen Antisemitismus, Frankfurt a. M.

Matthias, Erich, 1952: Sozialdemokratie und Nation. Ein Beitrag zu Ideengeschichte der sozialdemokratischen Emigration in der Prager Zeit des Parteivorstandes 1933-1938, Stuttgart

Mensing, Hans Peter (Bearb.), 1997: Konrad Adenauer – Theodor Heuss. Unter vier Augen. Gespräche aus den Gründerjahren 1949-1959, Berlin

Mensing, Hans Peter (Bearb.), 1995: Adenauer. Briefe 1953-1955, Berlin

Ménudier, Henry, 2005: Adenauer, de Gaulle und der Élysée-Vertrag nach Alain Peyrefitte, in: Defrance/Pfeil (Hrsg.) 2005a, S. 81-97

Merseburger, Peter, 2010: Kurt Schumacher. Patriot, Volkstribun, München

Merseburger, Peter, 1995: Der schwierige Deutsche. Kurt Schumacher. Eine Biographie, Stuttgart

Mertens, Lothar, 1994: „Westdeutscher" Antisemitismus? MfS-Dokumente über eine Geheimaktion in der Bundesrepublik Deutschland, in: Deutschland Archiv, 27. Jg., H. 12, S. 1271–1273

Metzler, Hannes, 2007: Ehrlos für immer? Die Rehabilitierung der Deserteure der Wehrmacht. Ein Vergleich von Deutschland und Österreich unter Berücksichtigung von Luxemburg, Wien

Meyer, Christoph, 1997: Die deutschlandpolitische Doppelstrategie. Wilhelm Wolfgang Schütz und das Kuratorium Unteilbares Deutschland (1954–1972), Landsberg am Lech

Meyn, Hermann, 1965: Die deutsche Partei. Entwicklung und Problematik einer nationalkonservativen Rechtspartei nach 1945, Düsseldorf

Mierendorff, Carlo, 1997: Die Republik von morgen (zuerst in: Sozialistische Monatshefte, 38. Jg. 1932, H. 10, S. 517–521), wiederabgedr. in: Peter Steinbach, Widerstand gegen den Nationalsozialismus – eine „sozialistische Aktion"? Zum 100. Geburtstag Carlo Mierendorffs (1897–1943), Reihe Gesprächskreis Geschichte der Friedrich-Ebert-Stiftung, 6. Jg., H. 18, Bonn, S. 66–72

Miller, Susanne, 1975: Die SPD vor und nach Godesberg. Kleine Geschichte der SPD, Bd. 2, Bonn

Mittag, Jürgen, 2008: Kleine Geschichte der Europäischen Union. Von der Europaidee bis zur Gegenwart, Münster

Moisel, Claudia, 2004: Frankreich und die deutschen Kriegsverbrecher. Politik und Praxis der Strafverfolgung nach dem Zweiten Weltkrieg, Göttingen

Moller, Sabine, 1998: Die Entkonkretisierung der NS-Herrschaft in der Ära Kohl. Die Neue Wache, das Denkmal für die ermordeten Juden Europas, das Haus der Geschichte der Bundesrepublik Deutschland, mit einem Vorw. v. Joachim Perels, Hannover

Morsey, Rudolf/Schwarz, Hans-Peter (Hrsg.), 1988: Adenauer. Teegespräche 1959–1961, Berlin

Morsey, Rudolf/Schwarz, Hans-Peter (Hrsg.), 1984: Adenauer. Teegespräche 1950–1954, Berlin

Mosse, George L., 1993: Die Nationalisierung der Massen. Politische Symbolik und Massenbewegungen von den Befreiungskriegen bis zum Dritten Reich (zuerst: New York 1975), Frankfurt a. M.

Mosse, George L., 1991: Die völkische Revolution. Über die geistigen Wurzeln des Nationalsozialismus (zuerst: New York 1964), unveränd. Nachdr. d. letzten Aufl., Weinheim

Müller, Josef, 1990: Die Gesamtdeutsche Volkspartei. Entstehung und Politik unter dem Primat nationaler Wiedervereinigung 1950–1957, Düsseldorf

Müller, Matthias, 2012: Die SPD und die Vertriebenenverbände 1949–1977. Eintracht, Entfremdung, Zwietracht, Berlin

Müller, Sven Oliver, 2001: Die umstrittene Gemeinschaft. Nationalismus als Konfliktphänomen, in: Jureit, (Hrsg.) 2001a, S. 122–143

Müller-Härlin, Maximilian, 2008: Nation und Europa in Parlamentsdebatten zur europäischen Integration. Identifikationsmuster in Deutschland, Frankreich und Großbritannien nach 1950, Baden-Baden

Mundzeck, Lisa, 2008: Auf Vertrauenssuche. Die Deutschlandpolitik der Regierung Brandt/Scheel in der bundesrepublikanischen Öffentlichkeit 1969–1973, Hamburg
Nägler, Frank, 2010: Der gewollte Soldat und sein Wandel. Personelle Rüstung und Innere Führung in den Aufbaujahren der Bundeswehr 1956 bis 1964/65, München
Nawiasky, Hans, 1950: Die Grundgedanken des Grundgesetzes für die Bundesrepublik Deutschland. Systematische Darstellung und kritische Würdigung, Stuttgart/Köln
Nepp, Günter (Zs.gest.), 2006: 60 Jahre Zwangsvereinigung von SPD und KPD zur SED im April 1946. Bibliographie aus dem Bestand der Bibliothek der Bundesstiftung zur Aufarbeitung der SED-Diktatur, Berlin
Neumann, Franz L., 1984: Behemoth. Struktur und Praxis des Nationalsozialismus 1933–1944, hrsg. u. mit Nachwort v. Gert Schäfer (zuerst: New York 1963), ungek. Ausg., Frankfurt a. M.
Neumann, Franz L., 1968: Der Block der Heimatvertriebenen und Entrechteten 1950–1960. Ein Beitrag zur Geschichte und Struktur einer politischen Interessenpartei, Meisenheim am Glan
Nickel, Lutz, 2005: Dehler – Maier – Mende. Parteivorsitzende der FDP: Polarisierer – Präsident – Generaldirektor, München
Niethammer, Lutz, 1982: Die Mitläuferfabrik. Die Entnazifizierung am Beispiel Bayerns (zuerst: Frankfurt a. M. 1972), 2. Aufl., Berlin/Bonn
Niethammer, Lutz, 1979: Zum Verhältnis von Reform und Rekonstruktion in der US-Zone am Beispiel der Neuordnung des öffentlichen Dienstes, in: Wolf-Dieter Narr/Dietrich Thränhardt (Hrsg.), Die Bundesrepublik Deutschland. Entstehung, Entwicklung, Struktur, Königstein
Noelle, Elisabeth/Neumann, Peter (Hrsg.), 1981: The Germans. Bd. 1: Public Opinion Polls 1947–1966 (zuerst: Allensbach/Bonn 1967), Westport
Noelle, Elisabeth/Neumann, Peter (Hrsg.), 1965: Jahrbuch der öffentlichen Meinung 1958–1964, Allensbach/Bonn
Noelle, Elisabeth/Neumann, Peter (Hrsg.), 1956: Jahrbuch der öffentlichen Meinung 1947–1955 (zuerst: 1956), 2. Aufl., Allensbach
Osterhammel, Jürgen/Peterson, Niels P., 2007: Geschichte der Globalisierung. Dimensionen, Prozesse, Epochen (zuerst: 2003), 4. Aufl., München
Otkun, Tolga, 194: Die antisemitischen Ausschreitung der 50er und 60er Jahre in der Bundesrepublik – eine politikwissenschaftliche Ermittlung und Bewertung im kritischen Vergleich zur gegenwärtigen Serie ausländerfeindlicher und rechtsextremistischer Straftaten, unveröffentlichte Magisterarbeit, Institut für Politische Wissenschaft, Hannover
Pape, Matthias, 1999: „Keine Sicherheit in Europa ohne die Wiedervereinigung Deutschlands". Zur Diskussion über die Kirkpatrick-Notiz vom 16. Dezember 1955 und Adenauers Deutschlandpolitik, in: HPM, 6. Jg., H. 6, S. 207–227
Park, Myung-Sun, 1989: Die Vertriebenen in der Bundesrepublik Deutschland. Mobilität und Klassenstrukturierung in den fünfziger Jahren, Bielefeld
Perels, Joachim, 2011a: Der Teufel weint nicht. Zur Entwirklichung von NS-Tätern, in: Pohl/Perels, (Hrsg.) 2011, S. 47–62

Perels, Joachim, 2011b: Verdrängung sozialistischer Rechtstheorie. Adolf Arndt und Franz L. Neumann, in: Ders., Befreiung aus gesellschaftlicher Unmündigkeit. Beiträge zur Geschichte und Theorie der Arbeiterbewegung, Frankfurt a. M., S. 161–167

Perels, Joachim, 2008a: Die doppelte Verurteilung. Kann Unrecht Recht sein? Eine Betrachtung zum Umgang mit dem 20. Juli in der Bundesrepublik, in: HAZ, 19.7.2008, wiederabgedr. (Untertitel: Ein Erlebnisbericht) in: Reichwein-Forum, Nr. 13, Dez. 2008, S. 55 ff.

Perels, Joachim, 2008b: Zur Rechtslehre vor und nach 1945, in: Eva Schumann (Hrsg.), Kontinuitäten und Zäsuren. Rechtswissenschaft und Justiz im „Dritten Reich" und in der Nachkriegszeit, Göttingen, S. 123–140

Perels, Joachim, 2006: Die historischen Wurzeln der europäischen Einigung und die gegenwärtige Konstituierung der Verfassung, in: Christiane Lemke/Jutta Joachim/Ines Katenhusen (Hrsg.), Konstitutionalisierung und Governance in der EU. Perspektiven einer europäischen Verfassung, Münster, S. 29–45

Perels, Joachim, 1999a: Das juristische Erbe des „Dritten Reiches". Beschädigungen der demokratischen Rechtsordnung, Frankfurt a. M./New York

Perels, Joachim, 1999b: Amnestien für NS-Täter in der Bundesrepublik, in: Ders. 1999a, S. 203–214

Perels, Joachim, 1999c: Der Nürnberger Juristenprozeß im Kontext der Nachkriegsgeschichte, in: Ders. 1999a, S. 47–70

Perels, Joachim, 1999d: Der Umgang mit Tätern und Widerstandskämpfern in der Ära Adenauer, in: Ders. 1999a, S. 155–180

Perels, Joachim, 1999e: Die Bewahrung der bürgerlichen Gesellschaft in der Zeit ihres tiefsten Sturzes, Carl Schmitts Positionen nach 1945, in: Ders. 1999a, S. 103–119

Perels, Joachim, 1999f: Die Restauration der Rechtslehre, in: Ders. 1999a, S. 71–102

Perels, Joachim, 1999g: Die schrittweise Rechtfertigung der NS-Justiz. Der Huppenkothen-Prozeß, in: Ders. 1999a, S. 181–202.

Perels, Joachim, 1998: Das Janusgesicht des Begriffs der Nation. Eine Skizze, in: Evangelische Theologie, 59. Jg., H. 3, S. 222–230

Perels, Joachim, 1996: Der Kampf um das Vermächtnis des Widerstands, in: Ders., Wider die Normalisierung des Nationalsozialismus. Interventionen gegen die Verdrängung, Hannover, S. 70–79

Perels, Joachim, 1989: Staatliche Kontinuität nach 1945, in: Martin Bennhold (Hrsg.), Spuren des Unrechts. Recht und Nationalsozialismus – Beiträge zur historischen Kontinuität, Köln, S. 83–99

Pohl, Rolf, 2010a: Antisemitismus und Schlussstrichmentalität heute, in: Joachim Perels (Hrsg.), Auschwitz in der deutschen Geschichte, Hannover, S. 230–254

Pohl, Rolf, 2010b: Das Konstrukt der „Volksgemeinschaft" als Mittel zur Erzeugung von Massenloyalität im Nationalsozialismus, unveröff. Manuskript, S. 1–20

Pohl, Rolf/Perels, Joachim (Hrsg.), 2011: Normalität der NS-Täter?, Hannover

Pollock, Friedrich (Bearb.), 1955: Gruppenexperiment. Ein Studienbericht, mit e. Geleitw. v. Franz Böhm (zuerst: 1955), 2. Aufl., Frankfurt a. M.

Posser, Diether, 1956: Politik und Justiz. Ein Wort zur KPD und zur politischen Justiz, in: Stimme der Gemeinde zum kirchlichen Leben, zur Politik, Wirtschaft und Kultur, 8. Jg., S. 526–532

Postone, Moishe, 2003: The Holocaust and the Trajectory of the Twentieth Century, in: Ders./Eric Santner (Hrsg.), The Holocaust and the Twentieth Century, Chicago, S. 81–114

Radbruch, Gustav, 1946: Gesetzliches Unrecht und übergesetzliches Recht, in: Süddeutsche Juristen-Zeitung, 1. Jg., Nr. 5

Ramm, Thilo, 1996: Familienrecht, Verfassung, Geschichte, Reform. Ausgewählte Aufsätze, Tübingen

Rammer, Stefan, 2003: Kurt Schumacher im Urteil der deutschen Nachkriegspresse. Das Bild eines sozialdemokratischen Politikers in Ost- und Westdeutschland, Winzer

Rathgeb, Eberhard, 2005: Die engagierte Nation. Deutsche Debatten 1945–2005, München/Wien

Rauschning, Dieter (Hrsg.), 1985: Rechtsstellung Deutschlands. Völkerrechtliche Verträge und andere rechtsgestaltende Akte, München

Rautenberg, Hans-Jürgen/Wiggershaus, Norbert, 1977: Die „Himmeroder Denkschrift" vom Oktober 1950. Politische und militärische Überlegungen für einen Beitrag der Bundesrepublik Deutschland zur westeuropäischen Verteidigung, in: Militärgeschichtliche Mitteilungen, hrsg. v. Militärgeschichtlichen Forschungsamt durch Othmar Hackl u. Manfred Messerschmidt, 21. Jg., H. 1, S. 135–206

Reichel, Peter, 2001: Vergangenheitsbewältigung in Deutschland. Die Auseinandersetzung mit der NS-Diktatur von 1945 bis heute, München

Reichling, Gerhard, 1987: Flucht und Vertreibung der Deutschen. Statistische Grundlagen und terminologische Probleme, in: Rainer Schulze/Doris von der Brelie-Lewien/Helga Grebing (Hrsg.), Flüchtlinge und Vertriebene in der westdeutschen Nachkriegsgeschichte. Bilanzierung der Forschung und Perspektiven für die künftige Forschungsarbeit, Hildesheim, S. 46–56

Reichsgesetzblatt, 1922–1945, hrsg. im Reichsministerium des Innern, Berlin [RGBL.]

Renan, Ernest, 1995: Was ist eine Nation?, in: Ders.: Was ist eine Nation? Und andere politische Schriften, Wien/Bozen, S. 41–58

Reuß, Hermann, 1952: Carl Heyland, in: Juristische Rundschau, Bd. 1952, H. 9, Jan. 1952, S. 360

Richter, Emanuel, 2011: Supranationalität und Demokratie. Überlegungen zur „post-nationalen" Konstellation, in: Salzborn (Hrsg.) 2011a, S. 101–126

Ringshausen, Gerhard/von Voss, Rüdiger (Hrsg.), 2000: Die Ordnung des Staates und die Freiheit des Menschen. Deutschlandpläne in Widerstand und Exil, Bonn

Ruggenthaler, Peter (Hrsg.), 2007: Stalins großer Bluff. Die Geschichte der Stalin-Note in Dokumenten der sowjetischen Führung, München

Rundfunk Berlin-Brandenburg rbb (Hrsg.): Interview-Archiv: Zur Person. Günter Gaus im Gespräch mit Hannah Arendt: Was bleibt? Es bleibt die Muttersprache, gesendet im ZDF am 28.10.1964, URL: http://www.rbb-online.de/zurperson/interview_archiv/arendt_hannah.html [Zugriff: 16.12.2012]

Salzborn, Samuel (Hrsg.), 2011a: Staat und Nation. Die Theorien der Nationalismusforschung in der Diskussion, Stuttgart

Salzborn, Samuel, 2011b: Ethnizität als Fundament der Nation? Zur Kritik des ethnischen Gemeinsamkeitsglaubens, in: Ders. (Hrsg.) 2011a, S. 149–164

Salzborn, Samuel, 2011c: Nation und Nationalismus im 21. Jahrhundert (Einleitung), in: Ders. (Hrsg.) 2011a, S. 9–13

Salzborn, Samuel (Hrsg.): 2009: Politische Kultur. Forschungsstand und Forschungsperspektiven, Frankfurt a. M.

Salzborn, Samuel, 2006: Ethnizität und ethnische Identität. Ein ideologiekritischer Versuch, in: Zeitschrift für kritische Theorie, 12. Jg., H. 22/23, S. 99–119

Salzborn, Samuel, 2005: Ethnisierung der Politik. Theorie und Geschichte des Volksgruppenrechts in Europa, Frankfurt a. M.

Salzborn, Samuel, 2003: Opfer, Tabu, Kollektivschuld. Über Motive deutscher Obsession, in: Michael Klundt/Samuel Salzborn/Marc Schwietring (Hrsg.), Erinnern, verdrängen, vergessen. Geschichtspolitische Wege ins 21. Jahrhundert, Gießen, S. 17–41

Salzborn, Samuel, 2001: Heimatrecht und Volkstumskampf. Außenpolitische Konzepte der Vertriebenenverbände und ihre praktische Umsetzung, Hannover

Salzborn, Samuel, 2000: Grenzenlose Heimat. Geschichte, Gegenwart und Zukunft der Vertriebenenverbände, Berlin

Sandkühler, Thomas (Hrsg.), 2002: Europäische Integration. Deutsche Hegemonialpolitik gegenüber Westeuropa 1920–1960. Beiträge zur Geschichte des Nationalsozialismus, Bd. 18, Göttingen

Sarasin, Philipp, 2003: Geschichtswissenschaft und Diskursanalyse, in: Ders., Geschichtswissenschaft und Diskursanalyse, Frankfurt a. M., S. 10–60

Sassen, Saskia, 2008: Das Paradox des Nationalen. Territorium, Autorität und Rechte im globalen Zeitalter (zuerst: Princeton 2006), Frankfurt a. M.

Schaefer, Klaus, 2009: Der Prozess gegen Otto John. Zugleich ein Beitrag zur Justizgeschichte der frühen Bundesrepublik, Marburg

Scheel, Walter, 2007: 50 Jahre Römische Verträge. Ein Kompass für Europa, in: Süddeutsche Zeitung, 22.3.2007

Scheuner, Ulrich, 1950: Die staatsrechtliche Kontinuität in Deutschland, in: Deutsches Verwaltungsblatt, 65. Jg., H. 16, S. 481–485; H. 17, 514–516

Schildt, Axel, 2005: „Schlafende Höllenhunde". Reaktionen auf de antisemitische Schmierwelle 1959/60, in: Aus den Quellen. Beiträge zur deutsch-jüdischen Geschichte. Festschrift für Ina Lorenz zum 65. Geburtstag, Studien zur jüdischen Geschichte Bd. 10, hrsg. v. Andreas Brämer, Stefanie Schüler-Springorum, Michael Studemund-Halévy, München, S. 313–321

Schildt, Axel, 1999: Ankunft im Westen. Ein Essay zur Erfolgsgeschichte der Bundesrepublik, Frankfurt a. M.

Schildt, Axel/Sywottek, Arnold (Hrsg.), 1998: Modernisierung im Wiederaufbau. Die westdeutsche Gesellschaft der 1950er Jahre, Studienausg. (zuerst: 1993), Bonn

Schmidt, Robert H., 1959–1962: Saarpolitik, 1945–1957, 3 Bde., Berlin

[Schmitt, Carl], 1950: Amnestie ist die Kraft des Vergessens. Wann werden wir den Bürgerkrieg beenden?, in: Sonntagsblatt, 15.1.1950 (anonym veröffentlicht)

[Schmitt, Carl], 1949: Zeus an die Bundesregierung: Amnestie – Urform des Rechts, in: Christ und Welt, 10.11.1949 (anonym veröffentlicht)

Schmitt, Carl, 1932: Der Begriff des Politischen, München/Leipzig

Schmitt, Carl, 1928: Verfassungslehre, München/Leipzig

Schöllgen, Gregor, 2004: Die Außenpolitik der Bundesrepublik Deutschland. Von den Anfängen bis zur Gegenwart (zuerst: 1999), 3. Aufl., München

Schönbach, Peter, 1961: Reaktionen auf die antisemitische Welle im Winter 1959/1960, in: Frankfurter Beiträge zur Soziologie, i. A. des Instituts für Sozialforschung hrsg. v. Theodor W. Adorno/Walter Dirks, Sonderheft 3, Frankfurt a. M.

Schoenberner, Gerhard, 1960: Das Menetekel von Köln. Die unbewältigte Gegenwart, in: Das Argument, 2. Jg., H. 16, S. 197–201

Schröder, Klaus-Peter, 2005: Carlo Schmid (1896–1979) – Ein deutscher Europäer, in: Klaus Beckmann/Jürgen Dieringer/Ulrich Hufeld (Hrsg.), Eine Verfassung für Europa (zuerst: 2004), 2. Aufl., Tübingen, S. 21–35

Schürr, Ulrich, 2003: Der Aufbau einer europäischen Sicherheits- und Verteidigungsidentität im Beziehungsgeflecht von EU, WEU, OSZE und NATO, Frankfurt a. M.

Schulze, Hagen, 2004: Staat und Nation in der europäischen Geschichte (zuerst: 1994), 2. Aufl., München

Schumacher, Kurt, 1985: Reden – Schriften – Korrespondenzen 1945–1952, hrsg. v. Willy Albrecht, Berlin/Bonn

Schuppert, Gunnar Folke (Hrsg.), 2006: The Europeanisation of governance, Baden-Baden

Schwarz, Hans-Peter, 1991a: Adenauer. Der Aufstieg: 1876–1952 (zuerst: 1986), 3. Aufl., Stuttgart

Schwarz, Hans-Peter, 1991b: Adenauer. Der Staatsmann: 1952–1967, Stuttgart

Schwarz, Hans-Peter, 1983: Die Ära Adenauer. Epochenwechsel 1957–1963, Stuttgart

Schwarz, Hans-Peter, 1981: Die Ära Adenauer. Gründerjahre der Republik. 1949–1957, Stuttgart

Schwarz, Hans-Peter, 1979: Entspannung und Wiedervereinigung. Deutschlandpolitische Vorstellungen Konrad Adenauers 1955–1958, Stuttgart/Zürich

Schwarz, Hans-Peter (Hrsg.), 1982: Die Legende von der verpaßten Gelegenheit. Die Stalin-Note vom 10. März 1952, Stuttgart

Schwibbert, Juliane, 1993: Die Kölner Synagogenschmierereien Weihnachten 1959 und die Reaktionen in Politik und Öffentlichkeit, in: Geschichte in Köln, H. 33 (Aug. 1993), S. 73–96

Seebacher-Brandt, Brigitte, 1984: Ollenhauer. Biedermann und Patriot, Berlin

Seidendorf, Stefan, 2007: Europäisierung nationaler Identitätsdiskurse? Ein Vergleich französischer und deutscher Printmedien, Baden-Baden

Siems, Siebo, 2007: Die deutsche Karriere kollektiver Identitätskategorien. Vom wissenschaftlichen Begriff zum massenmedialen Jargon, Münster

Sloterdijk, Peter, 1999: Regeln für den Menschenpark. Ein Antwortschreiben zum Brief über den Humanismus – die Elmauer Rede, in: Die Zeit, 16. 9. 1999

Sowinski, Oliver, 1998: Die Deutsche Reichspartei 1950–1965. Organisation und Ideologie einer rechtsradikalen Partei, Frankfurt a. M.

[SPD], 1950: Die Sozialdemokratie und das Saarproblem. Die Stellungnahme der SPD zur Saarfrage, Hannover

Speidel, Hans, 1977: Aus unserer Zeit. Erinnerungen (zuerst: 1977), 2. Aufl., Frankfurt a. M./Wien

Speirs, Ronald/Breuilly, John (Hrsg.), 2005: Germany's two unifications. Anticipations, experiences, responses, Basingstoke, Hampshire

Steffek, Jens, 2008: Legitimität jenseits des Nationalstaates: Vom exekutiven zum partizipativen Mulitlateralismus, in: Hurrelmann/Leibfried/Martens/Mayer (Hrsg.): 2008a, S. 179–205

Steinbach, Peter, 1997: Widerstand gegen den Nationalsozialismus – eine „sozialistische Aktion"? Zum 100. Geburtstag Carlo Mierendorffs (1897–1943), Reihe Gesprächskreis Geschichte der Friedrich-Ebert-Stiftung, 6. Jg., H. 18, Bonn

Steininger, Rolf, 2001: Der Mauerbau. Die Westmächte und Adenauer in der Berlinkrise 1958–1963, München

Steininger, Rolf, 1985: Eine vertane Chance. Die Stalin-Note vom 10. März 1952 und die Wiedervereinigung. Eine Studie auf der Grundlage unveröffentlichter britischer und amerikanischer Akten, Bonn

Steinkühler, Manfred, 2002: Der deutsch-französische Vertrag 1963. Entstehung, diplomatische Anwendung und politische Bedeutung in den Jahren von 1958 bis 1969, Berlin

Steinle, Brigitte, 1993: Johannes Hoffmann – ein Leben (zuerst: 1990), 2. Aufl., Saarbrücken

Steinle, Jürgen, 1995: Nationales Selbstverständnis nach dem Nationalsozialismus. Die Kriegsschuld-Debatte in West-Deutschland, Bochum

Stern, Frank, 1991: Im Anfang war Auschwitz. Antisemitismus und Philosemitismus im deutschen Nachkrieg, Gerlingen

Sternberger, Dolf/Storz, Gerhard/Süskind, Wilhelm E., 1986: Aus dem Wörterbuch des Unmenschen. Neue erw. Ausg. mit Zeugnissen des Streites über Sprachkritik (zuerst: Hamburg 1957), Frankfurt a. M../Berlin/Wien

Stödter, Rolf, 1948: Deutschlands Rechtslage, Hamburg

Stöss, Richard, 1980: Vom Nationalismus zum Umweltschutz. Die Deutsche Gemeinschaft/Aktionsgemeinschaft Unabhängiger Deutscher im Parteiensystem der Bundesrepublik, Opladen

Stötzel, Georg/Wengeler, Martin (Hrsg.), 1995: Kontroverse Begriffe. Geschichte des öffentlichen Sprachgebrauchs in der Bundesrepublik Deutschland, in Zusammenarbeit mit Karin Böke, Berlin/New York

Stöver, Bernd, 2007: Der Kalte Krieg 1947–1991. Geschichte eines radikalen Zeitalters, München

Stöver, Bernd, 1999: Der Fall Otto John. Neue Dokumente zu den Aussagen des deutschen Geheimdienstchefs gegenüber MfS und KGB, in: VfZ, 47. Jg., H. 1, S. 103–136

Stoffregen, Matthias, 2002: Kämpfen für ein demokratisches Deutschland. Emigranten zwischen Politik und Politikwissenschaft, Opladen

Streit, Christian, 1978: Keine Kameraden. Die Wehrmacht und die sowjetischen Kriegsgefangenen 1941–1945, Stuttgart

Szabó, Anikó, 2000: Vertreibung, Rückkehr, Wiedergutmachung. Göttinger Hochschullehrer im Schatten des Nationalsozialismus, Göttingen

Thießen, Malte, 2009: Schöne Zeiten? Erinnerungen an die „Volksgemeinschaft" nach 1945, in: Frank Bajohr/Michael Wildt (Hrsg.), Volksgemeinschaft. Neue Forschungen zur Gesellschaft des Nationalsozialismus, Frankfurt a. M., S. 165–187

Thränhardt, Dietrich, 2007: Geschichte der Bundesrepublik (zuerst: 1986), 8. Aufl., erw. Neuausg., Frankfurt a. M.
Timmermann, Heiner (Hrsg.), 2003: Deutschlandvertrag und Pariser Verträge. Im Dreieck von Kaltem Krieg, deutscher Frage und europäischer Sicherheit, Münster
Trunk, Achim, 2007: Europa, ein Ausweg. Politische Eliten und europäische Identität in den 1950er Jahren, München
University of Bremen, Collaborative Research Center 597 (Hrsg.): Transformations of the State, Publications: TranState working papers all volumes, URL: http://www.sfb597.uni-bremen.de/pages/pubAp.php?SPRACHE=en [Zugriff: 16.12.2012]
van Laak, Dirk, 2002: Gespräche in der Sicherheit des Schweigens. Carl Schmitt in der politischen Geistesgeschichte der frühen Bundesrepublik (zuerst: 1993), 2. Aufl., Berlin
Verfürth, Heinz Hermann, 1968: Die Hallstein-Doktrin und die Politik der Bundesregierung gegenüber den osteuropäischen Staaten von 1955 bis 1967, Bochum
Verhandlungen des Deutschen Bundestages. Stenographische Berichte und Drucksachen, Bonn 1949– [BT bzw. BT-DS]
Vogel, Klaus, 1964: Die Verfassungsentscheidung des Grundgesetzes für eine internationale Zusammenarbeit. Ein Diskussionsbeitrag zu einer Frage der Staatstheorie sowie des geltenden deutschen Staatsrechts, Tübingen
Vogt, Ludgera, 1997: Zur Logik der Ehre in der Gegenwartsgesellschaft. Differenzierung, Macht, Integration, Frankfurt a. M.
Volger, Helmut, 2008: Geschichte der Vereinten Nationen (zuerst: 1995), 2. Aufl., München
Volkov, Shulamit, 2001: Reflexionen zum „modernen" und zum „uralten" jüdischen Nationalismus, in: Dies., Das jüdische Projekt der Moderne, München, S. 32–48
Volkov, Shulamit, 2000: Das geschriebene und das gesprochene Wort. Über Kontinuität und Diskontinuität im deutschen Antisemitismus, in: Dies., Antisemitismus als kultureller Code (zuerst: 1990), 2. Aufl., München, S. 54–76
Vollmeyer, Jan, 2011: Der Staat als Rechtsordnung. Hans Kelsens Identitätsthese und ihre Bedeutung für den europäischen Konstitutionalisierungsprozess, Baden-Baden
von Alemann, Ulrich, 2010: Das Parteiensystem der Bundesrepublik Deutschland, unter Mitarb. v. Philipp Erbentraut u. Jens Walther (zuerst: Opladen 2000), 4. Aufl., Wiesbaden
von Bredow, Wilfried, 2006: Die Außenpolitik der Bundesrepublik Deutschland. Eine Einführung, Wiesbaden
von Brentano, Heinrich, 1962: Deutschland, Europa und die Welt. Reden zur deutschen Außenpolitik, hrsg. v. Franz Böhm, Bonn/Wien/Zürich
von Brünneck, Alexander, 1978: Politische Justiz gegen Kommunisten in der Bundesrepublik Deutschland. 1949–1968, Vorw. v. Erhard Denninger, Frankfurt a. M.
von Kempski, Jürgen, 1947: Deutschland als Völkerrechtsproblem, in: Merkur, 1. Jg., H. 2, S. 188–194
von Lingen, Kerstin, 2004: Kesselrings letzte Schlacht. Kriegsverbrecherprozesse, Vergangenheitspolitik und Wiederbewaffnung: der Fall Kesselring, Paderborn
von Miquel, Marc, 2004: Ahnden oder amnestieren? Westdeutsche Justiz und Vergangenheitspolitik in den sechziger Jahren, Göttingen

von Münch, Ingo, 1985: Präambel, in: Ders./Philip Kunig (Hrsg.), Grundgesetz-Kommentar, Bd. 1: Präambel bis Art. 20, 3. Aufl., München
von See, Klaus, 2001: Freiheit und Gemeinschaft. Völkisch-nationales Denken in Deutschland zwischen Französischer Revolution und Erstem Weltkrieg, Heidelberg
von Wrochem, Oliver, 2006: Erich von Manstein. Vernichtungskrieg und Geschichtspolitik, Paderborn
Vorstand der SPD (Hrsg.), 1959a: Deutschlandplan der SPD. Kommentare, Argumente, Begründungen, Bonn
Vorstand der SPD (Hrsg.), 1959b: Grundsatzprogramm der Sozialdemokratischen Partei Deutschlands. Beschlossen vom Außerordentlichen Parteitag der SPD in Bad Godesberg vom 13. bis 15. November 1959, Bonn
Walter, Robert/Ogris, Werner/Olechowski, Thomas (Hrsg.), 2009: Hans Kelsen: Leben – Werk – Wirksamkeit. Ergebnisse einer internationalen Tagung veranstaltet von der Kommission für Rechtsgeschichte Österreichs und dem Hans Kelsen-Institut (19.–21. 4. 2009), Wien
Weber, Jürgen (Hrsg.), 1989: Die Republik der fünfziger Jahre. Adenauers Deutschlandpolitik auf dem Prüfstand, München
Weber, Petra, 1996a: Carlo Schmid. Demokrat und Europäer, Mannheim
Weber, Petra, 1996b: Carlo Schmid. 1896–1979. Eine Biographie, München
Wehler, Hans-Ulrich, 2004: Nationalismus. Geschichte, Formen, Folgen (zuerst: 2001), 7. Aufl.,, München
Wehler, Hans-Ulrich, 1994: Das Deutsche Kaiserreich. 1871–1918 (zuerst: 1973), 7. Aufl., Göttingen
Wehler, Hans-Ulrich, 1987–2008: Deutsche Gesellschaftsgeschichte, 5 Bde., München
Weidenfeld, Werner/Korte, Karl-Rudolf (Hrsg.), 1993: Handbuch zur deutschen Einheit, Bonn
Wengeler, Martin, 1996: Gleichgewicht im Kalten Krieg. Leitvokabeln der Außenpolitik, in: Böke/Liedtke/Wengeler 1996, S. 279–324
Wengst, Udo, 1997: Thomas Dehler. 1897–1967. Eine politische Biographie, München
Wengst, Udo, 1988: Beamtentum zwischen Reform und Tradition. Beamtengesetzgebung in der Gründungsphase der Bundesrepublik Deutschland 1948–1953, Düsseldorf
Werner, Wolfram (Bearb.), 1996: Der Parlamentarische Rat 1948–1949. Akten und Protokolle, hrsg. v. Deutschen Bundestag u. v. Bundesarchiv unter Leitung v. Rupert Schick und Friedrich P. Kahlenberg, Bd. 9: Plenum, München
Westermann, Bärbel, 1990: Nationale Identität im Spielfilm der fünfziger Jahre, Frankfurt a. M.
Wette, Wolfram (Hrsg.), 1995: Deserteure der Wehrmacht. Feiglinge – Opfer – Hoffnungsträger? Dokumentation eines Meinungswandels, Essen
Wettig, Gerhard, 2011: Sowjetische Deutschland-Politik 1953 bis 1958. Korrekturen an Stalins Erbe, Chruschtschows Aufstieg und der Weg zum Berlin-Ultimatum, München
Wettig, Gerhard, 2006: Chruschtschows Berlin-Krise 1958 bis 1963. Drohpolitik und Mauerbau, München
Wildt, Michael, 2007: Volksgemeinschaft als Selbstermächtigung. Gewalt gegen Juden in der deutschen Provinz 1919 bis 1939, Hamburg

Wilkens, Andreas (Hrsg.), 1999: Interessen verbinden. Jean Monnet und die europäische Integration der Bundesrepublik Deutschland, Bonn

Williamson, David G., 2005: Germany since 1815. A nation forged and renewed, Basingstoke

Winking, Mechthild, 2004: Liberale Außenpolitik zwischen Profilierung und Anpassung beispielhaft dargestellt an der Abstimmung der FDP zu den Römischen Verträgen 1957, Münster

Winkler, Heinrich August, 2005: Der lange Weg nach Westen, Bd. II. Deutsche Geschichte 1933–1990 (zuerst: München 2000), Bonn

Winkler, Heinrich August, 2004: Deutschland, Europa und der Westen. Versuch einer Standortbestimmung. Vortrag, gehalten auf der gleichnamigen Veranstaltung in der Friedrich-Ebert-Stiftung Berlin am 26. Januar 2004, Bonn

Winkler, Heinrich August, 1993: Nationalismus, Nationalstaat und nationale Frage in Deutschland seit 1945, in: Ders./Hartmut Kaelble (Hrsg.), Nationalismus – Nationalitäten – Supranationalität, Stuttgart, S. 12–33

Winter, Herbert, 1999: Thomas Dehler und der fränkische Liberalismus, in: Ders., Thomas Dehler – Franke und Liberaler, Fürth, S. 3–32

Winter, Sebastian, 2011: „Heil". Völkisch-antisemitische Geschlechter- und Sexualitätsentwürfe in der SS-Zeitung „Das schwarze Korps". Ideologische Schablonen eines psychodynamischen Konfliktlösungsmusters (angenommene Diss., Univ. Hannover)

Wodak, Ruth, 2001: Politikwissenschaft und Diskursanalyse. Diskurs in/der Politik, in: Andrei S. Markovits/Sieglinde K. Rosenberger (Hrsg.), Demokratie. Modus und Telos. Beiträge für Anton Pelinka, Wien/Köln/Weimar, S. 75–99

Wodak, Ruth/de Cillia, Rudolf/Reisigl, Martin/Liebhart, Karin/Hofstätter, Klaus/Kargl, Maria, 1998: Zur diskursiven Konstruktion nationaler Identität, Frankfurt a. M.

Wojak, Irmtrud, 2009: Fritz Bauer 1903–1968. Eine Biographie (zuerst: 2009), 2. Aufl., München

Wolffsohn, Michael, 1995: Die Deutschland-Akte. Juden und Deutsche in Ost und West. Tatsachen und Legenden, München

Wolfrum, Edgar, 2006: Die geglückte Demokratie. Geschichte der Bundesrepublik Deutschland von ihren Anfängen bis zur Gegenwart. Stuttgart

Zangl, Bernhard/Zürn, Michael, 2008: Frieden und Krieg. Sicherheit in der nationalen und postnationalen Konstellation, Frankfurt a. M.

Zentner, Christian/Bedürftig, Friedemann (Hrsg.), 1985: Das große Lexikon des Dritten Reiches, München

Zieher, Jürgen, 2005: Von der „Liquidationsgemeinde" zur Aufbaugemeinde? Jüdisches Leben in Dortmund und Düsseldorf in der 1950er Jahren, in: Monika Grübel/Georg Möhlich (Hrsg.), Jüdisches Leben im Rheinland. Vom Mittelalter bis zur Gegenwart, Köln, S. 263–285

Zimmermann, Erich/Jacobsen, Hans-Adolf (Bearb.), 1960: 20. Juli 1944, neubearb. u. erg., Bonn

Zittelmann, Rainer, 1991: Adenauers Gegner. Streiter für die Einheit, Erlangen/Bonn/Wien

Zürn, Michael, 2011: Politische Fragmentierung als Folge der gesellschaftlichen Denationalisierung?, in: Salzborn (Hrsg.) 2011a, S. 127–148

Zürn, Michael, 1998: Regieren jenseits des Nationalstaates. Globalisierung und Denationalisierung als Chance (zuerst: 1996), 2. Aufl., Frankfurt a. M.
Zürn, Michael/Joerges, Christian (Hrsg.), 2005: Law and governance in postnational Europe. Compliance beyond the Nation-State, Cambridge

Druck: KN Digital Printforce GmbH · Schockenriedstraße 37 · 70565 Stuttgart